1. 29세의 레오나르도. '동방박사의 경배' 속의 자화상으로 추정. 우피치 미술관

2. 빈치 근처의 풍경. 레오나르도의 초기 데생. 우피치 미술관

3. 레오나르도, 백합 습작.
   윈저성 왕립도서관

4. 안드레아 델 베로키오의 '토비아스와 천사'에 나오는 개. 레오나르도의 솜씨로 추정. 런던 국립미술관

5. 레오나르도, '수태고지'. 우피치 미술관

6. 레오나르도, '지네브라 데 벤치'의 초상화. 워싱턴 DC 국립미술관

7. 베로키오의 '그리스도의 세례'. 무릎 꿇은 천사와 풍경은 레오나르도의 솜씨이다. 우피치 미술관

8. 산 제나로에 있는 테라코타 천사상. 레오나르도의 작품으로 추정

9. 레오나르도, '브누아의 성모'. 에르미타슈 박물관

10. 레오나르도, '동방박사의 경배'. 미완성 작품. 우피치 미술관

11. 레오나르도, '암굴의 성모마리아'. 루브르 박물관

12. 왼쪽 레오나르도, '흰 담비를 안은 부인'. 체칠리아 갈레라니의 초상화. 크라코프, 차르토리스키 미술관

13. 아래 왼쪽 레오나르도, '악사'. 암브로시아나 미술관

14. 아래 오른쪽 레오나르도, '벨 페로니에르 (Belle Ferronnière)' 라는 명칭의 초상화. 루크레지아 크리벨리(Lucrezia Crivelli)의 초상화로 추정. 루브르 박물관

15. 노년의 레오나르도. 프란체스코 멜찌의 작품으로 추정. 1510~1512년. 윈저성 왕립도서관

16. 레오나르도, 철심을 사용하여 그린 말의 습작. 1490년대 초. 윈저성 왕립도서관

17. 레오나르도, '최후의 만찬', 1494~1497, 산타 마리아 델레 그라치에 교회

18. 레오나르도, 다섯 개의 기괴한 두상(집시들에게 사취당하는 남자) 부분, 윈저성 왕립도서관

19. 레오나르도, 미소. 입술과 입의 습작 부분. 윈저 성 왕립도서관

20. 손. 레오나르도가 그린 '이사벨라 데스테 초상화' 데생의 16세기 모작 부분. 옥스퍼드 애쉬몰린 박물관

21. 유령. 레오나르도의 '이사벨라 데스테 초상화'를 뒤집은 모양. 루브르 박물관

22. 다리. '실을 감는 성모' 부분. 레오나르도와 조수들의 공동작품

23. 레오나르도, '모나리자'. 루브르 박물관

24. 레오나르도, '성 안나, 아기 성 요한과 함께 있는 마리아와 아기 예수'를 위한 밑그림('벌링턴 하우스 밑그림'), 런던 국립미술관

25. 레오나르도의 초상 스케치를 뒤집은 모양. 윈저성 왕립도서관

26. 성 제롬. 잠피에트리노의 오스페달레토 로디지아노(Ospedaletto Lodigiano) 제단화 부분.

27. 레오나르도, 후기 '대홍수' 데생의 하나. 윈저성 왕립도서관

28. 위 '세례 요한'. 레오나르도의 마지막 작품으로 추정. 루브르 박물관

29. 아래 '레다와 백조'. 현존하지 않는 레오나르도의 작품을 제자나 추종자가 그린 것. 솔즈베리 윌튼하우스

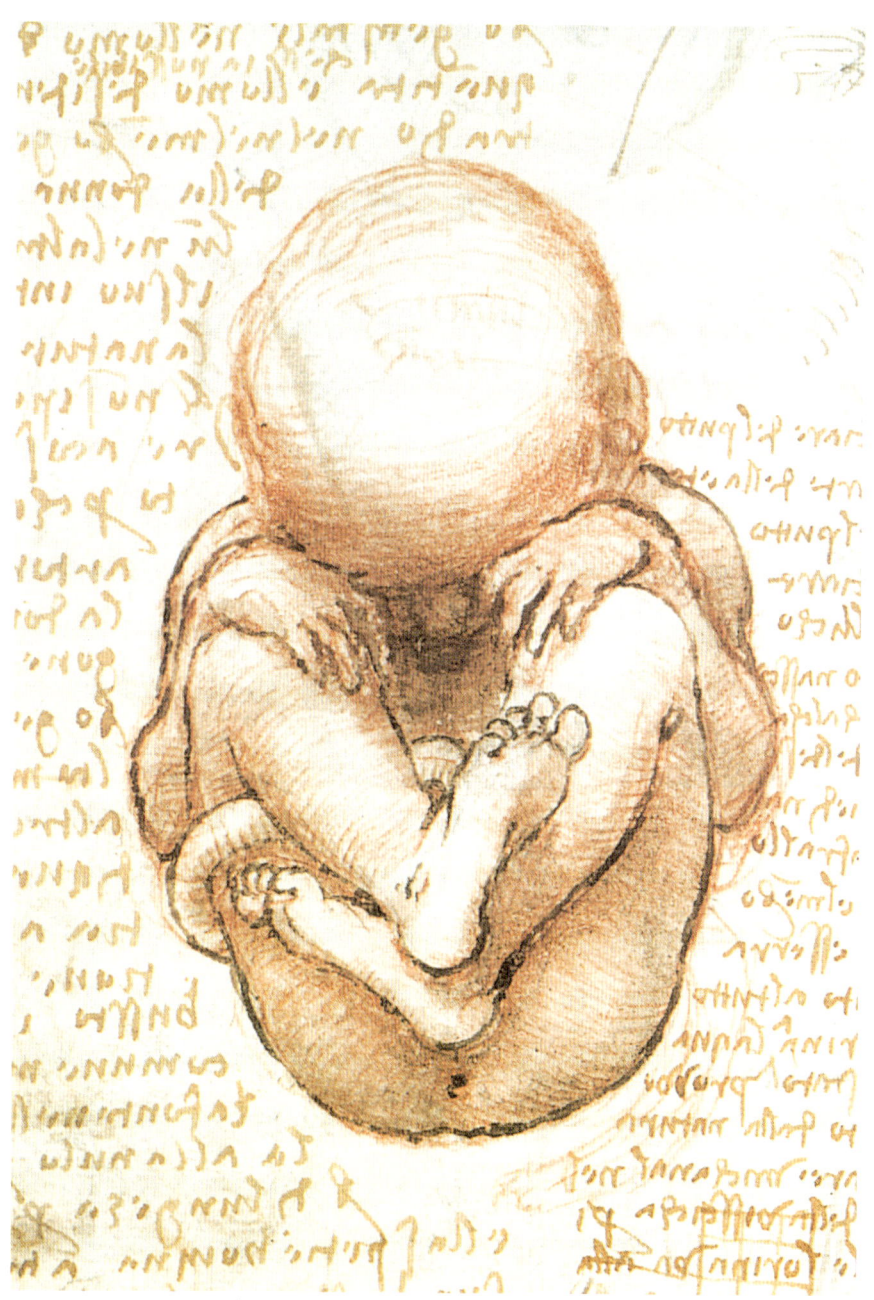

30. 레오나르도, 자궁 속 태아의 습작 부분. 윈저성 왕립도서관

레오나르도 다 빈치 평전

―정신의 비상飛上―

LEONARDO DA VINCI: The Flights of the Mind by Charles Nicholl
First published 2004 in the United Kingdom by ALLEN LANE, an imprint of PENGUIN BOOKS LTD
Copyright © Charles Nicholl, 2004
The moral rights of the author have been asserted.
All rights reserved.

This Korean edition was published by God'sWin Publishers, Inc. in 2007 by arrangement with
PENGUIN BOOKS LTD, London through KCC(Korea Copyright Center Inc.), Seoul.

레오나르도 다 빈치 평전

— 정신의 비상 飛上 —

Leonardo da Vinci
The Flights of the Mind

찰스 니콜 지음 | **안기순** 옮김

고즈윈
God'sWin

고즈윈은 좋은책을 읽는 독자를 섬깁니다.
당신을 닮은 좋은책 — 고즈윈

레오나르도 다 빈치 평전

찰스 니콜 지음
안기순 옮김

1판 1쇄 발행 | 2007. 3. 30.
1판 3쇄 발행 | 2010. 12. 1.

이 책의 한국어판 저작권은 (주)한국저작권센터(KCC)를 통한
저작권자와의 독점계약으로 고즈윈(주)에 있습니다.
저작권법에 의해 한국 내에서 보호를 받는 저작물이므로
무단전재와 복제를 금합니다.

발행처 | 고즈윈
발행인 | 고세규
신고번호 | 제313-2004-00095호
신고일자 | 2004. 4. 21.
(121-819) 서울특별시 마포구 동교동 200-19번지 202호
전화 02)325-5676 팩시밀리 02)333-5980
www.godswin.com

값은 표지에 있습니다.
ISBN 978-89-91319-89-9

고즈윈은 항상 책을 읽는 독자의 기쁨을 생각합니다.
고즈윈은 좋은책이 독자에게 행복을 전한다고 믿습니다.

"책 한 권을 쓰지 않고서야
어떻게 이 심장에 대해 말할 수 있겠는가?"

―1513년 심장 해부 데생 옆에 적힌 레오나르도 다 빈치의 메모

CONTENTS

서장_스프가 식기 때문에 10

제 1 장 어린 시절 1452~1466

출생 31
다 빈치 가문 33
어머니 카테리나 37
'나의 첫 기억' 39
방앗간에서 47
동물과의 대화 53
'눈의 성모마리아' 58
교육 65

제 2 장 도제 시절 1466~1477

도시에서의 생활 75
르네상스인 81
베로키오의 공방 85
예술가가 되기 위한 수업 88
장엄한 광경 103
대성당 돔 위 꼭대기 탑 109
최초의 그림 113
용(龍) 120
지네브라 125
살타렐리 연애사건 130
피스토이아의 테라코타 천사 조각상 137

제3장 **독립** 1477~1482
　　레오나르도의 작업실 145
　　교수형 당한 남자 150
　　과학기술자 154
　　악사(樂士) 159
　　성 제롬과 사자 162
　　'동방박사의 경배' 167
　　피렌체를 떠나다 178

제4장 **새로운 지평선** 1482~1490
　　밀라노 187
　　이주자 그리고 예술가 194
　　'암굴의 성모마리아' 196
　　페스트를 피해 203
　　최초의 노트 213
　　이야기꾼 레오나르도 218
　　건축 프로젝트 225
　　루도비코 스포르자의 정부(情夫) 228
　　밀라노의 작업실 235
　　해부학자 240
　　스포르자의 기마상 249
　　코르테 베키아 궁에서 251

제5장 궁정에서 1490~1499

연극 257
'그림자와 빛에 대해서' 265
작은 악마 271
기마상의 주조 279
'최후의 만찬'을 그리다 284
'아카데미' 294
살라 델레 아세(Salla delle Asse)의 나무그늘 299
'가져갈 수 없는 것은 팔아라……' 303

제6장 계속 앞으로 나아가다 1500~1506

만투아와 베네치아 309
다시 피렌체로 316
집요한 후작부인 321
체사레 보르자 328
이몰라에서 가을을 보내며 334
술탄에게 보내는 편지 336
강을 움직이다 340
'모나리자' 342
앙기아리 프레스코 I 349
미켈란젤로 353
아버지의 죽음과 고향 빈치로의 여행 361
앙기아리 프레스코 II 364
새의 영혼 366

제7장 밀라노로 돌아오다 1506~1513

프랑스인 총독 샤를르 당부아즈 375
프란체스코 멜찌 382
형제 사이의 다툼 385
해부 392
다시 밀라노 작업실로 398
물의 세계 405
밀라노의 축제 408
라 크레모나 410
의과대학 415
멜찌의 집에서 419
60세에 이른 예술가의 초상화 423

제8장 말년 1513~1519

로마로 향하다 431
빌라 벨베데레에서 434
세례 요한과 주신(酒神) 바쿠스 437
대홍수 443
질병, 거울, 마지막 해부 445
마지막 피렌체 방문 450
프랑스에서의 생활 452
추기경의 방문 455
밤이 쫓겨나다 458
위대한 바다 460

작가 노트 465
옮긴이의 글 467
미주 469
찾아보기 477

| 서장 |

스프가 식기 때문에
The Cooling of the Soup

영국 도서관의 필사본 부서에는 레오나르도 다 빈치가 남긴 기하학 메모 한 장이 소장되어 있다. 레오나르도가 사망하기 1년 전인 1518년에 기록한 메모로, 종이는 칙칙하게 바랬지만 잉크 자국만은 선명하게 남아 있다. 몇몇 도식이 그려져 있고, 옆에는 그의 습관대로 오른쪽에서 왼쪽으로 쓴 '거울 원고(mirror-script)'가 네모반듯하게 적혀 있다. 얼핏 보면 이 메모는 레오나르도의 원고 가운데 특별히 흥미를 끌 만해 보이지는 않는다. 르네상스 기하학에 심취한 사람이라면 모를까. 하지만 주의를 기울여 다시 한 번 보면 글의 끝 부분에 어떤 변화가 있음을 알 수 있다. 종이의 4분의 3 정도 지점에서 밑도 끝도 없이 '기타 등등(etcetera)'이 등장하며 그 밑으로 내용이 끊어진다. 이 마지막 줄은 '기타 등등'에 이어 몇 개의 단어가 흐트러짐 없이 적혀 있어 얼핏 보면 무슨 공식을 써 놓은 것처럼 보이지만, 실제로는 '스프가 식기 때문에'라고 쓰여 있다.[1]

이는 레오나르도의 원고에 있는 표현 가운데 내가 가장 좋아하는 것이다. 이 표현이 후세에 많은 내용을 알려 주기 때문이 아니다. 레오나르도가 1518년 어느 날 미지근한 스프를 먹었다는 사실은 중요한 전기적 자료가 될 수 없다. 하지만 이 표현이 특별하게 마음에 다가오는 이유는 레오나르도가 뜻밖에 평범한 사실을 언급했기 때문이다. 기하학 연구의 무미건조한 추상적 개념 사이로 인간적인 단순한 일상이 끼어든 것이다.
　한 노인이 글을 쓰려고 책상에 앉아 있다. 다른 방에는 김이 모락모락 올라오는 스프가 놓여 있다. 레오나르도가 말년에 채식주의자였던 사실로 미루어 아마도 야채스프였을 것이고 가정부인 마투린(Mathurine)이 끓였을 것이다. 마투린은 레오나르도가 '훌륭한 서비스'에 대한 보답으로 '모피로 안감을 댄 좋은 품질의 검은 천으로 만든 코트'를 유산으로 남겼던 바로 그 여성이다. 레오나르도 다 빈치에게 스프가 식는다고 말한 사람은 마투린이었을까? 레오나르도는 그 말을 듣고도 잠깐 동안 글을 더 썼다. '스프가 식기 때문에'라고 썼을 것이다. 그러고는 펜을 내려놓았다.
　이는 불길한 전조에 대한 암시이기도 했다. 그 후 레오나르도는 그 메모를 잇지 못했다. 그러므로 이 별일 아닌 듯한 중단은 곧 다가올 보다 결정적인 중단을 예시하는 것 같다. 그가 평생을 바쳐 탐구하고 글로 쓰며 수행해 온 위대한 작업은 식사 시간을 알리는 한마디의 장난기 어린 말로 중단되었다.

　전기 작가들은 주요한 사건에 가려 있는 이런 모습에서 꼬투리를 잡기 마련이다. 레오나르도는 특별한 사람이었다. 하지만 그의 삶은 계속해서 평범함과 교차했다. 평범한 세계의 사절이라 할 수 있는 전기 작가들이 레오나르도를 만날 수 있었던 곳도 아마 이런 평범함과의 교차점이었을 것이다. 전기 작가들이 이해하기 위해 씨름해야 할 복잡한 문제, 심오한 문제, 세계적으로 유명한 그림들이 많지만, 그리고 이런 것들이 레오나르도를 레오나르도답게 만드는 특유한 요소이기는 하지만, 최소한 이 교차점에서 레오나르도는 잠시 우리와 같은 보통 사람이다.

레오나르도의 인간적 모습을 드러내는 것이 바로 이 책이 하려는 일이다. 레오나르도가 초인이었고 다방면에 걸쳐 전문성을 발휘했던 '만능인(Universal Man)'이었다는 세상의 통념과 달리, 그가 현실의 시간을 살았고, 실제 스프를 먹었던 진짜 사람이었다는 사실을 밝히려는 것이다. 그의 삶에 대해 이야기하는 것 자체는 화가로서, 과학자로서, 철학자로서 레오나르도의 각별하고 신비에 싸인 위대한 본질에 접근하는 방법이기도 하지만, 레오나르도를 만능의 천재로 이상화(理想化)하는 관점에서는 벗어날 필요가 있다. 나는 레오나르도가 스스로 했던 몇 마디 언급을 접하면서 이런 작업을 할 용기를 얻었다. 레오나르도가 예언의 형태를 빌려 언급했던 수수께끼 중에 이런 것이 있다. '인간의 형체를 한 거대한 모습이 나타난다. 하지만 가까이 다가설수록 그 거대한 키가 점점 작아진다.'[2] 수수께끼의 답은 '밤에 등불을 든 사람이 드리운 그림자'이지만 나는 그 해답이 레오나르도 다 빈치가 될 수도 있다고 생각한다. 어둠 속에서 서서히 다가갈 때, 그의 거대한 키가 인간 크기로 작아지기를 가슴 설레며 기대해 본다.

'천재'라는 단어를 전혀 사용하지 않고 레오나르도에 대한 책을 쓰는 일은 마치 프랑스 작가 조르주 페렉(Georges Perec)이 알파벳 e를 사용하지 않고 책을 쓰려 했던 시도만큼이나 아슬아슬한 묘기가 될 것이다. 이 책에서는 '천재'라는 단어를 완전히 배제하지는 않았지만('genius'에 해당하는 이탈리아어는 'ingegno'로서 르네상스 시대에는 단순한 '재능'이나 '지성' 이상의 어떤 것을 뜻하는 경우가 많았다.), 매우 절제해서 쓰려 했다. '천재'라는 단어에 레오나르도의 인간성이 쉽게 파묻힐 수 있기 때문이다. '천재'라는 단어는 그들의 성취를 경이(驚異)나 기적으로 만든다. 이는 부분적으로는 진실이지만 무익한 경우가 대부분이다. 레오나르도가 실행한 일들은 정말 기적적인 일이었지만, 사람들이 알고 싶어 하는 것은 그 일을 실행한 방법과 이유이다. 또한 사람들은 '영감'을 통해서라는 막연하고 신비에 싸인 대답을 원하지 않는다. 일찍이 벤 존슨(Ben Jonson, 1572~1637. 영국의 극작가, 시인, 평론가로, 사실적이면서 박학하고 지적인 동시에 통렬한 작풍을 소유했다고 평가받는다.—옮긴이)이 '셰익스피어도 수없이 글을 망쳤을 것이다.'[3]라고 주장했을 때, 다시 말해서 셰익스피어가 탁월하기는 했지만 실수를 전혀 하지 않았던 것은 아니고, 그의 천재성은 오히려 자신의 실수를 극복해 가는 과정에서 찾아볼 수 있다고 주장했을 때, 셰익스피어의 숭배자들은 그가 '결단코' 단 한 줄의 실수도 하지 않았다고 주장하고 싶어 했다. 이에 대해 존슨은 '나는 맹목적인 숭배의 바깥에서 그의 명성을 찬양한다.'고 덧붙였다. 이것이 전기 작가가 취해야 할 최고의 입장이다. 물론 레오나르도가 천재인 것은 사실이지만, 이 용어가 맹목적인 숭배를 부추기고 레오나르도 자신의 엄격하고 회의적인 성향을 거스르게 되므로 나 또한 이 말을 피할 것이다.

레오나르도에게 따라다니는 고정관념은 그가 '천재'일 뿐만 아니라 '르네상스 인'이라는 것이다. 나는 르네상스가 '결코 발생하지 않았다.'고 주장하는 사람은 아니다. 르네상스는 15~16세기 유럽에서 발생했던 문화적 변화를 개괄적으로 표현하는 매우 유용한 개념이다. 하지만 주의를 기울여 사용해야 하는 진부한 용어이기도 하다. 우리는 르네상스를 이성의 '새로운 날을 알리는 새벽', 미신의 타파, 시야의 확대 등 위대한 지적 긍정주의의 시대로 생각한다. 하지만 르네상스가 발생하고 있는 동안에도 그랬을까? 당시에는 오랜 신념이 허물어지는 중이었다. 빠른 전환의 시대였고, 정치적으로는 부패한 정쟁의 시대였고, 경제적으로는 불경기의 전조가 되는 벼락 경제의 시대였고, 사회적으로는 여태껏 알지 못했던 세계 곳곳으로부터 색다른 소식이 쏟아져 들어왔던 시대였다. 이때의 경험은 긍정적인 것도 있었지만 그만큼 분열적이기도 했다. 이 시대에 대한 흥분에는 위험성이 내포되어 있었다. 어떤 것도 확실하지 않았기 때문에 모든 규칙이 다시 기록되었다. 이런 현상에는 철학적 혼란이 내재해 있었다.

'르네상스 인'이란 용어가 풍기는 영웅적이고 강렬한 느낌은 잘못된 것이 아니다. 이 책의 부제인 '정신의 비상(飛上)'은, 레오나르도가 그토록 멀리 그리고 많이 볼 수 있게 한 지성의 상승, 하늘로 솟구친 정신의 극치를 상징한다. 그런데 나는 이 책에서 이 '정신의 비상'과 레오나르도가 평생에 걸쳐 이루고자 애썼던 육체의 비상을 은유적이고 심리적으로 연결하려 했다. 육체의 비상, 하늘을 나는 꿈에는 추락의 두려움이 따르기 마련이고, 따라서 레오나르도를 의심과 불확실성을 항상 갖고 있었던 인간으로 본다면 그를 더욱 잘 이해할 수 있을 것이다. 만능의 천재와 르네상스 인은 모두 레오나르도의 '수수께끼'에 등장하는 거대한 그림자와 같다. 이 그림자는 결코 환상이 아니라 일정한 견해의 산물이고, 가까이 다가설수록 그 그림자를 드리운 사람을 더욱 흥미롭게 알 수 있게 된다.

레오나르도의 삶을 추적하려면 그가 살았던 시대와 가장 가까운 시기에 기록된 정보로 돌아가야 한다. 그중 하나는 바로 레오나르도 자신의 원고이다. 이런 의미에서 이 책은 작가로서의 레오나르도에 대한 연구에 일부를 할애했다. 레오나르도가 남긴 글은 대부분 비문학적인 입장에서 이해해야 하지만, 작가로서의 그에 대한 연구는 그동안 이상하리만치 등한시되어 왔다. 현존하는 레오나르도의 자필 원고 분량은 7천 페이지 이상이고, 원래 수천 페이지가 더 있었으리라 추정되지만 현재는 소실되고 없다. 하지만 1967년 마드리드에서 노트 두 권이 우연히 발견된 것처럼 사라졌던 원고가 어느 날 갑자기 모습을 드러낼지도 모른다.

레오나르도의 원고는 세 가지 형태로 전해 내려온다. 하나는 레오나르도의 사망 후에 엮여 제본된 형태이고, 다른 하나는 레오나르도가 소유했던 때부터 전해 내려와서 대체로 내용이 온전하게 보전된 노트의 형태이고, 나머지 하나는 낱장의 형태이다.

레오나르도의 원고를 다방면에 걸쳐 수집한 훌륭한 모음집 가운데 가장 유명한 것은 '코덱스 아틀란티쿠스(Codex Atlanticus)'로 밀라노 소재 암브로시아나 도서관(Biblioteca Ambrosiana)에 소장되어 있다. 코덱스 아틀란티쿠스는 16세기 말 조각가이자 장서가인 폼페오 레오니(Pompeo Leoni)가 엮었고, 부피가 커서 가죽 장정에 길이만도 2피트(약 60센티미터)가 넘었다. 모두 481쪽으로 이루어졌는데, 일부는 전장이 레오나르도의 원고지만 대부분은 한 페이지에 5~6개 정도의 작은 항목이 접착제로 부착되어 있거나 때로는 종이의 양면을 볼 수 있게 고정되어 있다. 이 코덱스의 이름은 대양과는 아무런 관련이 없고, 판형이 아틀라스 판이라는 의미이다. 이 호화로운 책은 1960년대에 분해되어 다시 정리되었기 때문에 현재 모든 구성 요소는 분리된 상태이다.

또 다른 주요 모음집 두 개는 영국에 있다. 하나는 데생과 원고 모음집으로 윈저성의 왕립도서관에 소장되어 있는데, 이 또한 폼페오 레오니의 상속 재산에 속해 있었고, 코덱스 아틀란티쿠스에서 가져온 것이 분명해 보이는 원고가 포함되어 있다. 기록은 남아 있지 않지만, 열렬한 수집광이었던 찰스 1세가 이 모음집을 구입했고, 모음집은 그 후 18세기 중반 켄싱턴 궁에서 모습을 드러냈다. 동시대 사람의 설명에 따르면, '이 위대하고 진기한 작품'은 찰스 1세와 의회 사이에 전투가 벌어졌을 당시 '커다랗고 튼튼한 궤'에 넣어져 약 120년 동안 세인에게 잊힌 채 방치되었다가, 조지 3세의 통치가 시작될 무렵에 다행스럽게도 달턴(Dalton)이 궤의 밑바닥에서 찾아냈다.[4] 이 모음집에는 유명한 해부학 데생이 포함되어 있다. 또 하나의 주요 모음집은 영국 도서관에 소장된 코덱스 아룬델(Codex Arundel)로 레오나르도가 거의 40년에 걸쳐 작성한 글이 283쪽에 걸쳐 모여 있고, 앞서 언급했던 '스프가 식기 때문에' 메모 또한 여기에 포함되어 있다. 이 코덱스의 이름은 1630년대 스페인에서 이를 구매했던 아룬델 백작의 이름을 땄다.

코덱스 우르비나스(Codex Urbinas)라는 모음집도 있다. 이는 그림에 대한 레오나르도의 글을 비서이자 유저 관리자인 프란체스코 멜찌(Francesco Melzi)가 레오나르도의 사후에 집대성한 것이다. 이를 축약한 형태의 책이 1651년 파리에서 출판되었는데 일반적으로 『회화론』이라 알려져 있다. 멜찌는 코덱스 우르비나스의 끝에 자신이 자료로 사용했던 크고 작은 레오나르도의 노트 18권을 수록했는데, 이 중 10권은 현재 분실되었다. 이 외에 여러 잡다한 내용을 담은 자그마한 보물로 현재 뉴욕에 소장되어 있는 코덱스 호이겐스(Codex

Huygens)가 있는데 여기에는 분실된 레오나르도의 인물 습작의 16세기 말 모사본이 담겨 있다.

  모음집이 훌륭하기는 하지만 레오나르도의 진정한 모습은 노트에서 찾아볼 수 있다. 현존하는 노트는 약 25권 가량으로 정확한 숫자는 세는 방법에 따라 다르다. 크기가 좀 더 작은 노트는 몇 권이 하나로 묶여 있기 때문이다. 예를 들어 코덱스 포르스터(Codex Forster)는 실제로 노트 5권으로 구성되었다. 최대의 노트 모음집은 파리 소재 프랑스 학사원(Institut de France)에 소장되어 있다. 1790년대 나폴레옹이 암브로시아나 도서관에서 전리품으로 빼앗아 프랑스로 가져갔기 때문이다. 나머지 노트는 각각 밀라노, 투린, 런던, 마드리드, 시애틀에 분산되어 있다. 손버릇이 나쁜 리브리 백작이 19세기 중반 노트 몇 권을 훔치는 등의 사고로 노트의 낱장이 군데군데 사라져 버렸지만, 일반적으로는 레오나르도가 남긴 그대로 보존되어 있다. 노트 몇 권은 여전히 원래의 장정을 유지하고 있는데, 레오나르도는 송아지나 어린 양의 가죽 등으로 노트를 완전히 싸고, 마치 더플코트처럼 막대 모양의 작은 장식 나무단추로 고정하기를 좋아했다.

  크기를 보자면, 노트는 우리가 연습장이라 부르는 표준 크기의 8절판 판형부터 카드놀이에 사용하는 카드 정도의 작은 수첩까지 다양하다. 이런 작은 수첩은 노트인 동시에 스케치북으로도 사용되었고 일부 수첩은 레오나르도가 항상 몸에 지니고 다닌 흔적이 남아 있다. 밀라노에서 레오나르도를 보았던 사람은 '그가 허리띠에 작은 책을 항상 매달고 다녔다.'[5]고 말했다. 레오나르도는 1502년 카세나(Casena)를 통과할 때 이런 책을 몸에 지녔고 여기에 재빨리 스케치를 한 다음 '이것이 카세나에서 포도를 운반할 때 사용하는 방법이다.'[6]라는 제목을 붙였다. 레오나르도는 화가란 언제나 '상황이 허락

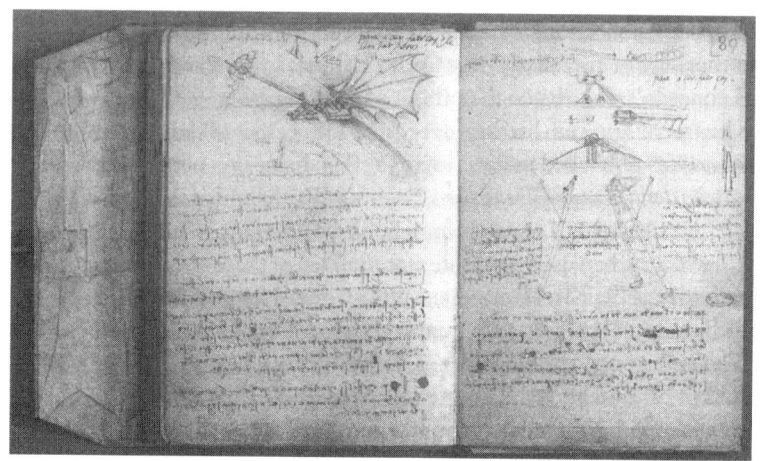
레오나르도가 작성한 노트(파리 MS B), 파리 프랑스 학사원

하는 대로' 스케치할 준비를 갖춰야 한다고 주장했다.

    거리에서, 광장에서, 들판에서 사람들을 주의 깊게 관찰하라. 머리를 O로, 팔을 직선이나 굽은 선으로 표현하는 등 형태를 단순하게 나타내는 표시를 급한 대로 하고, 집에 돌아온 후에 이 메모를 완전한 형태로 바꾸라.[7]

몇몇 노트는 특정한 종류의 독립적인 논문으로 만들거나 최소한 특정 주제에 관한 내용을 의도적으로 묶었다. 예를 들어 파리 MS C는 빛과 그림자, 코덱스 레스터(Codex Leicester)는 지구 물리학, 소형의 투린 코덱스는 새의 비상에 대한 내용을 모았다. 하지만 이들 노트에도 주제와 관련 없는 자료들이 많이 포함돼 있다. 레오나르도가 남긴 원고의 기본적인 경향은 다양하고 잡다한 주제의 내용을 기록했다는 것이다. 레오나르도는 마치 먹이를 찾는 새처럼 자신의 관심사 주위를 빙빙 돌며 예전에 했던 생각이나 관찰을 수 년 후에 다시 돌아보는 성향이 있었기 때문에 순서와 상관없이 다양한 주제의 내용이 여기 저기 기록돼 있다. 그는 스스로 이런 점을 인식하고 가공의 미래 독자에게 사과했다. "독자들이여, 나를 비난하지 마라. 주제가 워낙 많은 까닭에, 한번 쓴 내용을 기억해 두었다가 '이것은 이미 썼으니까 앞으로는 쓰지 않겠다.'고 말할 수가 없다."[8]

원고는 레오나르도의 정신을 그린 지도였다. 여기에는 정말 간단한 문장이나 휘갈겨 계산한 흔적부터 충분히 심혈을 기울인 과학적 논문과 문학적인 글에 이르기까지 다양한 내용이 포함되었고, 내용의 주제는 해부학에서 동물학에 이르기까지 다양해서, 공기역학, 건축, 식물학, 의상 디자인, 토목공학, 군사공학, 화석 연구, 수로학, 수학, 기계학, 음악, 광학, 철학, 로봇 공학, 천문학, 무대 설계, 포도 재배술 등을 두루 다루었다. 원고에 담긴 위대한 교훈은, 모든 것에 의문을 던지고, 조사하고, 자세히 들여다보고, 집요하게 물고 늘어져야 한다는 점이었다. 그는 자신이 탐색해야 할 크고 작은 일들을 적어 놓았다.

구름이 어떻게 형성되고 어떻게 흩어지는지 묘사하라. 또한 지구에 존재하는 물에서 수증기가 일어나 공중으로 스며드는 원인과 안개의 원인, 공기 밀도가 높아지는 원인을 밝히고 어째서 시간에 따라 더 푸르거나 덜 푸르게 보이는지 그 이유를 설명하라.[9]

묘사하라. …… 재채기가 어떤지, 하품이 어떤지, 병에 걸리고, 경련이 일어나고, 몸이 마비되고, 추위에 떨고, 땀 흘리고, 피곤하고, 배고프고, 졸리고, 갈증 나는 것이 어떤 것인지 묘사하라.[10]

1490년경의 기록으로, 여러 주제를 다룬 레오나르도 원고의 전형적인 예. 윈저성 왕립도서관

딱따구리의 혀를 묘사하라. ……[11]

　케네스 클라크(Kenneth Clark)가 말했듯이 레오나르도는 '역사상 가장 치열하게 호기심에 불탔던 인물'이었다. 이렇듯 끝없는 그의 관심사의 집약체가 바로 노트이다. 레오나르도는 노트를 통해 보편적인 지식을 축적하며 위대한 아이디어의 습득을 추구했지만, 어떤 시점에 이르러서는 특정한 관찰이나 실험, 의문점, 해결책 등에 초점을 맞추었다. 레오나르도는 탁월한 경험론자였고, 실험과 경험의 신봉자였다. 탐구심 많은 그의 습성은, 수십 군데의 원고에 습관적으로 사용했던 짧은 표현을 보더라도 쉽게 짐작할 수 있다. 새 펜촉을 쓸 때는 습관적으로 '나에게 말해 달라(Tell me)'는 글귀를 종이 위에 긁적였다. 여러 자료를 찾아 헤매며 그것이 무엇인지, 어떻게 되는지, 이유가 무엇인지 말해 달라는 레오나르도의 목소리였다.

　레오나르도는 『회화론』에서, 그림은 인물의 신체 동작을 통해 '정신적 사건'을 보여주어야 한다고 적었다. 나는 매우 엄밀하게 주석을 달고, 다양한 농담, 낙서, 시의 단편, 편지의 초안, 집의 지출 계산서, 영수증, 쇼핑 목록, 은행 보고서, 모델의 이름과 주소 등 크고 작은 '정신적 사건'으로 가득한 그의 원고를 읽으면서 그 말뜻을 이해할 수 있었다.

　이외에 레오나르도의 삶을 조명하는 자료의 주요 출처는 레오나르도의 초기 전기이다. 그중에도 조르조 바사리(Giorgio Vasari)의 『예술가 평전』에 수록된 설명이 가장 유명하다. 1550년 피렌체에서 첫 출판된 이 유명한 책은 초기 이탈리아 예술가들에 대해 알 수 있는 전기로서도 중요하고, 노년의 미켈란젤로에게 받았던 과장된 찬사도 어느 정도는 받을 만하다는 평을 듣고 있다. (미켈란젤로를 숭배한 바사리는 이 책에서 그에 대한 글을 가장 길게 썼다. 예를 들어 레오나르도에 대한 설명은 5천 단어였지만 미켈란젤로에 대한 설명은 대략 4만 단어에 이르렀던 점으로 보아 미켈란젤로의 과장된 찬사를 이해할 만하다.)

전기적인 출처를 제공한 업적과 매력적인 스타일에도 불구하고, 전기 작가로서 바사리의 단점 또한 인정해야 한다. 바사리가 제시하는 날짜는 신빙성이 없고, 상황을 편파적이고 주관적으로 판단한 면이 있다. 바사리의 최대 실패는 진부한 이야기 전개라 할 것이다. 스승인 안드레아 델 베로키오가 레오나르도의 천재성 때문에 그림 그리기를 포기한 것은 사실일 수도 있지만, 단정할 수는 없다. 바사리의 이 책을 제외한 출처 중에는 스승이 제자로 말미암아 더욱 빛을 발했다는 기록도 있기 때문이다.

바사리는 케케묵은 수사학적 포장을 좋아했고, 독자들도 그런 글을 기대했지만, 역사적 증거로서의 진정한 가치는 없다. 그러나 이런 과장된 수다에도 불구하고 바사리 글의 중요성은 이루 헤아릴 수 없을 정도로 크다. 그는 예술에 대해 조예가 깊었던 관찰자이자 예리한 비평가였다. 비록 레오나르도에 대한 직접적인 지식은 없었지만(레오나르도가 사망했을 당시 그는 11살에 불과했고, 고향인 아레조(Arezzo)를 벗어나 본 적이 없다.), 레오나르도를 알았던 사람들과 안면이 있었던 점은 의심할 여지가 없다. 또한 1540년대 말에 들어서는 『예술가평전』을 집필하기 위해 적극적으로 정보를 수집했다.

바사리가 유명하기는 하지만 레오나르도에 대한 정보를 입수할 수 있는 유일한 통로는 아니며, 레오나르도의 초기 전기 작가 가운데 시기적으로 가장 빠른 인물도 아니다. 우리에게 조금은 낯설지만 내가 이 책을 집필하면서 참고했던 기타 출처에 대해 언급하는 것이 도움이 될지도 모르겠다. 레오나르도의 전기 중 시기적으로 가장 이른 작품은 피렌체 상인인 안토니오 빌리(Antonio Billi)가 레오나르도의 사망 직후인 1520년대 초반에 쓴 비망록에 들어 있다. 원본은 사라졌지만, 내용은 16세기에 남겨진 복사본 두 부에 보존되어 있다. 빌리에 대해서는 거의 알려진 사항이 없으나, 역시 현재 사라지고 없는, 피렌체 화가 도메니코 기를란다요(Domenico Ghirlandaio)의 회고록을 읽었던 것으로 추정된다. 후에 다른 피렌체인이 빌리의 메모를 좀 더 상세하게 다루면서, 치마부에(Cimabue)로부터 미켈란젤로에 이르는 여러 화가에 대한 광범위한 기록을 책으로 엮었다. 이 원고는 과거에 가디아노 가문을 통해 후세에 전해졌기 때문에 책의 저자를 일반적으로 아노니모 가디아노(Anonimo Gaddiano)라 부른다. 1540년경에 편집된 이 128쪽짜리 원고는 바사리 이전에 독립적으로 존재했으며 매우 훌륭한 자료를 수록하고 있다. 가디아노는 레오나르도와 직접적으로 안면이 있었던 일 가비나(Il Gavina)라는 피렌체 화가로부터 들은 생생한 일화를 소개한다.

    레오나르도에 대한 동시대의 흔적을 찾아볼 수 있는 장소는, 레오나르도가 피렌체보다 더 오랜 시간 살면서 작품 활동을 했던 밀라노이다. 롬바르디아인 역사가이자 의사이고 문장 고안가였던 파올로 조비오(Paolo Giovio)가 라틴어로 작성한 『우리 시대의 유명한 남녀에 관한 대화』속에 레오나르도에 대한 중요한 전기적 자료가 포함되어 있다. 이 원고는 1520년대 말 이스키아(Ischia) 섬에서 작성되었는데, 조비오는 레오나르도를 개인적으로 알고 있었던 것으로 추정된다. 발이 넓었던 바사리는 조비오가 소유했던 레오나르도에 대한 자료에 대해 알고 있었다. 바사리의 『예술가 평전』이 탄생하도록 처음 씨를 뿌렸던 사람이 바로 조비오로, 두 사람은 로마 추기경의 저택에서 열린 만찬 자리에서 새로운 전기 기술에 대해 열띤 토론을 벌였다.

이와는 별도로, 밀라노에서의 레오나르도에 대한 정보를 제공하는 사람은 화가인 조반니 파올로 로마조(Giovanni Paolo Lomazzo)이다. 그는 매우 촉망받던 화가였지만 33세였던 1571년에 사고로 실명했다. 그 후로 그는 엄청나지만 약간은 무질서한 열정을 저작 활동에 쏟아서 1584년 『회화론』을 펴냈다. 그는 레오나르도 전문가로서 그에 대한 연구에 총력을 기울였기 때문에 귀중한 해설자로 평가받는다. 그는 레오나르도의 유저 관리자인 프란체스코 멜찌(Francesco Melzi)와 친분이 있었기 때문에, 멜찌가 독점적으로 소유했던 레오나르도의 원고를 연구했을 뿐만 아니라 지금은 사라져 버린 일부 원고를 기록했다. 로마조는 때로 레오나르도 연구에 걸림돌이 되기도 했다. '모나리자'와 '지오콘다'가 별개의 그림이라 주장하는 등 레오나르도 연구에 대한 정통 견해에 상반되는 생각과 정보를 가졌기 때문이다. 그는 레오나르도가 동성연애자였다는 사실을 공공연하게 최초로 주장한 인물이기도 하다.

레오나르도에 대한 정보의 출처로는 또한 그림이 있다. 그림도 어떤 의미에서는 문서가 될 수 있기 때문이다. 르네상스 시대 그림은 현대 그림처럼 개인적인 표현의 산물이 아니기 때문에 여전히 그림을 그린 화가와 그가 활동했던 상황을 짐작할 수 있다.

가장 분명하게 자료의 구실을 하는 것은 레오나르도의 실제 모습을 그린 그림이나 데생이다. 레오나르도 다 빈치를 형상화한 사람들은 하나같이 투린[turin, 토리노(torino)]에 소장된 유명한 자화상처럼 그를 수염 기른 노년의 현인으로 묘사했다. 하지만 이 자화상을 두고 논란이 많았다. 그림 아래 적혀 있는 글씨는 당시 사람의 손에 의해

레오나르도 자화상, 투린 왕립도서관

망가져서 읽을 수가 없다. 레오나르도의 자화상이 아니라고 주장하는 사람까지 있다. 하지만 나는 이 작품이 그의 자화상이라 생각한다. 그러나 이 작품이 레오나르도에 대한 우리의 시각적 개념을 온통 지배하는 경향이 있어서, 사람들은 레오나르도가 이 그림에서처럼 수염을 기른 현인의 모습을 지녔다고 생각해 왔다. 그러나 항상 그랬던 것은 아니라는 점을 기억할 필요가 있다. 레오나르도가 50대 후반 이전에도 수염을 길렀는지에 대해서는 논란의 여지가 있다. '동방박사의 경배'에 등장하는, 1481년 당시의 자화상으로 추정되는 모습(컬러삽화 1)은 말끔하게 면도한 상태이기 때문이다. 아노니모 가디아노는 레오나르도의 외모에 대해 이렇게 묘사했다. '그는 매우 매력적이고 우아한 인물로 균형 잡힌 몸매에 출중한 외모의 소유자였다. 사람들 대부분이 긴 겉옷을 입고 있던 시기에 무릎길이의 짧고 얇은 장밋빛 튜닉을 입었다. 그리고 세심하게 멋을 낸 아름다운 곱슬머리가 가슴 중간까지 내려와 있었다.' 이 글에는 당시의 패션과 사회학이 풍기는 뉘앙스가 포함되어 있어 진정한 의미를 파악하기는 힘들지만, 레오나르도는 분명히 매우 우아하고 말쑥했다. 일 가비나라는 이름의 베일에 가린 화가 또한 레오나르도의 이런 모습에 대해 회상했다. 그가 제공한, 레오나르도에 대한 기타 자료의 연도는 레오나르도가 50대 초반이었던 1504~05년으로 추정된다. 그런데 어떤 자료에도 레오나르도가 수염을 길렀다는 언급은 없다. 수염이 등장하는 초상화 중에서 시기적으로 가장 이른 작품은 윈저 소장품으로, 붉은 분필을 사용한 아름다운 옆모습 데생이다(컬러삽화 15). 이 작품은 프란체스코 멜찌의 작품인 것이 거의 확실하고, 몇 군데 스승의 손길을 거친 것으로 보인다. 이 작품의 제작연도를 1510~12년으로 추정하고 있기 때문에 작품 속 레오나르도는 거의 60세가 되었다. 이 옆모습 초상화는 레오나르도 사후에 그를 묘사하는 대표적 모델이 되어, 16세기에 제작된 여러 초상화에 반복적으로 등장한다.

이외에도 다른 초상화와 자화상이 존재하며, 이 중에는 밀라노에서 가장 우수한 젊은 제자 중 하나가 그린 작품으로 추정되지만 아직까지 확인되지 않은 초상화도 있다. 한편 투린 자화상은 레오나르도의 말년 모습을 마지막으로 볼 수 있는 믿을 만하고 심오한 작품이다. 1518년 어느 날, 스프가 식기 때문에 연구 도중에 펜을 놓아야 했던 당시의 레오나르도의 모습이 이러했을 것이다. 레오나르도의 삶이 항상 그랬듯이 자화상의 형상 또한 한마디로 정의하기 어렵다. 상처받기 쉬우면서도 동방박사 같아 보이는 천재 레오나르도의 모습이 눈에 띈다. 하지만 다시 한 번 들여다보면 아스라한 기억 너머를 응시하는 한 노인의 모습이 보인다.

제 **1** 장

어린 시절

Child

1452~1466

수년 전에 일어났던 일들이 현재에 이르러 가깝게 느껴지는 때가 종종 있다.
그리고 최근에 일어났던 일들이 지나간 젊은 시절만큼이나
먼 옛날의 일로 여겨지는 때도 많다.

코덱스 아틀란티쿠스, fol. 29v-a

출생

지금으로부터 500년 전 풍경은 지금과 그리 다르지 않았다. 투스카니(Tuscany)주의 자그마한 도시 빈치(Vinci)를 굽어보는 산허리에 서 있노라면 수백 년간 지속해 온 농업으로 형성된 경관에 눈길이 쏠린다. 강을 따라 자란 무성한 갈대 숲, 좁게 늘어선 포도나무, 햇빛을 가리는 커다란 나무 사이에 들어선 집들, 그리고 그 위로는 미풍에 산들거릴 때마다 반짝거리는 올리브나무 숲이 펼쳐진다. 층층이 난 길을 따라 숲이 끝나는 곳까지 올라가면 몬트 알바노(Mont' Albano)의 산간지방이 시작된다.

그곳 한복판, 피난처 같기도 하고 전략적 요충지 같기도 한 그곳에, 성과 교회의 우뚝 솟은 두 탑 주위로 석조건물이 늘어서 있는 빈치가 자리한다. 이곳은 정치적으로는 피렌체 공화국의 식민지였다.

세르 피에로(Ser Piero)의 아들 레오나르도 다 빈치는 1452년 어느 봄날 저녁, 이곳 빈치에서 출생했다. 다 빈치 가문은 직업적으로 피렌체와 밀접한 관련을 맺고 있는 명망 있는 가문으로, 빈치 도심에도 그들 소유의 집이 있었다. 그 집에서 레오나르도가 태어났을 가능성 또한 배제할 수 없다. 하지만 전통에 비추어 볼 때 그렇지 않았으리라는 설이 있다. 레오나르도처럼 서자(庶子)의 출산은 통상적으로 가족이 소유한 시골집에서 비밀스럽게 이루어지는 것이 보통이었기 때문이다. 이를 주장하는 사람들은 레오나르도가 도심에서 약 3킬로미터 떨어진 안치아노(Anchiano)에 있는 집에서 태어났다고 말한다.

레오나르도의 출생 장소는 명확하게 밝혀지지 않았지만 출생일과

빈치의 전경

시간에 대한 기록은 분명하게 남아 있다. 당시 80세가량이던 할아버지 안토니오(Antonio)가 손자의 출생을 자신의 낡은 노트 뒷장에 자세하게 기록했기 때문이다. 이 노트에는 할아버지 슬하의 자녀 네 명의 출생과 세례에 대해서도 적혀 있다. 할아버지는, 겨우 한 명 정도만 더 적을 수 있는 좁은 공간에 '1452년. 내 아들인 세르 피에로의 아들이자 내 손자가 4월 15일, 토요일, 밤 3각에 출생했다. 이름은 레오나르도로 정했다.'고 기록했다. 당시 시간은 일몰부터, 더욱 정확하게 말하자면 아베마리아 종이 울리는 만종 시간부터 계산했다. 밤 3각은 밤 10시 30분경이었다.

안치아노의 집. 1900년

할아버지는 레오나르도의 세례에 대해서도 기록했다. 세례는 다 빈치 가족의 이웃이기도 한 교구 사제가 레오나르도의 출생 다음 날 집도했다. 10여 명의 대부모가 세례식에 참석했다. 아버지인 피에로의 세례에는 6명이 참석했고 16세기 빈치 지역의 세례식에 통상적으로 평균 2~4명이 참석했던 것에 비교하면, 매우 넉넉한 숫자였다. 일각에서 주장하듯 레오나르도의 출생이 어느 정도 세상과 격리되어 비밀리에 이루어졌다면, 그의 세례식은 본격적인 가족 행사로 치러졌다. 다 빈치 포도원에서 생산한 검붉은 포도주가 넘쳐나는 일종의 축제였다.

레오나르도는 서자였지만 주위 사람들의 환영을 받으며 다 빈치의 가정에, 그리고 세상에 태어났다. 레오나르도는 현재까지 안개 속에 가린 인물로 남아 있고, 이런 모호한 성격은 역사 기록에까지 스며들어 그에 관한 문헌은 모호하다는 평가를 받았고 그에 대한 사실은 마치 수수께끼처럼 느껴진다. 하지만 80대의 친할아버지가 손으로 남긴 확실한 기록 덕택에 레오나르도의 출생은 빈치의 봄날 풍광 속에 일어난 실제 사건으로 남게 되었다. 무화과나무 싹이 움트고, 테라스에는 금잔화 냄새가 물씬 풍기고, 첫 올리브꽃이 봉오리를 터뜨려 다가올 추수를 예견하며 작고 노란 자태를 뽐내던 시기였다.

다 빈치 가문

다 빈치 가문은 지역적 기반이 탄탄했다. 귀족도 아니었고 특별히 부유하지도 대단하지도 않았지만 좋은 혈통과 명성을 소유했다. 도시에서는 사업에 종사하고 시골에서는 농사를 짓는 등, 15세기 이탈리아에서 선망의 대상이었던 이중의 삶을 살았다. 다 빈치 가문은 포도원과 과수원을 관리하는 만큼이나 정성스럽게 피렌체 지방에서 인맥을 형성하고 가문에 유리한 결혼을 성사시켰다. 그리고 이를 통해 획득한 모든 이익으로 재산을 축적했다. 이들은 예전 세기에 상업이 성황을 이루면서 그 중요성이 크게 부각된 공증업에 종사했다. 계약서를 작성하고 협상 여부를 입증하고 환어음을 보관하고 지급을 거절하는 것이 공증인의 일이었다. 기록을 남기고 이를 보관하는 업무를 수행하면서 변호사, 회계사, 투자 중개인 등에 가린 채 상업의 수레바퀴에 윤활유 역할을 담당했다.

14세기에 활동했던 다 빈치 가문 사람들에게 피렌체는 매일의 생활이 이루어지는 터전이었고 정치와 상업의 중심지였던 반면, 빈치는 선조들의 집과 유산으로 물려받은 재산이 있는 곳인 동시에 여름에 도시의 더위를 피하는 장소였다. 하지만 빈치가 언제나 좋은 곳인 것만은 아니었다. 빈치는 피렌체의 영향력이 미치는 서쪽 접경에 자리했기 때문에 피렌체에 대항하는 적의 침입을 꽤나 자주 받았다.

다 빈치 가문에서 공증인으로 가장 유명했던 사람은 레오나르도의 증조할아버지 세르 피에로였는데, 그의 아들 즉 레오나르도의 할아버지인 안토니오는 아버지와는 성격이 매우 달랐다. 가족의 출생과 세례를 정확하게 기록한 것으로 후세에 잘 알려진 안토니오는 1372년에 출생했고, 아버지 밑에서 공증인 견습 생활을 했던 것으로 추정된다. 하지만 공증인이 되지는 않았다. 기록을 보면, 주로 빈치에서 생활하면서 소위 초기 르네상스 시대의 시골 신사의 분위기를 형성해 갔다.

매력적인 성격의 소유자였던 안토니오는 레오나르도의 어린 시절에 가족의 가장이었다. 필체로 볼 때 교육을 받았지만, 인정 많고 단순한 생활방식에 가치를 두었기 때문에 피렌체에서 스트레스를 받으며 직업에 종사하는 생활을 포기하고 지방 지주의 삶을 선택했다.

다 빈치 가문에 다시 한 번 변화가 일었다. 안토니오의 장남인 피에로가 '상업과 공증인'의 세계를 선망해서 그 길로 접어든 것이다. 활동적이었던 젊은 세르 피에로는 할아버지의 이름을 받고 그의 본을 받아서 피렌체 재계에서 할아버지에 버금가는 명성을 얻는 위치까지 부상할 것이었다.

야심차고 세련되지만 완전히 마음이 따뜻하다고는 볼 수 없는 피에로를 두고 사람들은 전형적인 다 빈치 사람이라고 말할지도 모르겠다. 하지만 다 빈치 가족의 또 다른 특징이기도 한 명상적이고 전원을 사랑하는 기질은 1436년에 출생한 안토니오의 막내아들, 프란체스코(Francesco)를 통해 이어졌다. 프란체스코는 아버지와 마찬가지로 공증인이 되려는 야심이 없었다. 사업에 가장 가까이 접근해 봤던 경험이랬자 약간 투기성을 띤 비단 생산 농업에 손을 댔던 것이 고작이었다. 또한 아버지와 마찬가지로, 빈치에서 가족 소유 농장과 포도원을 돌보며 평생을 살았던 것 같다. 레오나르도가 출생했을 당시 15살에 불과했던 매우 젊은 삼촌 프란체스코는 레오나르도의 어린 시절에 매우 중요한 인물이었다. 레오나르도는 자기 아버지보다 삼촌과 더욱 가깝게 지냈다. 아버지인 피에로는 늘 바빠서 항상 집을 비웠을 뿐만 아니라 자식에게 자상하게 관심을 기울이는 아버지가 아니었을 가능성이 크다. 게다가 슬하에 적출자를 많이 두었던 피에로는 임종 시에 레오나르도에게 아무런 유산도 남기지 않았다. 반면에 자식 없이 숨을 거둔 삼촌 프란체스코는 자기 소유의 토지 전부를 레오나르도에게 남겨 주었다.(피에로의 적출자들은 이 유산을 차지하기 위해 격렬하게 싸움을 걸어 왔다.)

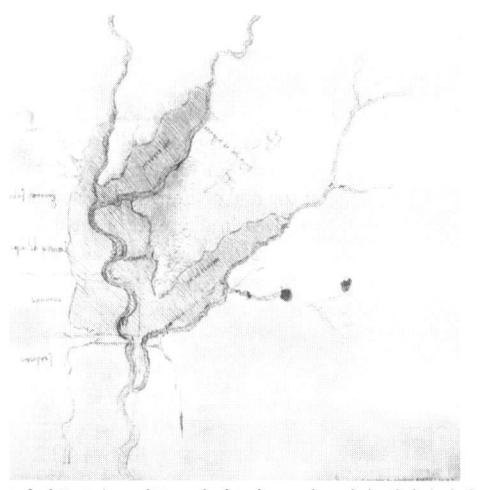
빈치 근처 가족 소유 토지를 그린 레오나르도의 스케치. 윈저성 왕립도서관

레오나르도가 태어난 가문은 이와 같았다. 이 가문은 독특한 성격을 가진 복잡한 개개인의 집합체였던 동시에, 르네상스 사회를 대표하는 도시와 전원, 활동적인 면과 명상적인 면의 두 가지 측면을 실생활에서 나타냈다. 당대의 수많은 작가와 화가들은 적어도 로마 시인 호레이스(Horace) 시대 이후로 이런 두 가지 상대적인 장점을 자신의 작품에 반영했다. 두 가지 측면을 레오나르도의 삶과 작품에서 찾아보는 일 또한 어렵지 않다. 레오나르도는 성인기의 대부분을 도시에서 보냈다. 부분적으로는 직업상의 필요 때문이었지만 그 이유가 전부는 아니었다. 그러나 전원과 전원의 분위기에 대한 레오나르도의 사랑은 그림과 글에 분명하게 드러난다.

다 빈치 집안의 유전적 성향은 상당히 세밀하게 묘사해 낼 수 있어서, 레오나르도 일가의 사회적, 문화적, 물질적, 심지어 심리적 환경까지도 파악이 가능하다. 하지만 이는 레오나르도가 소유한 유전적 특성의 절반만을 설명할 뿐이다. 다 빈치 집안과는 달리 레오나르도의 어머니에 대해서는 거의 알려진 것이 없다. 레오나르도의 성장기 이야기 속에도 어머니의 존재는 짙은 베일에 가려 있다. 그러나 사람들은 레오나르도의 그림을 볼 때, 마치 그에 대한 비밀이 그림 속에 숨겨져 있기라도 하듯, 어둠에 속하면서도 빛을 발하는 곳으로 마음이 끌리게 된다.

어머니 카테리나

아이가 자궁에 있는 동안에는 심장도 뛰지 않고 폐도 움직이지 않는다. 자궁은 물로 가득 차 있기 때문에 숨을 쉬려 하는 즉시 익사할 것이기 때문이다. 아이의 생명을 이어주는 것은 어머니의 호흡이고, 어머니의 심장 박동이다.

해부학 MS C_2, fol. 11r

빈치에 봄기운이 완연했다. 젊은 여인은 첫아이를 출산할 준비를 갖췄다. 레오나르도가 출생했던 1452년 초까지 그의 어머니에 대해 후세에 알려진 것은 매우 간단한 사실뿐이었다. 그녀의 이름은 카테리나(Caterina)였고, 20세가량이었다. 세르 피에로 다 빈치의 아이를 임신했지만 피에로는 그녀와 결혼할 생각이 없었거나 결혼할 수 없는 상황에 처해 있었다.

카테리나는 통상 '농부의 딸'이나 '하녀' 정도로 묘사되고 있다. 그녀의 배경에 대해서는 여러 가지 설이 존재하지만, 공통적인 추측은 그녀가 가난한 하층계급 출신이었기 때문에 피에로가 결혼할 수 없었다는 것이다. 이 추측은 옳을 수도 있지만 유일한 이유가 아닐 수도 있다. 좀 더 설득력 있는 주장은 피에로에게 이미 약혼녀가 있었다는 것이다. 피에로는 레오나르도가 출생한 지 겨우 8개월 남짓 만에 부유한 피렌체 공증인의 딸인 알비에라(Albiera)와 결혼했다. 당시 알비에라의 나이는 16세였다. 재정적인 상속을 보장하는 이 결혼은 사전에 계획되어 있었을 가능성이 크다. 다 빈치 가문이 속한 공증인의 세계에서는 임신한 카테리나를 버리는 데 있어 계급 문제 못지않게 계약상의 문제가 중요했을지도 모른다.

카테리나의 출신이 무엇이었든지 간에 레오나르도가 두 사람의 열정으로 빚어진 아이였다는 사실만은 틀림없다. 그 열정이 일순간의 정욕에 불과했는지, 피에로가 진정으로 카테리나를 사랑했지만 어쩔 수 없이 다른 여성과 결혼했어야 했는지는 알 길이 없다. 레오나르도는 1507년경에 그린 해부 스케치 위에 이렇게 적었다. '공격적이고 불안한 상태에서 성관계를 맺은 남성은 성급하고 신뢰할 수 없는 성격의 아이를 낳을 것이다. 그러나 두 사람의 사랑과 욕구로 성관계가 이루어졌다면 그 아이는 지적이고 재치 있고 생동감에 넘칠 뿐만 아니라 사랑스러울 것이다.'[1] 셰익스피어의 「리어왕」에서 서자인 에드먼드도 같은 말을 했듯이, 이는 당대의 전통적인 생각이었다. 하지만 레오나르도는 이것을 특별히 자신의 수태와 관계시켜 생각했을 것이다. 그렇다면 사랑이 없는 남녀의 결합으로 태어난 성급한 성격의 아이들은, 레오나르도가 이 메모를 남겼던 해에 그를 치열한 법정 소송에 말려들게 했던 한참 어린 나이의 이복형제들을 가리켰는지도 모를 일이다.

'나의 첫 기억'

어린 시절에 대한 레오나르도의 첫 기억은 어머니에 관한 것도, 아버지에 관한 것도 아니었다. 바로 새에 관한 것이었다. 수십 년이 흘러 50대 초반에 접어든 레오나르도는 자신의 영구 탐구주제인 새의 비상(飛上)에 대해, 특히 꼬리가 두 갈래로 갈라진 붉은색 솔개인 밀부스 불가리스(Milvus vulgaris, 새의 학명으로 영국에서는 kite로 부른다.―옮긴이)의 비상 형태에 대해 메모를 남길 때 불현듯 기억 속에 솟아오른 생각을 종이의 맨 위에 재빨리 적었다.

> 이처럼 솔개에 대해 매우 특별하게 기록하는 것이 내 숙명인 것 같다. 어린 시절에 대한 첫 기억을 더듬어 보면, 솔개가 요람에 누워 있는 내게 와서 꼬리로 내 입을 벌리고 입술 안쪽을 몇 번이나 쳤던 것 같다.[2]

이 야릇하고 짧은 광경이 정말 레오나르도의 말처럼 '기억'인지, 아니면 환상인지에 대해서는 오랫동안 논란이 일었다. 만약 환상이라면 레오나르도에 대해 정신의학적인 연구를 수행하는 사람들은 그 환상이 그의 삶 중 어느 시기에 속하는지를 놓고 논쟁이 끊이지 않을 것이다. 정말 어린 시절에 일어났던 일이었을까? 어린 시절 꿈이나 악몽이 너무 생생해서 마치 실제 일어난 일처럼 여겨지는 것일까? 아니면 성인기의 환상이 어린 시절에 투영되었을까? 그런데 이 추측들 중 어느 쪽이 요람에 누워 있는 아이가 아닌 1505년 중년에 이른 레오나르도에게 더 적합할까?

솔개가 빈치 지방 몬트 알바노의 상공을 날아다니는 것은 흔하게 볼 수 있는 광경이었다. 요즈음도 운만 따른다면 목격할 수 있다. 솔개를 알아보지 못하는 경우는 없을 것이다. 길고 끝이 두 갈래로 갈라진 꼬리, 넓고 우아하게 곡선을 그리며 휘어진 날개, 부드럽지만 강렬한 황갈색 몸체에, 날개 끝과 꼬리 깃털이 하늘색 광채로 빛나기 때문이다. 이탈리아에서는 독수리로 부르지만, 새의 외형을 하고 하늘을 빙빙 돌며 날기 때문에 영어로는 인간이 만든 연에 빗대어 부른다. 굶주린 솔개는 몸을 웅크리고 달려들어 음식을 낚아채기도 하기 때문에 요람 속의 아기를 놀라게 할 수도 있었을 것이다. 하지만 레오나르도의 이상한 기억은 실제로 일어난 것이 아니라 일종의 환상으로 무의식 중에 정교하게 구성되었을 가능성이 높다.

레오나르도의 말 자체만으로도 환상일 수 있다는 점이 암시되어 있다. 레오나르도가 그 사건을 기억이라 부르기는 했지만 초기 기억에 대한 불확실성이 드러나고, 진정한 회상이라 하기에는 모호한 특성이 두드러지기 때문이다. 레오나르도가 간직한 최초의 기억은 솔개가 자신에게 온 것 '같았다'였다. 그는 자기 마음속에는 잠재되어 있지만 이성 면에서는 명확하지 않은 무언가를 움켜쥔 것이다. 레오나르도는 그 사건이 실제로 일어났다고 생각했지만 아마도 일어나지 않았을 것이다. 그는 이보다 앞서 쓴 문장에서 이미 '같다'는 표현을 사용했다. 솔개를 연구하는 것이 '내 숙명인 것 같다.' 여기서 '숙명'이란 단어 또한 눈여겨볼 만하다. 문맥대로라면 보통 사람은 이를 숙명이라 부르지 않고, 충동이나 집착이라 불렀을 것이기 때문이다. 레오나르도는, 그 무엇 때문에 계속해서 새에게로 돌아와 특히 새에 대해 기록하게 된다고 말했다. '숙명'이란 단어는 의식적인 의지가 아니라는 의미와 뭔가 숨겨진 과정이 진행 중이라는 의미를 함축한다.

어떤 의미에서 솔개에 대한 레오나르도의 생각은, 1505년 무렵 인간의 비행에 대해 새롭게 관심을 가지게 된 것과 명확한 관련이 있다. 현재 투린에 소장되어 있는 '새의 비상에 대해서(On the Flight of Birds)'란 원고를 완성한 것도 바로 이 시기였다. 이 원고에는 다음과 같은 유명한 말이 적혀 있다. '커다란 새가 거대한 체제로(Great Cecero)의 등 위로 첫 비상을 할 것이다. 온 우주를 경이로 채우며, 온 역사를 명성으로 충만하게 하며, 자신이 태어난 둥지에 영원한 영광을 돌리며.'[3] 이 말은 레오나르도가 피렌체 북쪽 피에졸레(Fiesole) 근처 몬테 체체리(Monte Ceceri)의 정상에서 비상 기계나 '거대한 새'의 시험비행을 계획했다는 의미로 이해되고 있다. 그러므로 레오나르도가 인간도 하늘을 날 수 있으리라는 가능성에 온통 정신이 쏠려있을 때 솔개에 대한 기억이 떠오르면서 인간의 비상을 향한 개인적인 욕망을 표현하게 된 것이다. 솔개는 레오나르도에게 날아와서, 아직 요람에 있는 그에게 '숙명'을 보여주었다.

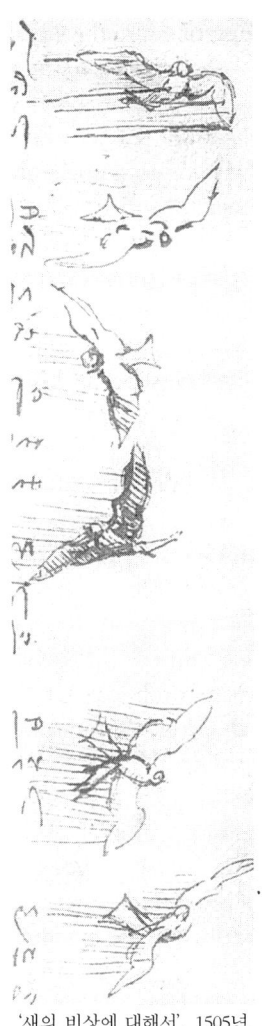

'새의 비상에 대해서', 1505년. 투린 코덱스

레오나르도의 솔개 환상에 대해 최초로 심리학적 연구를 수행한 사람은 프로이트였다. 프로이트는 1910년 출간한 『레오나르도 다 빈치의 어린 시절 기억A Childhood Memory of Leonardo da Vinci』에서 레오나르도의 새 이야기를, 그 속에 무의식적인 의미와 기억이 함축되어 있는 꿈으로 분석했다. 프로이트는 새 이야기에서 가장 중요한 점은 유아 시절 레오나르도와 어머니의 관계라고 주장했다. 특히 요람이 개입된 꿈이나 환상은 어머니에 대한 감정과 관련이 있다는 결론은 귀중한 심리분석학적 통찰력에 따른 것이다.

프로이트는, 솔개가 꼬리를 자신의 입에 집어넣었다는 레오나르도의 말은 어머니의 젖을 먹었던 기억이 잠재해 있는 데서 비롯된 것이라 했다. '환상 속에 감춰져 있는 것은 어머니의 젖을 빨았던 기억이다. 이는 레오나르도가 다른 화가들과 마찬가지로 자신의 붓을 사용해 표현한 인간적인 아름다움의 한 장면이다.'〔프로이트는 1480년대 말 레오나르도가 밀라노에서 그렸던 '리타의 성모(Litta Madonna, 239쪽 참조)'에 대해 이렇게 언급했다.〕 어머니의 젖을 빨았던 기억은 '인간의 삶에서 누릴 수 있는 첫 번째 쾌락'이고, 이에 대한 인상은 '인간에게 각인되어 잊히지 않는다.' 그러나 솔개의 꼬리가 어머니의 젖꼭지를 상징한다는 프로이트의 생각은 진실과는 거리가 멀 수 있다. 레오나르도의 환상이 단지 유아기의 안정감만을 표현한 것이 아니기 때문이다. 레오나르도의 환상은 그 느낌 자체가 매우 다르다. 새의 행동은 위협적이고 침입적이며 충격적이다. 그러므로 이 환상은 어머니에 대한 레오나르도의 감정 자체에 애증이 교차한다는 뜻이고, 어머니의 거부나 적개심에 대한 두려움이 침울한 연상(聯想)으로 표현된 것인지도 모른다. 레오나르도가 두 살이 되던 1454년에 카테리나의 첫딸이 태어났다. 레오나르도는 새로운 아기의 출현을 어머니의 애정을 앗아가는 재앙의 근원으로 받아들이기 쉬운 나이였다. 또는, 솔개 꼬리의 불온한 움직임이 남근의 상징으로 아버지와의 위협적인 경쟁심을 나타낸다고도 한다.(이는 프로이트의 해석에 좀 더 가깝다.)

프로이트는 이런 인식을 레오나르도의 성장에 대한 자신의 지식에 적용했다. 지식이래야 우리가 지금 알고 있는 만큼도 되질 못하지만 말이다. 프로이트는 이렇게 주장했다. '환상을 분석해 보면 레오나르도는 자신의 삶에서 중요한 몇 년 간을 아버지와 의붓어머니가 아닌 가난하고 버림받은 생모와 함께 지낸 것 같다.' 이처럼 결정적으로 중요한 유아기에 받은 '특정 인상은 마음속에 고정되게 마련이고, 이때 바깥세상과 반응하는 방식이 형성된다.' 레오나르도에게 형성된 인상은 정확하게는 아버지의 이질성이었다. 아버지인 세르 피에로는 항상 집에 없었고, 어머니와 자식 간의 끈끈한 관계의 경계 밖에 머물렀다. 그러면서도 어머니와 자식 사이의 관계에 위협으로 존재했기 때문에 언제고 분열을 일으킬 소지를 안고 있었다. 그러므로 솔개 환상은 어머니가 주는 편안함과 아버지에게서 느끼는 위협 사이의 초기 긴장을 암시하는 동시에 후에 발생할 긴장을 예고하는 복선이라 할 수 있다. '아이였을 때 어머니를 원하는 사람은 누구라도 자신을 아버지의 위치에 놓고, 상상 속에서 자신을 아버지와 동일시하며, 그 후로는 아버지보다 우월해지는 것을 삶의 임무로 삼는다.'[4] 솔개에 대해 메모를 했던 시기가 1504년으로 아버지가 사망한 시기와 거의 맞아 떨어진다는 사실이 의미심장할 수도 있다.

레오나르도가 솔개 환상에 대해 쓴 글은 더 있다. 이 글에서는 민속학적 맥락에서 솔개를 부러움이나 질투와 관련짓는다. '솔개는 둥지에 있는 자기 새끼가 지나치게 뚱뚱해지면 질투가 일어나 자기 부리로 새끼 옆구리를 쪼면서 먹이를 주지 않는다고 한다.'[5] 이 글은 레오나르도의 '동물 우화집'에서 발췌한 것으로 1490년대 중반 레오나르도가 밀라노에 거주할 때 사용했던 작은 노트에 기록되어 있다. 그러므로 레오나르도가 이 글을 쓴 시기는 솔개에 대한 '기억'을 쓰기 수 년 전이다. 이 글에서도 솔개와 아이의 관계가 존재하는데 핵심은 바로 부모 사랑의 철회이다. 솔개는 둥지에서 어린 새끼에게 먹이를 주는 편안하고 든든한 존재여야 함에도 오히려 평온을 어지럽히는 적대적인 존재가 된 것이다. 솔개에 대한 기억에서 새가 꼬리로 아이를 '친 것'처럼, 이 글에서도 솔개가 부리로 새끼를 '쪼았다.' 그러므로 이 글은 먹이를 주는 자에서 파괴자로 변해 버린 어머니에 대한 두려움으로 해석할 수도 있고, 어머니의 애정을 둘러싸고 적대적인 맞수가 된 아버지에 대한 두려움으로 해석할 수도 있다. 또 한 번 솔개는 레오나르도를 어린 시절 겪었던 공포와 긴장의 영역으로 이끌어 간 셈이다.

이런 심리학적인 기조는 레오나르도의 신비스런 작품, '레다와 백조(Leda and the Swan)'에서도 찾아볼 수 있다.(컬러삽화 29) 현재 그림은 남아 있지 않지만 레오나르도의 준비 단계 스케치와 그의 제자나 추종자들의 손을 거친 본격적인 규모의 모작을 통해 부분적으로 재건해 볼 수 있다. 가장 초기 스케치의 연대는 1504~1505년으로, 솔개에 대한 메모가 등장하는 시기와 같다. '레다와 백조'의 주제는 고전 신화에서 따왔다. 스파르타 공주인 레다와 사랑에 빠진 주피터 또는 제우스가 백조로 변신해서 레다를 수태시킨다. 둘의 결합을 통해 두 쌍의 쌍둥이, 카스토르(Castor)와 폴룩스(Pollux), 헬렌(Helen)과 클리템네스트라(Clytemnestra)가 태어난다. 그들은 그림에서 말 그대로 알에서 부화한다. 백조와 어머니, 껍질을 깨고 이상하게 부화한 반은 새인 아이들은 솔개 환상의 영역에 다시 한 번 찾아드는 것 같다.

알에서 부화한 새 아이들. 우피치 미술관에 소장된 '레다와 백조'의 부분

 루브르에 소장되어 있는 '성 안나와 함께 있는 마리아와 아기 예수 (Virgin and Child with St Anne)' 또한 솔개 이야기와 관련이 있다. 이 작품은 레오나르도 말년인 1510년에 그려졌고, 1501년에는 준비 단계의 실물 크기 밑그림 형태로 존재했다. 그림의 명백한 주제는 모성애이다. 이 그림에서는 마리아와 거의 같은 나이로 묘사되어 있지만 성 안나는 마리아의 어머니이다. 그러므로 그림은 레오나르도의 어릴 적 생모, 의붓어머니, 할머니 세 사람과 레오나르도의 뒤얽힌 관계를 반영하는 것 같다. 프로이트의 추종자였던 오스카 피스터(Oskar Pfister)가 신기하게도 성모마리아의 가운 내지는 망토 주름에 감추어져 있는 '숨은 새'를 발견하기 전까지는 그렇게 설명할 수도 있었을 것이다. 새가 서 있는 방향으로 그림을 돌려서 보면 새의 모습을 가장 잘 포착할 수 있다. 일단 새의 모습을 확인하고 나면 확실히 그 자리

루브르 박물관에 소장된 '성 안나와 함께 있는 마리아와 아기 예수'에서 오스카 피스터는 숨은 새를 찾아냈다.

에 있는 것 같아 보인다. 그러나 (레오나르도에게 주입된 어린 시절의 기억과 마찬가지로) 그 새는 정말 거기 존재하는 것일까? 피스터가 그림에서 보았던 것은 이랬다. '앞쪽 여성(성모마리아)의 엉덩이 부위를 휘감고 허벅지와 오른쪽 무릎으로 뻗은 푸른색 옷감을 따라가면 독수리 특유의 머리와 목, 그리고 몸통이 시작되는 예리한 곡선을 볼 수 있다.' 그는 성모마리아의 발까지 늘어진 옷감을 새의 날개로 보았다. 옷감의 또 다른 자락은 '위쪽 방향을 향해 성모마리아의 어깨와 아기에게 놓인다.' 여기서 피스터는 '깃털의 윤곽을 닮아 사방으로 퍼져나간 선'으로 이루어진 새의 '좍 펼쳐진 꼬리'를 보았다. 그리고 정말 기이하다 싶을 정도로 '정확하게 레오나르도의 환상으로

가득 찬 어린 시절 꿈에서와 마찬가지로' 꼬리는 '어린아이 즉 레오나르도 자신의 입을 향해 있다.'[6]

피스터가 명명한 이 '그림 퍼즐'에 대해서는 세 가지 설명이 가능하다. 첫 번째 설명은 레오나르도가 고의로 그곳에 새를 그렸다는 것이다. 두 번째 설명은 모성애에 대한 자신의 생각 때문에 무의식적으로 새의 형체를 투영했다는 것이다. 세 번째 설명은 그저 선과 그림자의 배열이 우연히 새 모양을 나타냈을 뿐으로, 이는 레오나르도가 30여 년 동안 갈고 닦았던 화가로서의 놀라운 기술을 발휘한 아름다운 옷자락에 불과하다는 것이다. 가장 안전한 설명은 두말할 여지없이 세 번째 것이다. 오직 안전만을 추구한다면 말이다.

새가 요람에 누워 있는 자신에게 날아 왔다는 레오나르도의 첫 기억은, 모성애와 그것을 잃은 데 대한 감정, 그리고 기계를 이용한 비상을 통해 당당하게 하늘을 날아 보려는 야망이 서로 얽힌 것으로, 수년에 걸쳐 레오나르도의 머릿속에 메아리쳤다. 마치 그 기억을 통해, 반쯤은 기억에 의존하고 반쯤은 상상에 의존한 하늘의 방문객을 다시 맞이할 듯이 말이다.

방앗간에서

바로 빈치 외곽에 자리하고, 오른쪽으로는 피스토이아(Pistoia)를 향해 북쪽으로 길이 나 있는 곳에, 일 몰리노 델라 도치아(Il Molino della Doccia)라는 이름의 커다란 석조 건물이 서 있다. 지금은 개인 집이지만 얼마 전까지만 해도 올리브 방앗간이었다. 레오나르도는 이곳에서 올리브기름 짜는 기계를 신속하면서도 정확하게 스케치했다. 레오나르도가 이 스케치를 그린 시기는 1504년 또는 1505년으로 솔개에 대한 메모를 남겼던 시기와 일치하고, 아마도 집을 방문하러 오는 길이었을 것이다. 이 스케치에도 어린 시절에 대한 회상이 들어 있다. 레오나르도는 몰리노 델라 도치아에 서서 어린 시절에 보았던 광경과 그때 맡았던 냄새에 파묻혔다.

레오나르도는 시골 소년이었다. 캠포 제피(Campo Zeppi)에 있는 의붓아버지의 소유지에서인지, 빈치 근처 할아버지 소유의 소박한 규모의 농장에서인지는 확실치 않지만, 레오나르도는 시골 생활에 흠뻑 빠져 어린 시절을 보냈다. 과수원에서, 밭에서, 포도원에서, 올리브 숲에서, 밭을 갈고, 도랑을 파고, 씨를 심고, 추수를 했다. 올리브유는 와인 이상으로 투스카니 지방을 대표하는 전형적인 상품이었다. 올리브유는 요리에 사용되는 것 외에도 램프에 불을 밝히기 위한 연료로, 윤활유로, 약이나 연고로 사용되었고, 이밖에 다양한 용도로 활용되었다. 빈치를 비롯한 많은 장소에서 올리브 추수는 온 마을 사람이 참가하는 커다란 행사였고, 현재까지도 투스카니 마을의 생활에서 특별한 자리를 차지한다. 10월 초가 되면 옛 마을들은 올리브를 추수할 시기가 되었다고 선포하지만 사실 올리브 수확은 10월부터 12월 초 사이 몇 주간에 걸쳐 이루어진다. 사람들은 강가를 따라 풍성하게 자란 갈대 가지로 기다란 막대기를 만들어, 이것으로 올리브 열매를 때려 떨어뜨렸다. 레오나르도의 '예언(의 형태를 빌린 수수께끼)'에는 올리브 추수의 이미지도 포함되어 있다. '그것은 우리에게 음식과 빛을 주고 하늘에서 쏟아져 내릴 것이다.' 이 수수께끼의 답은 '올리브 나무에서 떨어지는 올리브' 이다.[7] 이렇게 수확된 올리브 열매는 광주리에 담겨 몰리노 델라 도치아 등과 같은 올리브 방앗간으로 보내진 후 빻이거나 압축된다. 요즈음의 올리브 방앗간은 물이

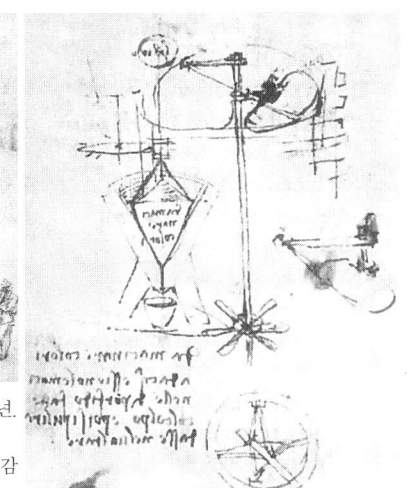

왼쪽 '노동하는 사람들 습작' 부분. 1506~08년.
윈저성 왕립도서관
오른쪽 빈치 지방의 올리브 압축기를 통해 영감을 얻은 물감 빻는 기계. 코덱스 아틀란티쿠스

나 동물의 힘이 아닌 전기로 움직이지만, 아직도 일부 방앗간에서는 레오나르도 시절에 사용했던 맷돌로 올리브 열매를 갈고 비틀어 압축하는 전통적인 방법을 사용한다. 하지만 어느 쪽이건 간에 올리브 방앗간 특유의 눅눅하고 향기로운 공기, 미끈미끈한 바닥, 병마다 담겨 있는 여린 녹색의 기름 등은 여전히 변함이 없다.

몰리노 델라 도치아에 있는 올리브 압축기를 그린 스케치 옆에는 틀림없이 이를 통해 영감을 얻어 고안했을 좀 더 복잡한 장치가 그려져 있는데, 레오나르도는 이 장치에 '물의 힘을 이용한 물감 갈기'라는 제목을 붙였다. 이를 통해 당시 화가들이 열매와 땅의 소출을 사용해 작품 활동을 했다는 사실을 알 수 있다. 화가들은 식물, 나무껍질, 흙, 광물 등에서 물감의 재료를 얻었는데, 그림에 사용할 수 있는 가루 물감을 만들기 위해 이 재료들을 빻았다. 화실 도제들이 절굿공이와 분쇄기를 사용해 '물감을 빻았다'는 기록이 자주 등장하는 것도 이 이유 때문이다. 레오나르도가 스케치한 장치는 바로 이런 기능

을 하는 기계 장치였다.

올리브 방앗간에서 올리브를 처리하는 과정과 화가가 작업장에서 물감을 처리하는 과정은 연관성이 있다. 특히 레오나르도가 유화에 출중한 재능을 소유했다는 사실을 기억한다면 그 연관성은 더욱 강하다. 그림에 가장 빈번하게 사용된 기름은 아마인(亞麻仁)기름과 호두기름이었다. 레오나르도는 평생에 걸쳐 여러 가지 서로 다른 재료를 섞는 실험을 해서, 물감에 테레빈유(油)(소나뭇과 식물의 수지에서 얻음—옮긴이), 빻은 겨자씨 등을 다양하게 섞었지만, 주로 사용한 것은 아마인기름과 호두기름이었다. 두 기름은 모두 올리브유(너무 걸쭉하기 때문에 그림용으로는 일반적으로 사용하지 않았다.)를 제조할 때와 같은 종류의 기구를 사용해서 같은 방식으로 생산되었다.

여기서도 어린 시절과의 연관성을 찾을 수 있다. 빈치에 위치한 올리브 방앗간은 빻고 압축하는 작업이 이루어지며 신선한 기름 냄새가 진동하는 화가 작업장의 원형이었다.

레오나르도는 아이였을 때 전원에 살면서 꽃버들의 어린 줄기를 가지고 바구니 짜는 작업을 분명히 지켜보았을 것이다. 이렇게 제작된 바구니는 그 지역의 특산품이었다. 일대에는 꽃버드나무가 풍부했고, 이 나무는 빈치라는 이름과도 직접적인 관계가 있었기 때문에, 버들 공예는 각별한 관심의 대상이었다. 빈치는 정확하게 꽃버들을 나타내는 옛 이탈리아어인 빈코(vinco, 라틴어 vincus)에서 비롯되었고, 빈치를 통과해 흐르는 빈치오(Vincio) 강의 뜻도 '꽃버들이 자라는 곳의 강'이다. 이들의 어원이 되는 라틴어 'vinculus'는 '결속, 매듭'의 뜻으로, 꽃버들 가지가 매듭에 사용되었던 사실과 연관된다.

레오나르도는 빈치 지역의 버들 세공 공예를 개인적인 상징으로

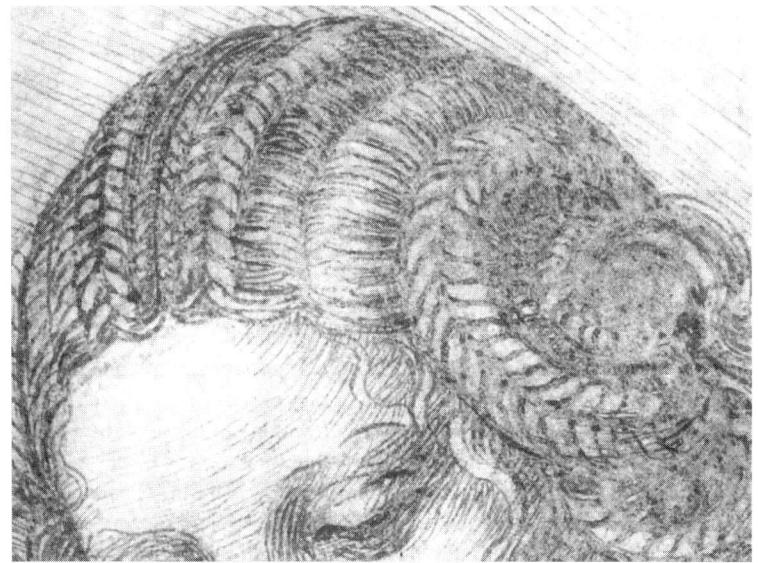

위 섞어 짜기. 중앙에 '아카데미아 레오나르디 빈치(Academia Leonardi Vinci)'라고 적혀 있다. 밀라노 암브로시아나 도서관
아래 레다(Leda)의 머리를 위한 습작에서의 땋은 머리. 원저성 왕립도서관

삼았다. 이것이 레오나르도의 '로고'라고까지 말하는 사람도 있다. 그는 복잡하게 서로 엮여 짜인 무늬를 디자인했고, 이를 새긴 작품이 현재까지 남아 있다. 이 작품은 1500년 직후 베네치아에서 완성됐고, 중앙에 '아카데미아 레오나르디 빈치(Academia Leonardi Vinci)'라고 적혀 있다. 빈치가 꽃버들을 뜻하므로, 이것이 의도적인 언어유희라는 사실을 알 수 있다. 당시 버들 세공은 여자의 일로 생각되었기 때문에 아마도 어머니인 카테리나 역시 이 일에 종사했을 것이다. 그러므로 레오나르도는 어머니가 물에 젖은 버들 줄기로 바구니를 짤 때의 노련한 손놀림을 흉내 내며 종이 위에 매듭 장식을 그렸을 것이다. 1482년 경 자신의 작품 목록을 작성하면서 '매듭 그림 여러 점'이라 기록한 것으로 보아 피렌체에 거주할 때 이런 종류의 고안을 여러 점 그린 것으로 추정된다. 이 정교하게 얽히고설킨 무늬는 '모나리자(Mona Lisa)'와 '흰 담비를 안은 부인(Lady with an Ermine)'의 옷에 있는 장식무늬, 땋은 머리카락, 물결치며 흐르는 물, 밀라노에 있는 살라 델레 아세(Sala Delle Asse)의 프레스코화(301쪽)에 그려진 서로 엉킨 나뭇잎 등에도 나타난다. 조반니 파올로 로마조(Giovanni Paolo Lomazzo)는 살라 델레 아세의 프레스코화에 대해 이렇게 기록했다. '나무를 보면 레오나르도가 고안한 아름다운 무늬를 찾을 수 있다. 그는 온갖 나뭇가지로 다양하고 특이한 매듭 무늬를 만들었다.'[8] 이런 매듭 무늬의 고안을 '바구니처럼 짜다'라는 뜻의 동사(canestrare)를 사용해서 표현한 것을 보면, 로마조는 분명히 매듭 무늬와 버들 세공의 기본적인 연관성을 파악하고 있었다.

동물과의 대화

인간은 말하는 위대한 힘을 소유했지만, 인간이 하는 말이란 대개 헛되고 그릇될 뿐이다. 반면에 동물은 말하는 힘을 거의 소유하지 않았지만, 그 하는 말은 유용하고 진실하다.

파리 MS F, fol. 96v

오래된 양가죽 위에 앉아 졸고 있는 개, 포도원에 널려 있는 거미줄, 가시나무 수풀 사이에 앉은 검은 새, 수수 낟알을 옮기는 개미, 작은 자기 집 안에서 족제비에게 포위당한 쥐, 부리로 도토리를 물고 높다란 종탑 꼭대기까지 날아오르는 까마귀. 이처럼 시골에서 찾아볼 수 있는 온갖 생명체에 대한 아름답고 구체적인 이미지는 레오나르도가 1490년대 초 밀라노에서 쓴 우화에 표현되어 있다. 이런 우화는 시골에 내려오는 민간전승의 풍부한 광맥을 언어로 구현한 것이다. 종류 면에서는 확실히 이솝 풍이지만(레오나르도가 읽었던 서적 목록에 이솝우화도 포함되어 있었다.) 상세한 묘사와 말투에서는 레오나르도의 독창성이 돋보인다. 레오나르도의 우화에서 동물, 새, 곤충은 모두 자신의 목소리를 가지고 각자의 이야기를 풀어놓는 이야기꾼들이다. 레오나르도의 '예언'을 들여다보면, 솔개 환상처럼 우화도 레오나르도의 꿈과 연관성이 있는 듯하다. '당신은 모든 종의 동물과 말을 하게 될 것이고, 그러면 동물들은 인간의 언어로 당신과 말을 할 것이다.'

전원에서 외롭게 성장하는 아이가 동물에게 강한 애착을 느끼는 것은 그다지 특이한 일이 아니다. 또한 일단 동물이 아이 삶의 일부분이 되고 나면, 둘이 서로 오랫동안 떨어져서는 결코 행복할 수 없다. 레오나르도가 동물을 사랑했음은 이미 널리 알려진 사실이다. 바사리는 이렇게 말한다.

> 레오나르도는 온갖 종류의 동물을 보며 특별한 기쁨을 느꼈다. 그는 놀라운 사랑과 인내로 동물을 대했다. 예를 들어, 길을 지나다가 새를 팔고 있는 상인을 보면, 손수 새장에서 새를 꺼내 들고 상인이 부르는 대로 값을 지불하는 일이 자주 있었다. 그러고는 새를 공중으로 날려 보내 새들에게 잃어버렸던 자유를 돌려주었다.

레오나르도가 채식주의자였던 것도 동물 사랑과 관련이 있다. (레오나르도가 평생 채식주의자였는지는 알려지지 않았지만 말년에는 확실했다.) 레오나르도와 아주 가까운 친구 중 하나였던 괴짜 토마소 마시니(Tommaso Masini)는 '레오나르도는 어떤 이유에서라도 벼룩조차도 죽이지 않을 것이다. 죽은 짐승의 가죽을 입는 것이 싫어서 면 옷을 입었다.'[9]고 말했다.

레오나르도의 우화와 예언을 보면 동물들이 겪는 고통에 그가 지극히 예민하게 반응했다는 사실을 알 수 있다. 하지만 동물 사랑이 감상으로 흐르지는 않았다. 그가 그린 해부도에는 곰 발바닥에서부터 소의 자궁에 이르기까지 수많은 동물들의 부분을 그린 습작이 포함되어 있다. 이는 의심할 여지없이 스스로 동물들을 해부한 결과이다.

바사리에 의하면 레오나르도는 언제나 말을 키웠다. 이 자체로는 놀라울 것이 없다. 르네상스 시대 이탈리아에서는 매우 가난한 사람을 제외하고는 누구나 말을 키웠기 때문이다. 그러므로 바사리가 이에 대해 언급했을 때는 그 정도가 보통 이상이었기 때문이었을 것이다. 스케치북에 남아 있는 말의 아름다운 습작만 보아도 짐작할 수 있듯이, 레오나르도는 특별한 말 전문가였다. 가장 초기 스케치는 1470년대 후반 작품으로, 농장에서 보았을 평범한 말들의 수수한 이미지를 담고 있다. 풀을 뜯고 있는 말의 뒷모습은 깡마르고 약간 보기 흉하기까지 하다. 이렇듯 낭만적이지 못한 분위기는 황소나 당나귀를 그린 스케치에도 나타난다. 이 이후의 습작으로는, 배경에 많은 말과 마부가 등장하는 미완성 작품 '동방박사의 경배(1481~1482, The Adoration of the Magi)'를 위한 것들이 있다. 여기서 말의 모습은 더욱 동적이고 낭만적이다. 이들 초기 작품 중에서 말과 마부를 그린 엽서 크기의 작품이 2001년 7월 크리스티 경매에서 1천 2백만 달러에 낙찰되어, 데생으로는 세계 최고가를 기록했다. 한 해 전에, 부활한 예수를 그린 미켈란젤로의 데생이 세운 세계 기록과 같은 가격이었다. 레오나르도는 그 후에도 말에 대한 습작을 많이 남겼지만, 초기 피렌체 시기의 스케치가 가장 아름답다. 당시 레오나르도가 그렸던 말은 군사적인 임무를 수행하던 군마(軍馬)가 아니라 시골에서 보낸 어린 시절에 본, 수레를 끌던 땅딸막한 말이었다.

레오나르도는 말을 그리고자 하는 충동을 결코 멈출 수가 없었다. 윈저에 소장되어 있는 군대 전차를 그린 데생만 보더라도 그렇다. 데생의 핵심은 뾰죽하게 창이 박힌 바퀴, 대포 등이 장착된 가공할 만한 전차 자체에 있다. 하지만 레오나르도는 전차를 끌고 있는 말 두 마리에 개성을 부여했다. 두 마리 중 하나는 귀를 쫑긋 세우고 눈은 잔뜩 경계하는 표정을 지은 채 고개를 돌리고 있다. 마치 예상치 못한 존재의 등장에 놀라기라도 한 것처럼 말이다. 이 말들조차도 전투용 말이 아닌 농장용 말이다. 전차를 가리면 마차를 끌거나 밭을 가는 두 마리 말의 모습을 보게 된다.

영국박물관에는 놀랄 정도로 신선하고 자연스러운 분위기의 개 스케치가 소장되어 있다. 나는 그 개(분명히 암컷으로 보인다.)가 레오나르도가 키우던 개였다고 말하고 싶은 충동을 느낀다. 작은 체구에 부드러운 털이 난 테리어 종으로 지금도 이탈리아 전역에서 쉽게 볼 수 있는 종류이다. 스케치는 개의 특징을 아름답게 묘사했다. 개는 자진해서라기보다는 주인에게 복종하는 모양새로 앉아 있다. 주인의 비위를 맞추려는 듯 귀는 축 처져 있고, 입가에는 살짝 미소를 머금고 있지만 두 눈은 주인의 일시적인 명령이 아닌 보다 흥미로운 세계를 향한다. 레오나르도의 다른 데생들에도 매우 비슷한 개가 등장하는데 모두 다른 개이다. 1490년대 말부터 기록한 수첩에는 붉은 분필로 그린 개의 옆모습 스케치가 남아 있다. 이 스케치는, 유순하게 앉아 있는 개를 그린 영국박물관 소장 데생보다 20여 년 후에 완성된 작품이므로, 서로 다른 개라는 사실이 거의 분명하게 드러난 셈이다.

고양이는 레오나르도의 초기와 말기 데생에 모두 등장한다. 개와 마찬가지로 고양이 또한 레오나르도가 키우던 것이었다고 생각할 만한 충분한 근거가 있다. 키우지 않았다 해도 최소한 예로부터 인정을 받았던 쥐 잡는 능력 때문에라도 작업실에 두었을 것이다.

윈저에 소장되어 있는 유명한 고양이 데생이나 고양이 한 마리를 다양한 위치에서 그린 데생은 후기 작품 중의 하나로, 레오나르도가 로마에 체류했던 1513~1516년에 그린 것이다. 하지만 자세한 관찰을 거친 결과, 고양이 중 한 마리는 작은 용으로 밝혀졌다.

감히 바사리의 견해에 사족을 달아 보자면, 레오나르도는 말뿐만 아니라 개와 고양이도 늘 키웠다. 동물은 그의 삶의 일부였다.

동물 습작.
위 황소와 당나귀(1478~80. 윈저성 왕립도서관), 말과 안장을 얹지 않고 탄 마부(1481. 개인 소장). 피렌체 시기 그림을 위한 습작들이다.
아래 앉아 있는 개와 고양이 습작(1480. 영국박물관), 비례에 따른 개의 옆얼굴 연구(1497~99. 파리 MS I)

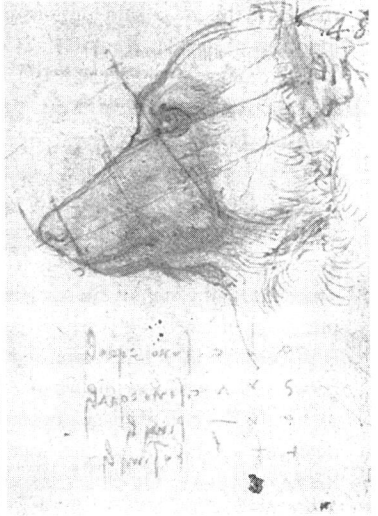

'눈의 성모마리아'

　시골 소년은 땅을 탐색했다. 그래서 자신이 살고 있는 곳을 구석구석 알았고, 언덕과 사람들의 발길이 닿지 않는 곳으로 이어지는 길까지 샅샅이 파악했다. 레오나르도는 '돌길 위로 아름다운 숲이 끝나는 약간은 가파른 지점'을 알고 있었다. '구르는 돌'이 가만히 있지 못하고 불안해하는 자신의 습성 때문에 매력적인 장소를 떠나게 되었음을 깊이 후회한다는 내용의 레오나르도 우화에 등장하는 장소이다.[10] 이 우화의 교훈은 '도시에서 살기 위해, 고독한 명상에 잠길 수 있는 생활을 떠나면' 후회하리라는 것이다. 레오나르도가 밀라노에서 이 글을 쓸 당시, 숲속에 굽이굽이 나 있는 돌길의 이미지에는 개인적인 그리움이 배어났다. 자신 또한 뒤에 남기고 떠나온 전원생활이 생각났던 것이다.

　레오나르도의 전원에 대한 사랑은, 광채를 발하는 신비한 경치를 배경으로 하는 그림, 식물, 나무, 숲의 탁월하고 정교한 데생 등 작품 전체에 나타난다. 또한 그의 노트에는 식물, 농업, 민속학 등 자연 세계에 대한 심오한 지식이 펼쳐져 있다. 여기에서 그는 말불버섯, 송로버섯, 뽕나무, 육두구나무, 쐐기풀, 엉겅퀴, 바꽃, 쑥 등을 포함하여 100종 이상의 식물과 40종 이상의 나무에 대해 설명했다.[11] 이렇듯 식물에 대한 상세한 지식은 그의 그림 속 자연에 대한 시적 묘사에 과학적인 엄밀함을 더해 줌으로써 그림의 차원을 한 단계 높였다.

　레오나르도는 『회화론』에서 화가가 전원으로 들어가 직접 체험하는 것이 중요하다고 강조했다. 르네상스 시대 화가들에게는 그다지 보편적인 창작태도가 아니었지만, 레오나르도는 이를 마치 순례처럼 생각했다. '도시에 있는 집을 떠나, 가족과 친구들을 뒤로 하고, 산과 계곡으로 가야 한다.' '격렬한 태양의 열기에 자신을 노출시켜야 한다.' 다른 화가의 그림이나 책에 등장하는 시적인 표현을 통해 모든 것을 간접적으로 습득한다면 작품 활동은 훨씬 수월할 것이었다. '이리저리 움직이지 않고 자신을 질병에 노출시키지 않으면서 시원한 곳에서 작품 활동을 할 수 있다면 더욱 편리한 동시에 피로감도 덜하지 않겠는가?' 하지만 그렇게 하면 자신의 영혼은, 눈이라는 '창문'을 통해 사람을 감동시키는 전원의 아름다움을 경험할 수 없다. '환한 장소에서 빛을 발하는 영상을 볼 수 없고, 그늘진 계곡도 볼 수 없을 것이다.'

또한 레오나르도는 자연을 경험하려면 홀로 있어야 한다고 주장했다. '홀로 있을 때는 철저하게 혼자여야만 한다. 만약 친구 한 명이 곁에 있다면 자신의 반은 없다고 봐야 한다.' 화가는 '사람들과 떨어져서 자연 물체의 형태를 연구해야 한다.' 화가가 '특히 눈앞에 계속적으로 모습을 드러내서 화가의 기억 속에 축적될 물체를 주의 깊게 연구하고, 이에 대해 깊이 생각해 보려면 반드시 고독한 상태에 있어야 한다.' 또한 다른 사람들은 고독을 향한 화가의 열망을 이해하지 못할 것이라고 경고했다. '다른 사람들은 당신을 미쳤다고 생각할 것이다.'[12]

레오나르도의 이 글은 1490년경에 작성되었고, 20년 후 코덱스 아틀란티쿠스에 수록된 '화가이자 철학자의 전원에서의 삶(The life of the painter-philosopher in the country)'이라는 제목의 짧은 글에 다시 등장했다. 레오나르도는 이 글에서 화가는 '친구를 없애야 한다.'고 다시 한 번 강조했다. 또한 화가가 반드시 계발해야 할 감수성에 대해 다음과 같은 훌륭한 말을 남겼다. '화가의 두뇌는 자신 앞에 펼쳐지는 물체의 변화에 따라 바뀌어야 하고, 온갖 근심으로부터 자유로워야 한다. …… 무엇보다 화가의 정신은 거울의 표면과 같아야 한다. 그래서 앞에 놓인 물체의 온갖 다양한 색채를 표현할 수 있어야 한다.'[13]

동물에 대해 품었던 깊은 애정과 더불어 외로이 생각에 잠기는 습관은 전원에서 보낸 어린 시절에 이미 뿌리내리기 시작했다. 근심으로부터 자유로운 정신, 기민한 감각, 마치 거울의 표면처럼 인상을 받아들이는 두뇌 등은 어린아이를 특징짓는 정신적 개방 상태를 상징하는 것으로 화가가 재창조하려고 노력하는 요소이다.

레오나르도가 그린 풍경이 뿜어내는 힘의 일부는 어린 시절 보았던 풍경에 대한 시적인 기억에서 비롯된다는 주장이 줄곧 제기되어 왔다. 레오나르도 자신 또한 『회화론』에서, 그림 속의 풍경을 보고 있자면 '한때 자신에게 즐거움을 안겨 주었던' 풍경에 대한 기억이 되살아난다고 말했다. 그 창작된 풍경을 통해 '울창한 푸른 나무가 만들어내는 부드러운 그늘 밑이나, 꽃이 만발한 초원에 서 있는 자신과 자신이 사랑하는 사람의 모습을 다시 한 번 볼 수 있다.'

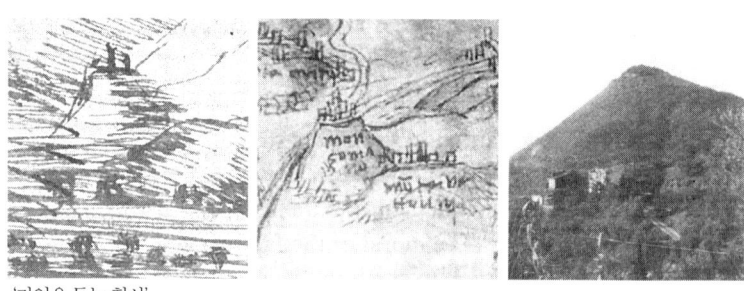

'기억을 돕는 형상'
(왼쪽에서 오른쪽으로) 1473년 레오나르도가 그린 빈치 근처 풍경의 몬수마노 부분. 우피치 미술관; 1503년 레오나르도가 그린 투스카니 지도의 몬수마노 부분. 윈저성 왕립도서관; 몬테베톨리니 (Montevettolini) 근처에서 본 몬수마노 풍경

풍경과 기억과의 관계를 매우 자세하게 표현한 초기 작품으로는 현재 우피치 미술관에 소장된 펜과 잉크를 사용한 풍경화가 있다.(컬러삽화 2) 실제 크기는 7과 2분의 1×11인치(19×28센티미터)로 A4 용지보다 약간 작지만, 구성이 탁월한 작품이다. 깎아지른 듯 가파른 바위투성이 언덕과 물에 잠긴 광활한 평지가, 지평선 위에 당당히 자리 잡은 언덕 쪽으로 마치 파노라마처럼 이어진다. 현장에서 펜을 사용해 스케치한 것으로 보이는 이 작품은 손놀림이 빠른데다가, 암시적이고 인상주의적인 요소를 포함하고, 때로는 거의 추상적이다. 절벽 위에 당당하게 들어선 성, 습지대에 떠 있는 작은 보트들, 폭포 등의 자세한 묘사가 눈길을 끈다. 풍경을 쫓아가다 보면 전망의 초점 부분으로 보이는 것에 도달한다. 저 멀리, 탑이 자리 잡은 원뿔형 언덕이 엷은 안개가 깔린 평야로부터 불쑥 모습을 드러낸다. 원뿔형 언덕은 빈치의 서북부에 자리한 몬수마노(Monsummano)인 것이 틀림없다. 하지만 그림 속 풍경을 그 지역의 지형과 연결 지으려 하면 그림은 곧 미궁 속에 빠지고 만다. 이 그림은 빈치 주변의 풍경을 중심으로 레오나르도가 상상하거나 이를 이상화한 결과이기 때문이다. 실제 장소를 생동감 넘치고 아름답게 그림 속에 통합시켰지만 실제 풍경은 아니다. 사진을 솜씨 좋게 짜 맞추면 비슷하게 재창조할 수도 있을 것이다. 행글라이더를 타고 땅 위를 날며 바라보면 또한 재창조할 수 있을지도 모르는데(고백하건대, 이렇게 해보지는 않았다.), 레오나르도가 새의 눈을 통해 바라보는 관점에서 그림을 그렸기 때문이다. 이 그림은 상상력이 땅 위로 날아오를 때 볼 수 있는 광경을 표현하고 있다. 투린 코덱스에 기록된 새의 비상에 대한 표현을 인용해보자. '새('거대한 새' 또는 하늘을 나는 기계)는 항상 구름보다 더 높게 날아야 한다. 그래야 날개가 젖지 않고 땅의 모습을 더 많이 볼 수 있

기 때문이다.'**14**

 그림의 왼쪽 위에는 '1473년 8월 5일, '눈의 성모마리아'의 날에' 라는 레오나르도의 자필이 적혀 있다. 그러므로 데생을 완성한 시기는 피렌체에서 몇 년을 생활하면서 작품 활동을 했던 21세 때라는 사실을 알 수 있다. 이 데생과 관련이 있는 것으로는, 1473년 무렵에 의뢰를 받고 레오나르도가 일부를 작업했다고 알려진 베로키오(Verrocchio)의 '그리스도의 세례(Baptism of Christ)' 속에 배경으로 등장하는 풍경이 있다.

 '눈의 성모마리아'에 얽힌 이야기는 로마의 에스퀼리네 언덕에 자리한 산타마리아 마조레 성당의 설립에 관련된 전설로 시작된다. 전설에 따르면 한여름에 언덕에 기적적으로 눈이 내리는 현상을 통해 성당 터에 대한 계시가 이루어졌다고 한다. '눈의 성모마리아'는 당시 이탈리아 전역에 확산되었던 성모마리아의 다양한 숭배 형상 가운데 하나였다. 성모마리아의 숭배 형상은 특별한 힘을 소유했다고 알려져서 몬테베톨리니 마을처럼 도시나 마을의 경계 외곽에 제단이 건축되었다.

 '눈의 성모마리아'를 위한 축제는 수세기에 걸쳐 매년 8월 5일, 몬테베톨리니 성당에서 열렸고, 현재도 여전히 개최되고 있다. 일몰이 되기 전까지는 아무 일도 없는 듯 보이다가 일몰과 동시에 성당 밖 자그마한 광장은 몰려드는 사람들로 꽉 차기 시작한다. 먼저 흰색 반팔 셔츠를 입은 남자들이 무리지어 모여든다. 바로 마을 음악대이다. 낡은 붉은색 밴이 차양을 치고 스낵바로 변신한다. 신부는 성직자복을 팔에 걸친 채 광장에 도착한다. 그리고 성모마리아 형상이 옅은 푸른색 비단 커튼으로 가려진 채 성당 현관으로 옮겨진다. 미사가 거행되고 곧이어 성당에서 출발해서 마을 벽 주변을 원형으로 도는 행진이 시작된다.

　신부는 확성기로 찬송가를 부르고, 성모마리아 형상은 1인용 가마에 앉혀져 네 명의 땅딸녘한 남자들에 의해 공중에서 이리저리 흔들리며 운반된다. 따뜻한 8월 저녁 해질녘의 행진은 멋스러우면서도 약간은 초현실적으로 느껴지기까지 한다.

　풍경, 날짜, 한때 성황을 이루었던 지역 축제 등이 어떻게 하나로 합쳐질 수 있을까?
　여기에 대한 답을 찾으려면 우선 이런 질문을 할 필요가 있다. 1473년 8월 5일 레오나르도 다빈치는 어디 있었을까? 한 장의 데생을 있는 그대로 받아들인다면 레오나르도는 빈치 근처 어느 언덕 위에 앉아 스케치북을 앞에 놓고 놀라운 데생을 그리고 있었을 것이다. 아니라면 그저 피렌체에서 상상력과 기억에 의존해 데생을 그렸을 수도 있다. 마음의 눈으로 빈치의 풍경을 떠올리고, 여름 축제일에 언덕을 올라갔던 기억을 더듬으면서.
　데생의 '실제' 풍경을 찾으려는 내 시도는 아무런 성과 없이 끝났지만 그래도 소득은 있었다. 몬수마노의 '기억 속' 광경은 빈치 근처 고지대에서 내려다 볼 수 있는 풍경일 뿐만 아니라, 레오나르도가 아이였을 때 캠포 제피에 있는 어머니 집까지 오가던 길목인 빈치와 산 판탈레오네(San Pantaleone) 사이의 길에 서서 보면 똑바로 앞쪽에(수 마일 떨어져 있기는 하지만) 우뚝 솟아 있다. 데생이 가진 '기억'의 힘은 어머니와 연상해서 레오나르도의 눈과 마음에 매우 일찍부터 각인되어 있었을지 모른다. 이 우피치 소장 데생에 나타난 특징은, 동시대 작품으로 1470년 초반에 완성된 '수태고지(Annunciation)'의 풍경에 다시 등장한다. 젖꼭지 모양의 돌출부가 있는 동일한 원뿔형 언

날개와 가슴 모양 언덕. '수태고지'의 부분. 우피치 미술관

덕이(1999년 복구 이후에 더욱 명백해졌다.), 마리아에게 예수의 잉태를 알리는 천사의 왼쪽, 굽은 날개 아랫부분에 그려져 있다. 작품을 가까이서 살펴보면 데생에 등장하는 풍경을 찾아볼 수 있다. 깎아지른 듯 수직으로 솟아 있는 바위 덩어리가 여성적인 곡선을 드러낸 작은 언덕과 대조를 이룬다. 저 너머로는 빈치 아래 습지를 암시하는 물과 땅이 뒤섞인 넓디넓은 땅이 짙은 안개에 싸여 끝없이 펼쳐진다. 이런 제재가 작품에 반복해서 등장한다는 점은 레오나르도의 정신에 깊게 뿌리박혀 있다는 것이고, 가슴 모양의 언덕과 새의 것처럼 생긴 날개를 병렬로 배열한 점은, 프로이트가 어머니의 젖을 먹던 때의 기억으로 해석했던 솔개에 관한 '첫 기억'과의 연관성을 생각나게 한다.

교육

> 우리가 가진 모든 지식의 토대는 우리의 감각에 있다.
>
> 트리불지오 코덱스(Trivulzio Codex), fol. 20v

　나는 빈치와 그 주변에서 성장했던 레오나르도의 소년 시절 경험의 조각들을 한곳에 모으려 애썼다. 결손 가정, 아버지의 부재(不在), 괴로운 꿈, 사랑에 모든 것을 걸었던 어머니 등 추측만 할 수 있을 뿐인 감정적 상황이 존재한다. 또한 투스카니 전원에서의 일상적인 현실이 이런 감정과 얽히면서 파악하기 힘든 의미를 담게 되고, 결국 이것이 하늘을 나는 솔개의 형상에, 새로 짠 기름의 냄새 속에, 버들가지로 엮은 바구니의 무늬 속에, 풍경 속에 스며들어갔다. 이는 레오나르도가 겪은 감정 교육 면에서 찾아낼 수 있는 아주 작은 부분으로, '그의 숙명인 것처럼 보이는' 것이며, '화가이자 철학자'로서의 레오나르도 성인기의 삶 내내 마음속에 메아리쳤다.

　레오나르도가 받았던 정식 교육에 대해 알려진 것은 거의 없다. 바사리는 이 주제에 대해 언급했던 유일한 초기 전기 작가로, 간결한 문체를 통해 다음과 같이 상세하게 서술했다. 그는 레오나르도가 총명하지만 종잡을 수 없는 학생이었다고 주장하면서 이렇게 적었다.

　레오나르도가 그토록 변덕스럽고 불안정하지만 않았다면 초기 교육에서 매우 숙련된 기술을 연마할 수 있었을 것이다. 그는 많은 것을 배우려 애썼지만 모두 그 즉시 버리기 위해서였다. 계산법을 배우기 시작한 지 몇 개월 만에 상당한 발전을 이루자, 자신을 가르치는 선생님에게 질문과 문제 공세를 폈고, 오히려 선생님보다 앞서는 경우가 많았다.

바사리는 레오나르도가 음악도 공부했지만, 어떤 경우라도 '자신의 상상력을 표현하기에 가장 적절한 그림과 조각을 멀리하는 일은 결코 없었다.'고 전한다. 바사리의 설명에는 어떤 구체적인 내용은 없고, 레오나르도의 성격과 성취에 대한 일반적인 견해만이 제시된다. 바사리는 레오나르도에게 선생님이 있었다고 추정했지만 'maestro(대가, 거장)'라는 단어만 보아서는 학교 선생님인지 개인교사인지 알 수 없다. 아마도 레오나르도는 빈치에서 대개 10~11세의 아이들이 다니는 '주판 학교'에 다녔을 것으로 추정된다.

레오나르도는 자신을 '문맹'으로 일컬은 것으로도 유명하다.[15] 물론 읽고 쓰지 못한다는 의미가 아니라 학구적 언어인 라틴어를 배우지 못했다는 뜻이다. 당시에는 대학에 진학하려면 문법, 논리학, 수사학, 산수, 기하학, 음악, 천문학의 일곱 가지 '인문과학' 과목을 공부해야 했는데, 레오나르도는 대학을 가기 위한 공부를 하지 않았고 학교 수업도 받지 않으면서 대신 실제적인 도제 과정을 시작했다. 도제 과정은 고대 대학이 아닌 작업실에서 이루어졌고, 라틴어가 아닌 이탈리아어로 지적 교양이 아닌 기술을 가르쳤지만, 엄연한 교육의 일부분이었다. 레오나르도는 후에 라틴어 속성 과정을 시작했으나 (1480년대 후반 이후에 작성한 한 노트에는 라틴어 어휘가 빼곡히 적혀 있다.), 대화를 할 때는 주제와 상관없이 언제나 모국어를 사용했다. 말년에 레오나르도는 이렇게 기록했다. '나는 모국어 어휘를 너무나 많이 알고 있기 때문에, 어휘가 부족해서 마음속의 아이디어를 표현할 수 없다고 투덜거리기보다는 사물을 이해하지 못했다고 불평해야 한다.'[16] 레오나르도는 의식적으로 여러 문학 양식을 탐색했지만 전반적으로는 표현을 절제하면서 구어체를 사용한 간결하고 실용적인 표현을 썼다. 그림에 있어서는 뉘앙스를 표현하는 대가였지만, 작가로서는 뚜렷한 특징 없이 밋밋한 편이었다. 벤 존슨(Ben Johnson)은 레오나르도를 '단어의 목수'라 불렀다.

대학 교육과 장인(匠人) 교육과정을 지나치게 엄격히 구분해서는 안 된다. 르네상스 예술의 전체 성향은 두 교육 사이의 차이점을 좁히는 것이었기 때문에, 화가가 학자나 철학자 그리고 과학자의 반열에 속할 수 있고, 또한 그래야 한다고 강조했다. 일찍이 이런 주장을 했던 사람 중에 피렌체 대성당의 세례당 청동문을 조각한 대가인 로렌조 기베르티(Lorenzo Ghiberti)가 있었다. 그는 『주해서』(1450)에서 '조각가와 화가는 문법, 기하학, 철학, 의학, 천문학, 원근법, 역사, 해부학, 이론, 디자인, 산수 등과 같은 인문과학에 대해 견고한 지식을 소유해야 한다.'고 주장했다. 레오나르도는 이런 주제들을 섭렵했을 뿐만 아니라 그 이상을 추구했다. 여러 분야에 걸쳐 전문성을 발휘하는 '르네상스인'의 전형이었던 것이다.

레오나르도는 냉소적인 태도로 자신을 가리켜 '문맹'이라 말했지만, 결코 자신을 평가절하 하지 않았고, 오히려 자신의 독립성을 강조했다. 그는 자신이 문맹이라는 사실을 외려 자랑스러워했다. 다른 사람을 통해 기존에 존재하는 견해를 받아들인 것이 아니라 자신의 관찰과 경험을 통해 지식을 구축했기 때문이었다. 레오나르도는 '엄청난 거짓말보다는 자그마한 확실성에 가치를 두는' '경험의 신봉자'[17]였고, 증거 수집가였다. 그는 학식 있는 전문가의 말을 인용할 수는 없었지만 이렇게 주장했다. '나는 훨씬 거대하고 훨씬 가치 있는 것 즉 모든 대가들이 자기 애인처럼 아끼는 경험에 대해 말할 것이다.' 단지 '인용만 하는' 사람들, 더 나아가 추종하거나 모방하는 사람들은 기껏해야 간접적인 정보를 흡수하고 한껏 자만심에 부풀어 있다. 그들은 '다른 사람의 작품을 재인용하는 허풍선이에 불과하다.'[18]

레오나르도는 '자연'을 앞세워 간접적인 정보에 대항했다. 여기서 자연이란 '자연 철학'의 연구대상으로서, 물질계의 물리적 현상인 동시에 그 안에 내재된 힘과 원칙을 뜻한다. '모든 대가들에게 애인과 같은 존재인 자연 이외의 기준을 선택하는 사람들은 자신을 헛되게 소진시킬 뿐이다.' 자연을 애인에 비유한 수사학적 표현은 당시 통상적으로 사용되던 표현이었지만 레오나르도가 이 표현을 노트에 반복적으로 기록한 것을 보면 그에게는 특별한 의미로 작용했던 것 같다. 그는 자연이 남성적인 위대함을 품은 추론이나 학습보다 더 커다란 힘을 소유한다고 주장했다.[19]

레오나르도에게 '문맹'은 '질서정연(uncluttered)'함을 뜻하기도 했다. 즉 정신이 잡동사니 규칙으로 가득 차 있지 않다는 의미였다. 그는 명쾌한 아이디어를 지향하고, 눈앞에 펼쳐진 세상에 대한 시각적 증거를 포착하고 정확성과 통찰력으로 사물의 핵심을 파고들었다. 그는 세계를 파악하는 주요 장기(臟器)는 두뇌가 아니라 눈이라 생각했다. '영혼의 창이라 불리는 눈은 자연이 만들어낸 무한한 작품을 매우 풍부하고 충분하게 감상할 수 있도록 하는 주요 수단이다.'[20] 시와 미술을 비교하면서, 일반적으로 좀 더 신사적인 예술이라 생각하는 시보다 더욱 우월한 것이 미술이라고 주장한 글에 나오는 말이다. 레오나르도는 수천 쪽에 달하는 분량의 원고를 남기기는 했으나, 자연이 전달하는 메시지를 모호하고 애매하게 만든다는 이유를 들어 언어를 불신했다. 그는 코덱스 아틀란티쿠스에서 자신이 고안한 기계 장치에 대해 설명하면서 다음과 같은 글을 남겼다. '기교를 통해 목적을 달성하고자 할 때는 많은 기타 부분에 신경을 쓰느라 혼란스러워하지 말고 가장 간결한 수단을 찾아야 한다. 적절한 어휘로 표현할 방법을 알지 못한 채 혼란스럽고 장황한 표현을 사용해서 우회적으로 접근해서는 안 된다.'[21] 레오나르도에게 언어 자체는 명료성의 결핍과 혼란을 의미했다. 단어는 사물의 뜻을 얽히게 만드는 지나치게 복잡한 기교였던 것이다. 이 글에 함축되어 있을 가능성이 있는 사실을 추론해 보자면, 레오나르도는 대화 기술이 서툴러서, 격언 투의 딱딱한 표현을 사용했거나 아니면 사람들을 당황하게 만들 정도로 침묵을 지키는 경향이 있었을 것이다. 이는 레오나르도가 말하기를 좋아하는 쾌활한 사람이었다는 초기 전기 작가들의 주장과 상반되지만, 내가 생각하기로 그의 쾌활한 모습은 타고난 기질이 아니라 나중에 훈련을 통해 완성된 성향이 아닐까 한다.

바사리에 따르면, 레오나르도는 소년 시절에 예술에 심오한 관심을 가졌고 이를 위해 수학 등을 단속적으로 공부했다. 사람들은 진공 상태에서는 천재가 만들어질 수 없다고 주장하면서, 레오나르도가 어떤 예술 교육을 받았는지 궁금해 한다. 레오나르도가 피렌체에서 도제 생활을 시작하기 전에 받은 교육에 대해서는 알려진 것이 없다. 할머니인 루시아가 레오나르도의 교육에 한몫을 담당했을 것이라는 흥미로운 가설이 있다. 할머니의 가족은 빈치의 동쪽에서 몇 마일 떨어진 곳에 도자기 제작소를 소유했고, 후에 그 가마는 레오나르도의 아버지가 물려받았다. 그곳에서 생산했던 마욜리카(maiolica, 르네상스 시대 이탈리아에서 제작된 장식적 도자기. 마졸리카라고도 한다.—옮긴이) 도자기는 고품질로 피렌체에서 큰 인기를 누렸다. 레오나르도가 고안한 기하학적인 무늬는 도자기에 사용하는 트레이서리(tracery, 조

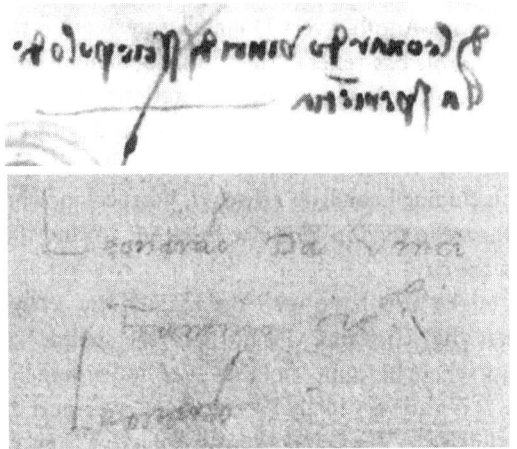

레오나르도의 서명.
위 레오나르도가 '거울 필체'로 쓴
'Leonardo Vinci disscepolo della sperientia'. 코덱스 아틀란티쿠스
아래 레오나르도가 부자연스럽게 왼쪽에서 오른쪽으로 쓴
'Leonardo da Vinci Fiorentino'. 코덱스 포르스터

각, 자수 등의 그물무늬—옮긴이)를 연상케 한다. 아마도 할머니 댁을 방문하면서 도자기의 무늬에 관심을 갖게 되었을지도 모를 일이다.

레오나르도가 받은 교육은 정규 학교교육과는 거리가 멀어서 라틴어를 배우지 않은 것은 확실하다. 또한 그는 평생 동안 책을 통한 학습보다는 직접적인 경험을 선호했고, 처음으로 예술에 대한 깨달음을 얻은 것도 예술 원칙에 대해 특정 훈련을 받았기 때문이 아니라 지역 교회에 소장된 조각품이나 조각술을 보았기 때문이었다.

레오나르도가 받았던 교육이 비공식적이었고 대개 독학에 의존했다는 주장을 강하게 뒷받침하는 특징 중의 하나가 바로 필체이다. 레오나르도가 '거울 필체(mirror-writing)'를 사용한 이유에 대해서는 의견이 분분하다. (그는 그저 거꾸로 글을 쓴 것이 아니라 정확하게 거울에 나타나는 대로 썼다. 줄 전체를 오른쪽에서 왼쪽으로 썼던 동시에, d를 b로 쓰는 등 문자도 모두 뒤집어썼다.) 하지만 그가 '거울 필체'를 쓰게 된 경위는 아마도 매우 단순할 것이다. 레오나르도는 왼손잡이였기 때문에 오른쪽에서 왼쪽으로 글을 쓰는 것이 자연스러웠다. 교육을 통해 심리적 압박을 받으면 보통 왼손잡이 성향이 수그러들게 마련인데 레오나르도는 이런 압박을 느끼지 않았기 때문에 이것이 평생의 습관으로 굳어진 것이다.[22] 레오나르도의 필체는 1470년대의 화려한 형태에서 40년 후의 촘촘하고 절제된 형태까지 여러 해에 걸쳐 변했지만(필체의 변화는 레오나르도의 원고 작성 날짜를 밝히는 데 중요한 단서이다.), 글을 쓰는 방향은 변하지 않았다. 오른쪽에서 왼쪽으로 대담하게 옮겨간 이 독특한 필체는 '문맹'이었던 레오나르도의 또 다른 측면이자 전원에서 보낸 어린 시절의 가장 위대한 유산 즉 심오한 정신적 독립의 한 측면이다.

제 2 장

도제 시절

Apprentice

1466~1477

피렌체는 수많은 외부인이 거쳐 가는 통과 지역이다.

코덱스 아틀란티쿠스, fol. 323r-b

도시에서의 생활

1460년대 중반부에 10대였던 레오나르도는 빈치를 떠나 피렌체에서 조각가인 안드레아 델 베로키오(Andrea del Verrocchio)의 도제가 되었다. 이는 레오나르도에게 있어 일생일대의 전환점이었지만, 이에 대해 후세에까지 알려진 사실은 거의 없다. 그의 도제 생활에 관련된 유일한 정보 출처인 바사리에 따르면 레오나르도의 아버지가 도제 과정을 주선했다고 한다.

어느 날 세르 피에로는 레오나르도가 그린 그림 몇 장을 친한 친구인 안드레아 델 베로키오에게 보여주고, 레오나르도가 그림 공부를 하면 나중에 이익이 될 수 있을지 물었다. 안드레아는 레오나르도의 특이한 작품을 보고 놀란 나머지 그림을 가르치라고 재촉했다. 그래서 피에로는 레오나르도가 안드레아의 작업실에 들어가도록 조치를 취했고, 레오나르도는 이 결정에 무척 기뻐했다.

바사리는 당시 레오나르도의 나이를 밝히지는 않았지만, '소년'이라 언급했던 것으로 나이를 짐작할 수 있다. 아버지와 스승 사이에 이루어진 계약은 아마 경제적인 계약까지도 포함했을 것이다. 당시 사람들이 통상적으로 도제 생활을 시작하던 나이는 13, 14세경이었다. 레오나르도의 경우로 치자면 베로키오의 작업실에 들어간 시기가 대략 1466년경이 된다. 하지만 이는 애매한 기준에 따른 추정으로, 이보다 더 어린 나이에 또는 좀 더 나이가 들어서 시작하는 경우도 있었다.

당시 세르 피에로가 처했던 상황에 대해서는 얼마간의 사실이 밝혀졌다. 그는 거의 40세로, 공증 사업은 번창일로에 있었지만 개인적인 삶에 변화가 일어났다. 아내인 알비에라가 결혼한 지 거의 20년 만에 임신을 했다가 출산 도중 사망한 것이다. 세르 피에로는 다음 해에 다른 공증인의 15세 딸과 재혼했다. 아마도 유리한 조건이 따르는 결혼이었을 것이다.

빈치에서의 어린 시절 내내 굳건히 가장의 자리를 지켰던 할아버지 안토니오가 돌아가신 것도 레오나르도가 급히 피렌체로 삶의 터전을 옮기게 된 계기가 되었다. 안토니오의 죽음으로 가장이 된 세르 피에로는 새로 결혼한 아내가 전처와 마찬가지로 불임이란 진단을 받자, 이제 자신에게 유일한 혈육인 레오나르도의 미래에 대해 어느 정도 책임을 져야 했던 것이다.

여러 정황으로 판단해 볼 때 레오나르도가 피렌체에서 도제 생활을 시작한 것은 1466년이었다. 말년 작품에 많이 등장하는 기억과 상실 속 풍경이었던 그의 어린 시절은 이렇게 끝났다. 레오나르도는 아버지의 세계인 성인의 세계, 도회적이고 경쟁적인 세계, 결코 적응할 수 없었던 조합과 계약과 최종 기한이 존재하는 세계에 진입하게 되었다.

1460년대 중반의 피렌체에는 약 5만 명의 인구가 살았다. 당시 외교관이자 여행가로, 후에 레오나르도의 지인이 되었던 꼼꼼한 성격의 베네데토 디아이(Benedetto Dei)는 다음과 같은 통계를 남겼다. 시는 7마일(약 11킬로미터)을 뻗은 벽으로 둘러싸여 있었는데 방비를 강화하기 위한 망루가 80개 서 있었다. 시의 경계를 표시하는 벽 안에는 교회 108군데, 광장 50군데, 은행 33군데, '왕, 관리, 법원, 재산관리인, 도매상인, 공증인, 공무원, 그리고 이들의 가족 등이 거주하는' 커다란 주택이 23군데 있었다. 모직물 제조업자 상점이 270군데 있었고, 음각과 상감 세공을 전문으로 하는 나무 세공사의 작업장이 84군데, 비단 제조업자의 상점이 83군데 있었다.[1] 피렌체는 정육점 주인보다 나무 세공사가 더 많았던 장인(匠人)의 도시였고, 의류산업의 중심지로 패션의 도시였다. 직공(織工), 염색업자, 제혁업자, 모피 가공자 등이 밀집해 있었고, 옷 가게가 즐비해서 이곳을 지나는 젊은이들은 전원의 촌스러운 모습을 벗어던지고 싶은 욕망을 강하게 느꼈다.

레오나르도가 활동했을 당시의 벽과 망루는 현재 대부분 사라졌지만, 대성당이나 브루넬레스키가 설계한 경탄할 만한 벽돌 돔을 자랑하는 산타마리아 델 피오레 두오모 성당(Duomo of Santa Maria del Fiore), 지오토가 설계한 가늘고 우아한 모양의 종탑, 로렌조 기베르티가 조각한 청동문이 달린 세례당, 키 큰 탑 모양의 집무궁전(Palazzo della Signoria), 포데스타 궁전(Palazzo del Podesta), 오르산미켈레(Orsanmichele)의 길드 집회소와 곡식 저장소, 아르노(Arno) 강에 놓인 4개의 석조 다리 중 가장 오래된 베키오 다리(Ponte Vecchio) 등 역사적 건축물들은 여전히 남아 있다. 이 모든 건축물은 1470~1472년에 완성된 레오나르도의 '전체 지도'에서 볼 수 있는데, 지도의 한쪽 구석에서는 한 젊은 화가가 언덕에 앉아 남쪽을 호기심 가득한 얼굴로 내려다보며 도시의 모습을 스케치하고 있다. 이 화가를 통해 젊은 레오나르도의 모습을 상상해 볼 수 있다.

피렌체는 아름답지만, 방종하거나 사치스러운 도시는 아니었다. 항상 그렇지는 않았지만 검소하고, 근면하고, 공공의 이익을 우선으로 생각하는 상업주의 가치가 강조되었고, 이런 가치는 공화국의 가

피렌체 '전체 지도'. 1470~72년. 피렌체 역사 · 지형학 박물관(Museo di Firenze Com'era)

치로도 여겨졌다. 피렌체는 귀족과 왕의 전제정치로부터 독립해 있다는 사실에 자부심을 느끼고 있었기 때문이다.

당시 피렌체에는 건축 붐이 일었다. 베네데토 디아이에 따르면 그가 글을 썼던 1470년경까지 20여 년간 새 저택이 30채 들어섰다. 유명한 집안은 저마다 거대한 저택을 소유했는데, 그중에서도 메디치 저택이 가장 컸다. 이런 저택은 개인의 집인 동시에 회사 본부이기

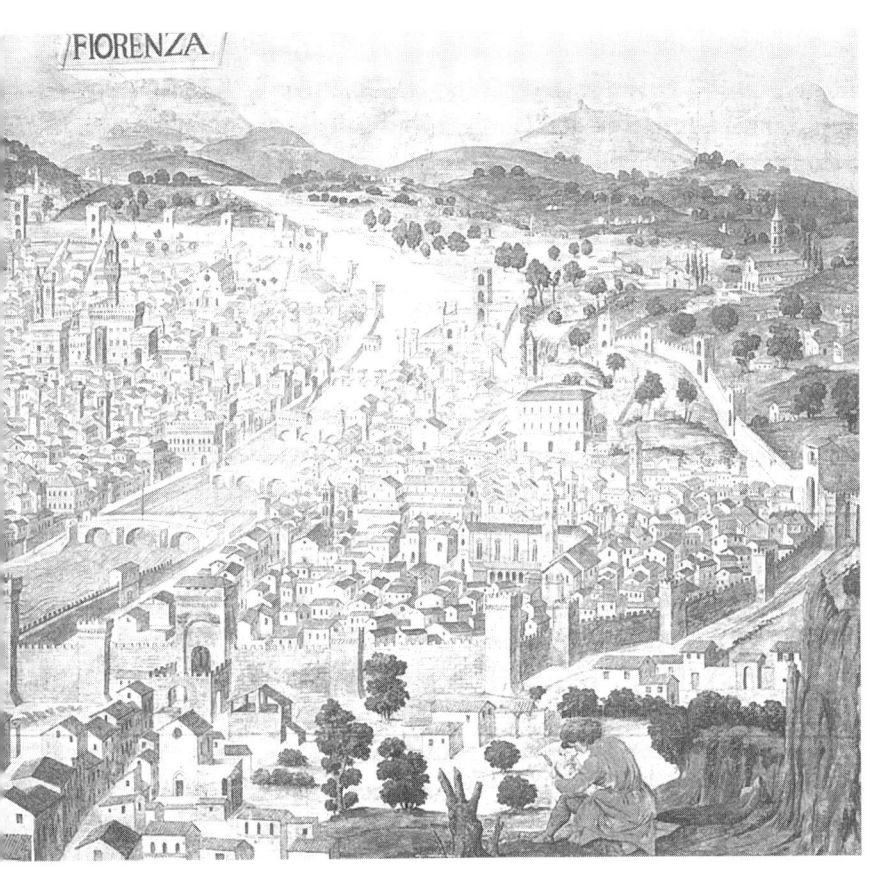

도 해서 안에 회계 사무실이 있었고 회계 관리인까지 상주했다. 또한 가문의 본부 역할을 해서 도시의 특정 지역에 특정 거대 가족이 밀집해 살았다.

이런 건축 붐은 도시가 건강하다는 징후로 생각되었기 때문에 관청에서도 적극적으로 장려했다. 새로 저택을 건축하는 사람이면 누구에게나 지방세를 40년간 면제해 주는 법까지 곧 통과될 예정이었다.

저택은 피렌체의 정치적, 사회적 권력을 나타내는 얼굴이었다. 이는 메디치가 및 다른 집안에게 직업상의 서비스를 제공했던 세르 피에로가 접촉했던 세계이기도 했다. 세르 피에로에게는 이런 세계로 들어갈 수 있는 문이 열려 있었지만, 서자이고 시골 출신인데다가 변변한 교육도 받지 못한 그의 어린 아들에게 저택을 둘러싼 거대한 벽은 곧 배척을 뜻했다.

1460년대에는 메디치 가문과 이 가문의 협력자와 친구로 이루어진 거대한 인맥이 권력 그 자체였다. 메디치가가 피렌체의 실제적인 통치자였기 때문이다. 그들은 도시의 고위 공직에 자신의 지지자를 앉히고, 은행업과 사업 이익을 통해 부를 장악함으로써 도시를 다스렸다.

사람들은 흔히 레오나르도가 도시에 도착했을 때를 눈이 번쩍 뜨이는 순간으로 묘사한다. 젊고 투박한 시골뜨기가 거대한 도시에서 뿜어 나오는 에너지와 화려함에 압도당했다는 것이다. 하지만 레오나르도가 그 전에도 피렌체를 방문한 적이 있으리라는 가능성도 배제할 수는 없다. 피렌체에 도착하자마자 베로키오의 작업실에 들어갔는지도 알 수가 없다. 바사리가 밝혀냈던 레오나르도의 수학 선생은 아마도 아들을 공증인 조수로 훈련시키기 위해 세르 피에로가 고용했으리라 추측되고 있다. 이론적으로 레오나르도는 서자였기 때문에 전문직에 종사할 수 없었지만, 얼마간 사무실에서 일했을 가능성은 있다. 공들여 쓴 장식체와 소용돌이 꼴로 된 레오나르도의 초기 필체는 '공증인'의 필체로 여겨지기 때문이다.

어쨌거나 레오나르도는 바르젤로(Bargellow) 미술관 맞은편에 자리한 아버지의 자그마한 공증 사무실에서 성미에 맞지 않는 서기의 일을 한동안 했을 가능성이 있다. 하지만 세르 피에로는 아들을 위해 준비한 이 길에 대해, 현명하게도 곧 마음을 바꾸었다.

르네상스인

15세기 피렌체에 빠짐없이 따라다녔던 수식어는 바로 '르네상스의 요람'이었다. 르네상스의 정의와 르네상스가 발생한 시기와 원인에 대해서는 정확하게 밝혀진 것이 없다. 주로 학교에서 배우는 내용에 따르면 르네상스는 1453년 콘스탄티노플의 함락으로 시작되었다. 함락에 책임이 있는 사람으로 헝가리인 무기 제조업자인 우르반(Urban)을 지적하는 사람도 있다. 오스만제국의 술탄 메멧 2세(Sultan Mehmet II)가 이끄는 군대가 비잔티움의 세 겹 벽으로 둘러싸인 방어선을 허무는 데 결정적인 역할을 한 것이 바로 우르반이 만든 새 공격용 대포였기 때문이다.

이것이 르네상스를 일으키는 결정적 사건이었음은 확실하다. 이미 이탈리아에도 알려졌으나 부분적인 연구만 이루어졌던 유클리드, 프톨레미, 플라톤, 아리스토텔레스 등 그리스 과학과 철학의 축적된 지식을 담고 있는 원고를 학자들이 부둥켜안고 앞 다퉈 이탈리아로 몰려들었기 때문이다. 레오나르도가 피렌체에 왔을 당시는 이렇듯 사람들이 비잔티움에서 이주해 온 지 얼마 지나지 않았을 때였다.

그러나 비잔티움에서 활동하던 그리스 학자들의 유입은, 수세기 동안 진행돼 온 아이디어의 흐름을 가속화시켰을 뿐이었다. 그리스 전통에 상당 부분 바탕을 두었던 아라비아 과학이 늦어도 12세기 이후부터는 유럽에 침투했기 때문이다. 고전 로마 문화의 인문주의적

재생은 이미 활발하게 작용하고 있었다. 이는 고전 학문의 '재탄생'이라는 주요 의미에서 또한 르네상스의 일부분이었다. 중세와 르네상스의 갑작스런 분리를 주장하는 목소리는 야콥 부르크하르트(Jacob Burckhardt)와 쥘 미슐레(Jules Michelet) 등과 같은 19세기 학자들에 의해 널리 제기되었다. 마르크스주의 역사학자인 아놀드 하우저(Arnold Hauser)는 그들의 목적을 '자유주의에 계보를 제공하는 것'이라 했다. 이를 달리 표현하면, 르네상스는 이성주의자들이 정치적 계몽사상을 구현하기 위한 모델로 형성되었다는 뜻이다.[2] 오늘날 르네상스에 대한 해석 경향은 '새로운 여명'이라는 미사여구와는 거리가 멀어졌고, 그 근본을 덜 매력적인 사회경제적 요소에서 찾는다. 즉 콘스탄티노플의 함락이 아닌 복식 장부 기입 방법과 국제 환어음의 부상으로 아이디어와 예술을 번성시키는 경제적 환경이 조성됐다는 것이다.

그럼에도 르네상스에 대한 미슐레의 감동적인 표어인 '인간과 자연의 발견'은, 1460년대 당시 새로운 아이디어와 형식이 넘쳐났던 피렌체에 광범위하게 확산된 분위기를 매우 적절하게 묘사한 표현으로, 이런 분위기 속에서 옛 아이디어와 형식은 새롭고 현대적으로 재조명되는 경우가 많았다.

레오나르도에게 있어서 누구보다 새로운 르네상스 분위기를 상징한 사람은 레온 바티스타 알베르티(Leon Battista Alberti)였다. 레오나르도가 소장했던 그의 책 속에 들어 있는 아이디어는 자주 레오나르도의 노트 속에 등장하며 영향을 미쳤다. 알베르티를 '첫 번째 르네상스인'이라고 일컫는 사람이 많지만 이는 정확하지 못한 표현이고, 오히려 그가 르네상스의 발달에 있어 차지했던 중요성을 고려하여

'르네상스인의 전형'이라는 용어로 부르는 것이 타당하다. 이런 용어로 자주 불리는 사람에는 필리포 브루넬레스키(Filippo Brunelleschi)도 있지만, 그는 레오나르도가 피렌체에 도착했을 당시에는 이미 사망한 지 20년이 흐른 후였다. 하지만 알베르티는 여전히 살아있는 본보기였다. 그는 건축가이자 저자였고, 고전 학자였던 동시에 예술 이론가이자 음악가였고, 무대 설계자이자 도시 계획자였다.

알베르티는 스타일과 기품으로 유명해서 어떤 사람은 그를 일컬어 '기품의 화신'이라 부르기도 했다. 그는 교양 있는 사람이라면 '가장 위대한 예술성을 세 가지, 즉 도시를 거닐고, 말을 타고, 대화를 하는 데 적용해야 한다.'고 말하면서 '하지만 세 가지를 인위적으로 실천해서는 안 된다.'고 덧붙였다. 그는 운동 실력이 뛰어나서 서 있는 사람 하나를 뛰어넘을 수 있었고, 대성당 안에서 동전을 던져 돔의 천정에 닿게 할 수 있었다. 자화상으로 볼 때 외모가 출중하고 이목구비가 수려했다. 신체적인 아름다움, 세련된 옷차림, 훌륭한 예절, 좋은 말씨 등은 레오나르도가 늘 중요하게 생각했던 점이었다. 비록 이와는 정반대의 전원의 촌스러운 방식에 강하게 끌리기도 했지만 말이다.

부르크하르트에 따르면, 알베르티는 이탈리아 인문주의의 새로운 빛을 발산했지만, 그 안에는 르네상스 정신의 일부분이기도 한 의심과 자신에 대한 의구심이 내재해서, 우울증이라는 악마와 싸워야 했다. 그는 봄과 가을이 자신을 우울하게 만든다고 말했다. 봄의 꽃과 가을의 열매를 바라보노라면 자신이 삶에서 생산해 낸 것이 너무나 적다는 사실을 통렬하게 느끼기 때문이라 했다. 레오나르도 또한 마음속으로 이런 생각을 끊임없이 했을 것이다. 이런 생각은 팽창주의적인 르네상스 분위기의 어두운 면이었다.

레오나르도의 노트에 자주 이름이 거론되었던 또 한 사람의 대가는 파올로 토스카넬리(Paolo Toscanelli)였다. 그는 1387년 생으로 천문학자, 점성술사, 수학자, 지리학자, 의사이자 언어학자로 명성을 떨쳤다. 한마디로 피렌체 과학의 위대한 원로였다. 브루넬레스키의 친구로, 1420년대에 대성당의 돔을 설계하는 데 도움을 주기도 했다. 토스카넬리는 당시 유행하던 경험론을 충실하게 믿어서 직접적인 관찰을 고집했고, 처리하기 전의 자료를 모았고, 고대 지식에 의문을 제기하고 실험하는 과정을 거쳤다. 그는 '경험의 신봉자'인 레오나르도에게 일찍이 본보기가 되었다. 토스카넬리는 지리학자이자 지도 제작자로서, 옛 천동설에 따른 세계지도에 의심을 품어 콜럼버스의 미 대륙 발견에 공헌했던 사실로도 유명하다.

알베르티와 토스카넬리의 사상을 합치면, 1460년대 피렌체에서 인식되었을 '자연의 비밀을 조사하기 위해 태어난 르네상스인'에 대한 개념이 형성된다. 14살의 견습화가였던 레오나르도 다 빈치에게 두 사람의 이름이 마음속에 어떻게 각인되었는지는 알 수 없다.(두 사람에 대한 레오나르도의 언급은 후에 나타난다.) 하지만 두 사람은 레오나르도가 호흡했던 공기의 일부분이었고, 레오나르도의 여러 전문 분야에 걸친 경력과 그가 추종했던 전통을 위한 청사진을 제공했다. 레오나르도는 베로키오 밑에서 훈련을 받으면서 알베르티의 『회화론 De pittura』을 공부했고, 산타 마리아 노벨라(Santa Maria Novella)와 루첼라이 궁(Palazzo Rucellai)의 멋지고 고전적인 전경을 감탄에 가득 차 바라보았다.

비록 당시는 예술적으로 탁월한 성취를 보인 시기라기보다 전환기였지만, 피렌체에서 활동하던 화가와 조각가들은 스스로를 새로운 발견 정신의 일부분이라 느꼈다. 15세기 중반을 풍미했던 위대한 대가들은 연로해 가면서 세상을 떠나고 있었다. 베로키오를 비롯해서 1460년대 중반에 활약하게 된 새로운 세대의 화가들은 탁월한 전문가들이었다. 당시 장래가 유망하고 눈여겨볼 만한 예술가로는 보티첼리(Botticelli)로 더 잘 알려진 산드로 필리페피(Sandro Filipepi, 1444년 출생)와 프레스코 전문가이자 피렌체의 위대한 시각 저널리스트가 된 도메니코 기를란다요(Domenico Ghirlandaio, 1449년 출생) 등이 있었다. 레오나르도는 곧 이런 예술가들과 경쟁자이자 협력자로 친분을 맺게 된다. 미켈란젤로와 라파엘로는 아직 태어나지 않았고, 피렌체 예술의 위대한 연대기 저자인 조르조 바사리 또한 출생하기 전이었다.

베로키오의 공방

레오나르도가 안드레아 델 베로키오의 '작업실에 들어갔다'고 말할 때, 요즘 생각하는 예술가의 작업실을 생각해서는 안 된다. 레오나르도 시절에 일반적으로 사용되던 단어는 보테가(bottega)였고, 단순히 상점이나 작업장을 의미했다. 그러므로 베로키오의 작업실은 예술작품을 생산하는 데 주력하는 작업장이나 작은 공장이었다. 몇몇 작업실은 나름대로 전문 영역이 있었지만 베로키오의 작업실은 그렇지 않았다. 그곳에서는 몇 해에 걸쳐서 다양한 형태와 크기의 그림을 제작했고, 대리석과 청동 그리고 나무와 테라코타 등으로 만든 조각, 금 세공, 은 세공, 철 세공, 묘비, 결혼 궤, 마상 창시합용 삼각기, 문장(紋章)을 새겨 넣은 기구, 갑옷, 무대 장치, 무대 의상

등도 제작했다. 이는 상업적인 장소였다. 바사리는 베로키오가 '타고난 재능을 소유했던 것이 아니라 끊임없는 연구를 통해 기술을 연마했기 때문에 위대한 예술가라기보다는 숙련된 장인'에 가깝다고 주장했다.

베로키오는 조각가로 가장 잘 알려져 있기는 하지만, 실제로는 금세공인으로 훈련을 받았다. 그는 본명이 안드레아 디 치오네(Andrea di Cione)로 스승 중의 하나인 프란체스코 디 루카 베로키오(Francesco di Luca Verrocchio)의 이름에서 자신의 직업상의 이름을 따왔다. 당시에는 도제가 스승의 이름을 물려받고, 직업상의 비밀을 유지하는 범위 안에서 상징적인 의미의 '아들'이 되는 경우가 많았다. 베로키오는 자신이 속한 세대에서 일류 스승 가운데 한 사람이 되었다. 그는 레오나르도뿐만 아니라 페루지노(Perugino)라는 이름으로 알려진 화가 피에트로 바누치(Pietro Vanucci)와 역시 화가인 로렌조 디 크레디(Lorenzo di Credi), 조각가 아그놀로 디 폴로(Agnolo di Polo) 등을 제자와 조수로 두었고, 보티첼리나 기를란다요처럼 독립적으로 활동하는 예술가들과도 좋은 관계를 유지했다.

베로키오는 1434년과 1437년 사이에 출생했고, 30세경에 레오나르도의 스승이 되었다. 베로키오의 작업실이 어떤 모습이었는지는 확실하지 않지만 일반적인 작업실의 모습은 알려져 있다. 전형적인 공방은 1층에 자리했고 거리 쪽으로 트인 널찍하고 개방된 장소였으며, 뒤편이나 위층에 살림집이 자리했다. 지금도 산탐브로조(Sant' Ambrogio)와 산타 크로체(Santa Croce) 사이를 걷다 보면 공방 유적을 볼 수 있다. 벽돌 건물 사이로 오래된 아치형 입구가 보이고, 때로 내부 모양을 그대로 보존한 채 그 속에 피자 가게나 세탁실, 자동차 수리점이 들어서 있기도 하다. 당시에는 공방 입구에서 망치 두

 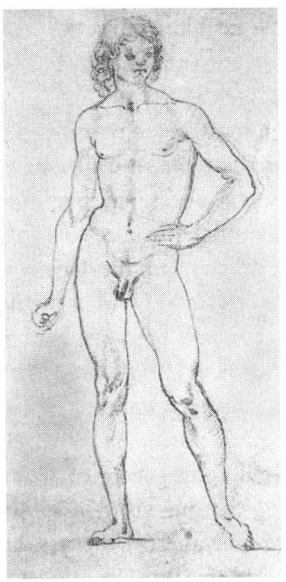

왼쪽 베로키오의 청동상 '다비드'. 피렌체 미술관
오른쪽 피렌체인 조각가 페루치(Ferrucci)의 스케치북에 있는, 다비드 포즈를 취한 청년을 그린 작자 미상의 습작. 루브르 박물관

드리는 소리가 들리고, 용접용 토치램프에서 나오는 불꽃이 너울거렸다. 이것이 바로 1466년 레오나르도가 처음 경험했던 예술가의 삶이었다. 먼지 가득하고 시끄러운 속에서 육체노동을 해야 했고 유약과 용매 냄새가 코를 찔렀던 그곳은 작업실이라기보다는 창고에 가까웠다.

이 무렵 안드레아 델 베로키오는 성공의 감격에 휩싸여 있었다. 이즈음 완성된 베로키오의 유명한 다비드 상은 레오나르도가 그 모델이었을 가능성 때문에 특별히 관심의 대상이 되고 있다. 베로키오의 다비드 상은 높이가 겨우 4피트(약 122센티미터) 조금 넘는다. 수염이 덥수룩한 골리앗의 머리를 발밑에 놓고, 말랐지만 강인한 모습이다. 다비드의 장화, 갑옷, 머리카락 등에는 넓게 입혀 있던 금박 흔적이 남아 있다. 이 조각상은 본래의 제작 장소에서 단지 수백 미터 떨어져 있는 바르젤로(Bargello)에 소장되어 있다. 1476년 로렌조 메디치가 이 조각상을 공화정부에 팔았기 때문에 완성 시기를 1470년대 중반으로 추정하는 사람도 있다. 하지만 베로키오 전문가인 앤드류 버터필드(Andrew Butterfield)는 작품의 스타일을 고려할 때 완성 시기는 이보다 훨씬 앞선 1466년이라고 주장했다.[3] 이 연대가 정확하다면 조각상은 레오나르도가 공방에 있을 때 제작되었다. 게다가 전기 작가들은 입을 모아 레오나르도가 아름다운 청년이었다고 말했다. 그렇다면 이 잘생긴 새 조수가 소년전사 다비드의 모델을 하는 것이 정말 자연스럽지 않았을까? 이런 가정을 뒷받침하는 초기 서류는 존재하지 않지만, 마르고 우아하면서 곱슬머리를 한 베로키오 다비드상의 모델이 14세의 레오나르도일 수 있다는 것은 설득력 있는 주장이 아닐 수 없다.

예술가가 되기 위한 수업

   많은 사람들이 그림 그리는 방법을 배우고 싶어 하고, 그림 그리기를 즐긴다. 하지만 그림에 대한 진정한 근성은 없다. 이는 끈기의 부족으로 나타난다. 마치 모든 것을 급하게 그리지만 결코 끝마무리나 명암 처리를 하지 않는 소년처럼 말이다.

Paris MS G, fol. 25r

레오나르도는 베로키오의 작업실에서 신참 일꾼 혹은 하급자로, 그리고 아마도 모델로 일하는 동시에, 대가인 베로키오로부터 일정한 지도를 받는 학생이었다. 학생들은 대부분 스승의 '견본 책'을 본떠 데생하는 데 많은 시간을 들였다.

당시에는 종이가 비쌌기 때문에 학생들은 광택을 낸 나무 화판에 철필로 연습했다. 첸니노 첸니니(Cennino Cennini)는 자신의 유명한 『예술의 서 Il Libro dell'arte』에서 '9인치(약 23센티미터)짜리 정사각형 모양의 작은 회양목 판자'를 사용하라고 추천했다. 이 판자의 표면은 '금 세공인이 사용하는 것과 같은 오징어 뼈로' 부드럽게 만든 후에 침으로 축축하게 만든 뼛가루를 입혔는데, 이때 뼛가루는 '그저 식탁 밑에 떨어진' 보통 닭 뼈를 사용하라고 조언했다.[4] 레오나르도가 종이 위에 그린 가장 초기 데생을 살펴보면 펜과 잉크를 사용해서 선을 긋기 전에 납촉이나 은촉이 달린 철필을 습관적으로 사용했다는 사실을 알 수 있다.

이처럼 데생은 미술 교육의 기본이었다. 아버지인 세르 피에로가 원했던 것도 레오나르도가 베로키오 밑에서 데생을 공부하는 것이었다. 레오나르도 자신도 대가의 위치에서 제자를 거느리게 되었을 때 이 점을 강조했다. 파올로 조비오에 따르면, '레오나르도는 20세가 되지 않은 젊은이들에게는 붓과 색채물감을 절대 만지지 못하게 했고, 단지 납 철필만으로 고대 예술가의 최고 작품을 부지런히 따라 그리게 했다. 또한 가장 단순한 선을 사용해서 자연의 힘과 신체의 특징을 모방하도록 지도했다.'[5] 레오나르도는 데생에 관한 한 당대 최고의 스승 밑에서 배웠다. 베로키오는 당시 피렌체에서 가장 데생에 뛰어난 화가에 속했기 때문이다. 자신의 유명한 소장품 가운데 베로키오의 작품도 몇 점 가지고 있었던 바사리는 베로키오의 작품이

'최대의 인내와 판단을 통해 완성'되었고, 그중에서도 '사랑스러운 표정과 머리카락을 특징으로 하는 여성 두상은 레오나르도가 늘 그 아름다움을 모방하는 것이었다.'고 했다. 이와 관련한 여러 작품이 현재까지 전해 오고 있다. 바사리의 말은 과장이 아니었는데, 영국박물관에 소장되어 있는 베로키오의 검정 분필을 사용한 초상화는 30여 년 이상이 흐른 후에 제작된 레오나르도의 '레다' 데생과 매우 흡사하다.

바사리는 레오나르도의 데생도 몇 점 소장하고 있었는데, 그중에는 레오나르도가 베로키오의 제자였을 당시 연습했던, 리넨지에 옷 주름을 그린 습작이 들어 있었다. '레오나르도는 점토 모델을 만들고, 석고에 담갔던 천을 아름답게 주름이 잡히도록 그 위에 씌우고는 공들여 주름을 그렸다. 이 데생은 붓의 끝을 사용해서 흑백으로 제작했는데 그 결과는 정말 놀라웠다.' 이렇듯 초기에 완성했던 드레이퍼리(drapery, 조각이나 그림 등의 주름 잡힌 천이나 옷, 또는 그 표현 방법—옮긴이) 습작 중 몇 점이 지금까지 전해진다. 이들 중 어떤 것은 레오나르도가 최초로 완성한 그림(1470~1472년)으로 추정되는 '수태고지'(컬러삽화 5)의 드레이퍼리와 관계된 것일 수도 있다. '수태고지'에 등장하는 천사의 소매를 위한 습작 데생은 현재 옥스퍼드 소재 크라이스트 처치 컬리지(Christ Church College)에 소장되어 있다.

레오나르도의 탁월한 드레이퍼리 묘사는, 드레이퍼리를 많이 그렸던 매너리즘(Mannerism, 르네상스에서 바로크로 이행하는 과도기 이탈리아에 나타난 미술 양식—옮긴이) 작가〔매너리스트(Mannerist)〕의 등장을 예고했다. 드레이퍼리 습작을 확대해 보면 레오나르도의 후기 풍경화에 등장하는 바위와 산의 모습과 유사하다. 이 주제는 레오나르도에게 지속적으로 영향을 미쳐서, 그의 저서인 『회화론』에는 '옷, 드

리넨지에 그린 레오나르도의 드레이퍼리 습작 중 하나. 루브르 박물관

'드레이퍼리, 주름'이란 제목의 독립된 장이 있을 정도이다. 레오나르도는 드레이퍼리가 '몸에 맞아야 하고, 천만 둘둘 말아놓은 것처럼 보여서는 안 된다.'고 주장했다.

'수태고지'를 연상시키는 레오나르도의 또 다른 초기 데생으로 백합 습작이 있다.(컬러삽화 3) 이 작품은 검정 분필로 뚜렷하게 묘사했고 펜을 사용해서 그 위에 잉크로 그렸다. 그런 후에 흰색 분필로 이곳저곳을 밝게 하여 세피아색(sepia, 오징어의 먹물로 만든 갈색 그림물감의 색—옮긴이) 하이라이트를 주었다. 이 작품은 '수태고지'의 백합과 닮았지만 다른 방향으로 기울어져 있는 것으로 보아 이 작품을 위한 실제적인 습작은 아니다.

당시에 도제가 거쳤던 교육과정에는 점토와 테라코타를 이용한 조소 제작이 포함되었다. 바사리는 레오나르도가 '청년 시절'에 '마치 성숙한 예술가 같은 솜씨로, 아이들 두상 몇 개와 석고 모형을 뜨기 위해 제작한 웃는 여인들의 점토 두상'을 만들었다고 했다. '웃는 여인들' 중 어느 작품도 현재 남아 있지 않다.

레오나르도의 조각가로서의 초기 경력은 베일에 가려 있는데, '젊은 예수'라는 제목의 아름다운 테라코타 두상(135쪽)이 그의 작품으로 추정되고 있다. 이것이 초기 작품인지 아니면 1490년대 중반 작품('최후의 만찬'의 제자들을 위한 습작과 유사성이 있다.)인지에 대해서는 의견이 분분하다. 이는 후에 조반니 파올로 로마조가 소장했던 '작은 두상'일 가능성도 있다.

> 나는 레오나르도 다 빈치가 소년이었을 때 직접 조각했던 작은 테라코타 예수 두상을 소장하고 있다. 이 두상에서는 소년의 지혜와 지성, 위엄과 더불어 천진난만함과 순수성을 볼 수 있다. 젊음의 부드러움, 그러면서도 연륜과 지혜로운 분위기를 풍기는 작품이다.[6]

또한 레오나르도는 양각 성형과 조각 기술을 익혔을 것이다. 베로키오 작업실에서 제작된 것이 분명한 작품으로, 현재 루브르 박물관에 소장되어 있는 얕은 돋을새김의 테라코타 천사 한 쌍이 있다. 이 작품은 '그리스도의 세례(Baptism of Christ)'에 등장하는 채색된 천사

철심을 사용한, 전사의 옆얼굴 데생. 베로키오의 얕은 돋을새김 작품을 근거로 제작되었으리라 추정된다. 영국 박물관

와 비슷하기 때문에 레오나르도 작품으로 추정되고 있다. 바사리의 주장에 따르면, 베로키오의 작품 중에 호전적인 페르시아 황제 다리우스(Darius)를 표현한 얕은 돋을새김 청동상이 있었다고 한다. 현재 이 작품은 남아 있지 않지만, 레오나르도가 철심으로 풍부한 표정을 살려 완성한 전사의 옆얼굴을 통해 거의 확실하게 재현되었다.

레오나르도는 앞의 모든 훈련 과정을 거친 후에 마침내 그림의 영역에 들어섰다. 스승인 베로키오가 언제 그림을 그리기 시작했는지, 누구에게 훈련을 받았는지 등에 대해서는 알려진 것이 없다. 베로키오가 화가라는 사실을 보여주는 서류가 처음으로 등장한 때는 1468년이지만, 아마도 그 전부터 적극적으로 화가로서 활동했을 것이다.

베로키오의 작업실에서 주로 제작했던 작품은 소형이나 중형 크기의 성모자(聖母子) 그림이었다. 이들 작품의 대부분은 1470년대 초부터 중반까지 제작되었고, 아직 캔버스를 사용하기 전이기 때문에 모두 나무 위에 그린 화판그림이었다. 베로키오의 작업실에서 프레스코 작업을 했다는 증거는 없다. 당시 프레스코화를 전문적으로 그렸던 곳은 기를란다요의 작업실이었다.

레오나르도는 화판에 처음 붓을 대기 오래 전부터 그림의 기본적인 기술을 연마하는 데 힘썼다. 그는 백양나무, 호두나무, 배나무, 마가목 등 서로 다른 나무로 만든 화판의 적합한 용도에 대해 공부해야 했다. 당시에 작업실에서 주로 사용했던 재료는 백양나무였는데, 특히 개티스(gattice)라고 알려진 흰 백양나무는 저렴한데다 실용적이어서 목수들과 가구장이들이 즐겨 사용했다. 레오나르도는 그림을 그릴 수 있도록 화판의 '바탕'을 만들기 위해, 그 위에 입힐 여러 종류의 석고와 흰색 수성도료의 제작 방법을 배웠다. 이렇게 비단처럼 부드럽게 마지막 층까지 입히고 나면 흡수성이 낮은 부드럽고 밝은 흰색 표면이 만들어졌다. 레오나르도는 수년에 걸쳐 좀 더 세련된 주문형 석고바탕을 만들기 위해 실험을 거듭했다.

이렇게 화판을 준비하고 난 후에는 준비 단계의 데생을 그 위에 옮기는 작업을 했다. 전체 구도를 위해서 실물 크기의 데생을 사용하는 경우가 많았다. 이를 '카툰(cartoon, 실물 크기의 밑그림)'이라 한다. 우선 데생의 윤곽을 따라 바늘을 찔러 구멍을 냈다. 구멍이 나 있는 데생을 많이 볼 수 있는 것은 바로 이런 이유에서이다. 이 카툰을 화판에 대고 평평하게 고정시킨 후에 곱게 간 목탄이나 속돌가루를 뿌렸다. 이런 과정을 '파운싱(pouncing)'이라 불렀는데, '파운스(pounce)'는 속돌을 뜻하는 '퓨미스(pumice)'가 와전된 단어였다. 목탄가루나 속돌가루가 데생의 구멍을 통해 스며들어 화판에 자국을 남기면 비로소 그림을 그릴 준비를 갖추게 되었다.

곧 유화가 지배적인 위치를 차지하게 되지만, 레오나르도가 처음으로 작품 제작에 임했을 당시의 전통은 템페라(tempera)화였다. 템페라는 종류를 불문하고 가루 물감을 이겨서 그림을 그릴 수 있게 만드는 결합 매개제를 지칭한다. 하지만 쿠아트로첸토(Quattrocento, 1430년경부터 1500년경까지 피렌체를 중심으로 발달한 초기 르네상스 시기와 당시의 예술—옮긴이)에서는 템페라라는 용어가 예외 없이 계란 템페라를 가리켰다. 계란 템페라는 물감을 신선한 계란 노른자(또는 투명감을 표현하고 싶은 경우에는 계란 흰자)와 섞고 물로 희석시킨 것이었다. 이것이 마르면 젖었을 때보다 색채가 엷어지기는 하지만 거의 색칠한 즉시 마르는데다가 단단하면서 오래 지속되었다. 분주한 작업실의 그림 제작을 위해 계란을 낳는 닭도 공방 특유의 소리와 냄새에 한몫을 차지했다.

네덜란드에서 수입된 유화 기법이 이미 자리를 잡기는 했지만, 주로 불투명한 템페라 층을 투명 피막이나 광택으로 수정하는 마지막 손질 때 사용되었다. 레오나르도는 언제나 기술의 첨단을 걸었다. 템페라 전통 속에서 작업을 시작했지만 곧 유화의 풍부한 표현에 열정을 기울이면서 유화의 대가가 되었다. 그는 유화가 미묘한 입체감과 명암을 표현한다는 사실을 깨달았다. 템페라가 빨리 마르기 때문에 그림자를 선('음영선'이나 '그물모양 음영선')으로 묘사해야 했지만, 유화에서는 붓으로 겹겹이 칠할 수 있어서 깊이 있는 명암과 시각적 복잡성을 표현할 수 있었다. 여기서 레오나르도의 트레이드마크가 된 스푸마토(sfumato, '연기처럼 사라지다'라는 뜻의 'sfumare'에서 유래했다. 물체의 윤곽선을 마치 안개에 싸인 것처럼 사라지게 해서 매우 섬세하고 부드러운 색의 변화를 표현할 때 쓰는 음영법이다.―옮긴이) 가 유래했다.

당시에는 물감을 만드는 재료를 준비하는 방법, 물감을 만드는 방법, 물감을 섞는 경우의 효과 등 물감을 둘러싼 비법이 존재했다. 물감의 종류로는 지역의 흙으로 만든 것, 식물로 만든 것이 있었으며, 몸에 해롭기는 하지만 매우 간단한 화학 공정을 통해 만든 물감이 있었다.

그러나 화가나 고객이 좀 더 탁월한 색상을 원하는 경우에는 색다른 재료가 필요했다. 초기 이탈리아 그림에 등장하는 뛰어난 색상으로는 울트라마린(ultramarine)이란 명칭의 선명하고 시적인 푸른색이 있는데, 푸른 돌을 갈아서 내는 것이었다. 이 푸른 돌은 자연발생적 규산염으로 유황을 풍부하게 함유했다. 그러나 수입품으로 상당히 비쌌기 때문에 그림의 가치를 나타내는 대명사가 되기도 했다.

광석을 원료로 한 기타 중요한 물감에는 공작석을 사용해 풍경과 나뭇잎을 표현한 초록색과, 적색 황화수은을 갈아 만든 밝은 주홍색(vermiglio) 물감이 있었다. 주홍색은 작은 곤충을 뜻하는 라틴어('Vermiculus')에서 유래한 단어로, 적색 황화수은에서 얻어진 붉은색을 곤충에서 추출한 붉은색과 구별하기 위해 사용되었다. 곤충에서 추출한 물감으로는 그림에 광택을 내는 데 사용한 가루 물감인 레이크 안료 등이 있었다.

당시에는 특별한 색채 효과를 내는 방법을 기술한 글이 많았는데, 레오나르도의 원고에도 이와 관련된 내용이 많다. 코덱스 아틀란티쿠스에는, 레오나르도 초기 글의 특징인 장식적인 미사여구를 구사한 다음과 같은 글이 남아 있다.

초록색(예를 들어 공작석 초록색)과 역청(瀝靑)을 섞으면 그림자를 더욱 짙게 만들 수 있다. 그림자를 보다 옅게 표현하고 싶다면 초록색과 노란 황토색을 섞고, 이보다 더 옅은 그림자를 원하는 경우에는 노란색을, 강조를 하고 싶은 경우에는 순수 노란색을 섞는다. 그런 다음 초록색과 심황을 섞어 그림에 광택을 내고, …… 아름다운 붉은색을 만들려면 적색 황화수은이나 붉은색 분필을 사용하고, 짙은 그림자는 태운 황토색, 보다 옅은 그림자는 붉은색 분필과 주홍색, 강조하려면 순수 주홍색을 사용하고, 그런 후에 고운 레이크 안료로 광택을 낸다.[7]

작업장이나 예술 공장뿐만 아니라 공방은 예술가들이 자주 드나들어, 토론과 쑥덕공론의 장인 동시에 새로운 기술과 아이디어의 온상이었다. 정규 학교교육을 받지 않았던 레오나르도에게는 대학과 같았다.

베로키오 스타일의 출현과 밀접한 관련이 있는 화가로는 산드로 보티첼리가 있다. 그는 독립적으로 작업했으나, 초기작인 성모마리아와 아기 예수를 주제로 한 작품 대부분은 베로키오 공방의 특징을 담고 있었다.(혹은 베로키오 공방의 작품이 보티첼리의 영향을 받은 것일 수도 있다.) 보티첼리는 레오나르도가 1460년대 말과 1470년대 초에 화가로서 독립하기 시작했을 때 중요한 영향을 미쳤다. 보티첼리가 레오나르도에게 영향을 미쳤다고 주장하는 사람들은 그 예로, 레오나르도의 '수태고지'에 등장하는 천사가 보티첼리의 작품과 관련이 있는 전형적인 발레리나 모습을 한다는 점을 들었다. 보티첼리는 레오나르도보다 7~8세 연상이었고, 몹시 긴장하는 예민한 성격을 가졌으며, 나중에는 지롤라모 사보나롤라(Girolamo Savonarola, 이탈리아의 그리스도교 설교가, 종교개혁자, 순교자—옮긴이)의 열렬한 추종자가 되었다.

   동시대 예술가에 대한 기록을 거의 남기지 않았던 레오나르도였지만, 보티첼리에 대해서는 몇 마디를 남겼다. 레오나르도의 어조가 놀랍도록 비판적이다. '사람들이 흔히 하는 것처럼 온갖 종류의 나무를, 심지어 멀리 있는 나무까지 같은 종류의 초록색으로 채색하지 마라.'[8] 이런 레오나르도의 비판은 의심할 여지없이 보티첼리의 비현실적인 가공의 숲을 염두에 두고 그의 '단조로운 풍경'을 깔보듯 언급한 것이다. 레오나르도는 보티첼리의 '수태고지'에 드러난 적절한 기교의 부족에 대해 유머러스한 비판을 하기도 했다. '며칠 전에 수태를 알리려는 천사의 그림을 보았다. 천사는 마치 성모마리아를 방 밖으로 몰아내려는 듯 보였고, 자신이 증오하는 적에게나 취할 것 같은 그런 공격적인 자세를 취했다. 그래서 우리의 성모마리아는 마치 절망감에 휩싸여 창문 밖으로 몸을 던질 것만 같아 보였다.'[9] 이 말은 아마도 1490년경에 보티첼리가 과르디(Guardi) 가의 예배당에 그렸던 '수태고지'를 두고 한 말이었을 것이다. 이 작품의 천사는 공격하기 위해 몸을 웅크리고 있다고 해석될 수도 있다. 물론 그런 해석이 짓궂게 과장된 것은 사실이지만 말이다. 원근법에 관한 노트에도 이와 비슷하게 고의적인 비판의 글이 적혀 있다. '산드로! 당신은 두 번째가 세 번째보다 더 낮아 보이는 이유를 설명하지 않았소.'[10]로 시작하는 글은 보티첼리의 1500년 작품인 '신비의 강탄(神秘의 降誕, Mystic Nativity)'에서 천사의 위계 순서가 원근법을 무시하고 배열된 것에 대해 언급한 것이었다. 예외적으로 보이는 이런 모든 독설에는 아마도 심리적인 요소가 숨어 있을지 모른다. 즉 초기에 영향을 받았던 인물을 뛰어넘고 싶은 욕망, 자신을 그와 구분해서 정의하고 싶은

피렌체의 동료들.
위 왼쪽 제자 중 한 명이 그린 안드레아 델 베로키오의 초상화로 추정. 우피치 미술관
위 오른쪽 '동방박사의 경배' 부분. 산드로 보티첼리의 자화상으로 추정. 1478년. 우피치 미술관
아래 왼쪽 피에트로 페루지노의 자화상. 1500년. 페루자 프리오리 궁
아래 오른쪽 로렌조 디 크레디의 자화상. 1488년. 워싱턴 DC 국립미술관

욕망의 표현일 수 있다. 레오나르도에게 있어서 모방은 약점의 한 형태였기 때문이다.

베로키오의 제자 중에 유명한 사람으로는 금 세공인의 아들로 젊고 잘생긴 로렌조 디 크레디가 있었다. 그는 레오나르도보다 어렸고 작업실에서도 후배였다. 그의 작품 중에 가장 먼저 인정을 받았던 작품은 '세례요한과 성 도나투스와 함께 있는 성모마리아와 아기 예수'로 1476년경에 제작되었다. 베로키오는 1480년대 초에 베네치아로 떠나면서 로렌조를 자신의 상속인이자 유언 집행자로 임명했다. 바사리에 따르면, 베로키오는 제자들 중에서 로렌조를 가장 '사랑'했다. 아마도 동성애의 개념이 포함된 것 같지만 정확하게 알 수는 없다. 레오나르도가 베로키오의 작업실에서 동성애에 눈을 뜨게 되었다는 주장은 입증되지 않았다.

마침내 레오나르도는 그림 그릴 준비를 갖추었다. 실제로는 그림의 일부를 그릴 준비가 되었다는 뜻이다. 르네상스 시대 작업실에서 제작한 그림은 대부분 공동제작품이었다. 스승인 화가가 부분만을 그리고 나머지는 그의 감독 아래 조수와 도제가 그렸다. 때로 화가들은 제자들에게 위임하는 양을 제한하는 계약을 의뢰자와 맺기도 했다. 피에로 델라 프란체스카(Piero della Francesca)가 맺은 계약에는 '피에로를 제외하고는 그 누구도 붓에 손을 대서는 안 된다.'는 조항이 있었고, 필리피노 리피는 산타 마리아 노벨라에 있는 스토로찌 예배당의 프레스코화를 '오로지 필리피노의 손으로 특히 인물의 경우는 더더욱' 직접 그려야만 한다는 조건에 동의해야 했다. 하지만 일반적으로 작업실 그림을 스승 혼자서 그리는 경우는 없었다.

베로키오 작업실에서 제작한 아주 매혹적인 작품 중의 하나는 런던의 국립미술관에 소장된 '토비아스와 천사(Tobias and the Angel)' 라는 이름의 소형 그림이다. 토비아스 이야기는 외경(外經)인 『토비트서Book of Tobit』에 나오는데, 맹인인 아버지의 눈을 뜨게 해 주려고 소년이 모험을 떠나고, 수호천사인 라파엘이 소년과 모험을 함께 한다는 내용이다. 전설이나 동화와 같은 특징이 있고, 사람에게 편안함을 안겨주는 가족의 가치를 배경으로 하기 때문에, 당시 그림의 인기 있는 주제가 되었다. 당시 '토비아스'를 내용으로 한 다른 화가의 그림과 비교할 때, 베로키오는 그림의 두 인물에 에너지와 생동감을 좀 더 부여했다. 그들의 망토가 바람에 날리고, 토비아스의 벨트에 달린 술은 멀리 있는 작은 나무와 재치 있게 섞인다. 하지만 천사의 날개 묘사는 같은 소재를 채택한 폴라이우올로(Pollaiuolo) 형제의 그림보다 못하고 배경은 형식적일 뿐이다. 베로키오는 풍경에 대해 별다른 느낌을 갖고 있지 않았다.

예술사학자인 데이비드 A. 브라운(David A. Brown)은 이것이 바로 여러 사람에 의해 그림이 완성되었다는 사실을 입증하는 기술적 한계라고 했다. '자연을 묘사하는 베로키오의 방식은 미숙하지만, 예상과는 다르게 런던에 소장되어 있는 작품에 등장하는 동물들은 인간 등장인물과 마찬가지로 폴라이우올로의 그림보다 뛰어나다.'[11] 뒤집어 말하자면 작품에 등장하는 동물들의 묘사는 베로키오가 그렸다고 보기에는 너무 훌륭하다는 것이다. 물고기의 비늘은 회색과 흰색으로 희미하게 빛을 발한다. 이는 전통적인 템페라 기법을 사용한 것이기는 하지만, 빛과 표면의 화사한 느낌이 눈길을 끈다. 천사 옆에서 따라 뛰는 작고 하얀 개는 폴라이우올로의 작품에서와 같은 볼로냐 테리어 종이지만, 베로키오 그림에 등장하는 개는 생기가 넘치고 민첩하게 총총걸음을 한다. 부드럽고 흐릿한 개의 모습을 표현한 솜씨

베로키오의 '토비아스와 천사'. 런던 국립미술관

가 뛰어나다. 개의 밑에는 먼저 바탕에 그렸던 풍경의 선이 보인다. 그래서 개는 그림의 표면 바로 위를 마치 홀로그램처럼 떠다니는 것 같다. 동화 속의 개처럼 말이다.(컬러삽화 4)

조각한 것 같고 힘 있는 스타일의 개와 물고기는 베로키오가 손수 그리지 않고, 조수인 레오나르도가 그린 것이 분명한데, 개의 털과 1470년대 초 레오나르도가 그린 천사의 머리카락이 매우 비슷하다. 토비아스의 곱슬곱슬한 머리카락도 레오나르도가 그렸을 가능성이 있다. 레오나르도의 작품인 '수태고지'에 등장하는 천사의 머리카락과 마찬가지로 이리저리 곱슬곱슬 흘러내리기 때문이다. 현미경 분석에 따르면 토비아스의 귀 위 곱슬머리는 왼손잡이의 붓질로 완성되었다고 한다. 작은 개, 물고기, 곱슬곱슬 흘러내리는 머리카락, 옷의 주름 등 첫눈에 보아도 레오나르도의 솜씨인지 알 수 있는 섬세하고 희미하게 어른거리는 필치는 수년에 걸쳐 완벽해진 것이지만, 이미 도제 시절에도 레오나르도 자신의 트레이드마크가 될 만큼 뛰어났다.

장엄한 광경

1469년 2월 7일 피렌체에서는 20세의 로렌조 메디치(Lorenzo Medici)를 축하하는 마상 창 시합이 열렸다. 로렌조가 공적인 인물로 데뷔하는 일과 앞으로 있을 클라리스 오르시니(Clarice Orsini, 로마인 신부로 당시에는 인기 없는 배우자로 여겨졌다.)와의 결혼을 축하하기 위한 행사였다. 로렌조 메디치는 말 위에 올라, 자기 휘하의 기사단을 거느리고 메디치 광장에서 토너먼트 명단이 걸려 있는 산타 크로체 광장까지 행진했다. 그의 모습은 비단, 벨벳, 진주, 갑옷, 나폴리 왕이 하사한 흰색 말 등 두말할 필요도 없이 화려함의 극치였다. 그런데 그의 머리 위에 펄럭이는 깃발을 잠시 들여다보자. 특별히 이번 행사를 위해 고안된 흰색 호박단 깃발이다. 시인인 루이기 풀치(Luigi Pulci)는 깃발 위의 고안을 이렇게 묘사했다. 깃발은 '위에는 태양이 빛나고 아래는 무지개가 떠 있다. 중앙에는 금과 은색 꽃이 수놓여 있는 예스러운 옷을 입고 초원에 서 있는 여인의 모습이 있다.' 배경은 '시든 가지가 몇 개 달려 있고 가운데 싱싱하게 푸르른 나뭇가지 하나가 달려 있는 월계수 나무줄기'였다.[12] 월계수 나무(lauro)는 '로렌조(Lorenzo)'를 상징했다. 그의 아버지는 병상에 있었고 그 해를 넘기지 못할 것이었다. 이제 로렌조는 가족이란 나무에 새로 성장하는 세력을 뜻했다.

로렌조 메디치의 흉상. 베로키오 작품. 피렌체 메디치 궁

로렌조를 상징하는 깃발은 베로키오의 작품이었다. 이 깃발은 사라진 지 오래되었고 베로키오의 걸작이라고 볼 수도 없지만, 당시 왕자의 행진에 버금갔던 이 행사를 통해 베로키오 공방의 명성이 가히 어땠는지 짐작할 수 있다. 로렌조의 깃발이 돈으로 장만할 수 있던 것 중에 최고였음은 쉽게 알 수 있다. 당시 피

렌체 예술가들은 도시에서 벌어지는 여러 일들에 깊이 관여하여, 그림, 조각, 건축에 국한하지 않고 화려한 행렬과 같은 호화스러운 일회성 행사에도 참여했다. 피렌체의 달력은 온갖 종류의 장엄한 행사로 가득했다. 사순절(四旬節, 재의 수요일부터 부활절까지 일요일을 제외한 40일간―옮긴이) 전에는 몇 주 동안 축제가 벌어졌고, 부활절에는 성스러운 행진이 있었고, 피렌체의 수호성자인 세례요한의 축일인 6월 24일까지 간헐적으로 거행되었던 5월제(祭) 축하행사가 있었다. 시뇨리아 광장(Piazza della Signoria)에서는 '사자사냥'이 열렸고, 산타 크로체 광장에서는 27명의 선수를 한 팀으로 '발보다는 주먹'을 많이 휘두르는 축구 경기가 열렸다. 또한 팔리오(Palio)라 불리는 말 경주가 매년 거행되었는데, 경주로가 포르타 아 프라토(Porta a Prato)에서 포르타 알라 크로체(Porta alla Croce)까지 도시를 가로질러 뻗어 있었다.

메디치가는 대중적인 축제의 효과에 대해 잘 알고 있었기 때문에, 로렌조의 행사에는 더욱 많은 구경거리를 동원하였다. 이는 정실주의를 꾀하고 표를 끌어 모으기 위한 메디치가의 술수로 대중들의 관심을 축제로 돌려 그들의 자유를 침식하는 행위라는 불평이 있었을 것이다. 하지만, '빵과 서커스(Bread and Circus, 백성들에게 빵과 유흥거리를 제공함으로써 권력에 대한 저항을 차단하려 했던 정책―옮긴이)'라는 정치적 요소가 저변에 깔려 있었더라도, 로렌조 또한 진정으로 축제를 즐겼던 것은 사실이다.

메디치 가문의 마상 창 시합은 당대의 인기 있는 구경거리로, 축제와 관련된 온갖 호사스런 요소가 가미되었다. 깃발, 복장, 가면, 갑옷, 성장(盛裝)한 말, 위풍당당한 마차 등은 모두 베로키오의 공방 등에서 생산되었다. 레오나르도는 이런 호사스러운 축제 분위기에 젖어 즐거워하는 부류의 인물은 아니었지만, 축제의 장광만큼은 그의 눈길을 사로잡았다.

연극에 대한 레오나르도의 사랑은 후에 밀라노에서 날개를 달게 되지만 뿌리는 메디치 가문의 영향력이 지배했던 피렌체의 마상 창시합과 행렬, 성극(聖劇) 등에 있었다. 레오나르도는 외모가 출중하면서 약간은 괴팍한 젊은이로 대중들의 먼발치에 서서, 축제의 장에 매료되면서도 긴장을 늦추지 않고 예리하게 관찰하며 신중한 태도를 취했을 것이다.

1471년 베로키오와 그의 조수들은 또 다른 행사를 준비하게 되었다. 바로 밀라노 공작의 공식 방문이었다. 로렌조 메디치는 공작에게 줄 선물로 '로마풍'의 투구와 갑옷을 제작해 달라고 베로키오에게 의뢰했고, 메디치 저택 손님방의 제단장도 주문했다. 이는 일개 실내 장식가로서이기는 했지만, 레오나르도가 분명하게 메디치 가문의 영역에 들어가게 된 첫 기회였을 뿐만 아니라, 몇 년 후에 자신이 거주하게 될 밀라노 궁정과 처음 접촉하는 기회였다.

공작의 방문을 두고 피렌체는 논쟁에 휩싸였다. 공작의 아버지인 프란체스코 스포르자(Francesco Sforza)는 메디치 가문의 주요 동맹자 중 한 사람이었다. 그러나 1466년, 20대 초반에 아버지의 지위를 승계한 아들 갈레아조 마리아 스포르자(Galeazzo Maria Sforza) 공작은 끔찍하게 잔인한 행동으로 악명을 떨쳤던 사악하고 방탕한 젊은이였다. 밀라노의 연대기 작가인 베르나르디노 코리오(Bernardino Corio)가 '그가 행한 행동은 너무나 수치스러워서 감히 기록할 수가 없다.'고 했을 정도였다. 그러면서 사실 여부를 입증하지는 않았지만 그의 비행 몇 가지를 기록했다. 그는 '처녀를 범했고 다른 사람의 아내를 취했다.' 또한 자기 눈에 든 여자가 있으면 그 남편의 양손을 잘랐고, 밀렵꾼은 산토끼를 털까지 통째로 삼키라는 처벌을 내리는 방식으로 처형했다.[13] 메디치 가문의 적들은 피렌체가 이 사악한 젊은 공작을 배척하고 베네치아와의 옛 동맹관계를 회복해야 한다고 주장했다. 그러나 로렌조는 밀라노와 좋은 관계를 유지하는 것이 피렌체의 번영에 필수라고 고집했다. 갈레아조의 부인이 프랑스 왕의 딸이었던 사실 또한 외교 방향에 영향을 미쳤던 것이다.

공작의 화려한 행렬이 피렌체에 들어온 때는 1471년 3월 15일이었다. 공작의 방문 기간 동안 피에로 델 폴라이우올로(Piero del Pollaiuolo)가 완성했으리라 추정되는 공작의 초상화를 보면, 코는 매부리코였고, 눈썹은 냉소적으로 꺾였고, 입은 작았으며, 장갑을 쥐고 있는 손은 신경질적으로 보였다. 일행 가운데는 공작의 동생인 루도비코(Ludovico)가 있었다. '무어인(아프리카 북서부에 사는 혼혈 회교도-옮긴이)'처럼 보이는 까무잡잡한 외모로 유명했던 그는 당시 10대였고 아직 밀라노 정치권력의 외곽에 있었지만 앞날을 지켜볼 만한 인물이었다. 레오나르도는 그를 처음 흘낏 본 그때로부터 10년이 지난 후에 그의 후원을 요청하러 북쪽으로 향하게 된다.

이후에 있을 레오나르도의 충성을 생각해 볼 때, 공작의 방문을 맞이하는 피렌체 젊은이들의 반응을 눈여겨볼 만하다. 무의식적으로 젊은 레오나르도의 관심을 끌었던 무언가를 여기에서 찾을 수 있기 때문이다. 마키아벨리(Machiavelli)는 당시 피렌체 젊은이들의 '소비문화'를 비판하면서, 특히 이번 밀라노 공작의 방문이 미치는 치명적인 영향과 관련지었다.

이제 평화의 시대에 등장한 무질서를 흔하게 목격할 수 있다. 도시의 젊은이들이 좀 더 독립적이 되면서 옷으로 치장하고, 잔치를 벌이고, 질탕하게 흥청거리는 데 지나치게 많은 돈을 낭비한다. 그들은 나태하게 생활하면서, 유희에 몰두하고, 여자를 쫓는 데 시간과 돈을 쏟는다. 그들이 유일하게 관심을 갖는 것은 사치스럽게 옷을 입고, 번지르르하게 말하고, 재치를 발휘해서 다른 사람보다 빛나 보이는 것이다. …… 이와 같은 불행한 습관은 밀라노 공작의 신하들이 도착하면서 훨씬 더 악화되었다. …… 궁정에나 적합하고, 공화정에는 전혀 적합하지 않은 유약한 태도는 공작이 오기 전부터 만연되어 있었지만, 공작이 옴으로써 부패는 더욱 개탄할 상태가 되었다.[14]

1480년대 초반, 레오나르도가 정확히 어떤 동기로 밀라노에 갔는지는 알려지지 않았다. 레오나르도에게는 공화정 체제 속에 있는 피렌체의 세련미 없는 부르주아적 특징보다는 세련된 옷, 재기 발랄한 농담, 연약한 태도와 같은, 마키아벨리가 부정적으로 비판했던 '궁정'에나 어울리는 일부 특징이 성미에 더 맞았을지도 모른다.

공작을 위해 성극이 무대에 올려졌다. 그러나 공연이 있던 날 밤 극장에 화재가 발생해 관객들은 공포에 사로잡혔고 막대한 손해를 입었다. 피렌체의 목사들은 이것이 밀라노 사람들의 퇴폐와 부유, 사순절 기간 동안 축제를 벌인 것에 대한 신의 천벌로 생각했다. 그러나 이때 타올랐던 불꽃은 레오나르도의 기억 속에서 오래도록 빛을 발했다.

대성당 돔 위 꼭대기 탑

 1470년 내지 1471년 초, 피렌체의 소장파 화가인 비아지오 안토니오 투찌(Biagio d'Antonio Tucci)는 '토비아스와 세 대천사(Tobias with Three Archangels)'를 그렸다. 베로키오와 레오나르도 또한 시도했던, 유명한 토비아스를 주제로 한 작품 가운데 하나였다. 인물들 뒤로는 벽, 탑, 언덕, 대성당의 커다란 돔 등 눈에 익은 피렌체의 광경이 펼쳐진다. 보통 그림을 그리는 방법처럼 비아지오 역시 자신이 실제 본 대로 그림을 그렸는데, 그것은 돔 위에 있는 대리석 꼭대기 탑을 빙 둘러싼 길고 다소 복잡한 모양의 비계(높은 곳에서 공사를 할 수 있도록 임시로 설치한 가설물—옮긴이)까지였다. 이렇게 해서 비아지오의 그림은 돔의 마무리 공사를 화폭에 담은 독특한 시각적 기록물이 되었다. 바사리가 인상적으로 표현한 것처럼 '하늘 자체에 도전하는' 돔 모양 건물의 주요 구조가 완성된 것은 거의 50년 전으로 브루넬레스키에 의해서였다. 하지만 당시에는 브루넬레스키의 원래 설계도에 있던 십자가가 달린 보주(寶珠, 왕권의 상징—옮긴이)와 십자가는 얹혀 있지 않았다. 1468년 이를 얹는 작업을 의뢰받은 곳이 바로 베로키오 공방이었다. 다음 해 봄, 베로키오는 보주에 쓸 품질 좋은 구리를 구매하기 위해 베네치아와 트레비소를 여행하기도 했다. 완성된 보주는 직경이 8피트(244센티미터)였고, 무게는 2톤이 넘었다. 바사리에 따르면, 주조에는 '바닥에서 보주를 올릴 수 있고, 바람을 맞아도 손상되지 않을 수 있도록 상당한 주의와 창의성이 필요했다.'
 1471년 5월 27일 월요일, 보주가 돔 위 대리석 꼭대기 탑 위에 얹혔다. 지상으로부터 350피트(107미터) 높이였다. 보주를 설치하고 징두리돌에 고정시키는 작업에 꼬박 사흘이 걸렸고, 5월 30일에는 꼭대기에 십자가가 설치되었다.

 이 작업을 통해 레오나르도는 당시 이미 전설적인 인물이었던 필리포 브루넬레스키의 작품을 가까이서 볼 수 있었다. 브루넬레스키는 돔의 건축을 주도한 건축가로 막대한 업적을 남겨 르네상스 시대 건축가와 엔지니어들의 위상을 높였던 인물이다. 그는 작고, 못생기고, 호전적이었다. 바사리는 그에 대해 이렇게 기록했다. '그는 언뜻 보기에는 하찮아 보였다. 그러나 그의 천재성은 너무나 압도적이어서 하늘이 보낸 사람이라고밖에는 말할 수 없다.' 브루넬레스키는 남의 화를 돋우는 성향이 있었고, 이런 성향은 계란에 얽힌 유명한 일화에 그대로 드러난다. 큐폴라(cupola, 돔―옮긴이)를 건축할 사람을 결정하기 위한 경쟁에서 브루넬레스키는 자신의 계획을 밝히지 않은 채 상대방에게 내기를 걸어 이겼다. 그는 '평평한 대리석 위에 계란을 세울 수 있는 사람이 큐폴라를 지어야 한다. 그렇게 할 수 있다면 자신이 똑똑하다는 사실을 입증한 것이기 때문이다.' 라고 말했다. 사람들이 계란을 가져왔고 경쟁자들은 계란을 세우는 데 모두 실패하고 말았다. 그러자 브루넬레스키는 앞으로 나가 '점잖게 계란을 집어서는 대리석에 대고 깬 후에 똑바로 세웠다.' 다른 사람들은 '그렇게라면 나도 할 수 있었다.'고 불평했다. 그러자 브루넬레스키는 웃으면서 '일단 방법을 알고 나면야 누군들 못하겠는가? 다른 사람의 건축 모델을 보고 나서라면 누구라도 큐폴라를 건축할 수 있을 것이다.' 라고 말했다.[15] 이 일화는 허구일 가능성도 있지만 여기에 담긴 그의 허세와 독창성은 사실이었고, 그는 전문가로서 자신의 비밀을 지키고자 하는 강한 동기를 드러냈다. 브루넬레스키는 다른 사람의 표절 행위 때문에 늘 괴로워했고, 이는 레오나르도 역시 마찬가지였다.

 브루넬레스키의 돔은 세계 최대 벽돌 돔으로, 건축된 지 600년이

지난 지금도 유럽 건축의 경이 가운데 하나로 남아 있다. 현대인의 추측으로는 여기에 들어간 벽돌만도 4백만 장이 넘고, 무게는 3만 6천 톤에 이르며, 벽돌 구조물을 지탱하기 위한 나무들을 세우지 않고 건축되었다. 실제로는 두 개의 돔으로 이루어져서 한 돔이 다른 돔을 감싸고 있다. 큰 돔의 반대쪽 끝까지의 길이는 180피트(약 55미터)이다. 각 돔은 활 모양의 독립적인 8개의 부분으로 이루어졌고, 동시에 건축되면서 원형 테를 이용해 강화되었다. 브루넬레스키의 혁신적 고안 중 하나는 안전장치의 도입이었다. 돔을 건축하는 동안 벽돌공 한 명이 떨어져 죽었는데, 이는 당시 기준으로 놀라운 기록이었다.

2톤짜리 구리 보주를 돔 꼭대기에 올려 얹는 문제는 원래 브루넬레스키가 직면했던 문제만큼이나 공학적인 문제를 안고 있었다. 레오나르도는 이 작업에 관여하면서 대성당 작업장과 유명한 브루넬레스키의 도르래와 기중기 고안에 접근할 수 있었을 것이다. 브루넬레스키가 고안한 장치에 대한 세부적인 사항과 전반적인 형태에 대한 기록이 코덱스 아틀란티쿠스의 데생 무더기 속에서 발견되었다. 기록 시기는 1470년대 말이지만, 아마도 대성당 공사에 참여했던 시기에 습득한 내용을 기억해 두었다가 기록한 것으로 추정된다.

오늘날, 사람들은 두오모의 꼭대기 탑 바로 아래까지 수직 방향으로 순례를 할 수 있다. 십자형 교회당의 날개 남쪽에 나 있는 입구부터 뻗어 있는 463개의 돌계단을 오르면 큐폴라의 아래쪽 테두리에 닿고, 다시 큐폴라의 벽판 뒤를 말아 올라가면 도시의 꼭대기에 다다른다. 아래로는 오래된 도시의 지붕들이 펼쳐지고, 그 사이사이로는 도로들이 마치 살짝 찌그러진 자전거 바퀴살처럼 빛을 발한다.

1471년 초여름 어느 날, 바로 여기에 레오나르도가 서 있었다. 그에게는 장엄한 사건이었다. 마음 한편으로는 새와 똑같은 고도에 올

위 피렌체 대성당. 돔, 꼭대기 탑, 보주가 보인다.
아래 브루넬레스키의 양방향 기중기에 대한 레오나르도의 습작. 코덱스 아틀란티쿠스

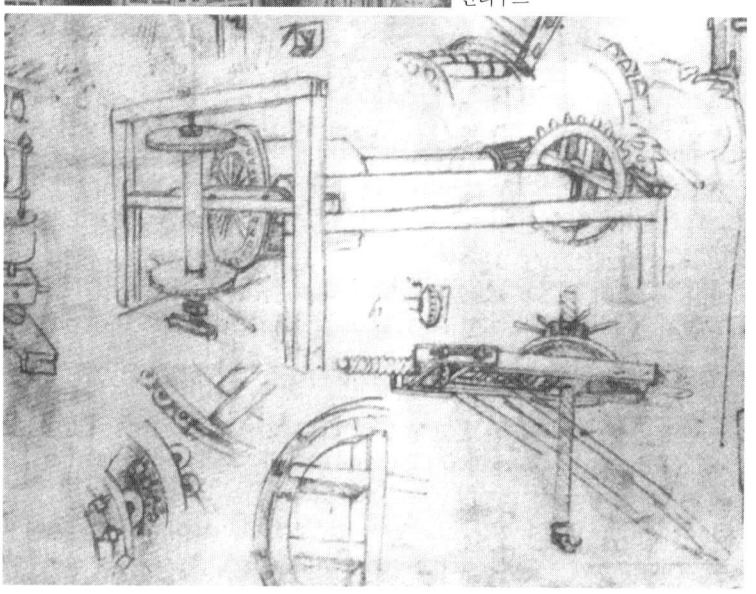

라와 있는 것에 행복함을 느낀 순간이었고, 또 다른 한편으로는 중력의 법칙을 무시한 이 구조물을 정확한 측정을 통해 하늘 높이 올려놓을 수 있었던 브루넬레스키의 기술로부터 뿜어 나오는 힘을 느낀 순간이었다.

최초의 그림

1472년 여름 레오나르도는 20세의 나이로 피렌체 화가협회에 가입했다. 그해에 등록한 새 회원에는 베로키오, 보티첼리, 페루지노, 도메니코 기를란다요, 폴라이우올로 형제, 필리피노 리피 등이 있었다. 이들은 모두 1470년대 초 피렌체 회화의 주역들이었다.

14세기 중반에 설립된 피렌체 화가협회는 단체로 또는 단독으로 활동하는 온갖 부류의 화가들로 구성되었다. 본래 협회의 분위기는 종교적인 성향을 띠었지만, 레오나르도가 등록했을 당시에는 순수한 예술가 클럽 같아서, 친목이 주요 목적이었다. 또한 어느 정도 길드의 기능을 갖기도 했지만 화가들의 길드와도 구별되었다. 협회 회원의 다수가 길드 회원이기는 했지만 반드시 그래야 하는 것은 아니었다. 실제로, 예술 문제에 대한 길드의 통제력이 상당히 감소했기 때문에 길드에 가입하고 싶어 하지 않는 예술가가 많았다. 이렇듯 길드 회원의 감소 추세는 화가들이 후원자를 찾아 이동하는 경향이 증가하면서 두드러졌다.

현재는 피렌체 화가협회에 대한 기록 또한 제대로 남아 있지 않기 때문에 화가들이 같은 해에 무리지어 가입한 이유가 분명하게 드러나지 않는다. 예전 어느 때 협회 활동에 휴지기가 있었기 때문일 가능성도 있다. 그럼에도 레오나르도가 협회에 가입했다는 기록은, 막연하기만 했을 그의 예술적 행적을 추적할 수 있는 명백한 증거가 되었다. 협회에 가입했던 1472년 중반까지 레오나르도는 견습화가였던 것이다.

그렇다면 레오나르도가 일부가 아닌 전체를 그린 작품은 무엇이었을까? 여기에는 다양한 가능성이 제기되고 있는데, 가장 확실한 작품은 현재 우피치 미술관에 소장되어 있는 '수태고지'이다.(컬러삽화 5) 우피치 미술관은 이 작품을 1867년에 구매했고, 당시 화판 뒤에 붙은 라벨을 보면, 그 전까지는 산 바톨로메오(San Bartolomeo)의 성구 보관실에 걸려 있었다. 그림틀이 직사각형인 것으로 보아 성구 보관실의 가구 위에 걸도록 제작된 것 같다. 그림이 있던 수도원은 현재 군인병원이 되었다.

이 작품은 우피치로 옮기기 전까지는 도메니코 기를란다요의 작품으로 추정됐었고, 레오나르도의 작품으로 처음 기록에 등장한 것은 1869년 우피치에서 발행한 카탈로그에서였다. '수태고지'가 레오나르도의 작품이라는 데는 보편적인 합의가 이루어졌지만 소수의 불신자가 존재하는 것 또한 사실이다. 그들이 '수태고지'가 레오나르도의 작품이 아닐지 모른다고 의심하는 이유는 작품 스타일이 레오나르도의 특징과 다르기 때문이라고 한다. 하지만 이 그림을 그렸을 당시 레오나르도는 형태와 기술에 있어서 여전히 베로키오 공방과 관련을 맺고 있는 젊은 화가였다. 데이비드 A. 브라운은 몇몇의 반론에 대해 명쾌한 설명을 붙였다. '혁신적이고 서정적인 요소가, 다른 화가에게서 빌려온 요소 및 실수와 결합된 '수태고지'는 아직까지는 미숙하지만 엄청난 재능을 가진 화가의 작품이다.'[16] 다른 화가에게서 가져온 것으로 볼 수 있는 요소는 성모마리아의 얼굴과 채색, 전형적으로 베로키오가 사용했던 살짝 들어 올린 새끼손가락 등이다. 또한 과도하게 장식한 성서대(聖書臺)는 베로키오가 1472년에 완성한 산 로렌조의 메디치 석관(石棺)을 떠오르게 한다. 작품에 나타나는 실수는 원근감에서 찾아볼 수 있다. 오른쪽에 있는 침엽수는 다른 침엽수와 같은 선상에 있는 것처럼 보인다. 그러나 그렇게 단정 짓기에는 침엽수 옆에 자리한 채 점점 멀어져 가는 벽이 지나치게 길다. 좀 더 비판적인 눈으로 작품을 본다면, 성모마리아와 성서대 사이의 공간도 비논리적이다. 성서대의 다리 위쪽을 보면 성서대의 위치는 성모마리아보다는 오히려 그림을 보는 사람에게 더 가깝다. 그런데 성모마리아의 오른손 아래쪽에서부터 보면 성서대는 그림을 보는 사람에게서 더 멀리 있어야 한다. 이렇듯 확실하지 못한 구도의 결과가 바로 어색하게 길게 늘어진 성모마리아의 오른팔이다. 이런 구성상의 실수가 그림의 오른쪽에 도사리고 있다. 반면에 천사, 정원, 놀랍도록 따뜻한 경치 등이 그려진 다른 쪽은 오른쪽보다 더욱 풍부하고 완성된 작품처럼 보인다. 따라서 두 부분은 서로 다른 시기에 완성된 것으로 간주되고 있다. 전반적으로 그림에는 틀에 박힌 경직된 요소가 자리하고 있지만, 그럼에도 그림은 천사의 젊고 싱싱한 아름다움을 통해, 또한 마틴 켐프(Martin Kemp)가 붙인 명칭대로 '근시안적 초점'[17]을 사용해서 개인의 상세한 모습을 묘사함으로써 효과를 거두고 있다.

'수태고지'의 주제는 르네상스 예술에서 굉장한 인기를 끌었던 주제 중 하나로, 유명한 화가라면 거의 빠짐없이 한두 작품을 남겼을 정도였다. 이는 천사 가브리엘이 젊은 마리아를 찾아와 그녀가 곧 메시아의 어머니가 되리라고 말하는 순간을 극적으로 표현한 것이다.(누가복음 1장 26~38절) 많은 주해자와 설교자들이 너나 할 것 없이 해석을 붙였던 구절이기도 하다. 그들은 누가복음에 나타난 대화에서 성모마리아의 다음 다섯 가지 '특징'을 이끌어 냈다. 그녀는 당혹했다('처녀가 그 말을 듣고 놀라'), 곰곰이 생각했다('이런 인사가 어찌함인고 생각함에'), 의심을 품고 물었다('나는 사내를 알지 못하니 어찌 이 일이 있으리이까?'), 순종했다('주님의 종이오니 말씀대로 내게 이루어지이다.'), 그리고 천사가 떠난 후에 자신의 성스러워진 지위를 찬양했다. 화가들은 각기 다른 특징에 초점을 맞추어 수태고지를 완성했다. 산 로렌조에 있는 필리포 리피의 '수태고지'는 우피치 미술관에 소장된 보티첼리의 작품(과장된 몸짓 즉 지나친 당혹스러움을 표현했다고 레오나르도가 비판했던 작품)과 마찬가지로 분명하게 마리아의 당혹스러움을 표현한 반면에 산 마르코에 있는 프라 안젤리코(Fra Angelico)의 작품은 마리아의 겸손에 초점을 두었다. 이런 현상은 성직자의 신학 이론과 화가들의 시각적인 표현 형식과의 흥미로운 상호 관련성을 나타낸다. 그러나 레오나르도의 '수태고지'는 어느 한쪽에 치우쳐 생각하기가 쉽지 않다. 왼쪽 손을 들어 올린 것은 당혹스러움의 자취지만, 성모마리아 얼굴에 깃든 평온함은 순종의 시작을 암시한다. 또한 정신적인 사건 속에 존재하는 심리적 동력이 어렴풋이 나타난다. 이는 '최후의 만찬'과 '성 안나와 함께 있는 마리아와 아기 예수'와 같은 성숙한 작품을 표현할 때 추구했던 요소이기도 하다. 레오나르도의 작품에서는 이야기가 함축되어 있다가 그림으로 묘사되는 순간 그 모습을 드러낸다. 이를 전달하는 수단의 하나가 바로 의문의 오른손이다. 오른손은 천사가 도착하기 전에 읽고 있던 성서를 편 채로 쥐고 있어, 이 원형적인 사건에 갑작스러움을 부여한다. 천사의 방문은 순간적인 방해였던 것이다.

성서는 수태고지를 다룬 다른 그림에서도 전통적으로 등장하는 요소이다. 마리아는 메시아가 도래하리라는 구약성서의 예언을 읽고 있다. 성서는 히브리어로 기록되어 있다고 생각되지만, 실제로 글자를 무의미하게 나열했을 뿐이다. 자세히 들여다보면 단순히 'm n o p q'라고 적힌 줄을 볼 수 있다. 전경(前景)에 펼쳐진 풍성한 봄꽃과 잔디 또한 인습적인 요소이다. 수태고지 축제는 3월 25일로 봄과 관련이 있다.〔성경 속에서 사건이 발생하는 장소인 나사렛(Nazareth)은 히브리어로 '꽃'이란 뜻이다.〕 천사가 백합을 손에 들고 있는 것도 바로 이 이유이며, 백합은 피렌체의 문장(紋章)이었기 때문에 피렌체 예술에서 특히 강조되었다. 그러나 레오나르도의 '수태고지'는 몇 가지 측면에서 볼 때, 관례에서 분명히 벗어난다. 당시 천사의 날개를 그리는 데도 관례가 있었지만 레오나르도는 진짜 새의 날개로 볼 수 있는 짧고 강한 날개를 천사에 달았다. 후에 레오나르도의 작품에 호의적이지 않은 미상의 작가가 덧칠을 통해 날개를 연장시켰는데, 연장된 부분의 물감 표면을 보면 덧칠한 흔적이 눈에 띈다. 둔탁한 밤색 물감으로 표현된 이 부분은 풍경 속 깊은 부분을 찌르고 있다.

1470년대 베로키오 공방에서 완성된 성모자(聖母子)를 소재로 한 다양한 그림 가운데 특별히 레오나르도의 손을 거친 것으로 주장되는 작품이 하나 있다. 현재 뮌헨의 알테 피나코테크(Alte Pinakothek)에 소장되어 있는 '카네이션의 성모마리아(Modonna of the Carnation)'이다. 작품 속의 성모마리아는 얼마간 북방민족에 가까워서, 창백하고, 금발 곱슬머리에, 눈은 아래를 향하는 등 일반적으로는 베로키오적인 특징을 담고 있다. 그러나 레오나르도의 '수태고지'에 나오는 성모마리아와 특별히 유사하다. 빨간 소매가 달린 어두운 푸른색 옷에 황금

레오나르도 작품인 '카네이션의 성모마리아'. 뮌헨 알테 피나코테크

색 망토를 걸친 모습이 같다. 황수정을 연상케 하는 빛을 발하는 브로치는 '브누아의 성모(Benois Madonna)'와 '암굴의 성모마리아(Virgin of the Rocks)'에서처럼 미래의 레오나르도를 나타내는 트레이드마크이다. 그러나 가장 특징적인 요소는 성모마리아 뒤 개랑(開廊, 한쪽만 벽이 있는 복도—옮긴이) 사이로 보이는 풍경이다. 울퉁불퉁하고 들쑥날쑥한 바위 봉우리는 레오나르도의 이후 작품인 '실을 감는 성모(Madonna of the Yarnwinder)', '성 안나(St Anne)', '모나리자'에 등장하는 특징적 풍경으로, 다른 공방의 작품에서 볼 수 있는 좀 더 차분한 투스카니 지방 배경과는 전혀 다르다.

작품의 전경을 보면, 성모의 팔꿈치 옆에 꽃병이 그려져 있다. 바사리는 배 부분이 넓은 유리병에 담겨 있는 꽃의 '이슬방울'이 실물보다 더 그럴싸하다며 칭찬했다. 그러나 그림의 상태가 좋지 않아서 더 이상 이런 자세한 부분까지 분명하게 볼 수 없다. 바사리는 이 작품이 틀림없이 레오나르도의 것이라 주장했고, 제작 시기는 베로키오의 영향력 아래 있던 때로 추정했다. 케네스 클라크(Kenneth Clark)는 이 작품이 별반 '매력이 없다'고 생각했으나, 레오나르도가 그린 것이 분명한, '미숙한 천재의 그다지 마땅치 않은 작품'이라 말

했다.[18]

이 시기에 완성된 베로키오와 레오나르도의 유명한 합작품으로 우피치 미술관에 소장된 '그리스도의 세례(Baptism of Christ)'(컬러삽화 7)가 있다. 바사리는 이 작품을 베로키오의 마지막 그림이라고 주장했다.

> 베로키오가 작업했던 화판그림에서는 그리스도가 성 요한 옆에서 세례를 받는다. 레오나르도는 이 작품에서 옷을 들고 있는 천사를 그렸다. 레오나르도는 나이가 젊었음에도 탁월한 실력을 발휘해서, 그가 그린 천사는 베로키오가 그린 중심인물보다 훨씬 낫다. 이는 베로키오가 다시는 물감에 손을 대지 않게 된 이유이기도 하다. 베로키오는 소년이 자신보다 작품을 더욱 잘 이해했다는 점을 부끄러워했다.

바사리의 이 이야기는 편리하게 추측해 본 것으로, 그대로 받아들여서는 안 된다. 그림이 완성되었을 당시 레오나르도의 나이는 추측컨대 21세로 '소년'은 아니었다. 이 작품에서 멀리 안개가 자욱한 풍경이 펼쳐진 뒤쪽 배경 또한 확실히 레오나르도의 솜씨이다. 왼쪽 풍경은 우피치 미술관에 소장되어 있는 '눈의 성모마리아'에 등장하는 지형과 같고, 제작 시기 또한 '눈의 성모마리아'의 완성일인 1473년 8월 5일과 잘 맞아 떨어진다.

바사리의 주장을 시작으로 그 후로 지속적으로 사람들 입에 오르내리는 통상적인 이야기 즉 이 그림에서 가장 돋보이는 부분은 레오나르도가 그린 무릎 꿇은 천사이고, 이를 통해 스승의 작품을 완전히 압도했다는 주장에 대해 나는 그다지 만족할 수 없다. 이런 주장은 순전히 '레오나르도 숭배주의'적 발상이기 때문이다. 베로키오가 주로 그린 중앙의 두 인물이 주는 인상은 매우 강력하다. 세례자는 수척한 외모에 엄격한 태도를 보이고, 그리스도는 겸손하면서 약간 추한 외모를 지닌 보통사람이다.(그리스도의 얼굴 형태는 금발의 성모 마리아처럼 네덜란드로부터 도입되었다.) 나는 붉은빛 도는 갈색 바위 위를 흐르는 강물 혹은 시냇물의 프리즘 속에 잠겨 있는 그리스도 발의 아름다움에 강한 인상을 받았다. 레오나르도가 그린 천사는, 촘촘한 황금빛 곱슬머리에 민첩하게 몸을 돌리는 모습으로 절묘하게 묘사되었다. 섬세한 형태와 동작은, 조각 양식을 답습하고 있는 스승의 경지를 이미 훨씬 앞질렀다. 그러나 작품 속에 드러난 인간적인 극적 사건, 비극적 예언, 커다란 시험을 거치는 거대한 힘에 대한 감각 등은 모두 베로키오의 손길에서 비롯되었다. 그림 속 인물이 기교면에서는 부족할지 모르지만 장면을 통제하는 힘 자체만으로는 결코 부족하지 않다. 두 인물 옆에 있는 레오나르도의 천사는 화려해 보이지만, 약간 가벼운 느낌을 줄 수도 있다. 젊은 거장이 쓴, 상을 받은 에세이에 비길 수 있다고나 할까.

용龍

레오나르도가 베로키오 공방에 있을 당시 작업했던 많은 작품 가운데 종교적 성격을 띠었던 것은 '수태고지', '카네이션의 성모마리아', '그리스도의 세례' 등 세 점뿐이지만, 이 작품들은 각각 젊은 레오나르도 다 빈치의 탁월한 붓질을 거쳐 완성되었다. 초기 전기 작가들이 레오나르도의 초기 피렌체 시대 작품으로 언급했던 기타 작품들은 현존하지 않는다. 아노니모 가디아노는 특히 애석하게 생각되는 작품으로 아담과 이브를 그린 수채화를 꼽았다. 이 외에도 독사를 두른 메두사의 머리를 그린 유화 등이 있다.

레오나르도의 초기 작품에서 작품 자체는 남아 있지 않지만 작품과 관련된 기다란 일화가 바사리의 기록을 통해 전해지는 것이 있다. 이야기 전개가 마치 이탈리아 소설에 등장하는 에피소드와 같아서 여기에 등장하는 작품 또한 허구일 가능성도 존재하지만, 전해오는 이야기의 길이가 길고, 상황이 자세하게 묘사되어 있는 점으로 미루어 틀림없이 사실에 가까우리라는 느낌을 떨칠 수 없다. 일화는 상당히 신빙성 있게 시작한다. '세르 피에로 다 빈치가 전원에 있는 집에 머무를 때였다. 그의 소작농 하나가 무화과나무로 만든 둥근 방패를 가지고 그를 찾아왔다…….' 소작농은 방패를 피렌체에 가져가 그 위에 그림을 그려다 줄 수 있는지 세르 피에로에게 물었다. 소작농은 덫을 놓아 새를 잡고 물고기를 잡는 재주가 대단해서 새나 물고기를 잡을 때마다 커다란 도움을 주었기 때문에 세르 피에로는 흔쾌히 부탁을 들어주었다. 그래서 둥근 방패를 피렌체로 가져가 아들인 레오나르도에게 방패에 그림을 그려 달라고 했다. 레오나르도는 '비틀어지고 조야하게 만들어진' 방패를 경멸의 눈초리로 살펴보았지만, 어쨌거나 며칠이 지난 후에 작업을 시작했다.

레오나르도는 방패를 우선 불에 달군 후에 똑바로 편 다음 목재선반공에게 주어 거칠고 조야한 방패의 표면을 매끈하고 고르게 만들도록 했다. 그리고는 여기에 석고를 입히고 자신의 방법대로 그림을 그릴 준비를 했다. 우선 예전에 그렸던 메두사의 머리처럼, 보는 사람마다 벌벌 떨게 만들려면 방패에 무엇을 그려야 할지 궁리하기 시작했다. 이를 위해 레오나르도는 도마뱀, 도마뱀붙이, 귀뚜라미, 나비, 메뚜기, 박쥐, 기타 이런 종류의 이상한 동물을 수집했다. 그러고는 수집품을 자기 방에 가져가서 아무도 들어오지 못하게 했다. 그런 후에 수집한 동물들의 각기 다른 부위를 취하고 응용해서 엄청나게 무섭고 끔찍한 괴물의 모습을 만들었다. …… 마침내 입에서는 독을 내뿜고, 눈에서는 불길이 솟고, 콧구멍에서는 연기가 나는 괴물이 바위의 어두컴컴한 틈에서 모습을 드러내는 그림을 그렸다.

레오나르도는 이 작업에 너무나 오랜 시간을 들였기 때문에 그의 방에서는 죽은 동물에서 나는 악취가 참을 수 없을 정도로 코를 찔렀다. 그러나 그는 '작품에 너무나 몰두했기 때문에 이를 전혀 알아채지 못했다.' 작품을 완성했을 무렵에는 아버지와 소작인도 방패에 대해 까마득히 잊고 있었다. 레오나르도는 아버지에게 방패가 완성되었다는 말을 전했다.

어느 날 아침 세르 피에로가 둥근 방패를 가지러 와서 레오나르도의 방문을 두드렸다. 레오나르도는 문으로 다가가 아버지에게 잠깐만 기다리라고 말했다. 그런 후에 다시 방으로 들어가서 둥근 방패를 이젤 위에 올려놓고 창문을 가려 방안을 어두침침하게 만든 다음 아버지더러 들어오라고 했다. 세르 피에로는 둥근 방패를 보자마자 살아 있는 괴물이라 생각하고 소스라치게 놀랐다. 아버지가 놀란 나머지 뒷걸음질을 치자 레오나르도는 아버지를 저지하면서 '이 작품은 원래 이런 목적으로 만든 겁니다. 그러니 이제 가져가세요. 원래 의도대로 완성되었습니다.' 라고 말했다. 세르 피에로는 방패가 말할 수 없이 훌륭하다 생각하고 레오나르도의 자유분방한 상상력을 크게 칭찬했다.

　이 놀라운 일화의 사실 여부를 입증할 방법은 없지만 기본적인 점에 있어서 상당히 그럴 듯하다. 이는 레오나르도가 피렌체에 있을 때 이야기로, '그리스도의 세례', 사라진 '아담과 이브', '카네이션의 성모마리아'를 그렸던 시기와 일치한다. 일화가 발생한 장소 또한 흥미롭다. 레오나르도는 자신만의 작업실이 있어서 그곳에서 방패를 불에 달구어 폈고, '자신의 방법대로' 석고를 입혀 준비했다. 이런 상황을 당시 베로키오의 공방에 적용해 보면 이 시기는 대략 레오나르도가 수석 조수로 일했던 1470년대 중반이다. 이야기 속의 레오나르도는 자신의 작업실에서 비밀리에 야만적인 괴물을 탄생시킨 몽상가로 등장한다. 레오나르도가 『회화론』에서 했던 주장이 떠오른다. '화가가 지옥에 있는 동물이나 악마를 그리고자 한다면 그런 존재를 얼마든지 풍부하게 만들어 낼 수 있다.'

　이 이야기와 맥락을 같이 하는 작품으로 윈저에 소장된 용 습작과, 루브르에 소장된 용 싸움 데생이 있다. 이 두 작품은 모두 1470년대에 완성된 것이다. 레오나르도는 바사리가 기록한 일화에서와 마찬가지로 여러 동물의 특징을 배합하는 기술을 사용하라고 『회화론』에서 권했다. '어떤 동물에도 속하지 않는 부위를 가진 동물을 만들어 낼 수는 없다. 그러므로 예를 들어 용을 만들어 내고 싶다면 마스티프(mastiff, 털이 짧은 대형 개—옮긴이)나 사냥개의 머리를 따오고, 고양이의 눈을 빌려 오는 식으로 하라.'

　레오나르도가 용에 대한 습작을 남겼다는 사실이, 바사리가 전하는 일화 속 방패가 정말 존재했었는지를 알려주는 증거가 되지는 못하지만, 그가 용을 그리는 이론과 실제에 상당히 밝았다는 점을 알 수 있다.

이 일화를 살펴보면 레오나르도와 아버지 사이의 골치 아프고 경쟁적인 관계를 눈치 챌 수 있다. 레오나르도는 아버지인 세르 피에로를 골탕 먹이길 즐긴다. 어두운 방에서 괴물 그림을 보여주어 아버지를 깜짝 놀라게 만든 것이다. 대신 아버지는 음흉한 속임수를 쓴다. 이야기의 끝에 가서 아버지는 방패를 아들 몰래 팔아 버리기 때문이다. '그는 어떤 행상인에게 화살 박힌 심장 그림이 있는 방패를 산 다음 그것을 소작인에게 주었고, 소작인은 평생 그 일에 대해 고마워했다. 그러고 나서 세르 피에로는 레오나르도가 그린 방패를 남몰래 상인에게 백 두카트(ducat, 중세 유럽의 여러 나라에서 발행된 금화—옮긴이)를 받고 팔았다.' 세르 피에로는 늘 그랬듯이 경제적으로는 이익을 얻었지만 어떤 의미로는 패자였다. 그는 오스카 와일드의 말처럼 '모든 물건의 가격을 알고 있으면서도 정작 그 가치에 대해서는 전혀 모르는' 사람이었던 것이다.

실제로 세르 피에로가 정말 비밀리에 레오나르도를 속였던 것은 다른 아들을 얻게 된 사실이었다. 1475년 그는 세 번째로 결혼을 했고, 다음 해, 50번째 생일을 몇 주 앞두고 아들을 얻었다. 오랜 불임의 그늘이 걷힌 것이다. 아이는 세르 피에로의 아버지를 기리고 세르 피에로의 아들이자 상속자의 지위를 확인받는 뜻에서 안토니오라는 세례명을 받았다. 세르 피에로의 첫 번째 법적 아들이었다. 이 사건은 레오나르도에게 틀림없이 충격이었을 것이다. 자신이 사생아라는 사실이 굳어지는 계기가 되었기 때문이다. 그때까지 레오나르도는 통명스럽게 표현되기는 했어도 아버지의 보호와 격려를 누릴 수 있었다. 아마도 아버지에게 다른 자녀가 태어나지 않은 채로 시간이 흘러 자신이 상속자가 되기를 바랐을 것이다. 그러나 1476년 안토니오 디 세르 피에로 다 빈치의 출생으로 레오나르도는 상속자의 지위를 잃었다. 그는 다시 한 번 사생아가 되었고, 이등 시민으로 전락했다.

지네브라

레오나르도의 작품인 '지네브라 데 벤치(Ginevra de' Benci)'(컬러삽화 6)가 처음으로 사람들의 입에 오르내린 것은 16세기 초로, 그때까지 오랫동안 실종된 것으로 여겼었다. 이 그림은 향나무 앞에 포즈를 취한 모델을 그린 작품으로 현재 워싱턴 DC 소재, 미국 국립예술관(National Gallery of Art)에 소장되어 있다. 레오나르도의 주요 작품 중에서 유럽 외부에 소장되어 있는 유일한 작품인 동시에 레오나르도가 그린 첫 초상화이다. 나는 이 초상화를 레오나르도의 첫 번째 걸작이라 말하고 싶다.

초상화의 크기는 작지만(높이가 15인치(38센티미터)를 약간 넘는다.) 비범하면서 강렬한 분위기를 풍긴다. 모델의 둥근 얼굴은 창백하고, 우울하다. 마치 달이 구름 밖으로 모습을 드러내듯 향나무의 짙고 무성한 잎을 배경으로 빛을 발한다. 좀 더 멀리 떨어진 배경을 내리 비추고, 물 위에 반사되고, 가늘고 흐릿한 나무 위를 떠다니는 빛은 좀 더 상투적으로는 여명일 수 있고, 달빛일 수도 있다. 모델은 무거운 눈꺼풀로 앞을 멍하니 바라본다. 고양이를 닮은 두 눈이 무엇을 바라보는지는 알 수 없지만 실제로 무언가를 보고 있는 것 같지는 않다. 그녀는 물리적으로 측정할 수 없는 거리를 들여다본다. 머리카락은 금발이거나 금빛 도는 다갈색으로 부드럽게 반짝거리며 정수리부터 흘러내린다. 머리에 뿌린 마카사르(macassar) 향유 냄새가 그녀 주위를 맴돈다. 얼굴의 윤곽을 나타내는 부분에는 마치 작은 물결 같은 곱슬머리가 드리워 있다. 밀폐된 정적을 나타내는 그림 속에서 이 빙빙 감기고, 꼬이고, 강조된 곱슬머리는 보는 사람으로 하여금 불현듯 안도감을 느끼게 하고, 압박감을 벗어던지게 한다. 지나치다 싶을 정도로 고요한 분위기 속에 존재하는 활력이다.

주관적이며, 궁극적으로 별반 설득력 있는 주장은 아니지만, 나는 이 작품을 레오나르도의 첫 걸작이라 부른다. 그림이 자아내는 아름다움과 신비에 대한 전율이 잘 표현되었기 때문이다. 베로키오의 대리석 작품인 '꽃다발을 든 여인(이 역시 지네브라의 초상이다.)'과 밀접한 유사성이 있는 것으로 보아 작품의 완성 시기는 베로키오의 공방에 머물러 있을 때가 분명하다. 그러나 그림에 내포된 시정(詩情)은 베로키오로부터 습득한 것이 아니라 레오나르도 자신이 소유한 특별한 감성의 산물이다. 이 작품은 그림이 담긴 평면을 통과해 마치 창문을 통해 마법의 공간을 들여다보는 느낌이 들게 한다. 이렇듯 꿈속에서 보는 것 같은 특징이 더욱 부각되는 것은 바로 지네브라의 석고처럼 희고 매끄러운 얼굴 때문이다. 이는 의도했던 효과로서, 레오나르도는 이를 위해 손으로 그림의 얼굴 표면을 매끄럽게 만들었다.

'지네브라 데 벤치'는 젊고 재치 있고 아름다우면서 부유한 여인이었다. 시인인 알레산드로 브라체시(Alessandro Braccesi)는 그녀를 가리켜 '도시를 통틀어 그녀보다 더 아름답고 겸손한 여인은 찾아볼 수 없을 것이다.'라고 할 정도였다. 지네브라는 1457년 여름, 피렌체 남부 안텔로(Antello)에 자리한 벤치 영지에서 출생한 것으로 추정된

 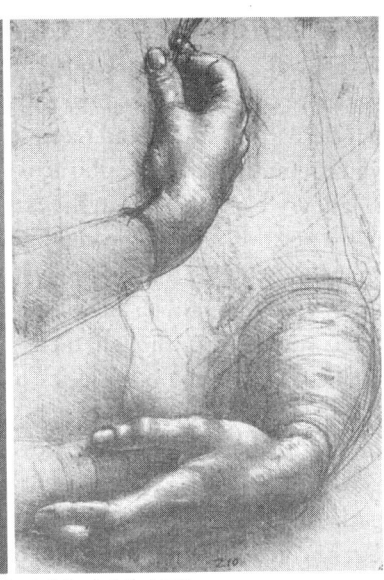

왼쪽 '꽃다발을 든 여인'. 베로키오의 대리석 작품. 1476년. 피렌체 미술관
오른쪽 지네브라 데 벤치의 손을 위한 습작으로 추정되는 작품. 원래 자화상에서는 이 손을 포함한 허리 부분까지 그려졌을 것으로 추정된다. 윈저성 왕립도서관

다. 벤치 가문은 은행가이자 고문으로 활동하면서 메디치가의 후광으로 명예를 차지했다. 지네브라의 할아버지인 죠반니(Geiovanni)는 중하층 계급 출신으로, 코시모 데 메디치와 가까운 사업 동료 관계를 맺었고, 지네브라의 아버지인 아메리고 데 벤치(Amerigo de' Benci)는 제네바 소재 메디치 은행의 임원으로 일했다. 벤치 가문은 산타 코로체 지역에 멋진 저택을 소유했고, 지네브라가 출생할 당시에는 메디치 가문에 이어 피렌체에서 가장 부유한 가문으로 부상했다. 아메리고는 예술품 수집가이자 후원자로도 유명했다. 그는 1468년 30대의 젊은 나이에 사망했기 때문에 레오나르도에게 초상화를 주문하지는 않았지만, 일찍이 피렌체의 철학자인 마르실리오 피치노(Marsilio Ficino)를 후원해서 플라톤의 희귀 그리스어 원고를 주었던 흥미로운

사실이 기록으로 남아 있다.

지네브라는 1474년 1월, 16세의 나이로 직물 무역업자인 루이기 디 베르나르도 니콜리니(Luigi di Bernardo Niccolini)와 결혼했다. 레오나르도가 그린 그림은 남편의 의뢰를 받은 결혼 초상화라는 설이 있기는 하지만, 실제로는 탁월한 인물이면서도 사치스럽고 요란스러웠던 베네치아인 외교관 베르나르도 벰보(Bernardo Bembo)와 관련이 있을 가능성이 더 높고, 이를 입증하는 증거가 최근에 밝혀지기도 했다.

벰보는 1475년 1월, 베네치아 대사 자격으로 피렌체에 도착했다. 당시 그의 나이는 40대 초반으로 아내와 아들 하나가 있었고, 어느 시점에선가 내연의 처와 그 사이에서 난 아이 하나를 두었다. 하지만 그는 앞뒤 생각하지 않고 지네브라와의 공공연한 '플라톤적 연애'에 빠져 들었다. 당시 사회에서는 이런 방식의 사랑이 용납되었다. 둘의 관계가 정숙의 경계를 아슬아슬하게 넘나들었다는 말이 있었지만, 여하튼 벰보는 그 무렵 허용되었던 관습의 범위 안에서 지네브라의 기사를 자처했다. 크리스토포로 란디노(Cristoforo Landino)는 두 사람의 관계에 대한 시를 써서 지네브라의 성이 그 애인의 성으로 바뀌어야 한다고 장난삼아 말했다. '비록 그녀의 이름이 한때 벤치였지만 이제는 벰보가 될 것이다.' 시인인 브라체시(Braccesi)는 이별의 괴로움을 위로하면서 이렇게 노래했다. '베르나르도에게 비밀스럽게 가져다주도록 지네브라가 일부러 가슴에서 떨어뜨린 제비꽃을 모으면서.' (베로키아의 조각상이 들고 있는 꽃은 달맞이꽃으로 알려져 있지만, 두 사람 사이의 이런 애정 어린 놀이를 암시할 가능성도 있다.) 자필 메모에서 벰보는 지네브라를 '가장 아름다운 여성이고, 미덕과 예절이 빼어나다.'고 묘사했다. 시인이기도 했던 지네브라는 벰보의 기사도적인 애정에 시로 화답했다. 그녀의 시는 현재 단 한 줄만 전해진다. '저는 연민의 정을 구합니다. 저는 야생의 호랑이이기 때문입니다.'

　레오나르도는 지네브라 초상화의 화판 뒤에 향나무 가지가 월계수와 종려나무 가지 화환에 둘러싸인 도안을 그리고, 외형의 신체적 아름다움이 내면의 영적 가치를 구현한다는 의미의 '형식이 가치를 돋보이게 한다.'는 인용구를 적어 넣었다.
　후세 사람들은 이 도안을 통해, 그동안 예상치 못했던 사실을 발견했다. 도안이 화판 중심에 위치해 있지 않은 것이다. 도안이 화판 중심에 있으려면, 오른쪽 즉 자화상의 왼쪽에 그림이 몇 센티미터 정도 더 있어야 하고, 화판의 아랫부분 또한 원래는 3분의 1 정도가 더 길어야 한다. 이는 초상화에 대한 놀라운 사실을 암시하는 것으로 원작품은 지네브라의 허리까지 그려졌다는 뜻이 된다. 윈저 소장품 가운데 손을 위한 아름다운 습작이 있다. 실제로는 각각 다른 손에 초점을 맞추어 그린 두 개의 별개 습작이다. 확실하게 드러나지는 않지만 오른손은 무언가를 쥐고 있다. 선을 보면 아마도 꽃자루를 쥐고 있는 듯 보이는데, 이 또한 베로키오 작품인 '꽃다발을 든 여인'의 손과 관련된 부분이다. 이는 '지네브라 벤치' 초상화의 없어진 아랫부분에 그려져 있었으리라 추측되는 손을 위한 습작일 것이다. 실제로 란디노와 브라체시 모두 지네브라의 아름다운 손과 '상아같이 하얀 손가락'을 언급했다.
　화판 뒤에 있는 도안을 보면 초상화가 베르나르도 벰보와 특별한 관련이 있다는 사실을 알 수 있다. 향나무 가지가 월계수와 종려나무 가지 화환에 둘러싸인 도안은 바로 벰보가 사용했던 도안이기 때문이다. 그러므로 레오나르도가 사용한 도안은 지네브라가 상징적으로 벰보와 얽혀 있다는 사실을 나타낸다. 또한 지네브라의 초상화가 1474년 결혼을 하면서 남편의 의뢰로 이뤄진 것이 아니라 그보다 1~2년 후에 그녀의 플라톤적 연인의 의뢰로 이루어진 것이라는 증거이다.

지네브라의 초상화에는 우울하고 쓸쓸한 사랑의 분위기가 깃들어 있다. 젊은 여성의 표정은 우아하지만, 세상을 초연한 것 같은 자세 뒤에는 찢긴 마음의 상처가 숨겨져 있다. 1480년, 지네브라의 남편인 루이기(오랫동안 마음의 고통을 겪어 온 남편이라고 감히 부르고 싶다.)는 아내의 '병' 수발 비용에 대해 언급한다. 세금 문제가 얽혀 있기 때문에 완전히 진실로 받아들일 수는 없겠지만 1480년 5월 벰보가 피렌체를 영구히 떠나고 지네브라가 전원으로 은둔한 시기와 일치한다. 로렌조 데 메디치가 지네브라에게 쓴 시에도 이런 사실이 암시되어 있다. 그는 '도시의 열정과 사악함을 떠나' 결코 '뒤돌아보지 않는' 그녀의 결정을 칭찬했다. 시가 암시한 것처럼 그녀가 기도하며 소박한 은둔의 삶을 살았는지는 알 수 없지만, 벰보와의 짧고 화사한 연애 사건 후의 그녀에 대한 소식은 후세에 거의 전해지지 않는다. 그녀는 1520년 경 슬하에 자녀가 없는 미망인으로 쓸쓸한 죽음을 맞았다.

살타렐리 연애사건

레오나르도가 활동할 당시 피렌체에는 '진실의 구멍'이라는 통이 도시 전체를 빙 둘러 설치되어 있었다. 여기에 1476년 4월 익명의 투서가 들어왔다. 내용은 이랬다.

공화정부 관리께

저는 조반니 살타렐리(Giovanni Saltarelli)의 형제인 자코포 살타렐리(Jacopo Saltarelli)가 부코 바로 맞은편에 있는 금 세공인의 가게에서 그와 함께 살고 있음을 증언합니다. 자코포는 검은색 옷을 입고, 나이는 17세 정도로 보입니다. 그는 비도덕적인 행동을 쫓고, 그처럼 사악한 짓을 자신에게 요구하는 사람들을 만족시키는 일을 합니다. 그는 수십 명에게 그런 서비스를 제공하고 있으며, 그 사람들에 대해서는 제가 충분한 정보를 확보했습니다. 지금 이 자리에서 몇 사람을 거론하겠습니다. 이들이 앞서 말한 자코포와 동성연애를 하고 있다는 점을 맹세합니다.

그리고 투서자는 레오나르도를 비롯한 4명을 지목했다. 이들 4명은 조사가 진행되는 동안에는 자유의 몸이지만 소환을 받으면 법정에 출두해야 했다. 이들은 6월 7일 법정에 출두했고 사건은 기각되었다. 레오나르도의 이름 옆에 무죄선고라는 도장이 찍힌 것으로 보아 혐의는 벗었지만, 순수한 무죄여서라기보다는 아마도 외부의 영향력 때문이었을 가능성이 크다.

이렇듯 다소 충격적인 기록 내용이 처음 출간된 것은 1896년이었지만 그런 이야기는 이전부터 사람들 입에 오르내렸다. 레오나르도가 동성연애자였다는 점은 오늘날 널리 사실로 받아들여지고 있다. 그런데 이는 결국 해석의 문제이다. 레오나르도를 연구하는 현대인들 대부분이 그가 동성연애자였다는 데 의견을 같이 하지만, 전적으로 그렇지는 않았다는 명쾌한 증거도 몇 가지 존재한다. 그러나 1476년에 그에게 부과된 혐의는 당시에 생각되었던 것만큼은 아니지만 어느 정도 신빙성이 있다.

그렇다면 15세기 피렌체에서 동성연애자였다는 것은 어떤 뜻이었을까? 이런 질문에 대한 대답은 간단하지 않다. 당시 피렌체에서 동성연애는 널리 퍼져 있었다. 메디치가가 영향력을 행사하던 시기에는 동성연애가 공공연하게 묵인되었다. 조각가인 도나텔로(Donatello), 시인인 폴리지아노(Poliziano), 은행가인 필리포 스트로찌(Filippo Strozzi) 등은 모두 동성애자로 알려져 있다. 보티첼리 또한 동성애자라는 말을 들어서, 레오나르도처럼 투서의 대상이 되기도 했다. 이후의 동성연애 예술가로는 미켈란젤로와 벤베누토 첼리니(Benvenuto Cellini, 이탈리아의 유명한 조각가—옮긴이)가 있다. 특히 벤베누토 첼리니는 양성애자여서, 자서전에서 여성을 정복했다는 사실을 기쁘게 털어놓았지만, 1523년에는 피렌체 판사로부터 다른 남성과 '음탕한 행위'를 했다는 이유로 벌금형을 선고 받기도 했다. 조각가인 반디넬리(Bandinelli)가 '추잡한 동성애'를 한다며 그를 비난하자, 첼리니는 자랑스럽게 이렇게 대응했다. '나는 그처럼 고상한 기술을 행사할 수 있게 해 달라고 신에게 부탁했습니다. 주피터도 천국에서 가니메데(Ganymede, 트로이 왕가의 조상인 트로스의 아들이라고도 하며, 인간 가운데 가장 아름다운 소년—옮긴이)와 그것을 행했고, 여기 땅 위에서는 위대하고도 위대한 황제와 왕들과 그것을 행했다고 읽었기 때문입니다.'[19] 빗대어 말한 감이 없지 않지만, 당시 동성애에는 '뛰어난 남자'들 사이에서 '자부심을 가질 만한 명분'이 있는 행동이라는 의미가 포함되었다.

동성연애에 대한 당시의 개념을 알 수 있는 또 다른 요소는 플라톤 철학에 대한 피렌체인들의 열광이었다. 피렌체에는 플라톤이 주장한 성인 남자와 소년의 이상적인 사랑의 개념이 유행했고, '플라톤적' 사랑이나 '소크라테스적' 사랑이 동성애를 가장하는 인기 있는 표현으로 둔갑했다. 레오나르도는 피치노(신플라톤주의의 완성자-옮긴이) 계열 철학자 및 시인들과 친분을 유지했는데, 그들의 세련된 남성적 에로티시즘이 레오나르도 자신의 성향과 맞았기 때문일지 모른다. 이렇듯 1470년대의 피렌체에는 동성애를 미화하는 경향이 존재했지만, 악덕 사냥꾼을 자처했던 야간 경계원들의 생각은 달랐다. 동성애는 명목상으로는 사형에 해당하는 범죄여서, 화형에 처해질 수도 있었다.(이론적으로는 그랬지만 실제로 처형된 경우는 거의 없다.) 야간 경계국이 처벌한 사건의 통계자료를 보면, 1430~1505년까지 75년 동안 동성연애로 고발당한 사람만도 1만 명이 넘어서 어림잡아 1년에 평균 130명 이상이었다. 그들 중에 약 5분의 1에 해당하는 사람들이 유죄판결을 받았다. 일부는 처형되었고, 일부는 추방되거나, 낙인찍히거나, 벌금형에 처해지거나, 공공장소에서 굴욕을 당했다. 1476년 동성연애 혐의로 레오나르도를 지목했던 고발 사건은 드문 일이 아니었지만 그렇다고 사소한 일도 아니었다. 레오나르도는 거의 체포된 것과 다름없었고, 잔인한 처벌을 받을 위험에 직면했다. 플라톤적인 사랑이라는 철학적 감상과 야간 경계국의 구류감방 사이의 차이는 컸다.

통상적으로 동성애를 비난한 사람은 성직자들이었다. 1484년에는 사태가 더욱 악화되어, 동성애를 악마적인 행위로 낙인찍는 교황의 칙서가 내렸다. 문학 분야에서는, 단테의 『신곡』 '지옥편'에서 동성애자에게 내린 영원한 처벌이 묘사되었다. 신성모독자, 동성애자, 고리대금업자 등 '신과 자연과 예술을 거스르는' 사람은 제7지옥에 떨어진다. 동성애자들은 '불타는 사막'을 가로질러 끝이 없는 원을 계속 빙빙 도는 저주를 받는다. 레오나르도는 단테의 작품에 대해 알고 있었고, 이를 노트에 인용하기도 했다. 또한 『신곡』을 위해 보티첼리

동성연애에 따른 고통. 단테의 『신곡』 '지옥편'에 등장하는 제7지옥 삽화 부분. 보티첼리 작품

가 그렸던 삽화에 대해서도 잘 알고 있었다. 벌거벗은 동성애자들이 횃불로 고통을 받으며 마치 영원히 사슬에 묶인 무리처럼 발을 질질 끌며 둥글게 원을 그리며 걷고 있는 형상은 삽화를 보는 사람으로 하여금 죄책감을 느끼게 하고, 동성애로 체포된 예민한 젊은이를 지속적으로 괴롭히는 불길한 예언이었을 것이다.

1476년 레오나르도가 동성연애자로 고발당한 사건에 대해 일부 사람들은 레오나르도가 순수한 의도에서 자코포 살타렐리를 모델로 쓴

일 때문에 부당하게 고발을 당했다고 주장했다. 살타렐리가 레오나르도의 모델이었다는 사실은 레오나르도가 코덱스 아틀란티쿠스에 썼다가 선을 그어 지웠던 수수께끼 같은 메모로 입증되었다. 그는 1505년경 작성한 것으로 추정되는 메모에 이렇게 기록했다. '내가 소년 그리스도를 완성했을 때 너희들은 나를 감옥에 집어넣었다. 이제 내가 장성한 그리스도를 보여준다면 너희들은 내게 더욱 심한 짓을 할 것이다.'[20] 해석하기 매우 어려운 표현이지만, 추측컨대 살타렐리가 동성연애자로 비난을 받자 그를 모델로 완성한 소년 그리스도를 두고 레오나르도와 교회가 충돌했고, 세월이 흘러 '장성한' 그리스도의 모습을 표현한 그림이나 조각에 대해서도 비슷한 문제가 발생했다고 풀이할 수 있다. 현존하는 작품 중에서 소년 그리스도를 표현한 것으로 주목받는 유일한 작품은 1470년대 제작되었으리라 추정되는 '젊은 예수(Youthful Christ)'라는 제목의 테라코타 두상이다. 머리카락을 길게 늘어뜨리고, 아래를 바라보며, 젊음의 부드러움, 그러면서도 성숙해 보이는 분위기를 풍기는 인물이 살타렐리였을까?

레오나르도의 작품 중에서 살타렐리가 모델이었을 가능성이 있다고 생각되는 작품은 뉴욕 소재 피어폰트 모건 도서관(Pierpont Morgan Library)에 소장되어 있는 데생이다. 이 작품은 레오나르도가 베로키오 공방에 소속되어 있을 때 제작된 것이 확실하고, 베로키오와 레오나르도의 공동작품으로 알려져 있다. 작품

레오나르도의 작품으로 추정되는 '젊은 예수' 테라코타 두상

펜과 잉크를 사용한 젊은이의 초상. 1475년. 뉴욕 모건 도서관

의 젊은이는 곱슬머리가 풍성하고 얼굴이 매우 예쁘고 둥글다. 약간 뾰루퉁하게 나온 입술과 나른한 눈꺼풀은 감정을 속에 품은 오만한 자존심을 보여준다. 데생은 이상하게도 레오나르도의 작품인 '수태고지'의 성모마리아와 유사하다. '젊은 예수'에 동성애적 주제와 신성한 주제가 혼란스럽게 교차하는 것처럼.

레오나르도가 1476년 자코포 살타렐리 사건과 관련해서 소년 그리스도에 대해 언급한 내용을 보면, 그가 당시 고발로 말미암아 투옥되었음을 알 수 있다. 아마 야간 경계원에 체포되어 구류를 지낸 정도의 짧은 기간이었겠지만 마음에 상처를 입었을 것이다. 후에 사람을 감옥에서 해방시키는 신기한 장치를 고안하고 그렸던 것도 이런 맥락에서 이해할 수 있다. 창문 창살을 뜯어내는 장치의 데생(155쪽 그림 참조)은 코덱스 아틀란티쿠스에 포함되어 있고, '감옥 문을 안에서 여는 방법'이라는 해설이 붙어 있다.[21] 언젠가 레오나르도는 자유가 '자연이 준 선물 중에서 가장 중요한 선물'[22]이라고 기록했다. 후세 사람들이 파악했듯이, 신체적이든, 직업적이든, 지적이든, 감정적이든, 어떤 형태의 구속도 레오나르도에게는 괴로움의 대상이었다.

피스토이아의 테라코타 천사 조각상

레오나르도가 살타렐리 사건으로 동성애자라는 비난을 받고 구금되었다가 석방되고 난 1476년 5월 5일, 베로키오는 피스토이아(Pistoia, 피렌체 북서쪽의 도시) 대성당에 거대한 대리석 기념비를 세워 달라는 의뢰를 받았고, 이는 레오나르도에게 골치 아픈 사건에서 마음을 돌릴 수 있는 매우 좋은 구실이 되었을 것이다.

이와 거의 동시에 베로키오는 피스토이아의 전임(前任) 주교를 기념하기 위한 제단 벽장식의 제작 또한 의뢰받았다. 로렌조 디 크레디(Lorenzo di Credi)에 의해 완성된 벽장식의 개념을 잡는 데 레오나르도가 기여했다는 증거가 존재한다. 당시 레오나르도는 베로키오 공방에서 가장 뛰어난 화가로 후배 동료인 크레디의 작품 활동을 당연히 감독했을 것이다. 또한 피스토이아 대성당의 대리석 기념비 제작의 초기 단계에도 개입했을 것이다. 빅토리아 앤 앨버트 박물관

(Victoria & Albert Museum)에 소장된, 기념비를 위한 테라코타 모델이 부분적으로 레오나르도의 작품이라고 믿는 사람들도 있다. 1476~1477년 사이에 이루어진 피스토이아에서의 작품 활동은 레오나르도에게는 살타렐리 사건을 겪은 후에 환경을 바꿀 수 있는 좋은 기회였다. 피스토이아에는 피스토이아인과 결혼한 레오나르도의 이모가 살고 있었고, 레오나르도는 몇몇 친구를 사귈 수 있었다. 이렇게 하여 레오나르도는 살타렐리 사건 이후 피렌체와 거리를 둘 수 있었다.

피스토이아로부터 몇 킬로미터 서쪽에는 산 제나로(San Gennaro)라는 자그마한 언덕마을에 로마네스크 양식의 교구교회가 서 있었다. 6세기 초 베수비오(Vesuvius) 화산이 폭발할 당시 피난 왔던 나폴리 난민들이 건립한 교회였다.

교회 내부로 들어가면, 서쪽 출입구 옆 낮은 대좌 위에 작은 테라코타 천사 조각상이 서 있다. 수세기 동안 무관심 속에 버려져 있다가 50여 년 전에 베로키오 화파의 작품으로 인정을 받았고, 현재는 전적으로 레오나르도의 손을 거쳐 완성된 작품으로 받아들여지고 있다.(컬러삽화 8) 경계를 늦추지 않고 움직이는 모습이 잘 표현된 아름다운 작품이다. 천사의 오른팔은 '수태고지'에 나오는 천사의 팔과 같고, 긴 곱슬머리는 레오나르도의 트레이드마크이다. 나는 박공 위로 살짝 뻗은 오른발이, 우툴두툴한 관절, 오래 신어서 낡은 샌들, 아래로 살짝 구부러진 새끼발가락 등 뛰어나게 사실적으로 묘사된 데 놀랐다.

이 작품의 기원에 대해서는 알려진 내용이 전혀 없지만, 18세기경에 산 제나로에 있었던 것은 분명하다. 이 작품에 대한 기록이 처음 등장한 것은 1773년 7월 31일로, 인부가 사용하던 사다리가 그 위로 떨어지는 바람에 윗부분이 몇 조각으로 잘려나갔다. 바르소티(Barsotti)라는 그 지역 사람의 손으로 공들여 복원되었지만, 천사의 이마에는 사고로 인한 상처로 보이는 가는 금이 여전히 눈에 띈다. 조각상에 남아 있는 노란색, 초록색, 붉은색 등 물감의 흔적은 아마도 복원자에 의한 것으로 보이지만 원래 작품의 채색일 가능성도 배제할 수 없다. 테라코타나 나무를 재료로 사용한 교회 조상의 경우는 여러 색으로 칠하는 것이 당시 관례였기 때문이다. 그러나 레오나르도의 조각상이 어떤 이유로 피스토이아 근처 자그마한 시골 교회의 아무도 돌아보지 않는 구석에 서 있게 되었는지는 아직도 베일에 가려 있다. 한 가지 가능한 대답은, 작품이 제작된 1477년경에 젊은 피렌체 예술가가 이 지역에 잠시 머물면서 푸르른 투스카니 지방의 언덕에서 휴식을 취하는 데 만족하며 제작했을지 모른다는 것이다.

1477년 4월, 레오나르도는 25세가 되었다. 15세기 피렌체 지방의 평균수명을 기준으로 할 때 이제 더 이상 젊은 층이 아니었다. 다른 사람에게 비친 그의 외모는 매우 아름다웠고 지성이 빛났다. 이에 대해서는 초기 전기 작가들 사이에 전혀 이견이 없다. 레오나르도와 개인적으로 안면이 있었던 파올로 조비오는 이렇게 말했다. '그는 천성적으로 매우 예의 바르고, 세련되고, 관대한 사람이었다. 그리고 얼굴이 출중하게 아름다웠다.' 루이 12세 치하의 프랑스 궁정작가인 장 르메르(Jean Lemaire)는 레오나르도의 '초자연적 우아함'에 대해 언급했다. 이는 1509년 발표된 시에 등장하는 표현으로 레오나르도에 대한 직접적인 인상이었을 것이다. 아노니모 가디아노는 이렇게 말했다. '그는 매우 매력적인 사람으로 균형 잡힌 몸매에 우아하면서 출중한 외모의 소유자였고,' 아름다운 곱슬머리가 '가슴의 중간까지' 내려왔다. 현재 사회 통념으로 자리 잡은 레오나르도의 긴 수염에 대해서는 언급한 사람이 아무도 없는 것으로 보아 수염은 나중에 기른 것으로 보인다.

바사리는 거의 과장이다 싶을 정도로 레오나르도의 외모에 찬사를 보냈다. 레오나르도는 '뛰어난 아름다움'과 '무한한 우아함'이 돋보이는 사람이었다. '그는 사람의 이목을 끄는 눈부신 외모의 소유자였다. 그가 모습을 드러내기만 해도 몹시 괴로운 영혼에게 위안을 줄 정도였다. …… 어떤 사람들은, 그가 소유한 것도 없고, 일도 거의 하지 않았지만, 항상 하인을 거느리면서 말을 타고 다녔다고 말할지 모른다.' 만약 바사리가 오늘날 이런 글을 쓴다면, 사람의 영혼을 고양시키고, 노력하지 않고도 다른 이의 애정을 한몸에 받았던 레오나르도의 우아함을 '카리스마'로 표현했을지 모른다. 또한 바사리의 묘사에 따르면 레오나르도는 탁월한 신체적 힘을 소유하고, 손재주가 뛰어난 사람이었다. 그는 '무척이나 강인해서 어떤 폭력에도 저항할 수 있었고, 오른손만으로도 초인종의 철 고리나 편자를 구부릴 수 있었다.' 이런 글은 아마도 레오나르도를 다재다능한 초인적 영웅으로 묘사하기 위한 수사적인 표현일 것이다. 또한 레오나르도의 아름다움에 대한 초기 전기 작가의 묘사에서 풍기는 나약함을 차단하기 위해서 나온 표현일 가능성도 있다.

레오나르도가 맨손으로 편자를 구부릴 수 있었건 없었건 간에 레오나르도가 잘생겼고, 키가 컸고, 당당한 체구를 가졌으며, 말을 잘 탔고, 결코 지치지 않고 걸을 수 있었다는 점에는 모두들 동의한다. 또한 그는 신사답게 멋지게 옷을 입을 줄 알았고, 머리카락을 세심하게 신경 써서 다듬고 다녔다. 얇은 장밋빛 튜닉에, 털로 안감을 댄 코트를 걸치고, 벽옥이 박힌 반지를 끼고, 코르도바 가죽으로 만든 장화를 신었다. 기호 또한 상당히 까다로워서, '신선한 장미꽃물로 손을 촉촉하게 만든 다음, 라벤더 꽃을 양손으로 비비면 좋다.'[23]는 기록을 남길 정도였다. 레오나르도는 화가와 조각가를 비교하면서, 조각가는 '얼굴에 대리석 먼지를 뒤집어써서 마치 빵 굽는 사람처럼 보인다.'면서 작업하느라 땀을 흘리고 더러워지기 십상이라고 묘사했다. 조각가와는 대조적으로 '편안하게' 작업할 수 있는 화가는 '옷을 잘 차려입고', '정교한 물감을 묻힌 가벼운 붓을 이리저리 움직이고', '좋아하는 옷으로 자신을 치장하는' 사람이었다.[24]

그러나 이 화려한 외모의 젊은이를 완전히 이해하려면 거울에 비친 그의 얼굴에서 불확실성과 외로움을 찾아내야 할 뿐 아니라, 불만족으로 괴로워하며 이방인이자 사생아, 문맹이자 합법적으로 받아들여지지 못하는 동성행위자인 자신의 모습 때문에 아파하는 그의 모습을 읽을 수 있어야 한다. 이런 분위기는 냉담하고 초연한 분위기 속에 더욱 꼭꼭 감춰지면서 그 어둠의 파편은 원고의 곳곳에 단편적으로만 표현되었다. '자유가 당신에게 소중하다면 내 얼굴이 사랑의 감옥이란 사실을 나타내지 마라……'[25]

제 3 장

독립
Independ
1477~1482

그는 스승을 뛰어넘지 못한 불쌍한 학생이다.
포르스터 MS 3, fol. 66v

레오나르도의 작업실

　레오나르도는 1477년경 피렌체에 자신의 작업실을 장만했다. 이는 자연스런 과정이었다. 그는 10년 동안 베로키오의 제자로, 도제로, 조수로 일했다. 지네브라의 초상화를 보면 레오나르도가 이미 껍질을 벗고 새로 태어나고 있음을 알 수 있다. 베로키오의 영향이 눈에 띄기는 하지만 시적인 분위기는 완전히 새로웠다. 이제 레오나르도는 젊은 거장으로 독립해서 혼잡하고 경쟁적인 시장에 첫발을 디디게 된 것이다.

　당시 레오나르도가 남긴 메모와 데생이 그려진 종이에 드문드문 지워져 있는 글을 보면 성모마리아 그림 두 폭에 대한 언급이 등장한다. 기록 날짜는 1478년 9월 또는 10월, 아니면 11월일 가능성이 크다. 그렇다면 당시에 레오나르도가 작업을 시작했던 성모마리아는 어떤 작품이었을까? 그가 피렌체에서 완성한 작품과 밀라노로 가져갈 작품을 항목화하여 기록했던 1482년도 목록에 있는 성모마리아 두 점과 같은 작품일까? 목록에는 '완성된 성모마리아'와 '거의 완성 단계인 성모마리아의 옆얼굴'로 수록되어 있다.
　케네스 클라크는 옆얼굴의 성모마리아가 현재 상트페테르부르크에 소장된 '리타의 성모(Litta Madonna)'를 가리킨다고 주장한다. 작품이 완성된 시기는 이보다 훨씬 뒤인 1480년대 말경으로 레오나르도의 밀라노 작업실에서였다. 하지만 클라크는 레오나르도가 피렌체에서 이 작품을 제작하기 시작해서, 1482년 목록에 기록된 대로 미완성인 상태에서 밀라노로 가져갔다고 주장한다. 완성된 작품을 보면, 못생긴 아이의 이상야릇한 두상을 포함해서 레오나르도답지 않은 부분이 분명히 존재한다. 이런 부분들은 레오나르도가 밀라노에서 활약했을 당시에 제자들의 손으로 이루어졌기 때문이다. 하지만 성모 마리아의 두상은 은필(銀筆)화법의 데생이 남아 있는 점으로 미루어 레오나르도의 솜씨가 분명하다.

'리타의 성모'를 그리는 작업이 피렌체에서 시작되었는지는 밝혀지지 않았다. 그러나 현재 에르미타슈 박물관에 소장되어 있는 또 다른 레오나르도의 그림인 '브누아의 성모(Benois Madonna)'(컬러삽화 9)에 대해서는 보다 확실한 증거가 있다. 이 작품의 스타일은 레오나르도의 초기 피렌체 시대에 속한다. 완성된 작품이라 하기에는 뒷마무리가 미흡해 보이기 때문에 1482년 목록에 기재된 '완성된 성모마리아'인지 확실하지 않지만, 레오나르도가 1478년에 그리기 시작했던 '성모마리아 두 점' 중 하나일 가능성이 크다.

19세기에 다소 서툰 솜씨를 통해 캔버스에 옮겨진 19×12인치(48×30센티미터) 크기의 이 자그마한 유화는 레오나르도의 작품 중에서 가장 과소평가되어 온 작품의 하나이다. 세부적인 부분에서 불완전하기는 하지만, 금발에 새끼손가락을 들어 올린 베로키오의 성모마리아가 표현하는 가장되고 성직자 같은 기품을 뛰어 넘어 부드럽고, 신선하고, 역동적인 분위기를 풍긴다. 작품 속의 성모마리아는 분명 소녀이며, 그다지 아름답지도 않다. 길게 땋아 왼쪽 어깨로 드리운 다갈색 머리카락은 레오나르도가 단호하게 거부했던 전형적인 모델에 대한 인식을 나타낸다. 그녀는 보티첼리가 표현했던 활기 없고, 예쁘고, 아몬드 모양의 눈을 소유한 성모마리아와 대조적이다. 언제나 레오나르도의 그림을 보티첼리의 그림보다 선호했던 위대한 미술사가 버나드 베렌슨(Bernard Berenson)도 브누아의 성모가 추하다는 점을 솔직히 인정하면서 이렇게 묘사했다. '이마는 훤히 드러나고, 두 볼은 부풀어 올라 있고, 치아가 없는 것 같은 입술에 미소를 머금고, 눈은 초점이 없이 흐릿하고 목에는 주름이 잡혀 있다.'

베로키오적인 특징과는 아주 다른 생소한 요소는 바로 그림의 어둡고 벨벳같이 매끄러운 색감이다. 인물들은 잿빛과 황갈색을 배경으로 인상적으로 환하게 묘사되어 있다. 분위기는 조용하고, 수수하고, 가정적이다. 기술적인 검사를 거친 결과 그림의 바탕에는 어두운 황갈색을 칠했고, 그 위에 물감을 '마치 이슬 같은 침전물 형태로' 펴 발랐다.[1]

그림의 세부적인 부분으로 들어가면 몇 가지 이해하기 힘든 점이 있다. 덧칠한 부분이 몇 군데 눈에 띄기 때문이다. 성모마리아의 목과 아기의 오른손은 나중에 덧칠했고, 드레이퍼리의 아랫부분 역시 얼마간 사라졌다. 그러나 그림을 보는 사람에게 문제가 되는 것은 무엇보다도 입이다. 베렌슨이 혹독한 평가를 내렸듯이 성모마리아는 치아가 없는 것처럼 보인다. 1909년에 작품을 조사했던 립하트(Liphard)에 따르면, 성모마리아의 반쯤 벌어진 입을 보면 '그녀의 치아는 그 아래 검은색 밑바탕 위에 거의 눈에 띄지 않게 그려져 있다.' 하지만, 이 흔적조차도 지금은 유약의 산화로 인해 완전히 사라졌다.[2] 휑한 창문 또한 문제이다. 설명할 수 없는 무언가에 가려 있었을까? 아니면 이것이 레오나르도의 원래 의도였을까? 예상했던 경치를 보지 못하면 다시 내부로 눈길을 돌리게 된다. 높게 낸 창문은 두 사람이 세상으로부터 은둔해 있다는 느낌을 준다. 그들은 세상에 공개되어 있지 않다. 그들의 모습을 보는 것은 우리들의 특권이다. 이 점은 시선이 맞춰지고 있지 않다는 사실에 의해서도 강조된다. 어머니도 아이도 관람객을 보고 있지 않다. 장면은 두 사람 사이에서 벌어지고, 아이가 응시하고 있는 꽃에 그 초점이 맞춰져 있다. 이 자그맣고 하얀 꽃은 십자화과에 속한 것으로 식물학자인 윌리엄 엠볼든(William Embolden)에 따르면 십자형 모양과 쓴맛으로 인해 그리스도의 수난을 상징한다고 한다.[3] 후에 완성된 '실을 감는 성모(Madonna of the Yarnwinder)'에서처럼 아기 그리스도는 미래에 자신에게 닥칠 고통의 상징을 응시한다. 그 사실을 알지 못하는 어머니는 미소 지으며 꽃을 건넨다. 아이와 마찬가지로 어머니 또한 자신의 비극적인 미래를 보지 못하는 것이다.

1470년대 말에 완성된 데생에는 원저에 소장된 '아기 성 요한과 함께 있는 성모자'가 있다. 데생 속 세 인물은 하나의 피라미드형으로 압축되어 있다. 레오나르도가 20년 후 성 안나를 그린 작품에서 사용한 구성 형식이다. 인물 뒤편의 경치에는 특히 바위가 많은 언덕을 좋아했던 레오나르도의 취향이 나타난다. 이 데생은 그리스도와 세례 요한이 어렸을 때 만나는 장면 등 레오나르도의 작품에 등장하는 인물 배치가 처음으로 표현된 작품이다. 이런 배치는 '암굴의 성모마리아', '성 안나, 세례요한과 함께 있는 성모자' 등의 데생에 반복적으로 등장하는데, 당시 이탈리아 미술에서는 보기 드문 방식이었다. 회화 상의 관례를 따르지 않고 인물 배치의 개념을 도입했던 레오나르도의 방법은 혁신적이었다. 레오나르도의 어린 시절 환경을 돌아볼 때, 계속해서 작품에 등장하는 '다른' 아이, 즉 자체만으로 완벽한 쌍을 이룬 성모자를 바라보는 아웃사이더가 레오나르도 자신을 가리키는 것은 아닌지 의문을 품을 수도 있다. 레오나르도가 생각하는 어머니와의 관계는 거부에 대한 두려움으로 가득하기 때문이다.

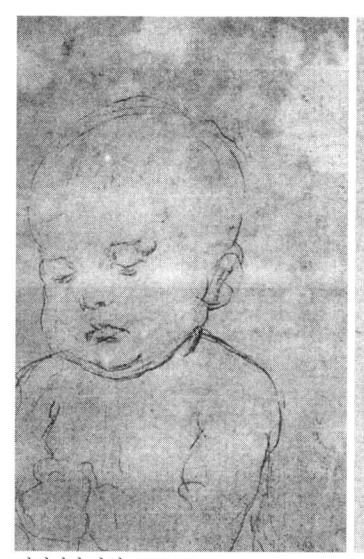 

어머니와 아이. 1478~80.
왼쪽 위 아이의 두상. '브누아의 성모'의 아기 그리스도를 위한 준비 단계 스케치로 추정. 우피치 미술관
오른쪽 위 일 바그네토(Il Bagnetto)로 알려진, 오포르토(Oporto) 소장 데생.
왼쪽 아래 고양이와 함께 있는 아이의 스케치. 영국 박물관
오른쪽 아래 고양이와 함께 있는 성모자를 위한 습작. 영국 박물관

그러나 피렌체 시절 그렸던 모자 습작에는 거부가 아닌 축복의 분위기가 풍겨난다. 어머니는 아이를 어르고, 먹이고, 씻긴다. 이 중에서 가장 명랑한 분위기를 풍기는 작품은 고양이와 함께 있는 성모자 시리즈이다. '브누아의 성모'에서처럼 아직 소녀에 가까운 처녀 어머니의 젊음이 강조되어 있으며, 피렌체 시절 레오나르도의 작품 중에서 가장 활기찬 분위기의 작품이다. 실제로 모델을 사용하였고, 펜과 목탄 그리고 철심 끝으로 매우 신속하게 그린 네 쪽 분량의 스케치인데, 작품 속 인물들은 발레를 하듯 서로 뒤엉켜 있고, 젊은 화가는 그들의 몸과 행동, 삶의 순간적인 진실을 포착하기 위해 신속하게 손을 움직여 스케치했다. 어머니의 머리 위치를 바꿔 가며 실험을 한 스케치도 남아 있다. 이런 스케치 중에서 가장 완성도가 높은 작품은 펜과 잉크를 사용하고 옅게 채색한 데생으로 현재 우피치 미술관에 소장되어 있다.

이런 훌륭한 데생들이 그림으로 태어났는지에 대한 증거는 남아 있지 않다. 레오나르도의 초기 피렌체 시절 작품 중에서 최대 걸작으로 꼽히는 '동방박사의 경배'에서 아이가 어머니의 무릎에 앉아 손을 뻗고 있는 장면이 데생의 장면과 매우 유사하지만, 고양이가 자취를 감추면서 활기차고 익살스러운 데생의 분위기 또한 사라졌다.

교수형 당한 남자

1478년 4월 26일 일요일, 정오 바로 직전, 피렌체의 대성당에서 미사가 한창 진행 중인 동안, 갑작스런 소동이 일었다. 신부가 성찬식 빵을 손에 들었고, 교회의 종이 울렸을 때, 베르나르도 디 반디노 바론첼리(Bernardo di Bandino Baroncelli)라는 남자가 망토 밑에서 칼을 꺼내 로렌조 메디치의 동생인 줄리아노 메디치(Giuliano Medici)의 몸을 찔렀다. 줄리아노가 몸을 휘청거리며 뒷걸음질 치자 프란체스코 파찌(Francesco de' Pazzi)가 거듭 그를 찔렀다. 줄리아노는 칼에 19군데나 찔렸다. 성직자 두 명 또한 로렌조를 암살하려고 덤벼들었지만 성공하지 못했다. 로렌조는 목에 난 상처로 피를 심하게 흘리면서 북쪽 성구 보관실로 급히 몸을 피했다.

이것이 바로 4월의 음모(April Plot)라고도 불리는 파찌 음모(Pazzi Conspiracy) 사건이다. 메디치의 통치에 반대해서 피렌체 지방의 부유한 상인 가문인 파찌 가문이 선동하고, 비밀리에 교황 식스투스(Sixtus) 4세의 지원을 받고, 피사의 대주교 등 메디치가의 반대 세력이 힘을 합해 일으킨 쿠데타였다. 공모자들의 동기는 뒤얽혀 있었지만 메디치의 권력정치에 대한 불만이 팽배했던 것이 주원인이었다.

암살자들은 대성당이 혼란한 틈을 타서 도망쳤지만, 페루자(Perugia) 용병을 파견해서 시뇨리아 광장을 차지하려던 나머지 계획은 수포로 돌아갔다. 당시 자코포 파찌(Jacopo de' Pazzi)가 말을 타고 광장으로 들어와 '시민들과 자유를 위해서'라고 외쳤지만 광장의 문은 닫히고 말았다. 탑에서 경고 종이 울려 퍼지고, 무장한 시민들이 거리로 쏟아져 나오면서 반란은 실패했다. 피렌체의 파찌 가문 가장인 자코포는 처음에는 반란에 대해 회의적이었지만 조카인 프란체스코에 의해 우두머리로 추대되었다. 자코포는 공모자들에게 '너희들 목이 달아날 것'이라고 경고했었다. 결과적으로 그의 예측이 정확한 것으로 판명되었지만 어쨌거나 자코포는 설득 당했고, 그 대가로 자신의 목을 내놓아야 했다.

피비린내 나는 보복이 시작되었다. 피렌체 지방에서 행해지던 공개처형의 도의적 관례는 자취를 감췄다. 첫날밤에 그야말로 대량의 교수형이 집행되어, 20명 이상의 공모자가 교수형에 처해졌고, 다음 며칠 동안 최소한 60명 이상이 목숨을 잃었다. 첫날 복수를 하려는 사람들의 무리가 거리를 헤집고 다닐 때, 로렌조는 상처 입은 목을 스카프로 가리고 메디치 궁전의 창문에 모습을 드러냈다. 바사리에 따르면, 베로키오는 쓰디쓴 승리의 순간에 입고 있던 것과 똑같은 옷을 입은 로렌조의 실물 크기 밀랍인형을 세 개 제작하라는 주문을 받았다. 현재는 이 밀랍인형도 남아 있지 않고, 교수형 당한 반역자들을 그린 보티첼리의 초상화도 남아 있지 않지만, 어쨌거나 화가들은 자신의 정치적 주인을 위해 일했다.

4월 28일, 미래에 레오나르도의 후원자가 될 루도비코 스포르자가 로렌조를 방문했다. 루도비코 스포르자는 암살당한 공작 갈레아조 마리아 스포르자의 동생으로 당시 밀라노에서 가장 막강한 세력을 행사하던 인물이었다. 그는 대단한 권력으로 사람들을 좌지우지했을 뿐만 아니라 20년 이상 그 세력을 유지할 것이었다. 그는 로렌조에게 조의를 표하면서 지지를 약속했다.

대성당에서 벌어진 사건의 암살자 네 명 가운데 세 명이 체포되었다. 프란체스코 파찌는 음모가 발각된 첫날밤에 교수형을 당했고, 로렌조를 공격하다가 실패한 신부 두 명은 5월 5일 목숨을 잃었다. 두 신부는 교수형에 처해지기 전에 거세당했다는 이야기가 전해진다. 마지막 남은 한 명인 베르나르도 디 반디노는 좀 더 현명했던 때문인지 아니면 좀 더 운이 좋았기 때문인지 탈출에 성공했다. 줄리아노를 공격하고 난 후에 암살 장소에서 얼마 떨어지지 않은 대성당 종탑에 숨어 있다가 경계를 피해 피렌체를 떠나 배를 타고 이탈리아를 벗어났던 것이다. 그러나 도처에 있는 메디치 가문의 눈과 귀를 피할 수 없어서 결국 사슬에 묶여 피렌체로 압송된 후에 조사를 받고 극심한 고문에 시달리다가 1479년 12월 28일 교수형 당했다.

　레오나르도는 교수형이 집행된 바로 그 장소에서 반디노의 시체를 스케치했다. 종이의 왼쪽 위 구석에는 당시 반디노가 입고 있던 옷에 대해 꼼꼼하게 기록했다. 이 메모는 마치 역사의 작은 순간을 목격하고 그린 스케치에 곁들인 짤막한 기사 같다. 레오나르도는 보티첼리가 지난해에 그랬던 것처럼 이 스케치를 그림으로 제작할 생각이었다. 그렇게 해 달라는 의뢰를 받았을 가능성도 있고, 그저 아버지의 집 바로 앞에서 벌어진 장면에 충격을 받았기 때문일 수도 있다.

　맨발에 두 손이 묶인 채 세인의 경멸 속에 반디노의 몸이 매달리는 순간, 레오나르도는 이상한 평정을 포착했다. 입이 아래쪽으로 처진 반디노의 야윈 얼굴은 마치 철저하게 우월하고 새로운 관점에서 자신의 실수를 응시하듯 생각에 잠긴 것 같다. 레오나르도는 각도를 약간 바꿔서 왼쪽 아래 구석에 두상을 스케치해 넣었다. 십자가에 매달려 처형된 그리스도의 묘사에서 종종 볼 수 있듯이 지칠 대로 지쳐 자신에게 주어진 운명에 순종하는 모습이다.

레오나르도, 베르나르도 디 반디노 바론첼리의 교수형. 바욘느 보나 박물관

과학기술자

　레오나르도를 과학기술자로 인정할 수 있는 징후가 처음 나타난 것은 바로 1470년대 말로서, 코덱스 아틀란티쿠스의 기록이나 바사리의 글을 통해 이를 알 수 있다. 기술에 대한 레오나르도의 관심은 명확하지는 않지만 피렌체에 거주할 때 이미 싹트기 시작했던 것으로 보인다.

　앞서 살펴보았듯이, 레오나르도는 1471년 두오모 성당 꼭대기에 구리 보주를 얹는 작업에 관여하면서, 필리포 브루넬레스키가 고안한 독창적인 도르래와 기중기 등에 대한 지식을 직접적으로 습득했다. 그리고 코덱스 아틀란티쿠스에 브루넬레스키의 끌어올리는 장치의 데생을 그린 것으로 추정되는 1478~1480년경에 다시 이러한 기술에 관심을 쏟기 시작한 것 같다. 바사리는 무거운 물건을 들어 올리는 기중기에 기울였던 레오나르도의 관심에 대해 이렇게 말했다. '그는 지레와 도르래, 크랭크 등을 활용해서 거대한 무게를 들고 끄는 방법을 시연했다.' 이는 특히 바사리가 묘사한 '야심찬 프로젝트'에 적절한 방법이었을 것이다.

　레오나르도가 당시 피렌체를 다스리는 창의력 풍부한 시민들에게 몇 번 제안한 모델과 계획 가운데 하나는 아무런 손상도 끼치지 않게 성 조반니(San Giovanni)의 세례당을 들어 올린 후에 그 아래에 층계를 설치하는 것이었다. 너무나 강력한 그의 주장에 설득당한 많은 사람들은 그 일이 가능하다고 생각하게 되었다. 하지만 돌아와서 곰곰이 생각한 후에야 그 일이 불가능하다는 것을 깨달았다.

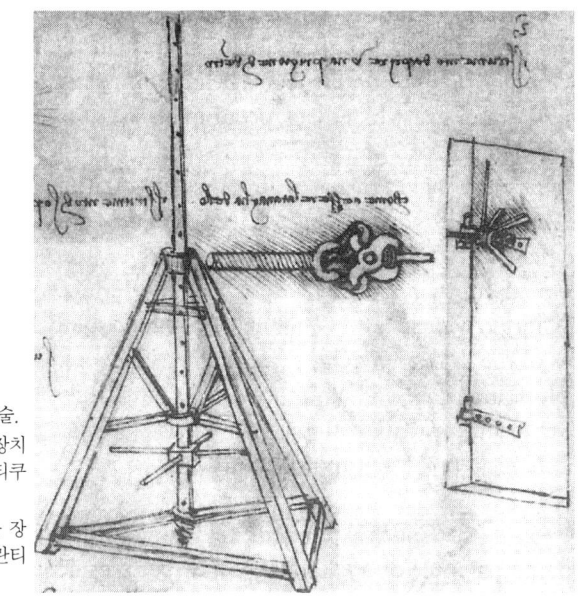

레오나르도의 초기 기술.
위 '감옥 문을 여는' 장치 부분. 코덱스 아틀란티쿠스
아래 물을 끌어올리는 장치 부분. 코덱스 아틀란티쿠스

레오나르도의 아이디어는 바사리가 생각하는 것만큼 터무니없지는 않았다. 이와 비슷한 작업(교회 탑의 이동)이 이미 25년 전 볼로냐에서 이루어졌고, 세례당을 들어서 층계를 설치할 수만 있다면 심미적 측면(반대편에 있는 두오모 선까지 올라가게 된다.)뿐만 아니라 실질적인 측면(정기적으로 발생하는 홍수에 대비할 수 있게 된다.)으로도 이로웠기 때문에, 층계를 설치하는 이 같은 아이디어는 100년이 지난 후에도 유행하였다.

브루넬레스키 공학을 적용한 또 다른 예는 앞서 설명했던 '안에서 감옥 문을 여는' 신기한 장치이다. 코덱스 아틀란티쿠스에 수록된 데생을 보면, 이 장치는 다리가 세 개 달린 탄탄한 크랭크에 나사 볼트가 직각으로 설치되어 있으며, 이 볼트의 끝에는 레오나르도가 '집게(tanagli)'라고 불렀던 움켜쥐는 장치가 있다. 이 감옥 문을 여는 장치가 창문의 쇠창살을 뜯어내는 모습을 그린 데생도 있다.

또한 바사리는 레오나르도가 '물로 동력을 제공받는 제분기, 축융기, 엔진 등을 고안했다.'고 말했다. 기타 초기 데생에 등장하는 장치로는 공기 중의 수분량을 측정하는 습도계, 물을 끌어 올리는 수압 장치 등이 있다.

이는 레오나르도의 가장 초기 작품에 해당하는 기술적 데생으로, 여전히 15세기 엔지니어가 속했던 2차원적인 단계에 머물러 있었다. 하지만 곧이어 진정한 의미에서의 기술적 데생이 등장한다. 이런 데생들은 여러 가지 면에서 매우 세밀하면서 완전한 견본의 모양새를 갖춘 동시에 기계 조작 과정과 구조를 설명하는 분석적인 기능 또한 갖추었다.

무거운 물건을 들어 올리고, 창문에서 쇠창살을 떼 내고, 물을 끌어

올리고 수로를 파는 일 등은 레오나르도가 젊은 과학기술자로서 첫 포부를 펼쳐 보인 일이었다. 그는 인간의 창의력과 교묘한 기계 장치를 사용해 중력의 잔인한 힘에 대항하고자 했으며 천연 에너지를 동력으로 이용하려 했다. 그는 실린더 안에서 나선형으로

조류와 소용돌이 습작. 1508~10. 윈저성 왕립도서관

회전시켜 물을 끌어올리는 장치인 아르키메데스의 나선식 펌프에 관심을 가지고 자신의 수압 장치를 고안했는데, 이 수압 장치와 아르키메데스의 나선식 펌프는 레오나르도 물리학을 이루는 위대한 에너지 원칙의 기원이 되었다. 레오나르도가 달팽이껍질(snail-shell)로 불렀던 나선형은 나사, 천공기, 프로펠러, 터빈 등에 존재하고 자연에서는 폭풍우와 소용돌이에 존재한다. 알베르티(Alberti)는 토목공학에 관한 책(레오나르도가 틀림없이 알고 있었을)에서 물의 소용돌이가 일으키는 힘에 대해 열변을 토했다. '물의 회전이나 소용돌이는 마치 액체 천공기 같아서 어떤 것도 여기에 저항할 만큼 단단하지 않다.'[4] 레오나르도는 소용돌이의 힘에 매료되었고, 이에 대한 열정은 '범람' 시리즈로 알려진 후기 데생에 매우 강렬하게 표현되었다. 사실 규모가 작기는 하지만 지네브라의 곱슬머리에 이미 표현되기도 했다.

또한 초기 단계의 기술적 작품에는 중력에 대한 근본적 저항이 반영되었다. 우피치 미술관에 소장된 작품 가운데 1478~1480년에 초

하늘을 나는 기계, 1478~80, 우피치 미술관

라한 종이 위에 제작한 데생이 있는데, 그 뒷면에는 하늘을 나는 기계를 그린 레오나르도의 현존 작품 가운데 가장 초기의 데생이 있다. 데생은 거의 낙서에 가깝지만 꼼꼼하게 묘사되어 있다. 바로 위에서 내려다보거나 바로 아래서 올려다보는 형태로, 날개는 박쥐처럼 그물 모양이고, 꼬리는 새처럼 부채꼴이며, 조종실이나 골격은 어느 정도 카약과 비슷하다. 그 옆에는 조종사가 손잡이로 날개를 작동시키는 장치가 좀 더 자세하게 묘사되어 있다. 실제로 날개를 위아래로 펄럭일 수 있는 장치를 달았던 나중 고안과는 달리, 당시의 기계는 손잡이의 제한된 움직임으로 보아 행글라이더에 가까웠다. 종이의 왼쪽 위 구석에는 한 줄짜리 메모가 갈지자로 적혀 있다. '이것은 새가 하강하는 방법이다.' 이렇듯 간단하면서 거의 알아보기 힘든 필체로 기록된 글이, 인간 비상의 꿈과 연결시켜 새가 가진 비상의 역학에 대해 레오나르도가 처음으로 한 언급이다. 요람을 향해 날아 내려온 솔개를 기억했던 레오나르도는 후에 인간의 비상을 '숙명'이라 표현했다.

악사樂士

초기 전기 작가들은 레오나르도가 뛰어난 음악가였고, 특히 수금(竪琴) 연주를 잘했다는 점에 이견이 없다. 아노니모와 바사리 모두 레오나르도가 1482년 초 밀라노에 갔을 때 밀라노 궁정에 화가나 과학기술자가 아닌 음악가로 소개되었다고 주장한 것으로 보아 레오나르도의 탁월한 연주 실력은 피렌체에 있을 당시부터 인정받고 있었다. 레오나르도가 연주했던 수금은 고대에 연주되던 고전적 형태에서 좀 더 진화한 악기로 바이올린의 전신이었다. 당시 그림에서 수금은 천사들이 연주하는 악기로 자주 등장했다. 런던 소재 국립미술관에 소장되어 있는, 암브로지오 데 프레디스(Ambrogio de Predis)의 것으로 추정되는 작품에서 천사가 연주하는 악기도 바로 수금이다. 이 작품은 원래 레오나르도의 '암굴의 성모마리아'의 측면 그림으로 제작되었는데, 밀라노에서 레오나르도와 교류했던 주요 동료 중의 한 명인 암브로지오가 레오나르도의 수금 연주를 감상했던 경험과 관계 있을 가능성도 있다.

레오나르도가 수금 연주 방법을 언제 어떻게 익혔는지에 대해서는 알려진 것이 없다. 바사리는 레오나르도가 소년 시절에 습득했으리라 주장했지만, 이는 전기 작가의 추측에 불과할 수 있다. 베로키오의 소지품 가운데 류트(lute)가 있었던 것으로 보아 공방에서 음악이 연주되었고, 아마도 그곳에서 음악을 가르쳤을 것이다. 벤베누토 첼리니는 1480년대 당시 피렌체에서 도제 생활을 했던 아버지 조반니에 대해 이런 말을 남겼다. '비트루비우스(Vitruvius)에 따르면, 뛰어난 건축 실력을 구축하고 싶다면 음악과 데생에 대한 지식을 모두 갖고 있어야 한다. 그래서 조반니는 데생 기술을 익히고 나서 음악 공부를 시작했

수금을 연주하는 천사. 암브로지오 데 프레디스의 작품으로 추정. 런던 국립미술관

고, 동시에 비올라와 플루트를 능숙하게 연주하는 방법을 습득했다.' 첼리니에 따르면, 피렌체의 행사에서 연주를 했던 연주자와 기타 음악가들은(그의 아버지도 구성원이었다.) 모두 어엿한 장인(匠人)이었고, '그들 중 일부는 견직물이나 모직물 제작자였다. 그래서 조반니는 행사에서 연주하는 것이 가치 없는 일이라 생각하지 않았다.'[5] 음악에 능숙한 것이 예술 및 건축 공부와 관련이 있었을 뿐만 아니라 당시 피렌체 길드에 음악적 전통이 강했다는 배경은 레오나르도의 경우에도 해당된다.

그렇다면 레오나르도 다 빈치는 어떤 종류의 음악을 연주했을까? 그가 작곡한 음악은 남아 있지 않지만 15세기 말 피렌체의 음악은 소리가 크고 다양했다. 바사리는 레오나르도의 음악적 재능에 대해 이렇게 주장했다. '그는 당시에 가장 뛰어난 즉흥 연주가이기도 했다.' 시를 즉석에서 낭송하거나 노래하면서 수금을 연주하던 레오나르도의 모습을 그려볼 수 있는 대목이다.

레오나르도가 1480년대에 피렌체에서 활동했던 전형적인 수금 연주가라고 생각한다면 아마도 메디치 가문의 축제 때 불리던 노래와

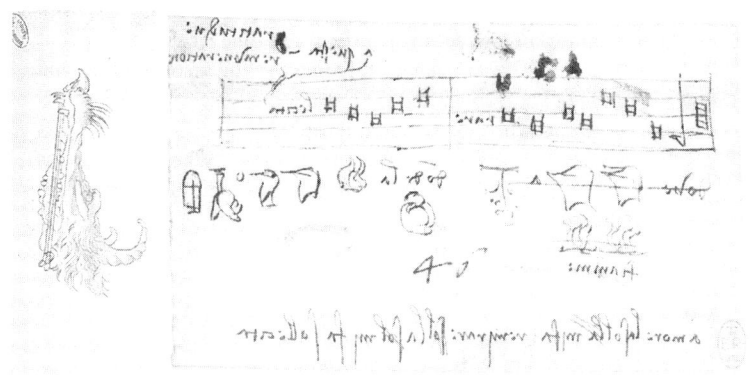

공상적인 현악기를 위한 스케치(파리 MS B)와 악보를 사용한 수수께끼(윈저성 왕립도서관). 모두 1480년대 후기 작품

같은 경쾌하면서 사랑을 노래하는 현악기 중심의 곡을 연주했을 것이다. 그러나 피치노 그룹과 관련을 맺으면서 음악가로서 새로운 세계를 접했을 가능성이 있다. 레오나르도는 후에 음악을 '보이지 않는 것들의 표현'[6]이라고 말했다. 플라톤주의의 분위기가 강하게 풍기는 말이 아닐 수 없다.

레오나르도가 작곡한 음악은 남아 있지 않지만, 음악을 이용해서 고안한 몇 가지 수수께끼가 전해진다. 윈저 소장품 가운데 악보를 사용한 수수께끼가 여섯 편 포함되어 있다. 수수께끼에는 회화적 상징, 음악적 상징, 언어적 상징이 결합되어 있다. 위의 사진에 보이는 수수께끼는 다음과 같은 낭만적인 가사를 담고 있다. '오직 사랑만이 내가 기억할 수 있게 만든다. 나를 불태우는 것은 물론이고.'

바사리에 따르면 레오나르도는 밀라노의 후원자들을 감동시키기 위해 특별한 수금을 제작했다. '그는 은을 사용해서 말의 해골 모양으로 직접 제작한 수금을 밀라노에 가져갔다. 이는 매우 기이하고 신기한 디자인으로 더욱 원숙하고 더욱 낭랑한 소리가 났다.'

성 제롬과 사자

'레오나르도, 왜 그렇게 괴로워하나?' 시인인 카멜리(Cammelli)가 레오나르도에게 보낸 편지의 내용이다. 이런 분위기를 느끼게 하는 작품으로는 1480년경에 작업을 시작한 강렬한 인상의, 고뇌에 찬 성 제롬이 있다. 현재 바티칸에 소장되어 있는 이 그림은 미완성 작품이다. 1481년 초에 제작 의뢰를 받았지만 다음 해에 밀라노로 떠나면서 미완성으로 남은 '동방박사의 경배'와 마찬가지로 단색 밑칠이 된 상태이다. '성 제롬의 여러 가지 모습'이란 준비 습작이 1482년 작품 목록에 수록되어 있지만 현존하지 않는다.

황야의 성 제롬은 매우 인기 있는 주제였다. 성 제롬은 4세기의 그리스 학자로 초기 교회 성직자 가운데 가장 풍부한 학식을 갖추었고, 설득력이 있었으며, 라틴어 판 성경으로 유명했다. 종교와 지적인 인본주의의 결합을 상징하는 인물이자 시리아 사막의 은둔자라는 극적인 이력이 화가들의 관심을 끌었다. 역사적 자료에 의하면 제롬이 374~378년까지 5년 동안 사막에 머물렀던 것은 30대 때였지만, 그림에서는 거의 예외 없이 노인으로 묘사된다. 특이하게 수염이 없기는 하지만 레오나르도의 그림에서도 성 제롬은 노인으로 그려졌다. 그림에서 초췌한 모습의 성인이 돌로 자신을 때리고 있는데, 이는 도상학(圖像學)에서 통회자 제롬을 뜻한다. 목과 어깨의 근육이 팽팽하게 긴장된 채로 드러나 있는 것으로 보아 이는 레오나르도가 그린 최초의 해부학적인 그림이라 할 수 있다. 제롬 도상학의 기타 양식화된 특징으로는, 드레이퍼리 바로 옆에 자리한 추기경의 붉은 모자, 그림의 오른쪽 위 구석에 휘갈기듯 스케치된 부분에 보이는 십자가상, 왼쪽 아래 사자 꼬리가 둥글게 자리한 안쪽의 해골, 그리고 사자 등이 있다. 그림의 역학에 속한 요소로는 시선을 들 수 있다. 사자는 성인을 바라보고 성인은 십자가에 달린 그리스도의 시체를 바라본다.

다른 그림과 마찬가지로 레오나르도의 작품에서도 제롬의 옆에는 사자가 있다. 그런데 이 사자의 등장은 사람들의 착각이 빚어낸 결과로서 이런 착각은 르네상스 시대에 오랜 기간 계속되었다. 발톱에 박힌 가시를 빼주어서 사자와 우정을 쌓았던 성인은 성 제롬이 아니라 성 제라시모(San Gerasimo)였지만, 정작 사자는 성 제롬이 그려진 그림에 등장했던 것이다.

레오나르도의 사자는 훌륭하다. 능숙하게 그은 선을 통해 사자가 날씬하고 고양이 같은 곡선을 드러낸 것으로 보아 실제로 살아 있는 사자를 보고 그린 것이 거의 확실하다.

'성 제롬'에서는 원근법을 비틂으로써 앞쪽에 있는 사자가 성인의 고행을 지켜보는 구경꾼이 된다. 사자는 성인을 지켜보고 있다. 벌린 입은 사자다운 으르렁거림을 뿜어내면서, 또한 놀라움을 표현한다. 이는 레오나르도가 추구하는 순간적인 드라마이다.

사자를 나타내는 leone라는 단어와 Leonardo라는 이름이 비슷한 것으로 보아, 어떤 의미에서 사자는

레오나르도의 미완성 성 제롬.
1480년. 바티칸 피나코테카

화가 자신을 가리킨다. 이런 언어적 연결성은 레오나르도가 1480년대 밀라노 궁정의 오락거리로 그렸던 리버스(ribus, 수수께끼, 어구를 그림, 기호, 숫자 등을 이용해 암시적으로 나타낸다.—옮긴이) 즉 그림 퍼즐에도 등장한다. 그림 퍼즐에는 테이블 옆에 불길에 휩싸인 사자가 등장하고 'leonardesco'(lione는 '사자', ardere는 '타다', desco는 '테이블'을 뜻한다.)라는 제목이 붙어 있다. 물론 'leonardesco'는 레오나르도에서 파생된 형용사로, 이 리버스는 말장난을 통한 자화상이나 로고로 볼 수 있다.

그러므로 그림 속 사자는 화가인 레오나르도를 뜻하고 둘이 함께 성인의 고통을 목격하고 있는 것이다.

이 그림의 지형은 호기심을 끈다. 통상 성 제롬은 은둔하고 있는 동굴 외부에 앉아 있는 모습으로 묘사된다. 그림의 오른쪽 위 거의 사각형에 가까운 공간이 동굴의 입구를 암시했을지도 모른다. 그러나 그 너머 멀리 교회의 모습을 그려 넣음으로써 오히려 이는 일종의 창문이 되었다. 그렇다면 우리는 동굴 안에서 밖을 보고 있는 것일까? 최소한 미완성인 지금의 상태로는 이 문제를 풀 수 없다. 2년 후에 제작하기 시작한 '암굴의 성모마리아'의 장소 또한 바위틈으로 경치가 내다보이는 기상천외의 동굴이거나 동굴 모양의 작은 방이었다.

이런 배경과 관련이 있는 글이 코덱스 아룬델에 수록되어 있다. 이 글은 레오나르도가 어두운 동굴의 입구에서 안을 들여다보았을 때의 느낌을 서술한 것이다. 기록 시기는 1480년경으로 추정되고, 다소 화려한 필체는 초기 피렌체 시대의 전형적인 특징이었다. 이 글은 처음에는 과장하거나 심혈을 기울여 썼다기보다는 화산 폭발을 묘사하는 단편적인 표현으로 시작한다. 그러다가 글의 성격이 바뀌면서 아무

레오나르도 작품인 '성 제롬'의 오른쪽 윗부분. 피렌체에 있는 산타 마리아 노벨라(아래)와 비슷한 교회가 보인다.

주저함 없이 써내려간 한 문단짜리 짧은 에피소드가 등장한다.

> 음침한 바위 사이로 난 길을 따라 헤매다가 커다란 동굴의 입구에 도착했다. 나는 전에 알지 못했던 이 장소에 놀라 입구에 한동안 서 있었다. 왼손을 한쪽 무릎에 얹고 등을 구부린 채 눈을 잔뜩 찌푸리면서 오른손으로 그늘을 만들었다. 이렇게 계속 몸을 구부리고 안을 들여다보면서 안에 무엇이 있는지 확인하려 애썼다. 하지만 깊디깊은 암흑 때문에 아무것도 볼 수가 없었다. 나는 그곳에 한동안 그렇게 있었다. 그때 마음속에 공포와 욕망이 불현듯 일어났다. 무서우리만치 어두운 동굴에 대한 공포와 그 안에 뭔가 놀라운 것이 있지 않을까 확인하고 싶은 욕망이 말이다.[7]

문학적으로 쓰기 위해 의식적으로 노력한 흔적이 보이는 부분이다. 하지만 여기에는 어린 시절부터 축적되어 온 기억이 담겨 있을지 모른다. 그런 의미에서 이 에피소드는 솔개 환상과 어깨를 나란히 한다. '공포와 욕망'이라는 심리적으로 모호한 상태를 드러낸 개인적인 이야기를 담은 흔치 않은 글이다.

동굴의 암흑 속에 존재하는 '놀라운 것'이 다름 아닌 '암굴의 성모 마리아'일 수도 있다. 이 그림의 배치를 보면, 기독교 신앙이 전달하는 구원의 메시지는 아기 그리스도와 성 요한의 만남을 통해 예견된다. 암울하고 울퉁불퉁한 바위투성이 배경 가운데 자리한 이런 부드러움은 이 그림이 갖는 영향력의 일부로, 사람들이 일반적으로 예상하는 장면과는 정반대이다. 중세 사람들에게 동굴 입구는 지하세계나 지옥으로 들어가는 입구를 상징했기 때문이다.

'암굴의 성모마리아'의 동굴이 평온한 축복의 장소라면, '성 제롬'

의 동굴은 황폐함과 엄격한 자기 부정의 장소이다. 위에서 본 글처럼, 동굴의 의미는 모호한 상태로 남아 있다. 동굴이 전달하는 의미가 있다면, 그것은 아마도 미지의 세계가 가진 모호함일 것이다. 만약 사람이 자연의 어두운 비밀을 들여다본다면 무엇이 드러날까? 끔찍한 것일까, 아니면 놀라운 것일까? 이렇듯 레오나르도는 동굴 입구를 서성이면서 망설이는 탐험가로서의 자기 모습을 보았다. 우리는 여기서 르네상스 시대의 위대한 지식 추구에 수반되는 낯선 긴장의 순간을 느낀다. 레오나르도가, 암흑은 빛이 비치지 않을 때가 더 나을지도 모른다고 의문을 품었던 그 순간을 말이다.

'동방박사의 경배'

1481년 초 레오나르도는, 프라토 게이트(Prato Gate)에서 그리 멀지 않은 도시 성곽 밖에 위치한 스코페토(Scopeto) 마을 소재 성 도나토(San Donato)의 아우구스티누스 수도회 소속 수도원으로부터 제단 뒤쪽의 커다란 벽 장식용 그림을 제작해 달라는 의뢰를 받았다. 재정이 풍부했던 이 수도원은 보티첼리와 필리피노 리피의 그림도 사들였다. 1479년부터 이 수도원의 재정 문제를 취급했던 사람은 바로 레오나르도의 생부인 세르 피에로 다 빈치로, 당시 작품 의뢰와 관련이 있으면서 복잡한 내용의 계약에도 관여했을 가능성이 크다. 레오나르도의 입장에서 계약 조건이 불리했다는 점을 고려해 본다면, 당시 레오나르도가 재정적 어려움에 처해 있었다는 사실을 짐작할 수 있다. 레오나르도가 독립하려면 일이 필요했기 때문에, 아버지인 세르 피에로로서는 이번 주문을 성사시키는 것이 최선이었다.

작품 제작에 대한 합의가 처음 이루어진 것은 1481년 3월이었고, 계약 조건은 이랬다. '24개월 이내 또는 길어야 30개월 이내에 작품을 인도한다. 그때까지 완성하지 못했을 경우, 화가는 그때까지 완성된 부분을 몰수당하고, 몰수당한 부분에 대한 처분권은 우리가 소유한다.' 이런 조건이 유별나다고는 볼 수 없지만, 신뢰할 수 없는 사람이라는 꼬리표가 레오나르도에게 붙어 다녔다는 의미로도 해석할 수 있다. 게다가 대금 지불 방법이 특이했다. 레오나르도는 선금으로 현금을 받을 수 없었고, 대신 '프란체스코 형제의 아버지인 시몬(Simone)'이 유언으로 기증한 '발 델사(Val d'Elsa) 재산의 3분의 1'을 갖는다고 되어 있었다. 이 재산은 양도할 수 없고(즉 '이 재산을 근거로 다른 계약을 맺을 수 없다.'), 다만 3년 후 300플로린(옛 피렌체의 금화—옮긴이)에 수사(修士)들에게 되팔 수 있었다. 그들이 '몹시 원한다면' 말이다. 더욱이 이 재산권의 행사에는 복잡한 조건이 따랐다. 레오나르도에게 '살베스트로 디 조반니의 딸을 위해 150플로린의 지참금을 지불해야 할' 의무가 있었던 것이다. 이는 아마도 시몬이 유언을 통해 재산을 기증하면서 붙였던 조건이었을 것이다. 당시에는 지인의 가난한 가족을 위해 지참금을 지불하라는 조건을 단 유언장이 종종 눈에 띄었다. 여기에 그치지 않고, 이 계약에는 '물감, 금, 기타 그림을 그리는 데 발생하는 비용 모두'를 레오나르도가 떠맡는 조항까지 있었다.

결국 이 별난 계약의 결론으로 수도원이 레오나르도에게 제안한 금액은 150플로린이었다. 그러나 3년 동안 재산을 팔 수 없다는 조항 때문에 이 금액마저도 레오나르도의 수중에 바로 들어오지 않았고, 중간에 작품 제작을 위해 지출된 비용도 정산되지 않았다. 최종적인 금액이 그다지 형편없지는 않았지만 레오나르도에게는 여러모로 불리한 조건이었다. 발 델사는 피렌체 남부의 시골 지역이었는데, 레오나르도는 그곳에 살려고 갔던 것으로 추정된다.

최초로 계약을 맺고 3개월이 지난 6월, 레오나르도는 매우 어려운 상황에 처했다. 그래서 계약 조건에 명시된 지참금을 지불할 경제적 여유가 없었고, 수도원 측에 지참금을 대신 지불해 달라고 요청해야 했다. 수도원 측은 작업에 필요한 물감을 구입한 후에 그 비용을 레오나르도가 받아야 할 금액에서 삭감했다. 6월에 수도원 시계를 장식해 준 데 대한 대가로 '거장 레오나르도'가 받은 것은 '나무다발 한 짐, 커다란 통나무 한 짐'이 전부였다. 8월에 '수도원 측 마부가 레오나르도의 집까지 실어다 준 곡식 5부셸(bushel)'도 레오나르도의 빚으로 남았다. 9월 28일에는 '레오나르도가 적포도주 한 통을 빚졌다.'고 기록되었다.

이것이 바로 1481년 당시 레오나르도가 처한 현실이었다. 그는 물감을 살 여유도 없었고, 곡식과 와인도 외상으로 사야 했고, 수도원을 위해 이런저런 허드렛일을 해야 했으며, 장작도 스스로 사서 때야 했다. 그런 와중에도 제단 뒤쪽 커다란 벽 장식용 그림은 그 형태를 갖추기 시작했다.

당시 계약의 산물로, 재정적으로 궁핍한 상태에서 작업한 작품은 레오나르도의 초기 피렌체 시절 작품 가운데 마지막이자 최대 걸작인 '동방박사의 경배'이다.(컬러삽화 10) 이는 레오나르도가 이젤을 사용해 그린 그림 가운데 최대 크기로 높이와 너비가 거의 8피트(2.4미터)에 달한다. 정사각형 틀에 그 정도의 크기인 점으로 추측해 본다면, 아마도 성 도나토 제단 위에 걸기 위한 작품이었을 것이다. 16세기 초에 수도원이 완전히 파괴됐기 때문에 결국 그림은 수도원에 인도되지 못했고, 1482년 초 레오나르도가 밀라노로 떠났을 당시에도 미완성인 채였다. 바사리에 따르면 레오나르도는 이 그림을 안전하게 보관하기 위해 지네브라의 오빠이자 자신의 친구인 조반니 벤치에게 맡겼는데, 1621년 이전 어느 시점인가에 메디치가의 소장품 속에 포함되었다. 이 그림은 사실상 밑칠만 되어 있는 상태지만 우피치 미술관 소장품 중에서 유명하기로 손꼽히는 작품이다. 구성은 복잡하지만 실제로 세부적인 많은 부분은 형식적 요소에 불과한, 밑그림 단계에 있는 작품이다. 그림이 전체적으로 황갈색 색조를 띠는 것은 후에 덧칠한 유약이 퇴색했기 때문이다.

동방박사의 경배는 르네상스 그림에서 가장 유명한 주제로, 세 명의 왕 혹은 동방박사가 베들레헴에서 태어난 아기 그리스도에게 경의를 표하기 위해 도착한다는 내용이다. 의심할 여지없이 레오나르도는 메디치 저택에 있는 베노조 고졸리(Benozzo Gozzoli)의 프레스코화와 산타 마리아 노벨라에 있는 보티첼리의 그림(현재 우피치 미술관이 소장하고 있는 작품은, 보티첼리에 의해 완성되어 현존하는 네 점의 '동방박사의 경배' 중 두 번째 작품이고, 가장 초기 작품은 런던 소재 국립미술관에 있다.)을 보았을 것이다. 레오나르도는 관례에 따른 구성요소를 모두 사용했지만 많은 무리의 사람을 묘사하는 데서 혁명적인 방법을 채택했다. 무리를 행렬로 묘사하지 않고, 사람과 동물을 막론하고 60두 이상의 모습과 얼굴을 세찬 소용돌이처럼 묘사했던 것이다. 이토록 동물과 사람을 많이 그려 넣은 이유에 대해서는 석연치 않은 점이 있다. 군중들은 경배하는 태도와 놀라는 태도로 보아 거의 폭도처럼 보인다. 어머니와 아이는 여전히 그림의 한가운데 위치하면서 일정 공간으로 둘러싸여 있다. 그러나 이 공간을 둘러싸고 쇄도하는 군중들을 보면 어머니와 아이가 공격받기 쉬운 상황에 놓여 있음을 알 수 있다. 무엇인가가 어머니와 아이를 삼켜 버릴 것만 같다. 이렇듯 소용돌이치는 위협은 왕들이 바친 상징적인 선물과 마찬가지로 아이의 미래에 대한 확실한 예언이다.

여기에는 몇 가지 미묘한 종교적 해석이 존재한다. 중앙에 위치한 나무의 뿌리는 아기 그리스도의 머리까지 굽이굽이 이어진다. 이사야의 예언이 생각나는 부분이다. '이새(Jesse, 다윗의 아버지)의 줄기에서 싹이 나고 이새의 뿌리에서 가지가 자랄 것이다.' 부서진 건축물과 벽돌 사이로 자란 관목은 폐허가 된 '다윗의 집'을 가리키는 관례적인 상징이다. 폐허가 된 집은 그리스도의 탄생으로 다시 건축될 것이다. 계단에서 부지런히 건물을 다시 건축하는 일꾼들의 모습을 볼 수 있다. 하지만 여기서 건물의 형태는 구체적으로 피렌체의 모습이다. 기둥과 아치는 세례당 이후에 피렌체에서 가장 오래된 교회인 산 미니아토 델 몬테(San Miniato del Monte)의 사제관을 생각나게 한다. 피렌체에서 가장 유명한 그리스도교 순직자인 미니아토의 무덤 위에 건축된 것으로 유명한 건물이다.

그리스도의 출현을 알리는 다양한 요소들이 작품 속에 있지만 매우 기본적인 요소가 빠져 있다. 요셉은 어디 있을까? 다른 동방박사의 경배에 예외 없이 등장하는 요셉의 존재가 이 작품에서는 분명하지 않다. 오른쪽에서 놀란 얼굴로 손을 이마에 올린 수염 기른 남자일까? 아니면 그림의 가장 왼쪽의 측면에서 모자를 바라보고 있는 생각에 잠긴 인물일까? 아마도 오른쪽 수염 기른 남자이겠지만, 그 애매성에는 상당히 중요한 의미가 놓여 있다. 아버지는 미상이고 표면으로 나타나지 않는다. 이에 대한 심리분석학적 해석에 반대하는 사람도 있겠지만, 레오나르도의 작품 속에 이런 경향은 무시할 수 없을 정도로 매우 자주 등장한다. 레오나르도는 성가족에서 요셉을 '항상' 배제했다. '암굴의 성모마리아'가 그랬고, '성 안나와 함께 있는 마리아와 아기 예수'의 다양한 형태에서도 그랬다. 특히 후자의 작품에 등장한 제3의 가족 구성원은 아이의 아버지가 아닌 할머니였다. 여기에 심리학적 원인이 깊이 자리 잡고 있다는 점은 프로이트에 심취한 사람이 아니라도 충분히 알 수 있다.

2001년 초 우피치 미술관은 '동방박사의 경배'의 청소와 복원 계획을 발표했다. 복원 반대자인 콜롬비아 대학교 제임스 벡(James Beck) 교수는 복원 계획에 항의하는 운동을 주도했다. 복원하기에는 그림이 정말 무척이나 섬세하고, 그림자와 그 뉘앙스가 너무나 복잡하고, 오랜 세월에 걸쳐 생긴 고색창연한 윤기가 작품에 스며들어 있기 때문이라고 했다. 내가 이 점에 대해 우피치 미술관의 르네상스 미술감독인 안토니오 나탈리(Antonio Natali)에게 이야기하자, 그는 복원 찬성론자들이 사용하는 '판독 가능성'이란 용어를 썼다. 그는 그림을 '숨겨진 시'라고 말하면서 이렇게 반문했다. '페트라르카(Petrarch, 이탈리아의 시인—옮긴이)를 연구한다면 여기서 몇 단어, 저기서 몇 단어 읽겠습니까? 아닐 겁니다. 그림도 마찬가지입니다. 그 모두를 읽을 수 있게 되길 원할 겁니다.'

그림의 상태가 좋지 않다는 것은 의심의 여지가 없다. 표면은 후에 덧칠해진 유약의 더러운 '피부'로 덮여 있다. 화판의 더 어두운 부분에는 갈색의 고색창연한 윤기가 두껍게 형성되어 있다. 또한 산화로 말미암은 표백 작용까지 발생해서 자그마한 그물 모양이 표면 전체를 뒤덮고 있다. 그러나 복원에 반대하는 사람들은 '판독 가능성'을 위해 그림을 복원하겠다는 생각 자체에 의문을 제기하면서, 이를 화가 자신이 의도적으로 애매하게 남겨놓은 요소(적어도 '동방박사의 경배'의 경우에는)를 '명확하게 하려는' 욕구로 보았다. 그들은 또한 현대의 복원 노력이, 사진 형태나 미디어 형태에서의 명확함을 위해 밝음과 또렷함을 선호하는 현대의 취향에 영합한다고 주장한다. 그러므로 그들의 주장대로라면 복원은 미술관이 내리는 상업적인 결정으로서, 작품의 보존만큼이나 마케팅의 문제인 것이다. 벡 교수는 '우리는 과거의 그림을 정말로 현대적으로 만들고 싶어 하는가? 이 그림을 깨끗하게 만드는 것은 마치 70세인 사람이 주름을 펴는 수술을 받는 것과 같다.'고 주장한다.

 우피치 미술관 기술부서는 미술관 길 건너 정체를 알 수 없는 건물에 위치해 있다. 2층의 작은 방 안에 들어가면, 커다란 소풍용 테이블과 비슷하게 생긴 가대(架臺) 세 개에 레오나르도의 '동방박사의 경배'가 놓여 있다. 방은 작은 편이고, 흰색 타일이 깔려 있다. 창문에는 그림에 좋은 빛을 받아들이기 위해 크림 색깔의 종이가 발려 있다. 벽의 고리에는 깃털로 만든 먼지떨이와 슈퍼마켓 봉지가 걸려 있다. 희미하게 나는 화학약품 냄새는 마치 의학용 실험실이나 수의사의 수술실을 연상시킨다. 유명한 복원자인 알피오 델 세라(Alfio del Serra)는 작품 주의를 서성거리며 판단을 내린다. 이러한 광경은 복원 과정이 시작되고 나서 몇 주 후, 복원에 대한 논쟁으로 인해 중지되었다. 델 세라는 60대 초반의 옹골찬 피스토이아 사람으로 흰 머리에 짧은 소매 옷을 입고 있었다. 그는 최근에 보티첼리의 '비너스의 탄생'과 레오나르도의 '수태고지'를 복원했다. 복원을 둘러싼 논쟁에 대해 그는 어깨를 으쓱하며 이렇게 대답했다. '모든 복원은 해석의 작업입니다. 모든 상황에 자동적으로 적용되는 규칙도, 보편적인 규칙도 없죠. 복원을 위해서는 감수성과 작품에 대한 존중과 지식이 필요합니다.'

우리는 쭈그리고 앉아서 그림의 뒷면 아랫부분을 자세히 관찰했다. 화판은 세로로 된 판자 10개를 함께 붙이고, 후에, 아마도 17세기에 이를 지지하기 위한 판자를 가로질러 붙여 완성됐다. 판자의 너비는 모두 동일하지만(23센티미터), 왼쪽 끝에 폭이 좁은 판자가 있는 것으로 보아 의뢰받은 크기에 맞추기 위해 화판을 연장시킨 것으로 보인다. 델 세라는 중앙에 있는 판자가 휘어서 그림의 표면에 금을 가게 할 위험성이 있다고 지적했다. 판자가 휘는 현상은 시간과 습도에 따른 통상적인 마모 때문이기도 하고 500년 전 레오나르도가 선택한 나무 때문이기도 하다. 델 세라는 화판에 사용하는 나무의 중요성을 그림으로 설명했다. 화판을 만들려면 나무줄기(이 작품의 경우에는 당시 쉽게 구할 수 있었던 흰색 백양나무)를 수직으로 자른다. 중심에서 가장 가깝게 자른 판자의 질이 가장 우수하다. 나무의 나이테가 대칭을 이루기 때문이다. 따라서 바깥쪽으로 갈수록 판자의 질은 떨어지게 마련이다. 델 세라는 최근에 '수태고지'를 복원했고, '그리스도의 세례'에 대해서도 잘 알고 있었다. 두 작품은 모두 베로키오 공방에서 제작했던 것으로 질이 좋은 재료를 사용했다. 그러나 '동방박사의 경배'는 독립적인 작품으로 고용주에게서 곡식과 와인까지 외상으로 사들였던 시기에 제작했기 때문에 좀 더 저렴한 판자를 사용했다. 조토(Giotto)의 스승인 치마부에(Cimabue)의 언급대로 '목수들이 던져 버리는 종류의 얇은 나무'를 사용했다.

델 세라는 탈지면을 적셔서 그림의 일부분을 간단하게 닦아냈다. 황소와 당나귀의 머리가 희미하게 스케치되어 있어 쉽게 지나쳐 버리기 쉬운 그림의 오른쪽 부분이 침침한 가운데서 갑자기 모습을 드러냈다.

그런 후 몇 개월 동안 발생했던 복원에 얽힌 이야기는 훨씬 복잡하다. 2001년 말 우피치 미술관은 미술작품 진단 전문가인 마우리지오 세라치니(Maurizio Seracini)에게 그림에 대한 기술적 조사를 의뢰했다. 수개월에 걸친 공들인 분석 끝에 세라치니는 폭탄선언을 했다. '동방박사의 경배'의 여러 부분에 덧칠해진 불그레한 갈색이 레오나르도의 손길을 거치지 않았다는 것이었다. 미크론(1미터의 백만분의 일-옮긴이) 단위의 작은 물감 견본의 단면을 현미경으로 분석한 후에 내린 결론이었다. 세라치니는 견본으로 취한 거의 모든 단면에서 꼭대기 층의 갈색 물감이 더 이전에 그려진 밑의 단색 층까지 침투했다는 사실을 발견했다. 그림을 덧칠할 당시, 그림 표면에 이미 틈과 균열이 존재해서 젖은 갈색 물감이 그 속으로 침투했다는 것이다. 세라치니는 이 균열이 레오나르도의 원본 그림이 그려진 후 50~100년 정도의 기간 동안에 발생했을 것이라고 주장했다. 이에 따르면 그림 맨 위에 나타난 덧칠은 미상의 작가가 레오나르도의 사후에 그림을 향상시킬 목적으로 당시의 경향에 따른 격식 없는 방법으로 행한 것이라는 의미가 된다.

이후로도 이러한 세라치니의 평가는 계속 논쟁의 대상이 되고 있지만, 새로운 논쟁거리의 등장으로 복원 작업은 조용하게 또 신중하게 보류되었고, 논쟁이 계속되는 동안 '동방박사의 경배'는 먼지와 신비를 그대로 안은 채, 우피치 미술관의 레오나르도실에 다시 전시되었다.

레오나르도의 피렌체 시절 미완성 걸작인 이 작품을 살펴보면, 그의 정신세계, 작업 방식, 기독교 상징주의와 피렌체의 유산인 형상 취급 방법, 동력론과 소용돌이에 대한 특이한 감각 등을 어렴풋이 파악할 수 있다. 이외에도 알 수 있는 것은 그림의 오른쪽 끝에 서 있는

긴 망토를 두른 젊은이가 거의 틀림없이 29세 레오나르도의 자화상이라는 사실이다.(컬러삽화 1)

15세기 이탈리아의 화가들은 자화상을 집단 그림 속에 포함시키는 일이 많았고, 관례상 화가는 그림 속에서 밖을 내다보는 자세로 자신이 창조한 가상의 장면과 관람객이 존재하는 현실 세계 사이의 중재자를 자처했다. 1480년대 초 레오나르도가 '동방박사의 경배' 작업에 매달려 있을 당시에도 자화상을 그림 속에 그려 넣는 것이 관례였다. 화가를 그림 속에 포함시키는 것은 부분적으로 자신의 정체와 신분을 밝히는 일이었다. 이렇듯 바깥쪽을 바라보며 '중재' 역할을 수행하는 화가를 두고 알베르티는 '해설자(commentator)'라는 명칭을 사용했다. 알베르티는 많은 사람들이 등장하는 그림에서 해설자는 중요한 구성요소라고 주장했다. '그림 속 이야기에는 현재 어떤 일이 일어나고 있는지에 대해 우리에게 경고하고 알려주거나, 그림을 보라고 우리에게 손짓할 사람이 있어야 한다.'[8] 매우 많은 사람이 등장하는 동방박사의 경배에 대한 묘사는 이야기로서의 그림의 고전적인 실례로, 원형적으로 극적인 장면이나 이야기를 표현한 것이다. 또한 레오나르도의 '동방박사의 경배'에 등장하는 무리의 가장자리에 서 있는 젊은이는 알베르티가 정의한 바로 그 '해설자'의 역할을 정확하게 수행하고 있을 뿐만 아니라, 보티첼리의 '동방박사의 경배'에서 역시 자화상으로 추정되는, 바깥쪽으로 몸을 돌리고 있는 젊은이(99쪽)와 정확하게 같은 자세를 취한다.

우피치 미술관의 복원 연구실에서 젖은 탈지면으로 닦자 젊은이의 잘생기고 넓찍한 얼굴이 잠시 빛을 발했었다. 그의 기분은 어땠을까? 오른팔을 뒤로 뻗은 듯이 보이기는 하지만, 그림의 중심인물인 어머니와 아이에서 등을 돌려 우리에게 그들을 보라고 말한다. 그는

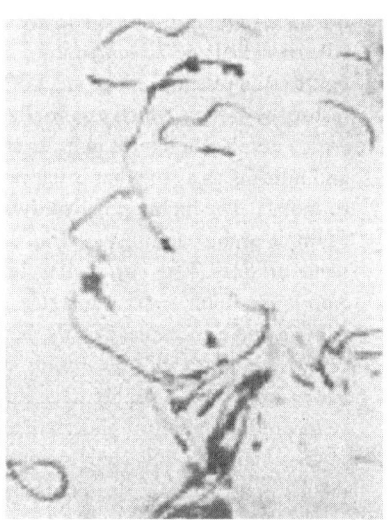

젊은 레오나르도의 형상일까?
위 왼쪽 베로키오, 다비드 부분. 피렌체 미술관
위 오른쪽 레오나르도, '피오라반티 폴리오(Fioravanti Folio)'의 낙서. 1478년. 우피치 미술관
아래 왼쪽 레오나르도, '동방박사의 경배'의 '해설자'를 위한 습작. 1481년. 루브르 박물관
아래 오른쪽 레오나르도, 퍼스펙토그라프(perspectograph, 한 지점에서 바라보는 적절한 기하학적 관계를 표현하기 위해 사물의 지점과 윤곽을 옮기는 기구—옮긴이)를 사용하는 화가 부분. 1478~80. 코덱스 아틀란티쿠스

초연하고 냉철한 '해설자'로, 가장자리에 위치하며 야릇하고 심지어는 회의적인 분위기를 풍긴다. 그는 그 중대한 장면을 우리에게 끌어왔다. 하지만 그 장면의 일부분으로 남은 것은 아니었다.

피렌체를 떠나다

레오나르도는 1481년 9월 이후의 어느 날 피렌체를 떠나 밀라노로 향했다. 출발 당시에는 생각지 못했지만 그 후 18년 이상 피렌체로 돌아오지 않았다. 그러므로 레오나르도가 출발 당시 자신의 고향, 아버지, 확실하지 못한 경력에 등을 돌린 것인지 아니면 단순히 새로운 것을 찾아 북쪽으로 여행을 한 것인지는 분명하지 않다.

앞서 언급했듯이 레오나르도가 음악가로서 밀라노에 갔다는 사실은 다소 놀랄 만한 일이다. 또한 로렌조 메디치가 파견한 것인지 루도비코 스포르자가 초청을 한 것인지도 확실하지 않다.

레오나르도가 피렌체를 떠난 날짜 또한 확실하지 않다. 피렌체에서의 레오나르도의 행적에 대한 마지막 기록은 1481년 9월 28일 성 도나토에서 '적포도주'를 배달해 왔다는 것이고, 밀라노에서 그에 대한 첫 기록은 1483년 4월 25일 '암굴의 성모마리아'를 위한 계약이었다. 아노니모는 피렌체를 떠났을 당시 레오나르도의 나이가 30세였다고 주장한다. 이 주장을 그대로 받아들인다면 레오나르도가 피렌체를 출발한 날짜는 1482년 4월 15일을 지난 어느 날이 된다.

레오나르도는 피렌체를 떠나기 직전에 피렌체에서 그동안 작업했던 작품의 목록을 작성했다. 그가 밀라노에 갈 때 가져갔던 그림, 데생, 모델 등이 이 목록에 포함된다. 여기에는, '브누아의 성모'를 포함한 성모마리아 작품 두 점, 성 제롬을 그린 인물화, 아틀란테 미글리오로티(Atlante Migliorotti)의 '얼굴을 드는' 초상화, '배를 위한 몇몇 기계'와 '물을 위한 몇몇 기계', '자연에서 가져온 많은 꽃들', '다수의 매듭 고안' 등이 포함되어 있었다. 목록에 수록된 작품들은 1470년대 후반 레오나르도의 작품으로 알려져 있지만 현재 확인할 길이 없거나 소멸된 작품이 많다.

작품 목록이 회고적 성향을 띤 문서라면, 루도비코 스포르자에게 보내는 유명한 '소개장'은 밀라노에서의 자신의 미래에 대한 야심찬 기대를 담고 있다. 이 소개장은 아마도 루도비코 스포르자를 만날 기회가 닿는 즉시 전달하기 위해 미리 피렌체에서 작성한 것으로 추정된다. 현존하는 소개장은 약간의 수정과 삽입을 한 흔적이 있어서 실제 원본이라고 할 수는 없는 것이지만, 전문적인 필경사의 손을 거친 듯 잘생긴 필체로 작성되어 있다.[9]

소개장에서 레오나르도는 자신이 제공할 수 있는 기술을 자세하면서도 자신감 있게 설명했다. 그러나 매우 놀라운 사실은 소개장에 언급한 기술이 주로 군사 공학에 관련된 기술로, 당시까지는 레오나르도가 해당 분야에 전문적 기술이나 경험을 소유하고 있다는 것을 아는 사람이 별로 없었다는 점이다. 이는 레오나르도가 피렌체를 떠날 준비를 하면서 새롭게 꿈꾸었던 역할이었다.

친애하는 각하께

저는 전쟁 도구 제작자이자 대가라고 스스로 생각하는 사람들의 발명품을 많이 보고 조사해 왔습니다. 조사해 본 결과 그들이 발명한 기계의 고안과 작동이 보통 기계와 전혀 다른 점이 없다는 사실을 깨달았습니다. 그러므로 아무 때나 각하께서 편리하신 시간에,

각하께 제가 가진 기술을 보여 드리고, 제가 소유한 비밀을 알려 드리고, 이 모든 물건을 효과적으로 시범 보이는 기쁨을 누리고 싶다고 감히 제안합니다.

레오나르도는 이어 루도비코에게 제공할 비밀이 담긴 '도구' 목록을 적었다.

1. 적을 추격하거나 적의 추적을 벗어날 때 유용하게 사용할 수 있고, 매우 가볍고 튼튼하며, 휴대할 수 있을 뿐만 아니라, 화재나 적의 공격에도 쉽게 파괴되지 않는 견고한 다리를 제작할 수 있습니다. ……
2. 공격이 진행 중일 때, 참호에서 물을 제거하는 방법을 알고 있으며, 이런 종류의 작전에 적절한 다리, 지붕이 있는 통로, 성곽 공격용 사다리, 기타 장치를 제작할 수 있습니다.
3. 적이 공격 받는 장소가 둑의 높이나 지리적 위치 때문에 포격에도 끄떡없는 경우에, 어떤 성채나 보루라도 파괴할 수 있는 방법을 알고 있습니다. 순전히 바위로만 구축된 성채나 보루도 마찬가지입니다. ……
4. 운반하기 극히 쉬운 대포를 가지고 있습니다. 이 대포는 마치 우박을 쏟아내는 폭풍처럼 작은 돌을 뿜어냅니다. 여기서 뿜어 나오는 연기는 적들을 엄청난 공포에 떨게 만들어, 적에게 막대한 손실과 혼란을 안겨줄 겁니다. ……
5. 원하는 장소까지 도달하는 지하 터널과 비밀 통로를 소음 없이 구축할 수 있습니다. 참호나 강 밑을 통과할 필요가 있는 경우도 마찬가지입니다.

레오나르도가 작성한 작품 목록. 1482. 코덱스 아틀란티쿠스의 많은 낙서가 있는 부분.

6. 완전히 난공불락의 장갑차를 만들려 합니다. 장갑차는 대포로 적의 전열을 뚫을 것이고, 어떤 군인이라도 저항할 수 없을 정도로 강합니다. 따라서 장갑차 뒤를 행군하는 보병부대는 거의 손상을 입지 않을 것이고 어떤 저항에도 부닥치지 않을 겁니다.
7. 필요한 경우에 대비하기 위해, 대포와 박격포와 가벼운 포를 통상 사용되고 있는 것과는 매우 다르게 아름답고 유용하게 제작할 것입니다.
8. 포격이 실용적이지 않은 곳에 사용할 목적으로, 화살 사출기, 투석기, 마름쇠 등 놀라운 공격 효과를 발휘하는 기계를 제작할 것입니다. ······
9. 해전에 대비해서, 공격과 수비에 매우 효과적인 기계뿐 아니라 맹렬한 포격 공세에 저항할 군함과 폭약과 가스를 가지고 있습니다.

레오나르도는 다음과 같이 요약했다. '정리해서 말하자면, 무한히 다양한 종류의 공격용이나 수비용 기계를 제작할 수 있습니다.' 소개장을 읽을 때 즉시 마음속에 떠오르는 의문은 정말 그가 할 수 있는 일이었을까 하는 점이다. 레오나르도는 기본적인 공학 기술을 갖고 있었고, 무엇이든 빨리 습득할 수 있는 능력을 소유했고, 금속가공인인 토마소 마시니(Tommaso Masini)와 함께 일을 하고 있었기 때문에 어느 정도 가능한 일이기는 했다. 그러나 이런 기계가 설계도를 제외하고 실제로 존재했다는 증거는 어디에서도 찾아볼 수 없다. 문서에 등장하는 기계에 대한 설명은 마치 상상력이 현실을 앞질러 가는 공상과학소설 같은 분위기를 풍긴다. 마음껏 상상력을 펼치고 세부적인 사항은 나중에 보충하려는 다재다능한 몽상가의 글이다.

레오나르도는 편지의 끝에 자신이 화가이기도 하다는 점을 밝혔다. 그리고 마지막으로 루도비코에게 특별한 제안을 했다. 어떤 사람들은 이 제안이야말로 레오나르도가 밀라노에 가려 했던 진정한 동기라고 믿었다. '저는 각하 아버님에 대한 행복한 추억과 유명한 스포르자 가문을 위해 불멸의 영광과 영원한 영예가 될 청동 말을 제작할 수 있습니다.' 이것이 바로, 레오나르도가 이후 수년 동안 매달리지만 결국 아무런 결실을 맺지 못한 프란체스코 스포르자의 거대한 기마상에 대한 첫 언급이다. 레오나르도의 스승이었던 베로키오는 유사한 작품을 제작하기 위해 1480년에 베네치아로 갔다. 스포르자가 기마상을 의뢰할 것이라는 소문이 2년 동안 피렌체에 회자됐다. 폴라이우올로의 작업장에서는 이미 몇 개의 고안을 만들어내기까지 했다. 이런 기념 건조물은 크기가 웅장하고 값도 비쌌기 때문에 상당한 인력이 동원되는 공동 생산품이었다. 레오나르도의 머릿속에는 이미 거대한 계획이 자리 잡고 있었다.

레오나르도는 과거에 제작했거나 미래에 만들 예정인 기계 목록이 수록된 문서를 비밀스럽게 돌돌 말았다. 그러고는 데생과 반쯤 완성한 그림과 작은 찰흙 입상, 번쩍이는 석영, 은으로 만든 수금 등과 함께 여행용 상자에 넣었다.

제 4 장

새로운 지평선
New Hor
1482~1490

새털 침대에 눕는다고 해서, 양털 이불을 덮는다고 해서
명예가 생기는 것은 아니다.
아무런 명예도 이루지 못하고 자기 삶을 소비해 버린 사람은
이 지구상에 자신의 자취를 전혀 남기지 못한다.
공중에 피어오르는 연기보다도, 물 위에 떠도는 거품보다도.

레오나르도가 베껴 쓴 단테의 '지옥편' 중에서

밀라노

　피렌체에서 밀라노까지의 거리는 180마일(약 288킬로미터)로, 하루에 말을 타고 평균 20~30마일(32~48킬로미터)을 갈 수 있었으므로 약 일주일이 걸렸다.

　1482년의 밀라노는 한창 성장하는 도시였다. 인구는 8만 명 정도로 피렌체보다 약간 많았지만, 정치 구조와 상업 구조는 부족했다. 밀라노는 입법권에 의한 통치가 아닌 강력하고 군사적인 힘을 가진 왕조가 통치하는 옛날 방식의 봉건 도시국가였다. 스포르자 가문은 밀라노에서 막 부상한 귀족계급이었다. 한 세대 전인 1450년, 루도비코의 아버지인 프란체스코 스포르자는 도시의 예전 지도 세력이었던 비스콘티 가문을 승계하면서 스스로 밀라노 공작이라 선포했다. 가문의 이름은 거슬러 올라간댔자 고작 루도비코의 할아버지인 무쪼 아텐돌로(Muzzo Attendolo)에서 비롯되었을 뿐이었다. 농부였던 그는 용병으로 전투에 출전하며 전투용 이름으로 스포르자를 사용했다. 쥘 미슐레와 같은 낭만적 역사가들에게 있어 스포르자 가문은 '무(無)에서 스스로 일어선 참을성 있고 영리한 영웅들'이었지만, 당대 사람들에게 이 자칭 공작들은 '꼴사나운 군인'들이었다. 이것은 당시 레오나르도 다 빈치처럼 뜨내기 화가들에게는 커다란 이점으로 작용했다. 수단과 방법을 가리지 않고 지위를 얻은 사람들은 언제나 예술에 목말라 하는 후원자였기 때문이다. 훌륭한 가계인 척하는 겉치레와 과시가 스포르자 가문을 상징하는 대명사가 되었다. 밀라노는 부르고뉴(Burgundy, 프랑스 동남부 지방—옮긴이) 풍의 패션과 독일

기술의 영향력이 깊이 스며들면서, 북부의 세련된 취향에 젖어 있었다. 레오나르도는 스포르자 가문의 화려한 행렬이 피렌체 시민의 눈을 현혹시키고 아찔하게 만들었을 때 이미 그런 매력을 감지했다.

레오나르도가 1480년대에 알고 있었던 중세 밀라노의 모습은 현대 지도로도 여전히 구분할 수 있다. 현재 도시의 내부 환상(環狀) 도로로 사용하고 있는 일련의 널찍한 도로를 따라가면 오래 전에 사라진 타원형의 성벽 흔적이 남아 있다. 중세 벽의 둘레는 3마일(4.8킬로미터)이 약간 넘기 때문에 45분이면 걸어서 한 바퀴를 돌 수 있었다. 이는 현존하는 루카(Lucca, 이탈리아 북서부 도시-옮긴이)의 성벽과 같은 크기로, 오늘날 루카의 인구가 1만 명인 사실을 생각한다면, 15세기 당시 밀라노의 8만 명 인구가 얼마나 초만원이었을지 상상할 수 있을 것이다. 성벽에는 10개의 문이 나 있었다. 그 중 8개의 문을 명시하고 도시의 모습을 대충 스케치한 작품이 코덱스 아틀란티쿠스에 수록되어 있다.[1] 스케치의 아랫부분에는 서쪽에서 새의 관점으로 바라본 도시의 모습이 그려져 있는데, 성과 대성당과 산 고타르도(San Gottardo)의 뾰족한 탑이 보인다.

1482년 2월 중순에서 말 사이에 밀라노에 도착한 피렌체인들은 도시 전체가 '암브로시아 축제'로 들떠 있는 것을 목격했다. '암브로시아 축제'는 도시의 수호성인인 성 암브로시우스의 축제와 사순절이 시작되기 전 축제를 합쳐 놓은 행사로 2월 23일에 열렸다. 이러한 배경 속에서 레오나르도는 음악 연주가로서 밀라노 궁정 사회에 진입하게 되었다. 이에 대해 아노니모는 다음과 같이 서술했고, 바사리가 여기에 자세한 설명을 덧붙였다. '수금 음악 애호가였던 공작이 레오나르도를 밀라노로 초청했다. …… 그리고 레오나르도는, 연주를 위

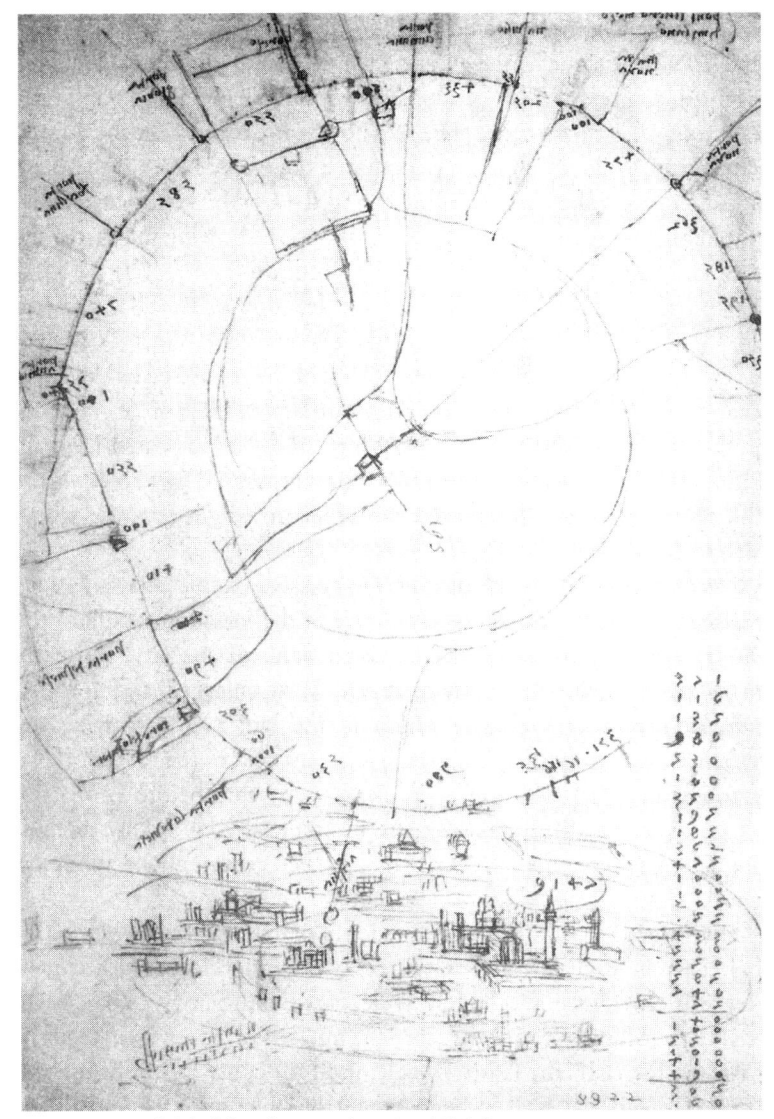

레오나르도가 스케치한 밀라노 지도. 1508년. 코덱스 아틀란티쿠스

 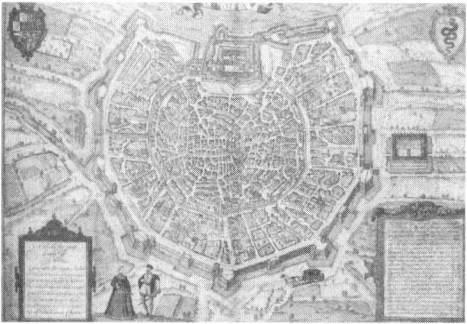

왼쪽 무명의 롬바르디아인 화가가 그린 루도비코 스포르자. 1490년대 초 제단 장식용 그림의 부분. 밀라노 브레라 미술관
오른쪽 인쇄된 밀라노 지도. 요제프 호에프나겔(Josef Hoefnagel), 1572년

해 그곳에 모인 어떤 음악가보다 뛰어난 솜씨로 연주했다.'

 이렇게 레오나르도 다 빈치는 밀라노의 세력가인 루도비코 스포르자의 세계에 예능인으로 첫 발을 디뎠다. 이것이 두 사람의 첫 만남이었을 것이다. 비록 레오나르도가 10년 전 피렌체에서 화려한 행렬 속의 루도비코를 본 적은 있지만 말이다. 레오나르도와 루도비코는 동갑이었다. 루도비코는 프란체스코 스포르자의 네 번째 적출자로 1452년 초 비제바노(Vigevano)에서 출생했다. 그의 별명인 일 모로(Il Moro)는 '무어인(the Moor)'이란 뜻으로, 일부는 이름인 마우로(Mauro)에서 비롯되었고, 일부는 검은 피부색에서 비롯되었다. 무어인의 두상을 수놓은 겉옷을 입고, 미늘창(도끼와 창을 결합시킨 모양의 무기—옮긴이)으로 무장한 병사의 호위를 받으며 말 위에 타 있는 루도비코의 모습이 그려진 채색 결혼 궤가 현재 전해진다. 루도비코의 또 하나의 상징은 그가 열정적으로 선전했던 밀라노의 비단 제품을 상징하는 뽕나무(이 또한 'moro'였다.)였다. 1476년 그의 형 갈레아조 마리아가 암살당하자 루도비코는 미망인 공작부인과 법적 후계자인 열 살의 지안 갈레아조(Gian Galeazzo)를 발 빠르게 격리시켰다.

섭정을 하면서 그는 공작의 지위에서 통치자로 군림했다. 그는 무례했고, 야심만만했고, 탐욕스러웠다. 그러나 최소한 점성술에 집착하기 전까지는 실용적 태도를 유지했고, 지적이었으며, 밀라노에 르네상스를 창출하는 데 진정으로 관심을 기울였다. 그의 초상화는 관례적으로 모두 옆모습을 그린 것인데, 건장하고, 살이 찌고, 턱이 큰 모습으로 묘사되었다.

3월 6일 피렌체 대표단 대표인 베르나르도 루첼라이(Bernardo Rucellai)는 '카살마조레(Casalmaggiore) 성채의 설계와 건축'에 대해 루도비코와 의논했다. 루도비코는 이 계획에 만족감을 표시했다. 루첼라이의 수행원 가운데는 레오나르도가 포함되어 있었는데, 이는 그가 성채 건축 공사와 관련되었기 때문이었을 것이다. 레오나르도는 오늘날이라면 피렌체와 밀라노 사이의 '기술협력'이라 불렸을 계획의 일환으로 밀라노에 파견되었고, 이와 동시에 참신한 악기의 제조자이자 연주가로서 파견되었다.

얼마 동안 레오나르도는 밀라노에서 참신한 인물로 불렸다. 레오나르도의 음악은 루도비코의 귀를 매혹시켰고, 그의 공학적인 전문지식은 유용해 보였다. 레오나르도로서는 밀라노로 가져간 유명한 '소개장'이나, 대포, 장갑차, 공격용 기계, 터널 천공기, 조립식 다리 등 마음이 흔들릴 만한 '발명 제안서'를 루도비코에게 보여주는 일이 급선무였을 것이다. 레오나르도는 밀라노에서 이런 기계 중 일부를 데생으로 시각화하는 작업을 했는데, 이 작업에 루도비코가 관심을 기울였을 가능성이 크다. 1484년경에 제작된 것으로 보이는 '마치 우박을 쏟아내는 폭풍처럼 작은 돌을 뿜어내는' 운반하기 쉬운 대포나 박격포의 데생이 윈저에서 발견되었다. 데생의 뒷면에는 성채로 둘러싸인 도시가 폭격을 맞는 장면이 스케치되어 있다. 또한 영국 박물관에는 1487~1488년에 제작된 장갑차 데생이 소장되어 있다. 레오나르도의 이런 군사적 계획에 대해 마틴 켐프(Martin Kemp)는 '실용적인 발명품과 과거 관례 및 믿기 어려운 상상력의 산물이 구별 없이 혼재되어 있다.'고 말했다.[2]

발명 제안서에 기록하고, 후에 데생으로 남긴 무기는 실용적인 만큼 심리적인 힘을 발휘했다. 15세기 전제군주의 야심과 허영, 약점을 건드리면서 전능(全能)을 강조한 웅변이었기 때문이다. 많은 일꾼들이 벌거벗은 채 거대한 지렛대와 포가(砲架)를 손으로 다루는 장면을 그린 탁월한 대포 주물공장 데생에는 기술적인 극적 상황과 웅장함이 드러난다. 레오나르도는 루도비코가 자신의 꿈과 열망을 알아주는 후원자가 될 수 있을지 궁금했을 것이다. 레오나르도는 산탄(散彈) 발사 대포를 그린 데생 위에 다음과 같은 글을 기록했다. 환상에서 깨어난 상태에서 기록했음이 분명한 글이다. '만약 밀라노 사람들이 한 번만이라도 일상적인 것에서 벗어난 일을 할 수만 있다면……'[3]

레오나르도는 여러 상황을 고려한 끝에 전쟁터가 아닌 곳에서 발휘할 수 있는 자신의 기술을 언급하는 표현으로 '발명 제안서'를 끝맺었다.

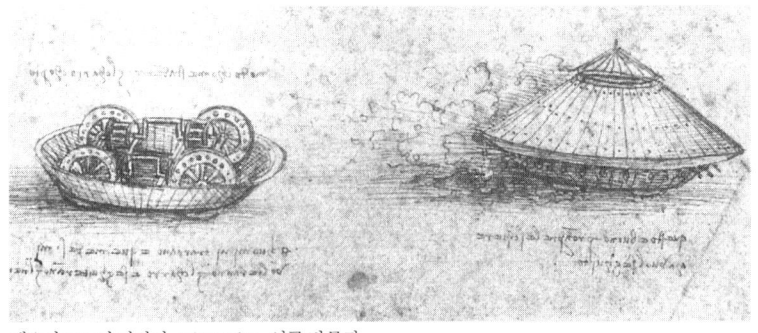

레오나르도의 장갑차. 1487~1488. 영국 박물관

레오나르도, 밀라노의 대포 주물공장을 상상해서 그린 데생. 윈저성 왕립도서관

평화 시에는, 공공건물이나 개인 건물을 설계하거나 건축하고, 물을 이동시킴으로써 사람들을 완벽하게 만족시킬 수 있다고 확신합니다. 또한 대리석, 청동, 점토를 사용해서 조각상을 제작할 수 있고, 그림이라면 어느 누구 못지않게 무엇이든 그릴 수 있습니다.

화가이자 조각가이고 건축가였던 레오나르도가 탱크와 박격포, 투석기 등의 제조를 앞에 내걸었다는 점이 현재의 우리에게는 이상하게 느껴진다. 하지만 이는 당시 상황에 대한 레오나르도의 판단에 따른 행동으로 밀라노의 스포르자 가문이 우위에 두고 있는 문제에 대한 자각인 동시에 바사리가 종종 언급했듯이 아마도 자신의 재능에 대해 잘못 인식하고 있었기 때문일 것이다.

이주자 그리고 예술가

레오나르도에게 롬바르디아(Lombardy, 이탈리아 북부의 주. 주의 수도가 밀라노이다.—옮긴이)는 외국과 마찬가지였다. 모든 것이 피렌체하고는 달랐다. 기후도, 풍경도, 삶의 방식도, 언어도 모두 새롭고 야릇했다. 레오나르도가 밀라노의 궁정 생활에 즉시 진입하기에는 음악이 흐르는 파티나 군사적 측면의 재능만 가지고는 역부족이었다. 레오나르도는 그곳에서 아웃사이더이자 이주자로 처음부터 다시 시작해야 했다. 이 기간 동안 그는 사회로부터 고립되는 경험을 했고, 정체성을 재정립해야 했다. 그의 이름이 등장할 때마다 '피렌체 사람'이라는 딱지가 늘 붙어 다녔다.

예술적 측면에서 밀라노 사람들은 다방면에 관심을 갖는 절충주의 자들이었다. 밀라노는 교차점에 위치한 도시로서 인근의 베네치아나 파두아(Padua, 베네치아 서쪽에 위치한 도시로 중세시대 유명한 문화 중심지-옮긴이) 등과 같은 예술 중심지의 영향을 받았을 뿐만 아니라 독일, 프랑스, 부르고뉴 지방, 플랑드르 지방의 영향을 흡수했다. 프랑스와 독일인 석공과 조각가들이 많이 거주했고 고딕 양식의 영향을 받은 그들의 작품이 대성당을 장식했다. 이렇듯 여러 방향의 영향력은 지방 자체의 고유 스타일을 발달시키는 데는 방해 요소가 되었지만, 허세와 야심에 가득 찬 스포르자 집안이 권력을 잡으면서 예술적 사업의 여지는 풍부해져서, 1481년 밀라노 화가 조합의 회원 수는 60명에 달했다.

1482년 당시 밀라노에서 활동했던 사람들 중 가장 위대한 예술가는 이민자 출신 화가이자 건축가인 도나토 브라만테(Donato Bramante)였다. 레오나르도는 자신의 메모에서 그를 '도니노(Donnino)'라 불렀으며, 서로 좋은 친구 사이로 지냈다. 레오나르도보다 8세 연상인 브라만테는 처음으로 주요 건축물의 제작을 의뢰받아 산타 마리아의 작은 예배당을 지었다. 바사리는 브라만테를 상냥하고 온유한 인물로 묘사하면서 류트 연주를 좋아했다고 말했다.

레오나르도가 밀라노 생활 초기에 가장 밀접한 관계를 유지했던 지역 예술가는 프레디스(Predis) 가문 사람들이다. 이 가문은 네 명의 형제들이 왕성하게 활동해서 그들이 운영하는 프레디스 작업장은 한창 번성 중에 있었다. 레오나르도는 막강한 연줄을 소유한 예술가 집안인 프레디스 가문과 친분을 맺게 되면서, 1483년 4월 '암굴의 성모 마리아'의 계약에서는 이 가문의 두 형제와 서로 동업자 관계로 등장하게 되었다. 이는 양쪽 모두에 유용한 동업 관계로 레오나르도는 연장자이면서 예술적으로 선배였고, 프레디스 가문은 연줄과 고객을 확보하고 있었다. 계약서에 레오나르도는 '대가'로 기록되었지만 프레디스 형제에게는 아무런 칭호도 붙지 않았다. 계약서상의 레오나르도의 주소가 형제의 주소와 같았던 점으로 미루어, 그들은 함께 살았거나 최소한 가까이 살았던 것으로 추정된다.

'암굴의 성모마리아'

레오나르도가 프레디스 형제와 교류하면서 일구어낸 작품은 '암굴의 성모마리아'(컬러삽화 11)로 알려진 아름답고 신비스런 그림이다. 종잡을 수 없는 비밀스러운 분위기에 어둑어둑한 색상을 사용하는 등 신비한 요소가 작품 자체에 내재되어 있을 뿐만 아니라 역사적으로도 베일에 싸여 있다. 그림에 대한 기록은 광범위하게 남아 있지만 기록을 통해 알 수 있는 이야기는 혼란스럽고 모순된다. '암굴의 성모마리아'는 두 가지 형태로 존재하는데, 두 그림은 분명하게 구별되면서도 유사해서 둘 사이의 정확한 관계에 대해서는 논란이 계속되고 있다. 1483~1485년에 먼저 완성된 루브르 소장 작품이 순수한 레오나르도의 작품이라는 점에는 이견이 없다. 반면에 런던의 국립미술관에 소장된 작품은 나중에 완성된 것으로 프레디스 가문의 암브로지오(Ambrogio)와 레오나르도의 합작품이라는 데 의견이 일치한다.

어쨌거나 '암굴의 성모마리아'를 제작하기 시작한 시기는 분명하다. 작품에 대한 계약은 1483년 4월 25일에 체결되었고, 계약의 한쪽 당사자는 레오나르도 및 프레디스 집안의 암브로지오와 에반젤리스타(Evangelista)였고, 상대방은 '원죄 없는 잉태 성심회(聖心會)(the Confraternity of the Immaculate Conception)'라는 종교단체였다. 성 프란체스코 그란데 교회에 위치한 성심회 예배당의 제단 뒤쪽 벽을 장식할 그림을 제작하기 위한 계약이었다. 이 계약은 당시 기준으로 볼 때 일류급 계약으로, 성 프란체스코 그란데는 14세기 초 비스콘티 가문에 의해 설립된, 밀라노에서는 두오모 다음으로 큰 교회였다. 또한 성심회는 밀라노의 부유한 가문들로 구성된 탄탄한 클럽이었다.

그림은 중심에 하나, 그보다 작은 규모로 측면에 둘, 이렇게 세 작품으로 구성될 계획이었다. 또한 기존에 존재하는 나무틀에 맞춰 제작해야 했기 때문에 작품의 치수가 구체적으로 명시되었다. 작업의 분업을 추측해 본다면, 소형 작품 제작자 정도로만 외부에 알려진 에반젤리스타가 그림의 틀을 장식하고, 궁정 화가인 암브로지오가 측면 그림 두 개를 제작하고, 가운데 그림은 피렌체 출신 대가인 레오나르도가 맡기로 되어 있었을 것이다.

작품 인도의 최종 기한은 원죄없는 잉태의 축제일인 그해 12월 8일로, 작품 제작 기간은 8개월이 채 안 되었다. 작업의 대가로 800리라가 책정되었고, 지불 예정일은 화가들에게 상당히 불리하게도 1483년 5월 1일에 100리라, 그 후 1483년 7월부터는 한 달에 40리라씩 나누어 받을 예정이었다. 작품의 완성 기한이 1483년 12월이었으므로 그림이 완성되어도 대가의 반 이상을 받지 못할 것이었다. 이 계약은 레오나르도가 느끼기에는 '동방박사의 경배' 제작을 위해 성 도나토의 수사들과 맺었던 계약만큼이나 인색했다.

이것이 '암굴의 성모마리아'에 얽힌 이야기의 시작이다. 계약 날짜와 여러 가지 계약 조건 등이 명백하게 드러나는 이 초기 단계를 벗어나면, 그림에 얽힌 상황은 레오나르도의 세계가 으레 그러하듯 불확실해진다.

'암굴의 성모마리아'는 성심회의 의뢰로 제작에 착수한 것이 사실이지만, 이상하게도 고객의 바람에 어긋나게 제작되었다. 계약대로라면 가운데 화판에는 성모자(聖母子)가 천사 무리와 두 명의 예언자에 둘러싸여 있고, 측면 화판에는 각각 네 명의 천사가 찬양을 하거나 악기를 연주하며 있어야 했다. 그러나 '암굴의 성모마리아'에서는 성모자를 제외하고는 어떤 요구사항도 계약대로 이행되지 않았다. 천사도 한 명뿐이었고, 예언자는 없었으며, 계약에 명시되지 않은 아기 성 요한이 등장할 뿐만 아니라 측면 화판에는 각각 천사 한 명만이 그려져 있을 뿐이었다.

이유에 대해 추측해 보자면, 레오나르도가 계약을 맺기 전에 이미 그림을 그리기 시작했으므로 세부적인 계약 조건에 상관없이 그 구성을 그대로 화판에 옮겼을 가능성이 있다. 케네스 클라크는 레오나르도가 피렌체에서 '리타의 성모' 제작을 의뢰받았을 당시에 이미 루브르 소장 작품인 '암굴의 성모마리아'의 제작에 들어갔다고 주장했다.[4] 작품이 피렌체적인 분위기를 풍기는 것은 사실이다. 수려한 얼굴, 머리의 움직임, 길고 곱슬곱슬한 머리카락 등 성모마리아와 천사에는 베로키오 공방의 자취가 남아 있다. 밀라노의 고객들은 이렇듯 세련된 피렌체 분위기가 물씬 풍기는 작품을 원했기 때문에 특별히 레오나르도를 선택했을 것이다. 그러나 런던에 소장되어 있는 나중 작품의 분위기는 매우 다르다. 이 작품의 분위기는 좀 더 엄숙하고, 창백한 윤기가 흐르는 얼굴에는 더욱 밋밋하면서, 더욱 슬프고, 속세를 등진 고독한 아름다움이 깃들어 있다. 루브르 소장 작품이 어스레한 색조를 띠고 있다면, 런던 소장 작품은 달빛으로 더 선명해 보인다. 레오나르도가 피렌체에서 그렸던 거의 대부분의 성모마리아 상처럼 루브르 그림에는 후광이 없지만, 런던 소장 그림에 후광이 첨가된 것은 고객인 성심회 측의 요구 때문인 것 같다.

두 작품의 관계는 여전히 베일에 가려 있다. 처음으로 그림 의뢰를 받은 시점에서 25년 뒤인 1508년을 마지막 날짜로 하는 관련 법적 서류를 통해서도 밝혀진 사항이 별로 없다. 법적 서류를 보면 화가들은 1485년경에 작품을 완성해서 인도했지만 보수를 둘러싸고 의뢰자와 의견 대립을 보였다. 결국 이 문제는 미해결 상태로 남아 있다가 1492년 레오나르도와 암브로지오 데 프레디스가 성심회 측에 보수 지급을 요청하는 내용의 청원서를 루도비코 스포르자에게 제출하기에 이르렀다. 화가들은 보다 공정한 금액의 보수를 지급하거나, 아니면 그림을 원하는 다른 고객이 있기 때문에 그림을 회수할 수 있게 해 달라고 주장했다. 또 다른 잠재 고객에 대한 언급이 의문을 풀 수 있는 단서일지도 모른다. 잠재고객은 루도비코였을까? 그리고 1493년 루도비코가 조카딸 비앙카 마리아(Bianca Maria)와 결혼하는 막시밀리안(Maximilian) 황제에게 결혼 선물로 보냈던 미지의 제단화가 '암굴의 성모마리아'였을까? 가장 초기의 레오나르도 전기라 할 수 있는 안토니오 빌리(Antonio Billi)의 간단한 메모에도 이런 내용이 등장한다. '그는 밀라노의 루도비코 경을 위해 제단화를 완성했다. 그 그림은 여태껏 보았던 그림 가운데 가장 훌륭한 그림이라고들 말한다. 그 작품은 루도비코가 독일의 황제에게 보냈다.' 레오나르도가 밀라노에서 그린 것으로 추정되는 제단화는 '암굴의 성모마리아'가 유일하다. 빌리의 주장처럼 '암굴의 성모마리아'가 원래 루도비코를 위해 제작된 것은 아니었지만, 1492년이나 1493년에 루도비코가 성심회로부터 이 그림을 사들여 막시밀리안에게 선물로 보냈을 것이다.

그림이 독일로 건너갔다는 추측은 그림이 종국에 루브르 박물관에 소장된 경로를 밝히는 데도 유용하다. 루브르에 소장된 레오나르도의 일부 작품은 1516년 레오나르도가 프랑스에 가면서 가져갔지만, 여기에 '암굴의 성모마리아'가 포함되었다는 기록은 전혀 없다. 가장 그럴듯한 추측은, 막시밀리안의 손녀딸인 엘레오노라(Eleonora)가 프랑수아 1세와 결혼했던 1528년이나 그 후에 합스부르크(Habsburg) 소장품에 포함되어 프랑스로 건너간 후에 루브르에 소장되었다는 것이다.

이런 이론에 따르면 그림의 두 번째 판 즉 런던판이 생겨난 구체적인 이유를 알 수 있다. 이는 황제에게 보낸 그림 대신 성심회에 건네주었던 그림인 것이다. 이런 각본대로라면, 레오나르도가 런던판을 제작하기 시작한 시기는 밀라노를 떠났던 1493년과 1499년 사이이고, 1503~1508년까지 끌었던 후기 소송에서 언급한 그림은 파리판이 아닌 런던판일 것이다. 이 날짜에 신빙성을 부여하는 것은, 붉은색 분필을 사용해 유아의 옆얼굴을 그린 윈저 소장의 아름다운 데생이다. 이는 런던판에 등장하는 아기 그리스도의 위치와 정확하게 같으면서 1490년대 중반의 전형적인 데생 스타일을 보여준다.

'암굴의 성모마리아'는 레오나르도의 작품 가운데서도 매우 불가사의한 작품이다. 전면에 등장하는 마치 발레를 하는 듯한 심상치 않은 손동작은 보는 사람의 눈길을 즉시 사로잡는다. 보호하려는 어머니의 손동작과 가리키는 천사의 손동작, 축복을 내리는 아이의 손동작이 그것이다.

작품 속 바위로 이루어진 풍경의 선례가 된 작품은 현재 베를린에 소장된 필리포 리피의 '성탄(聖誕, nativity)'과 1460년대 초에 제작된

 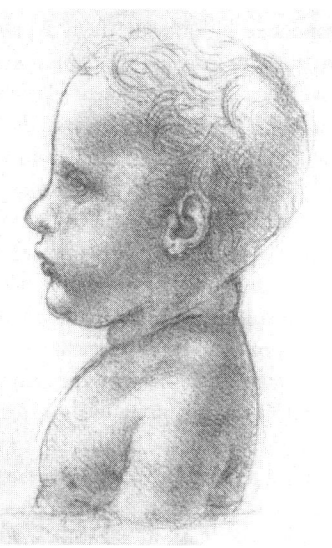

왼쪽 런던 국립미술관 소장 '암굴의 성모마리아'의 아기 그리스도와 천사
오른쪽 붉은 분필을 사용한, 아이의 머리와 어깨를 위한 습작. 윈저성 왕립도서관

만테그나(Mantegna)의 '동방박사의 경배'이다. 두 작품 모두 성탄의 장소를 바위 속 작은 굴로 설정했다. 레오나르도의 그림에서는 아기 그리스도와 성 요한이 만나는 장면이 등장하지만, 통상 알려진 두 사람의 만남은 성 가족이 이집트에서 피신하는 동안 이루어졌다.(아기 그리스도와 성 요한의 만남은 성서에는 등장하지 않고, 성 요한의 외경 복음서에 기록되어 있다.) 바위는 황야와 사막을 상징했다.(르네상스 시대의 사막은 사람이 살지 않거나 버려진 장소였다.) 지극히 평온한 분위기의 이 그림을 들여다보면 그 속에 숨어 있는 이야기를 짐작할 수 있다. 가족은 여행 중에 휴식을 취하는 중이고, 밖에는 땅거미가 지고 있다. 가족은 거칠지만 바깥 날씨로부터 보호받을 수 있는 으슥한 곳에서 밤을 보낼 것이다. 그런데 그림 속 어둑어둑한 동굴 안에서는 '놀라운 일'이 벌어지고 있다. 그림을 자세히 보면 그것이 계시하는 바

새로운 지평선 1482~1490 | 201

를 감지할 수 있다. 우리는 어느덧 그림 속 해설자가 되어, '어두컴컴한 바위틈에서 길을 헤매다가' 문득 멈춘다. '나는 거대한 동굴의 입구에 도달했다. 크게 놀라서 그곳에 한참을 서 있었다⋯⋯.'

자연 환경과 그 속에 드러난 종교적 형상을 서로 교감하게 만드는 요소는 바로 야생화로, 이는 상징적인 종교적 특성을 소유한 아름다운 존재로 인식된다. 성모마리아의 머리 오른쪽에는 성령의 비둘기를 상징하는 매발톱꽃이 있고, 그녀의 오른손 바로 위에는 영어에서 '우리 아가씨의 침대 짚'으로 알려져 있으면서 전통적으로 구유와 관련이 있는 갈퀴덩굴이 있다. 아기 그리스도의 발밑에는 사랑과 헌신을 상징하는 하트 모양의 잎이 난 시클라멘이 있고, 무릎 옆에는 미덕의 상징인 달맞이꽃 봉우리가 있다. 또한 낯익은 식물이 눈에 띄는데, 바로 성 요한의 무릎 밑에 있는 아칸서스로, 워낙 빨리 자라서 봄이면 반짝거리고 눈부신 초록 잎을 자랑하기 때문에 전통적으로 부활을 상징하는 식물로 무덤 위에 심었다. 또한 그림에서 바위 위 돌출부에는 고추나물(St John's wort)이 자라는데, 그 노란 꽃잎 위의 작은 빨간 점은 순교자 세례요한의 피를 상징한다.

이러한 상징적인 연관성은 화가가 전달하려는 시각적인 어휘의 일부분이지만, 그림의 정밀함과 감정이입을 통해 이것이 진짜 식물이고, 우리가 목격하는 것은 물질적 자연이 영적으로 변화한 것이라는 점을 느끼게 된다. 그림의 중앙에 있는 인물은 '원죄 없는 잉태 성심회'가 추앙하는 성모마리아이긴 하지만, 어느 정도는 레오나르도가 특별히 추구했던 '모든 주인의 으뜸'인 자연의 화신이었다.

페스트를 피해

　1485년 밀라노에는 전염병인 임파선종 페스트가 한창 유행하고 있었다. 레오나르도는 피렌체에 있을 때 이미 페스트를 경험했다. 당시 페스트는 1479년에 출현해서 몇 주 후에 잠잠해졌었다. 하지만 이번에는 상황이 훨씬 심각했다. 어느 정도 과장되기는 했겠지만, 몇몇 조사 결과에 따르면 도시 인구의 거의 3분의 1이 페스트로 목숨을 잃었다. 우리는 당시 끔찍했던 장면을 상상해 볼 수 있다. 주변은 황폐해지고, 대기는 뿌옇고, 이곳저곳에서 시체를 마차에 실어 공동묘지로 옮기는 장면이 보인다. 미친 듯 울부짖는 성직자의 기도소리가 들리고, 사람들은 혹시라도 감염의 징후인 임파선의 부종이나 서혜선종(鼠蹊腺腫)이 나타날까 자신의 몸을 살핀다. 사람들이 불길한 징조로 생각했던 개기일식이 1485년 3월 16일에 일어났다. 레오나르도는 구멍이 뚫린 커다란 종이를 통해 개기일식을 지켜보면서, '눈에 손상을 입지 않고 개기일식을 보는 방법'이란 제목의 간단한 메모를 통해 이 방법을 추천했다.[5]

　이렇듯 전염병이 기승을 부리던 시기에 레오나르도는 '암굴의 성모마리아' 제작에 매달렸다. 앞에서 언급한 것처럼 레오나르도는 장미꽃물로 손을 가꾸는 등 몹시 까다로운 사람이었다. 무리지어 몰려다니는 군중과 그들로 인한 감염, 더러운 냄새는 레오나르도를 끊임없이 괴롭혔다. 그의 말을 빌리자면, '사람들 무리가 마치 염소 떼처럼 몰려다니면서 구석구석 악취를 배게 만들고 전염병과 죽음을 퍼뜨렸다.'[6] 그림은 이런 모든 요소를 배제한 상태에서 정신을 몰두할 수 있는 공간이었다. 모든 것에서 멀리 떨어진, 선선한 바위 동굴에서 황야의 축복을 들을 수 있었다.

이렇듯 전염병이 들끓는 곳에서, 레오나르도는 '이상적인 도시'의 모양과 실현에 대해 생각하기 시작했다. 이상적인 도시는 르네상스 시대에 매우 유행했던 주제였다. 1487년경에 완성된 메모와 데생을 보면, 레오나르도의 이상적인 도시는 광장과 개랑(開廊), 터널, 운하를 구비한 공상적이고, 기하학 양식을 띤 미래 도시였다. 도시는 2층으로 건설될 것이었다. 위층은 현대 도시의 '보행지대'에 가까운 사회적이고 심미적인 지역으로 보행자를 위한 층인 반면에, 아래층은 직접 운하와 연결되어 상품과 동물을 상인에게나 창고로 운반하는 곳이고, 그가 '보통 사람'이라 불렀던 사람들이 사는 곳이다. 거리는 널찍하고, 건물의 높이는 규제를 받고, 굴뚝은 연기를 지붕 위로 멀리 분산시키기 위해 높게 짓는다. 레오나르도는 공공건물에 나선형 계단을 설치하도록 추천했는데, 이는 사각 계단에 어두운 구석이 있어 사람들이 소변보는 장소로 사용하기 때문이었다. 레오나르도는 특히나 페스트의 유행을 염두에 두고 도시의 위생적인 측면을 향상시키려는 욕구가 컸다. 그는 이상적인 화장실에 대해서도 생각했다. 100년 후에 존 해링턴(John Harington) 경이 발명했던 수세식 화장실까지는 아니었지만 제대로 설비를 갖춘 화장실이었다. '변소의 좌석은 수도원의 회전식 출입문처럼 회전할 수 있어야 하고, 평형추를 사용해서 원래의 위치로 돌아올 수 있어야 한다. 천정에는 구멍을 많이 뚫어서 사람들이 숨을 쉴 수 있게 해야 한다.'[7]

인간의 비행이라는 억누를 수 없는 주제에 다시 생각이 미치기 시작한 시기도 바로 이맘때였다.

> 육중한 독수리가 높디높은 공중을 날기 위해 공기를 가로지르며 어떻게 날개를 퍼덕이는지 보라. …… 또한 바다 위에서 움직이는

레오나르도, '이상적인 도시'에 대한 메모와 데생. 파리 MS B

공기가 배의 돛을 어떻게 부풀려서 짐으로 가득찬 배를 몰고 가는지 관찰하라. …… 그렇다면 인간도 충분히 커다란 날개를 제대로 장착하고, 바람의 저항을 극복하고, 이를 정복하고 마음대로 조종해서 자신의 몸을 띄우는 방법을 배울 수 있을지 모른다.[8]

레오나르도는 이 글과 함께 낙하산을 스케치했고, 그에 대해 묘사했다. '만약 풀 먹인 리넨으로 만든 사방 24피트(7.3미터) 덮개만 있다면 아무리 높은 곳에서 몸을 던져도 다치지 않을 수 있다.' 이 기록은 레오나르도가 사람의 비행 가능성을 심각하게 고려하고 있다는 증거였다. 그렇지 않다면 어째서 낙하산에 대해 그토록 골똘히 생각했겠는가?

레오나르도가 고안했던 피라미드 모양의 낙하산은 계속 설계도면으로만 존재하다가, 2000년 6월 27일, 영국의 스카이다이버인 애드리안 니콜라스(Adrian Nicholas)가 남아프리카 크루거 국립공원 1만 피트(3킬로미터) 상공에서 행한 시험비행을 통해 실물을 드러냈다. 낙하산은 레오나르도가 원래 고안했던 것과 거의 똑같이 제작되었

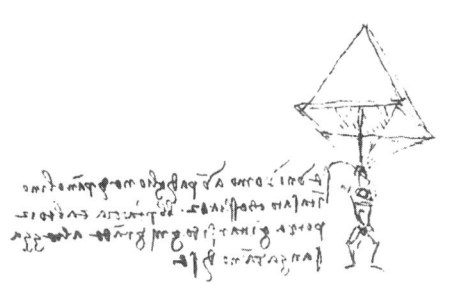

레오나르도의 낙하산에 대한 스케치와 설명. 1485년. 코덱스 아틀란티쿠스

다. 유일하게 다른 점이 있다면 리넨 대신 캔버스 천을 사용한 것이었다. 소나무 막대를 엮어 만든 덮개는 무게만도 현대의 일반적인 낙하산보다 거의 40배 더 무거웠지만, 낙하는 완벽했다. 니콜라스는 5분 동안 7천 피트(2킬로미터)를 하강했다. 느린 하강이었다. 니콜라스는 일반 낙하산으로 하강하기 위해 마지막 순간에 그 낙하산을 잘라냈다. 레오나르도가 고안한 낙하산 모델의 한 가지 단점은 접이식이 아니어서 낙하산 전체가 사람 위로 떨어질 위험성이 있는 것이었다. 니콜라스는 후에 이렇게 말했다. "자랑스러웠고, 약간 우쭐한 기분까지 들었습니다. 정말 이 말을 하지 않을 수 없습니다. '다 빈치 씨, 당신은 해냈습니다. 정말 감사합니다.'"[9]

'암굴의 성모마리아'의 자비로운 황야, 이상적인 도시의 상상 속 넓은 가로수 길, 널찍하게 탁 트인 항공로 등은 레오나르도에게는 전염병으로 병들어 있는 도시로부터 도피할 수 있는 정신적 피난처였다. 그러나 사람에게는 자신 안에 자리 잡고 있어 결코 피할 수 없는 것이 있게 마련이다. 바로 이 시기에 레오나르도는 또 다른 작품을 완성했는데, 이는 현재 옥스퍼드 소재 크라이스트 처치 컬리지(Christ Church College)에서 소장하고 있는, 진귀하고 깊은 뜻이 담긴 우화적인 데생이다. 여기에는 쾌락 후에 피할 수 없는 고통, 미덕에 대한 질투의 공격이라는 두 가지 주제가 담겨 있지만, 이 주제들이 서로 섞여 뜻이 희미해지는 경향이 있기 때문에 사람들은 데생이 가리키는 것이 동일하다고 느낀다. 즉 경험의 근본적인 이중성, 긍정적 측면이라면 반드시 담고 있어야 하는 부정적 측면, 숨어서 파괴를 일삼지만 피할 수 없는 '기타 요소' 등을 일컫는다는 것이다. 데생은 비록 허술하게 그려져 있지만 그 속에는 긴박감이 내재해 있다.

레오나르도는 쾌락과 고통을, 하나의 몸에 머리가 두 개로 나뉘고 팔이 두 쌍인 합성된 남자로 표현했다. 그리고 이런 설명을 덧붙였다. '쾌락과 고통은 쌍둥이다. 마치 둘이 한데 붙어 있는 것처럼, 하나는 다른 하나 없이 결코 존재할 수 없기 때문이다.' 고통은 수염 달린 노인이다. 쾌락은 머리카락이 긴 젊은이다. 이 데생은 레오나르도가 다른 시기에 다른 스타일로 완성했던, 노인(일명 '합죽이'로 치아가 없음을 암시하듯 턱이 돌출되고 입 부분이 함몰되어 있다.)과 젊고 아름다운 곱슬머리의 젊은이를 그린 많은 스케치와 데생에 대한 주해서 역할을 한다. 데생 밑에 기록된 두 가지 설명을 읽어 보면, 합성된 신체의 발 하나는 금을, 다른 발은 진흙을 딛고 있다.

원본의 다른 부분에 이런 글이 있다. '쾌락을 취한다면, 자신에게 고난과 참회를 가져다 줄 존재가 그 뒤에 숨어 있다는 사실을 알아야 한다.' 동음이의어를 사용한 말장난에 대한 충동을 억제할 수 없었던 레오나르도는 여기서 말하는 고난(tribolatione, tribulation)을, 끝이 뾰족뾰족한 불가사의한 작은 물건이 노인의 오른손에서 떨어지는 것으로 묘사했다. 이 뾰족뾰족한 물건은 이탈리아어로 트리볼로(tribolo)라 불리는 무기이다. 영어에서는 '캘트롭(caltrop)'이라 부르는데 마름모꼴 쇠못을 뜻한다. 레오나르도가 데생에 이 무기를 그리기 시작한 것은 1480년대 후반으로, 적의 전진을 방해하기 위해 참호 바닥에 이 무기를 흩뿌려 놓는 방법에 대한 설명과 함께였다.

레오나르도, 쾌락과 고통의 우화. 옥스퍼드 크라이스트 처치 컬리지

고통은 한손으로는 고난이라는 작은 스파이크를 떨어뜨리고, 다른 한손으로는 추측컨대 참회의 채찍을 뜻하는 나뭇가지를 휘두른다. 쾌락은 고통의 행동을 흉내 낸다. 쾌락을 추구하는 데는 비용이 들기 때문에 한손으로는 동전을 줄줄 떨어뜨리고, 다른 손으로는 갈대를 쥐고 있다. 갈대에 대한 레오나르도의 설명은 매혹적이다. 솔개에 대한 메모처럼 보기 드물게 중층적 의미를 띠고 있고, 표면상으로 주제라 생각되던 것에서 전혀 다른 주제 즉 더욱 개인적인 주제가 드러나기 때문이다. 레오나르도는 쾌락이 '오른손에 갈대를 쥐고 있는 이유는, 갈대는 무용지물이고 힘이 없는 반면에 유해한 상처를 입히기 때문'이라고 설명했다. 이는 분명히 상징적인 의미를 갖지만, 다음과 같은 회상 혹은 몽상 또한 포함한다.

투스카니 사람들은 갈대를 침대 지지대로 사용한다. 이는 갈대 위에서 사람들이 헛된 꿈을 꾸었다는 의미이고, 사람들의 삶 대부분이 허비되었다는 의미이고, 유용한 시간이 너무도 많이 소모되었다는 의미이다. 아침에 마음은 평정을 찾고 안정되면서, 몸은 새로 일을 시작하기 위해 만반의 준비를 해야 함에도, 마음은 불가능한 것을 상상하고, 몸은 쾌락을 추구하기 때문에 삶이 실패로 돌아가는 경우가 많다. 사람들이 갈대를 사용하는 이유는 바로 쾌락 때문이다.

투스카니 지방에서 엮어 짠 갈대를 침대에 사용하는 것은 상징적인 이유에서라기보다는 실질적인 용도 때문이고, 레오나르도가 유추하고 자세하게 설명한 교훈이 개인적인 성격을 띤다고 생각할 수도 있다. 즉 레오나르도의 자기 고백이라는 것이다. 레오나르도는 아침마다 침대에 누워 '헛된 꿈' 즉 성(性)적인 환상을 가졌다. 곧 일어나서 일을 해야 했기 때문에, 또 아마도 그 환상이 동성애에 관한 것이었기 때문에 그는 환상에 대해 불쾌한 기분이 들었다. 쾌락의 손에 들린 남근을 상징하는 가지가 약하기 짝이 없고 '무용지물'인 갈대라는 사실은 분명 남근의 수축을 상징한다. 글의 문맥으로 보아 성교 후라기보다는 마스터베이션 후라는 추측이 가능하다. '유해한 상처를 입힌다'는 설명처럼 감염에 대한 언급은 위와 같은 형상을 둘러싸고 분출된 자기혐오의 감각을 더욱 두드러지게 만들고, 밀라노를 휩쓸고 있는 전염병의 유해한 감염과 다시 한 번 연관된다.

'미덕과 질투'를 그린 데생 또한 마찬가지다. '쾌락과 고통'과 마찬가지로 두 가지 정반대의 특징이 서로에 내재되어 있음을 상징하고, 성애(性愛)적 성향의 상상을 통해 이를 표현한다. '미덕'은 단지 도덕적인 선만을 의미하는 것이 아니라, 탁월함을 지향하는 영혼과 지성의 힘을 뜻한다. 넓은 의미에서 미덕은 사람들의 보다 고상하고 보다 나은 자아를 뜻한다. 질투는 미덕을 공격하고 손상시키고 위태롭게 만든다. '고통과 쾌락'과 마찬가지로 미덕과 질투 또한 서로 얽힌 몸으로 표현되어 있다. 데생 아래에는 다음과 같은 글이 적혀 있다. '미덕은 태어나는 순간 질투를 낳는다. 질투 없는 미덕은 그림자 없는 몸과 같다는 사실을 곧 깨닫게 될 것이다.' 데생에서 질투의 눈에는 올리브 가지가 꽂혀 있고, 귀에는 월계수 가지가 꽂혀 있다. 레오나르도는 이에 대해 '승리와 진실이 질투를 화나게 만든다는 사실을 상징하기 위해서'라고 설명했다. 글에서는 미덕을 여성으로 묘사했지만 데생에서는 전혀 알 수가 없다. 인물의 자세는 성교 모습을 암시해서, 성교 중인 한 쌍을 그린 윈저 소장의 유명한 해부학 데생과 비슷하다.

두 명의 여성이 거대한 두꺼비를 타고 있는 데생에는 '질투와 배은

망덕'이라는 제목이 붙어 있다. 그들 뒤로는 낫을 든 해골 형상의 사신(死神)이 황급히 쫓아온다. 질투는 '그릇된 소문'을 형상화한 인간의 혀가 고정되는 지점을 향해 화살을 쏜다. 또 다른 데생에서 질투는 사신을 타고 있다. 이 두 데생 모두에서 질투는 가슴이 여위고 쭈글쭈글하게 늘어져 있는 노파이면서 '아름다운 모습의 얼굴 가면'을 쓰고 있다. 무언가를 타고 있는 여성의 형상은 성적인 의미를 내포한다. 이는 레오나르도가 초기에 완성했던, 볼에 화장을 한 젊은 여자가 노인의 등에 타고 있는 기묘한 데생을 생각나게 한다. 이 데생에는 '아리스토텔레스와 필리스(Aristotle and Phyllis)'라는 제목이 붙어 있다. 철학자인 아리스토텔레스는 친구의 조카이자 훨씬 나이가 어린 여성과 결혼했다고 알려져 있다. 당시 아리스토텔레스의 나이는 40세 정도에 불과했지만 이야기는 꼬리에 꼬리를 물어 늙은 철학자가 혼기에 다다른 젊은 미인에게 얼이 빠졌다고들 했다. A. E. 포프햄(Popham)은 이렇게 말했다. '필리스가 아리스토텔레스의 등을 타고 있는 것은 중세 냉소주의의 전형적인 주제 가운데 하나로, 지성이 사랑에 지배당했음을 상징한다.'[10] 레오나르도는 스케치 뒤에 다음과 같은 일련의 단어들을 기록했다. '애인, 쾌락, 고통, 사랑, 질투, 행복, 부러움, 행운, 참회.'

아리스토텔레스와 필리스의 스케치는 옥스퍼드 소장 우화보다 몇 년 앞서 완성되었지만 정신적인 바탕은 동일하다. 스케치의 주제는 본질적으로 성욕에 대한 것이고 우화는 이를 좀 더 간접적으로 표현한다. 이들 데생에는 유혹 혹은 엔트로피(물질과 에너지는 무질서도가 증가하는 방향으로 변화한다는 이론—옮긴이)에 대한 인식이 포함되어 있다. 모든 힘은 반대 요소에 의해 무효화되고, 합쳐진 것은 모두 산산이 흩어지고, 금은 다시 진흙으로 돌아갈 것이다. 인간은 위로 올

레오나르도, 시신(死神) 위에 올라탄 질투 우화. 옥스퍼드 크라이스트 처치 컬리지

라가려 허우적거리지만 다시 반대의 힘에 의해 끌어내려진다. 그 반대의 힘은 아마도 다른 사람의 질투와 적개심이겠지만 무엇보다 결정적인 요소는 자신 속에 있다. 자신의 치명적이고 떳떳하지 못하며 에너지를 파괴하는 약점, 자신의 성적 '감염' 등등.

최초의 노트

레오나르도의 노트 중 손상되지 않고 현재까지 전해 내려오는 최초의 노트가 작성된 시기는 1480년대 중반까지 거슬러 올라간다. 우리가 보아 온 대부분의 문서와 스케치는, 옥스퍼드 소재 크라이스트 처치 컬리지 등에서 소장하고 있는 것처럼 낱장을 수집품 형식으로 묶은 것이다. 이들 중 일부는 원래 노트나 스케치북의 일부분이었을 가능성도 있지만, 어쨌거나 레오나르도가 노트를 작성하기 시작했다는 기록이 나타난 것은 1480년대 중반 무렵부터였다.

현존하는 노트 가운데 가장 오래된 것은 아마도 프랑스 학술원이 소장하고 있는 파리 MS B일 것이다. 이 가운데 한두 장의 기록 시기는 좀 더 이를지 모르지만, 전반적인 기록은 1487~1490년에 이루어졌다. 노트의 크기는 표준 규격의 연습장 정도로 요즘의 편지지 크기이다. 원래의 벨럼 가죽(vellum, 송아지, 어린 양 등의 가죽으로, 책 표지, 램프 갓 등에 사용했다.—옮긴이) 표지 그대로 전해지고, 막대 모양의 장식 단추와 고리를 사용해서 표지를 닫도록 되어 있다. 내용은 전혀 손상을 입지 않았지만 물리적으로 두 개로 분리되었다. 원래 노트에는 100쪽이 있었지만, 1840년대 약탈자로 유명했던 리브리 백작이 탈취한 후에 91~100쪽까지를 잘라내어 팔았다. 약탈당한 부분은 파리로 되돌아왔지만, 여전히 노트의 다른 부분과 분리된 상태로 제본되어 있다.

파리 MS B에 담긴 주제는 놀라울 정도로 다양하다. 이 노트는 다양한 주제를 수용하기에 적합한 판형으로, 레오나르도는 여기에 자신이 열정을 기울였던 분야를 꾸준히 기록했다. 여기에는 미래의 이상적인 도시, 교회를 위한 몇 가지 설계 등 건축에 관한 내용이 포함되어 있다. 실질적이거나 '미래의' 군사 기술에 관한 내용이 상당량 수록되어 있고, 잠수함과 적의 눈에 띄지 않게 공격을 감행하기 위한 험상궂은 모습의 선박도 눈에 띈다. 특히 이 선박에 대해서는 '야간에 다리를 포격하는 데 좋은데, 돛은 반드시 검은색이어야 한다.'[11]고 적혀 있다. 증기로 동력을 제공받는, 구리로 된 대포도 포함되어 있는데, 레오나르도는 이 대포에 대한 아이디어를 아르키메데스에게서 얻었다고 했다. 가열된 틈에 물을 부으면 증기의 압력으로 대포가 발사되는 원리를 이용했다. '맹렬한 불길을 보고, 그 우렁찬 소리를 들노라면 마치 기적을 경험하는 느낌이 들 것이다.'[12] 레오나르도의 군사용 기계에는 언제나 극적인 요소가 존재해서, '전쟁을 주제로 한 연극 무대'를 떠올리게 된다. 또한 부지런히 일하는 근육질의 일꾼과 벽면을 거머쥐고 올라가는 군인의 모습을 담은 데생이 남아 있다. 이는 모두 스포르자 가문의 건축가이자 엔지니어가 되고자 하는 레오나르도의 지속적인 열망과 관련이 있다.

비행 또한 레오나르도의 마음에 크게 자리 잡았다. 비행기에 대한 레오나르도의 세밀한 도안이 파리 MS B에 처음 등장한다. 그의 비행기는 정확하게 표현하자면 날개치기 비행기(ornithopter)라는 장치로, 새의 비상 원리를 이용해서 제조되었다. 일부 사람들은 레오나르도가 남긴 비행기 설계도를 포함하여 노트의 73~79쪽을 차지하며 보

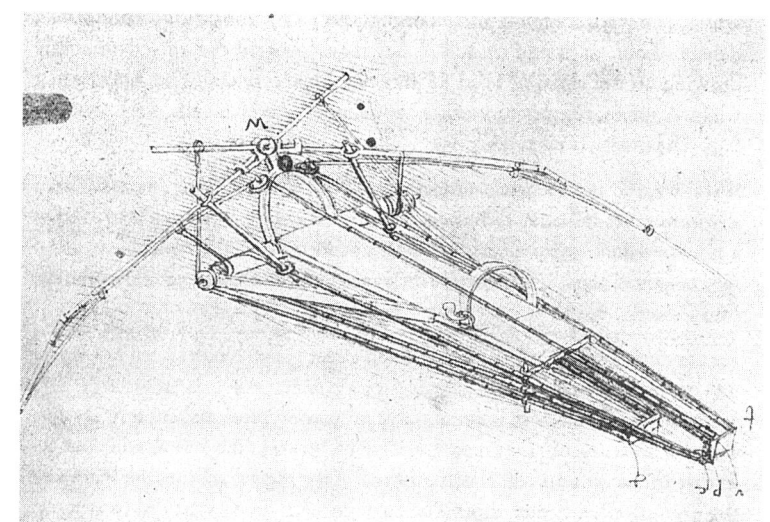

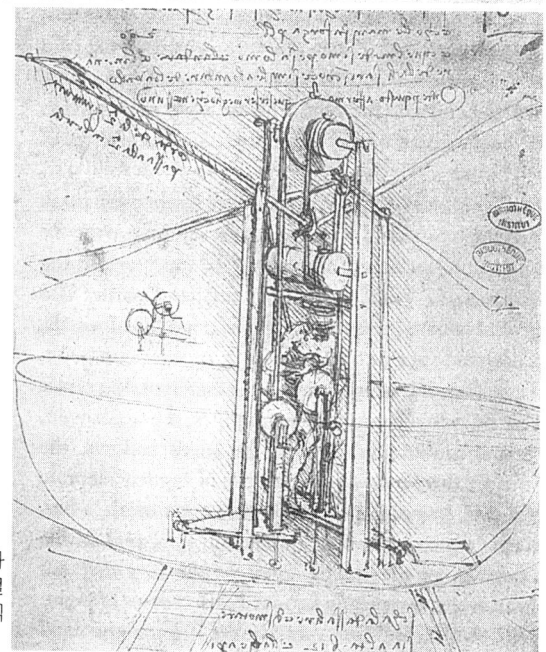

파리 MS B에 수록된 레오나르도의 날개치기 비행기 설계도. 수평 모델(위)과 수직 모델이다.

는 사람의 마음을 두근거리게 만드는 일련의 데생들을 그의 가장 논리적인 설계도로 인정한다. 여기에는 두 가지 형태의 '수평 날개치기 비행기'가 포함되어 있는데, 조종사는 날개 기구를 등에 부착하고 엎드린 상태에서 페달과 손잡이를 사용해 날개를 위아래로 움직이고 줄과 지레를 사용해 방향키를 조종한다. 79쪽에 스케치한 또 다른 형태의 수평 날개치기 비행기는 예전 것보다 더욱 복잡하고 그럴 듯하다. 그 장을 넘기면 더욱 멋진 모습의 '수직 날개치기 비행기'가 눈에 들어온다. 여기서 조종사는 조종석 안에 똑바로 선 채로 잠자리 모양의 거대한 날개 두 쌍을 작동한다. 두 쌍의 날개는 '말이 움직이는 방식처럼 엇갈려 움직인다.' 조종사는 손과 발뿐만 아니라 머리를 사용해서 날개 기구를 미끄러지듯 움직이게 한다. 레오나르도는 '머리 부분이 200파운드(90킬로그램)에 해당하는 힘을 가질 것이다.'라고 추정했다.

이 같은 기계들은 실제로 제작되었을까, 아니면 그저 정교한 몽상의 결과였을까? 마틴 켐프는 '어떤 데생도 완전하고 명확하게 분석되지 않는다. 방법과 수단에 대해서는 논란이 끊이지 않는다.'[13]고 말했다. 그러나 레오나르도의 기계들이 완전히 이론적이지만은 않아서 커다란 인공날개의 시험 기록이 남아 있다. 시험 결과에 대해서 레오나르도는 간결한 문체로 '바람직한 결과를 얻지 못하면 더 이상 시간 낭비하지 말라.'[14]고 적었다.

레오나르도는 헬리콥터의 원형이라 할 장치에 대해서도 생각했고, '나사가 장착된 기구'가 빨리 돌아가면 '이 나사가 공중에서 암나사를 찾으면서 위로 상승할 것이다.'[15]라고 적었다.

통상적으로 1487~1490년에 해당하는 이 첫 시기에 완성된 노트는 두 권 더 있다. 하나는 빅토리아 앤 앨버트 박물관에 소장되어 있는 작은 포켓 크기의 노트이다. 여기에는 물을 끌어올리기 위한 아르키메데스 식 나사와 기타 수역학 기계가 포함되어 있다. 또한 화학 물질 제조 방법이 많이 수록되어 있고, 후에 환상으로 끝나고 말았지만, 금 제조를 향한 연금술사들의 비현실적인 꿈에 견줄 만했던, 영구히 움직이는 장치의 수수께끼를 풀려 한 연구 기록이 담겨 있다.

초기에 해당하는 또 다른 노트는 코덱스 트리불지아누스(Codex Tribulzianus)로, 18세기에 소장했던 밀라노 가문의 이름을 땄다. 여기에는 건축에 대한 관심과 재치 넘치는 풍자만화가 수록되어 있지만, 내용의 대부분을 차지하는 것은 공들인 흔적이 역력한 라틴어 어휘 목록이다. 당시 학문과 철학의 국제적 언어라 할 수 있는 라틴어를 습득하기 위한 노력을 엿볼 수 있는 이 목록에는 이탈리아어로 번역할 필요가 있을 때마다 정리한 수백 개에 달하는 라틴어 단어가 수록되어 있다.

코덱스 트리불지아누스의 전반부에는 레오나르도가 소장했던 것으로 보이는 다섯 권의 책 목록이 포함되어 있다. 당시는 인쇄된 책이 막 등장하기 시작한 때였기 때문에 책값이 상당히 비쌌다. 후에 코덱스 아틀란티쿠스에 빨간 분필로 기록한 도서 목록은 1492년경에 작성한 것으로, 소장 도서가 37권까지 불어나 있었다. 이 37권의 소장 서적 가운데 철학과 종교 서적이 6권, 과학과 기술적인 내용의 책이 15권, 문학 작품이 16권이다. 과학 서적의 종류는 짐작할 수 있듯이 상당히 다양해서 수학, 군사학, 농업, 수술, 법학, 음악, 수상술(手相術), 보석 등에 관한 것이고, 건강에 관한 책이 3권 있다. 문학 작품으로 분류된 책에는 글 쓰는 방법을 설명하는, 문법과 수사학에 관한 책이 3권 포함되고, 여행 서적 1권이 있으며, 즐거움과 기분 전환을 위해 주로 읽었던 것으로 보이는 시와 산문 모음집들이 있다. 1504년의 마드리드 서적 목록에는 116권의 장서가 기록되어 있다.

이야기꾼 레오나르도

레오나르도가 대성당에서 폐기하는 서류 무더기에서 쓸 만한 종이를 구해 아프리카 거인에 대한 생생한 이야기[16]를 썼던 시기는 1487년경으로 추정된다. 레오나르도는 이 이야기의 맨 앞에 여행가이자 사도 서간 낭독자였던 베네데토 디아이(Benedetto Dei)의 이름을 넣었다. 디아이가 밀라노를 떠난 시기는 1487년으로, 아마도 그에게 주는 선물이었을 가능성이 있다. 이 글은 다음과 같이 시작한다.

친애하는 베네데토 디아이께
이곳 동쪽 소식을 전하려 합니다. 6월에 리비아 사막에 거인이 출현했다는 사실을 아셔야 합니다. 이 거인은 아틀라스 산에서 태어났고, 몸은 온통 검은색인데다가, 아르탁세르세스(Artaxerxes, 많은 반란을 겪었던 페르시아의 왕—옮긴이)와 싸웠고, 이집트인 및 아랍인과 싸웠으며, 메디아 사람, 페르시아 사람과도 싸웠습니다. 거인은 바다에서 고래와 바다뱀, 선박 등을 먹고 삽니다.

그리고 거인과 그 지역에 사는 인간과의 지축을 흔드는 전투를 묘사하면서, 마치 걸리버 여행기에 나오는 것처럼, 사람들이 왜소한 체구로 '쓰러진 참나무 줄기 위에 덕지덕지 붙은 개미와 같이 거인의 몸 위를 맹렬하게 움직인다.'고 적었다. 사람들이 찔러대는 통에 쑤

시고 아파서 눈을 뜬 거인은 '마치 무서운 천둥이 내려치듯 으르렁댔고, 거인이 한손을 들어 올리자 사람들은 거인의 손에 난 털에 대롱대롱 매달렸다.'

이 글은 여행가를 위한 소식지에서 레오나르도의 편지를 베네데토 디아이가 독자에게 전달하는 방식으로 소개되었다. 당시 대부분의 여행 이야기는 이처럼 편지 형식을 빌렸다. 배경은 베네데토의 아프리카 여행과 맞아떨어지고, 여기에 전통적인 요소를 사용해서 글의 맛을 더했다.

레오나르도는 리비아에서 왔다가 헤라클레스에게 죽음을 당했던 거인 안타이오스(Antaeus)의 전설을 마음속에 그렸을지 모른다. 특히 거인을 묘사하는 데 있어, '매우 무섭게 생긴 검은빛 얼굴, 핏발 선 눈, 넓은 콧구멍, 두꺼운 입술' 등 아프리카 흑인을 무서운 모습으로 희화화했다. 그가 인종적인 고정관념을 유쾌하게 즐겼음이 분명하다. 레오나르도가 희화화를 통해 과장된 표현을 구사했던 여행 작가였는지, 아니면 자신의 해결되지 않는 감정을 표현했는지는 판단하기 어렵다. 아프리카 흑인이 이국적인 존재이기는 했지만, 이탈리아에서는 눈에 익숙한 존재로 르네상스 시대 화가들의 작품에 많이 등장했다. 특히 동방박사의 경배의 장면에서는 낯선 왕들이나 동방박사와 동행했던 인물로 등장했는데, 레오나르도의 작품에서는 예외였다.

레오나르도의 이야기는 흑인 괴물이 사람들을 모두 먹어치우고, 사람들의 집을 짓밟는 것으로 끝난다. 이는 유명한 '노아의 대홍수' 데생에서도 표현했듯이, 레오나르도가 반복해서 드러냈던 강박관념 가운데 하나인, 대격변으로 인한 파괴라는 주제와 관련이 있다. 이야기는 좀처럼 머릿속에서 잊힐 것 같지 않은 다음과 같은 문장으로 끝을 맺는다. '나는 무슨 말을 해야 할지, 무엇을 해야 할지 알지 못한다. 내가 어디에 있든 결국 아래로 헤엄쳐 거대한 목구멍을 통과해 커다란 배 속에, 죽음의 혼돈 속에 묻혀 버릴 것이기 때문이다.' 이런 표현은 스스로 묘사한 사건 속에 휩쓸리고 마는 옛날 단편소설 작가의 상투적인 기법이다. 그러나 단순히 이야기를 전개하기 위한 장치라기보다는 레오나르도가 자신의 내면에 접근하기 위한 것이라는 인상을 준다.

레오나르도는 이야기 전개의 기본 기술과 언어 및 문학적인 효과에 대한 자신감을 얻은 듯 보이고, 거인의 이야기에서 이미 그런 기술을 보여주었다. 레오나르도가 시와 산문집을 소장하기 시작한 시기는 1480년대 말인데, 이때는 그가 습관적으로 노트를 기록하기 시작한 시기이기도 하다. 노트에 담긴 글은 결코 문학적이지는 않았고, 오히려 묘사, 관찰, 문제점, 해결책, 목록 등 작업과 관련이 있었다. 레오나르도의 글은 명쾌하고 간결했으며, 이미 대가의 면모를 보였던 시각언어를 보완하는 것이 글이라는 인식을 담고 있었다. 문법과 수사학 서적을 소장한 것도, 문학을 향해 모호한 열망을 품어서라기보다는 과학 연구를 충실하게 설명하기 위한 것이었다고 추정된다.

문학적인 감각의 글을 쓰는 것은 레오나르도에게는 지엽적인 일이었다. 조금 역설적이기는 하지만 레오나르도가 가장 즐겨 썼던 글 가운데 하나가 그림과 시를 비교하는 글이었는데, 이 비교에서 그림이 시보다 언제나 우월하다고 주장했고, 이런 주장은 『회화론』의 서론에도 등장한다. 레오나르도는 문학을 대체로 사교 기술이나 세련된 기술로 파악했던 것 같다.

말장난과 단어 게임을 좋아했던 레오나르도의 취향 또한 글에 대한 그의 흥미로우면서도 제한된 견해를 엿볼 수 있는 면모이다. 문학적인 장난을 수록한 1480년대 후반의 기록을 보면 레오나르도의 머릿속을 간접적으로나마 엿볼 수 있다. 이 기록은 커다란 종이의 형태로 윈저 소장품에 포함되어 있는데, 일반적으로 리버스(ribus)라 불리는 암호가 가득하다.[17]

리버스는 그림으로 표현된 단어나 이름, 문장 등으로, 시각적 기호이다. 게임 자체는 단어를 피해 그림으로 표현하는 것이지만, 철저하게 말과 관련이 있다. 퍼즐을 해결하는 열쇠가 전적으로 언어끼리의 연관성에 있으며, 언어의 이중적 의미 또한 알아야 하기 때문이다. 시각적 기호를 고안해 내기 위한 좀 더 정교한 형태의 규칙집이 제작되지는 않았지만, 이탈리아에서는 이런 암호 놀이가 오랫동안 인기를 끌었다.

윈저 소장품 중에는 레오나르도가 모두 154가지의 리버스를 두 면에 빽빽이 그려 넣은 종이가 포함되어 있다.[18] 그림문자 자체를 보면 급하게 그린 흔적이 역력하지만, 레오나르도의 풍부한 창의성을 발

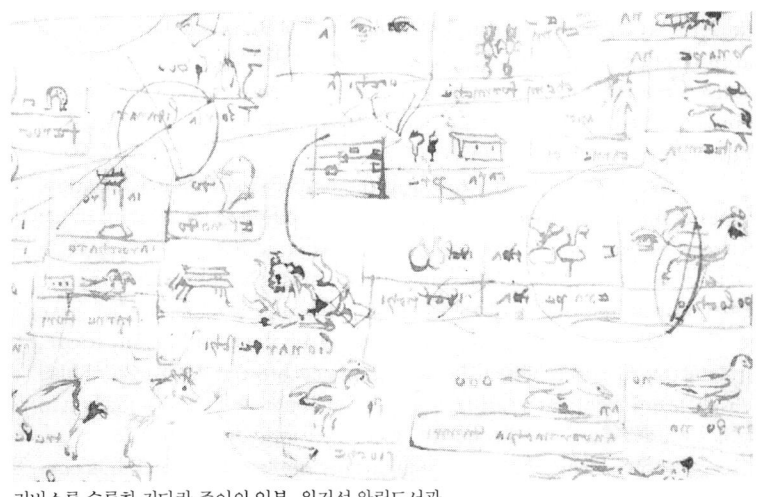

리버스를 수록한 커다란 종이의 일부. 윈저성 왕립도서관

견할 수 있다. 그가 그린 리버스는 그림만으로 구성된 것도 있었지만, 대부분 그림과 단어 또는 문자를 결합했기 때문에 '순수한' 의미의 리버스는 아니었다. 이 작품은 자신의 아이디어를 여러 각도에서 시도해 본 실험용 초고인 것 같다. 각 리버스 아래에는 시각적인 수수께끼를 풀 수 있는 실마리가 적혀 있다. 옥수수 더미(grano, 곡식)와 바위(calamita)를 그린 리버스의 답은 커다란 불행(gran calamita)이고, o와 과일 배(pera)를 그린 리버스의 답은 오페라(opera)이다. 얼굴(faccia)과 노새(asino)를 그린 리버스의 답은 fa casino로, 일을 항상 엉망진창으로 만드는 사람을 뜻하는 속어이다.

당시 궁정 사람들이 펜과 잉크를 사용해서 이런 게임을 즐겼음을 고려할 때, 레오나르도가 이 게임의 인도자로 농담을 즐기며 사람들을 재미있게 이끌어 나가는 재간꾼 역할을 했으리라는 추측을 해 볼 수 있다. 또한 그림문자는 실생활에 사용되어 건축 장식으로 인기를 끌기도 했다. 한 밀라노의 건축가는 스포르자의 저택이 우화적인 그림문자로 장식되어 있었다고 했다.

실용성 여부를 떠나서, 리버스를 통해 레오나르도의 내면을 들여다볼 수도 있다. 앞서 설명했던 성 제롬의 사자(leone)와 불길(ardere)을 합하면 Leonardo(레오나르도)가 된다. 하지만 자기 자신을 가리키는 말장난이나 상형문자로는 왠지 황량한 느낌이 든다. 고귀하고 강력한 존재로 인식되었던 사자가 불길로 인해 쇠약해지고 파멸되기 때문이다. 앞서 보았던 옥스퍼드 소장 우화의 이중적 영역을 우리는 여기서 다시 만나게 된다. 이렇듯 궁중풍의 퀴즈 게임에서조차도 레오나르도의 내면을 들여다볼 수 있다.

레오나르도는 농담을 좋아해서 여러 편의 농담을 남겼다. 이런 종류의 농담은 특별히 중요한 의미가 있는 것은 아니었고, 그저 당시에 인습적으로 회자되던 것이었다. 아마 사람들 사이에 말로 전해지던 농담을 글로 옮겨 놓았다고 보는 편이 옳을 것이다. 레오나르도는 아무런 표정 없이 짐짓 엄숙한 척 가장하며 사람들에게 이런 농담을 건넸을 것이다. 바사리가 열광하며 주장했듯이 사람들은 레오나르도의 유쾌한 대화를 즐겼다. 물론 그런 속에도 냉담하고 무뚝뚝한 정반대의 성격이 묻혀 있었지만, 어쨌거나 우스운 소리로 사람들을 웃게 만드는 일은 레오나르도 생활의 일부분이었다. 그가 그린 매우 유명한 그림이 이탈리아에서 '라 지오콘다(La Gioconda)' 즉 '명랑한(또는 농담하는) 여인'으로 불렸다는 사실은 결코 우연이 아니다.

레오나르도의 농담은 다양했다. 다소 지루하게 말장난으로 치우친 경향이 있어서, 도통 무슨 말을 하려 하는지 알 수 없는 농담도 몇 편 끼어 있다. 풍자적인 농담도 몇 편 있는데, 특히나 성직자에 대한 농담에서 이런 성향이 두드러지게 나타난다. 요즈음의 기준대로라면 맛깔스러운 초서(Chaucer, 캔터베리 이야기를 쓴 중세 영국의 위대한 시인—옮긴이)식의 특징을 담은 외설스런 농담도 있다.

농담은 레오나르도의 노트와 원고 이곳저곳에 분산되어 기록되어 있는데 그 중 몇 가지 예를 들면 다음과 같다.

한 남자가 자신이 과거에 이 세상에 살았었다는 피타고라스의 주장(피타고라스는 영혼은 불멸하고 윤회한다고 주장했다.—옮긴이)을 증명하려 애를 썼지만, 상대방은 전혀 믿으려 하지 않았다. 그래서 이 남자는 '내가 전에 여기 있었다는 증거를 대 보겠네. 자네가 방앗간 주인이었다는 사실이 기억나네.'라고 말했다. 그러나 이 말이 자신을 조롱하는 것이라 생각한 상대방은 이렇게 응수했다. '자네 말

이 맞네. 나도 이제 생각이 났는데, 그때 자네는 내 방앗간에서 밀가루를 실어 나르던 당나귀였잖은가.'

어떤 사람이 한 화가에게, 비록 생명은 없더라도 어쩌면 이토록 아름다운 인물을 그려 냈는지, 그러면서도 어떻게 그토록 못생긴 자식을 낳았는지 물었다. 화가는 이렇게 대답했다. '그림은 낮에 그리고 자식은 밤에 만들었기 때문이오.'[19]

한 여인이 빨래를 하고 있었다. 여인의 발은 추위로 인해 빨갛게 얼어 있었다. 그곳을 지나가던 성직자가 여인의 발을 보고 깜짝 놀라, 왜 발이 빨간지 물었다. 성직자의 물음에 여인은 자기 발밑에 불이 훨훨 타오르고 있어서 그렇다고 즉시 대답했다. 그러자 성직자는 자신을 수녀가 아닌 수사가 되게 한 신체 일부를 꺼내 여인에게 가까이 대면서 자기 양초에 불을 켜 줄 수 있겠느냐고 공손하게 물었다.[20]

페트라르카(Petrarch, 사랑의 서정시 선집으로 유명한 이탈리아의 시인이자 학자—옮긴이)가 월계수 마른 잎을 그토록 미친 듯이 좋아한 이유는 소시지와 새 요리에 월계수 마른 잎을 넣으면 맛이 뛰어났기 때문이다.[21]

마지막 농담은 월계수 나무를 뜻하는 lauro와 로라(Laura)를 이용한 말장난으로, 로라는 페트라르카의 사랑의 시에 등장하는 인물이다.

건축 프로젝트

1487년 밀라노 대성당은 성당 중앙에 돔 형태의 십자가 탑을 얹는 계획을 세웠다. 설계도를 제출한 건축가 중에는 레오나르도도 포함되어 있었다. 그는 목수인 베르나르도의 도움을 받아 나무 모델을 제작했는데, 나무 모델의 제작 비용 일부는 밀라노 대성당 측으로부터 1487년 7월부터 1488년 1월까지 7차례에 나누어 지급받았다.

파리 MS B에 들어 있는 데생을 보면 레오나르도는 돔 지붕을 받치는 원통형 건조물의 토대를 더 넓게 만들 목적으로 부벽(扶壁)의 설치를 고안했다. 또한 아치에 무게를 분산시키기 위한 실험의 내용을 기록했다.

> 우물의 기둥 몸체에 저울을 놓고 그 위에 사람을 올려놓는다. 그러고는 우물 벽으로 손과 발을 뻗게 한다. 그러면서 저울의 눈금을 확인하면 사람의 몸무게가 실제보다 훨씬 가볍게 측정된다. 사람의 어깨에 무게를 실을수록, 팔과 다리로 벽을 미는 힘은 더욱 커질 것이고, 저울에 나타난 무게는 감소할 것이다.[22]

훌륭하지만 다소 위험스러워 보이는 이 실험은 모든 무게를 지지 기둥에 싣지 않고 가로질러 분산하는 아치의 속성을 보여준다. 우물 기둥 몸체에 큰 대자로 손발을 펴고 있는 인물은 레오나르도의 그 유명한 '비트루비우스의 인체비례(Vitruvian Man)'를 떠올리게 한다. 즉 이런 종류의 '시범'에 앞장서고, 날개치기 비행기의 시험 조종사 역할을 기꺼이 담당하는 사람의 모습을 상상해 볼 수 있다.

이 프로젝트와 관련해서 레오나르도가 발표한 연설의 초안이 현재까지 전해진다. 초안의 주제는 건축물의 시각적, 구조적인 조화와 신체의 조화로운 균형 사이에서 행한 유추였다. 사람의 신체와 마찬가지로 건물의 '건강은 균형이나 각 요소의 조화에 의해 유지되는데, 이들 사이에 부조화가 발생하면 건강은 망가지고 방치됩니다.' 그래서 건축가는 의사와 같은 역할을 한다는 것이었다.

약을 적절하게 사용하면 환자에게 건강을 되찾아 줄 수 있습니다. 약에 대해 철저하게 아는 사람이 사람의 본질과 생명과 체질, 건강의 본질을 파악한다면 약을 제대로 사용할 것입니다. 이런 지식을 철저하게 소유한 사람은, 여기에 반대 영향을 미치는 요소 또한 이해하고 있기 때문에 그 어느 누구보다 효과적인 치료자가 될 것입니다. 바로 이런 사람이 병을 앓고 있는 대성당에 필요합니다. 성당에는 의사 역할을 할 수 있는 건축가가 필요합니다. 건물의 본질을 이해하고, 정확한 건축이 이루어지는 법칙을 알고 있는 건축가가 필요합니다. ……[23]

건축을 사람의 신체에 빗대서 생각했던 사람은 레오나르도만이 아니었다. 알베르티나 필라레테와 같은 르네상스 시대 건축가들과 그들보다 과거 사람인 비트루비우스도 그랬다. 이 책에서는 극히 일부만을 인용했지만, 레오나르도는 이런 주제를 이 연설 초안에서 매우 철저하게 전개시켰다. 그러나 이것이 실제 연설문이었다고 생각해 보면, 허풍스럽고, 학자인 척하는 장황한 연설이 되었을 것 같다. 레오나르도는 이런 종류의 연설에 능숙한 사람이 아니었을 텐데 말이다. 하지만 레오나르도는 갑자기 연설에 싫증을 내면서 다음과 같이 거의 무관심한 태도로 초안을 끝맺었다. '나를 선택하든지 아니면 나

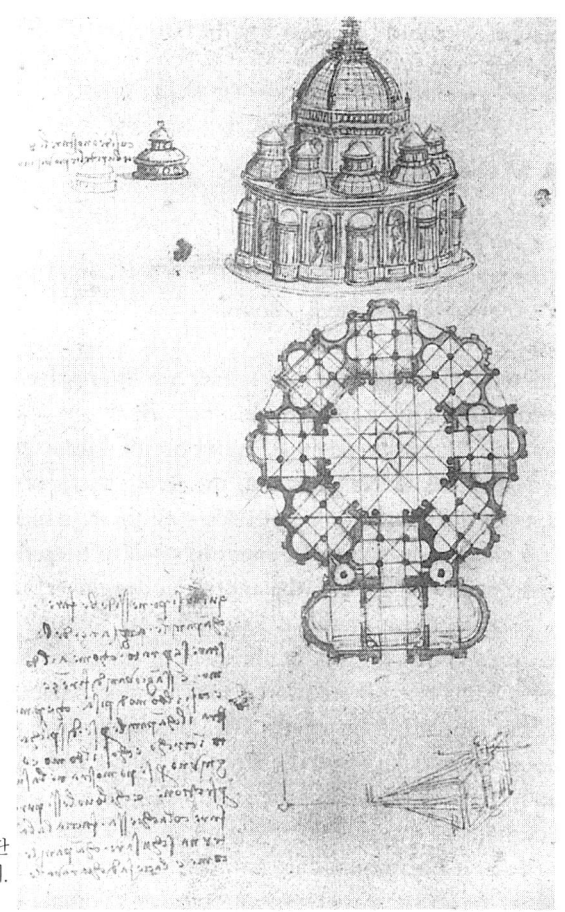

레오나르도, 중앙에 제단을 설치한 '교회당' 설계. 파리 MS B

보다 발표를 더 잘한 사람을 선택하십시오. 모든 감정을 배제하고 말입니다.'

실제로 연설을 했는지도 의심스럽다. 대성당 프로젝트는 연기에 연기를 거듭하면서 답보 상태에 빠졌다가 3년 후에야 최종 결정이 내려졌다. 하지만 레오나르도는 이미 프로젝트 자체에 흥미를 잃었던 것처럼 보인다. 결선 후보자 명단에 그의 이름은 빠져 있었기 때문이다.

레오나르도는 이 시기부터 일련의 '교회당' 설계들을 완성했다. 중앙에 제단을 둔 교회의 설계였다. 앞 페이지의 아름다운 교회당 설계도는 리브리 백작의 도난 사건 이후로 지금은 분리된 채 엮인 MSB에 수록되어 있다.[24] 평면도는 세타(theta) 수열이란 명칭의 복잡한 기하학 체계를 바탕으로 한다. 설계도의 왼쪽 아래에 적힌 메모를 보면, 레오나르도는 기하학적 수열뿐만 아니라 실제 교회에 적용하는 문제에 대해서도 고민했음을 알 수 있다. 그는 종탑이 '자체로 완벽한 자태를 보이는' 피렌체나 피사의 대성당처럼 분리되어야 하는지, 아니면 교회에 통합되어야 하는지, 키아라발레(Chiaravalle) 교회처럼 꼭대기 탑이 종탑의 구실을 할 수 있는지 의문을 품었다.(키아라발레의 중세 수도원은 밀라노에서 몇 마일 떨어진 곳에 위치했고, 레오나르도는 코덱스 아틀란티쿠스에서, 이 수도원의 '달, 태양, 시간과 분'을 가리키는 점성술 시계에 대해 언급한 적이 있다.)

루도비코 스포르자의 정부情夫

레오나르도의 초기 노트에는 매우 다양한 계획과 프로젝트가 가득하다. 이 시기에 다양성은 이미 레오나르도를 상징하는 트레이드마크였다. 하지만 이런 다양한 계획과 프로젝트는 사실상 루도비코 스포르자 궁정에 들어가기 위한 계획의 일부이기도 했다. 군사 무기, 도시 계획, 비행 기계, 건축 설계, 심지어는 궁정에서 행해지는 단어 퍼즐에 이르기까지, 종이에 기록되어 오늘날까지 전해지는 모든 계획은 루도비코 스포르자의 다재다능한 전문가이자, 독창적인 엔지니어가 되기 위한 레오나르도의 노력의 일환이었다. 레오나르도의 이런 노력에 대해 루도비코가 어떤 반응을 보였는지는 알 수가 없다. 그가 레오나르도의 명석함에 감명을 받은 것은 분명하지만, 이 감명이 구체적인 후원으로까지 이어졌을까? 아마도 레오나르도는 동료 피렌체인인 베네데토 디아이처럼 팁이나 수당 형식으로 간헐적으로 소액의 급료를 받았을 것이다. 예를 들어 공격용 잠수함에 대한 착상을 발전시키거나, 성 정원에 위치한 공작부인의 별관의 재설계를 맡으면서 급료를 받았을 것이다. 그러나 이런 금액은, 당시 밀라노의 신하 가운데 한 명이었던 토마소 테발디(Tommaso Tebaldi)가 '궁정에 사는 예술가가 구빈원(救貧院)에서 숨을 거두었다.'며 못마땅한 듯 말했던 것으로도 알 수 있듯이, 그다지 넉넉하지 못했다. 그러므로 당시 노트들은 레오나르도가 생계를 위해 고심한 것으로서가 아니라 자신이 갖고 있던 열망과 야심을 펼쳐 보인 것으로 이해해야 할 것이다. 실제로 레오나르도가 루도비코에게서 수당을 처음으로 받은 것은 토목 공사나 건축의 영역에서가 아니라, 루도비코의 아름다운 젊은 애인인 체칠리아 갈레라니(Cecilia Gallerani)의 초상화 제작에서였다.

 루도비코 스포르자는 자신의 형처럼 부패의 전형은 아니었지만, 절대군주로서 누릴 수 있는 성적(性的) 특권을 즐겼다. 그는 여성 신하를 개인 소유의 사냥터에 널려 있는 사슴처럼 언제나 취할 수 있는 대상으로 생각했다. 또한 여성들은 자신의 개인적인 감정과는 아무 상관없이, 그의 눈에 들기만 하면 자신과 가족에게 안락한 특권의 세계가 열린다는 사실을 알고 있었다. 체칠리아 갈레라니는 1473년 초에 출생했다. 아버지인 프라지오는 공무원으로 피렌체와 루카에서 대사로 근무했고, 어머니는 유명한 법학박사의 딸이었다. 체칠리아는 훌륭한 가문 태생이기는 했지만, 일곱 살 때 아버지가 돌아가셨고 오빠가 여섯 있었기 때문에 그다지 부유하지 못했다. 하지만 형제 중에서는 그녀만이 비교적 호화스럽게 성장했고, 총명한데다가, 훌륭한 교육을 받았으며, 후에는 작가들을 후원하기도 했다. 그녀가 고혹적으로 아름다웠다는 사실은 그녀에 대한 많은 시와 편지에서 추론할 수 있지만, 사실 그런 추론 자체가 불필요하다. 바로 그녀를 모델로 한 레오나르도의 '흰 담비를 안은 부인(Lady with an Ermine)'(컬러 삽화 12)이란 작품 때문이다.

그녀가 루도비코의 정부가 된 시기는 기록에 남아 있지 않지만, 매우 근접하게 추측할 수 있다. 1487년 6월에 발행된 문서에 따르면, 그녀는 조반니 스테파노 비스콘티와의 어린 시절 결혼 계약으로부터 비로소 자유로워진다. 여기에는 이미 그녀에 대한 루도비코의 연정이 숨어 있을 가능성이 있다. 당시 그녀는 14세로, 어리기는 했지만 그렇게 어리다고도 볼 수 없는 나이였다. 1489년 초여름, 그녀는 가족과 떨어져 살았지만 어느 곳에 거주했는지에 대한 기록은 남아 있지 않다. 하지만 루도비코와의 사랑의 보금자리였으리라는 추측이 가능하다. 같은 해에 체칠리아의 오빠인 시게리오(Sigerio)가 말다툼 끝에 사람을 죽였지만, 루도비코의 개인적인 중재로 재판을 피할 수 있었다. 이런 상황을 고려해 볼 때, 체칠리아가 루도비코의 정부가 된 시기는 1487년경으로 추정된다. 그러나 임신을 통해 두 사람의 관계가 명백하게 드러난 것은 1490년에 이르러서였다.

체칠리아 입장에서는 예정되었던 결혼 계약 정도는 희생시킬 수 있는 것이었지만, 루도비코에게는 결코 그렇지 않았다. 그는 완전히 정치적인 이유로 페라라(Ferrara) 공작의 딸인 베아트리체 데스테(Beatrice d'Este)와 1480년에 결혼 서약을 한 상태였다. 두 사람의 결혼식 날짜가 급박하게 다가왔다. 결혼식이라는 호화로운 예식을 통해 주요 권력자 사이의 동맹이 공공연하게 맺어질 예정이었다. 그러나 1490년 11월 8일, 페라라 공작은 트로티(Trotti) 밀라노 대사로부터 황당한 소식을 받았다. 루도비코가 여전히 체칠리아에 푹 빠져 있기 때문에, 페라라 공작의 딸과 결혼할 의사가 있는지 확실하지 않다는 내용이었다. '그는 체칠리아를 성으로 불러들이고, 어디를 가든 함께 다닙니다. 또한 그녀에게 무엇이든 주려고 합니다. 그녀는 임신 중인데다가, 꽃처럼 아름답습니다. 그는 그녀를 찾아갈 때 나를 데려가기도 합니다.' 밀라노 대사는 이 문제에 대해 약간 지나치다 싶을 정도로 흥분했지만 결국 외교적인 결론을 맺었다. '하지만 억지로 해결될 수 있는 성질의 문제는 아니고, 시간이 흐르면서 모든 일이 순조로워질 것입니다.'

루도비코와 베아트리체의 결혼은 계획대로 진행되어, 1491년 1월 16일 호화로운 결혼식이 거행되었다. 그러나 체칠리아는 계속해서 루도비코에게 자신의 매력을 발산했고, 결혼식이 끝난 한 달 후에 트로티 밀라노 대사는 페라라 공작에게 이렇게 보고했다. '루도비코가 제 귀에 대고, 라 로카(La Rocca, 성에 있는 루도비코의 개인 집)에 가서 체칠리아와 사랑을 나누면서, 평화롭게 그녀와 함께 있고 싶다고 했으며, 남편에게 복종하고 싶어 하지 않는 그의 아내 또한 그렇게 하기를 바라고 있다고 말했습니다.' 베아트리체는 체칠리아와 시시덕거리며 시간을 보내려 하는 한 남편과 동침할 수 없다고 버텼던 것이 분명하다. 그러나 3월 21일자 트로티의 보고에 따르면, 루도비코는 체칠리아에게 성에서 떠나라고 명령했다. '루도비코는 더 이상 체칠리아를 가까이 하고 싶어 하지도, 그녀와 관계를 맺고 싶어 하지도 않습니다. 이제 그녀의 배가 너무나 부르기 때문에 루도비코에게 아들을 안겨줄 때까지는 그런 일이 없을 겁니다.' 4월의 보고에 따르면, 체칠리아는 루도비코가 도시 안에 마련해 준 아파트에 기거했다.

5월 3일 체칠리아는 아들을 출산했다. 시인인 벨린치오니(Bellincioni)는 아기의 출생을 축하하는 뜻에서 서둘러 소네트 삼부작을 지었고, 그 시 속에서 체칠리아를 '섬'이란 뜻의 '이졸라(Isola)'라고 부르면서[이는 체칠리아(Cecilia)가 시칠리아(Sicilia)섬과 유사한 데서 나온 언어유희이다.], '무어 가문의 씨가 결실을 맺도록' 해준 그녀를 묘사하며 축하했다.

벨린치오니의 이 시 덕택에 우리는 레오나르도가 그린 초상화에 대해 언급한 최초의 문헌을 확보하게 되었다. 그의 시는 격의 없는 어조로 자연을 노래했다.

> 오! 자연이여, 그대의 별을 그린 빈치를
> 그대는 얼마나 시기하는지
> 아름다운 체칠리아, 그녀의 아름다운 두 눈은
> 햇빛조차 어두운 그림자로 보이게 하네.
> ……
> 이것 보시오. 그녀가 생기 있고 사랑스러울수록
> 앞으로 내내 더 많은 영광이 그대에게 함께 하리니
> 그러므로 루도비코에게 감사하시오.
> 그리고 레오나르도의 천재성과 그 손길에 감사하시오.
> 둘 다 후세와 더불어 그녀를 함께 누리기를 원한다오.

내가 알고 있는 범위 내에서, 이 시는 레오나르도의 그림에 대해 언급한 최초의 문학 작품이다. 또한 이 시에는 다음과 같이 다소 예리한 관찰의 결과가 포함되어 있다. '그의 예술로, 그녀의 모습은 마치 말하는 것이 아니라 무언가에 귀 기울이는 것처럼 보이네.' 초상화의 자세가 그림의 공간 너머 무언가에 주의를 기울이고 있는 것 같은 분위기를 풍기기 때문이다. 여기에는 '한 번도 그녀가 재잘재잘 떠드는 소리를 들어본 적이 없다.'는 체칠리아에 대한 개인적인 회상도 반영된 것일까?

이 그림의 숨은 배경으로는 스포르자 궁정의 성(性)과 쑥덕공론, 시 등을 열거할 수 있다. 레오나르도가 그린 초기 초상화인 지네브라 데 벤치의 초상화와 마찬가지로, 여인의 초상화는 연인을 즐겁게 해줄 목적으로 제작되었다. 이곳 밀라노에서는 행동이 노골적이어서, 지네브라를 향한 벰보의 사랑 같은 순수한 정신적 사랑은 존재하지 않았다. 체칠리아의 초상화에는 지네브라의 초상화처럼 달빛에 젖은 평온한 분위기란 없고, 성애에 의한 흥분이 존재할 뿐이다. 모피로 덮인 동물을 껴안고 있는 손은 성적인 암시이다. 이마에 붙인 금장식 띠, 검은 밴드, 뒤로 묶은 베일, 목걸이 등 장신구는 내연의 처가 처해 있는 억눌리고, 옴짝달싹할 수 없는 신분을 암시한다. 나는 레오나르도의 『회화론』에서 다음과 같은 글을 읽은 기억이 난다. 여기서 레오나르도는 시인이 '사람을 사랑으로 불붙게 할 수 있는' 힘을 가진 것처럼 화가 또한 같은 종류의 힘을 가지고 있다고 주장했다. 그는 사람이 '그림과 사랑에 빠지도록' 만들 수 있었다. 그러면서 이런 이야기를 들려주었다.

언젠가 한번은 신성한 주제를 표현한 그림을 그린 적이 있었다. 한 남자가 그녀를 깊이 사랑하게 되어 그 그림을 샀다. 그는 양심의 가책을 느끼지 않고 그림에 키스하기 위해 신성의 상징을 없애고 싶

어 했다. 하지만 결국 양심이 한숨과 욕망을 극복했기 때문에 집에서 그림을 없애고 말았다.[25]

이 그림이 체칠리아의 초상화일 리는 없지만 사람들이 그림을 일종의 사랑의 대상, 성애를 뜻하는 유혹물로 생각하기도 했음을 알 수 있다.

여인의 팔에 안겨 있는 흰 담비에는 상징적인 민간전승의 의미가 담겨 있다. 담비는 겨울에 모피가 흰색을 띠는 북부지방 족제비다.(그림에서 담비의 털은 유약의 영향으로 변색되어 노란 기운이 도는 갈색처럼 보인다.) 1490년 초 책으로 엮인 레오나르도의 '우화집'에서처럼 흰 담비는 순수 및 청결과 관련이 있다. '흰 담비는 그 기질 때문에…… 자기 몸을 더럽히지 않으려고, 진흙투성이의 굴에 들어가기보다는 차라리 사냥꾼에게 잡히는 쪽을 선택할 것이다.'[26] 이런 주장은 레오나르도의 독창적인 생각은 아니어서, 다른 작가의 우화집에도 등장한다. 이렇듯 청결을 연상시키는 동물을 초상화에 그린 것은, 성애를 상징하는 그림에 부분적으로 아이러니컬한 기교를 덧붙인 것이고, 체칠리아 가문의 이름을 연상시키기 위한 것이기도 했다.(담비를 뜻하는 그리스어는 'galé'인데, 이는 체칠리아 가문의 성인 '갈레라니(Gallerani)'에 대한 언어유희가 된다.) 레오나르도 자신이 이런 기교를 즐겨 사용하기도 했고, 자신의 고객 또한 좋아하리라는 점을 알고 있었다.

그러나 여기서 흰 담비는 또 하나의 특별한 의미를 가진다. 바로 루도비코를 상징하는 것이다. 루도비코는 1488년 나폴리 왕으로부터 법관에 해당하는 지위(the Ermine, 흰 담비를 뜻하는 'ermine'과 같다.)를 부여받았고, 벨린치오니는 소네트에서 루도비코를 '이탈리아인 무어(moor), 하얀 담비'라 칭했다. 체칠리아의 팔에 안겨 있는 흰 담비는 그녀를 사회적으로, 성적으로 구속하고 있는 남자의 상징이다. 경계를 늦추지 않는 흰 담비의 눈과 근육이 잘 발달한 앞다리, 여인의 붉은 소매로 뻗쳐 있는 발톱이 눈에 띈다.

레오나르도가 실물을 모델로 흰 담비를 그렸을 가능성이 크다. 당시에 흰 담비는 모피 상인에 의해 밀라노로 수입되었다. 모스크바에 간 한 여행객이 루도비코의 동생에게 '아름다운 흑 담비, 흰 담비, 곰, 흰 산토끼를 산 채로 아니면 죽은 상태로라도' 보내주겠다고 약속하는 편지가 전해진다. 담비와 그 친척 동물은 장식적 의미가 강한 애완동물이었기 때문에 전반적으로 초상화는 현실과 동떨어지지 않았다. 또한 흰 담비는 검은색 배경에 대비되어 아름답게 빛을 발하면서 매우 선명한 사실주의 이미지를 풍긴다.

밀라노의 작업실

1480년대 말, 레오나르도는 밀라노에 작업실을 마련했다. 이는 본질적으로 자신이 훈련을 받았던 피렌체의 작업실을 본뜬 것으로, 주문을 받아 대가의 지도 아래 작업을 하는 공방이나 작업장의 형태였다. 체칠리아의 초상화를 비롯한 일부 작품은 거의 전적으로 레오나르도의 손을 거쳤고, 기타 작품들은 대부분 레오나르도의 감독을 받아 조수들이 그렸으며, 가끔씩 레오나르도가 대가다운 솜씨를 발휘해서 작품 제작에 끼어들어 정정을 하기도 했다. 조수들은 때때로 레오나르도의 본을 따라 작업하기도 하고, 가끔은 작업실의 전반적인 스타일과 틀을 기준으로 좀 더 자유롭게 작업하기도 했다. 계약에 따라 대가가 손을 대는 작품과 조수들의 손으로 완성하는 작품은 보수 면에서 차이가 났다. 1492년경에 작성한 노트에서 레오나르도는 '충분한 보수를 받지 못했기 때문에 최상의 실력을 발휘할 수 없다고' 불평하는 '어리석은 화가들을' 비난했다. 그들은 그림에 대해 나름대로 기준을 가지고 있어야 했고, 그것을 통해 '이 그림은 가격이 높다, 적당하다, 매우 싸다' 등의 말을 할 수 있어야 했다.[27] '가격이 매우 싼' 작품에는 대가의 손길이 그만큼 줄어들게 마련이었다.

파올로 조비오(Paolo Giovio)는 당시 제자들에 대한 레오나르도의 태도에 대해 언급했다. 레오나르도는 제자들이 기교를 서서히, 그리고 철저히 배우도록 매우 엄격한 태도를 취했다고 한다. 그는 '20세가 되지 않은 젊은이들은 절대 붓과 물감을 만지지 못하게 했고, 납 철필만을 가지고 연습하게 했다.'

레오나르도의 밀라노 작업실에서 제작했던 작품에는, 분명히 큰 대가를 받았을 고품질의 궁정 사람들 초상화와 종교적 그림 시리즈가 있다. 체칠리아 갈레라니의 초상화도 그중 하나이다. 세 점의 다른 그림 또한 전적으로 또는 대부분 레오나르도가 직접 제작했다. 밀라노 작업실에서 제작한 초상화 중에서 가장 활기 있는 작품은 '악사(The Musician)'이다.(컬러삽화 13) 이 작품은 유화 반신상으로 길고 곱슬곱슬한 금발 머리카락에 밝은 빨간색 모자를 쓴 잘생긴 외모의 젊은이를 그렸다. 레오나르도는 자신의 스케치북에 많은 초상화 데생을 남겼지만, 남자 초상화를 그림으로 완성한 것은 이 작품뿐이다. 이 작품이 처음 세상에 모습을 드러낸 것은 1686년으로, 당시에는 베르나르디노 루이니(Bernardino Luini)가 그린 '밀라노 공작의 초상화'로 알려졌다. 그러다가 1905년 그림의 때를 벗겨내자 오른손에 들려 있는 악보가 드러났고, 그 이후로 '악사'라는 제목이 붙었다.

'악사'의 일부분, 예를 들어 제복에 색을 입힌 작업 등은 형식적인 선에 머문 것처럼 보인다. 그래서 때로 이 그림을 '미완성'이라 주장하는 사람도 있다. 그러나 이는 레오나르도의 예술적 결정에 따른 것으로, 강렬하게 마무리한 얼굴을 중앙에 부각시키기 위해 의도적으로 주변을 형식적으로만 마무리한 것으로 보인다. 체칠리아 갈레라니의 초상화에 대해서도 비슷한 의문점이 남는다. 나중에 행해진 어설픈 작품 수리로 말미암아 왼손의 형태가 잘못된 것일까, 아니면 레오나르도가 의도한 것일까? 거의 윤곽조차 드러나지 않는 왼손은, 가운데서 환하게 빛을 받는 여성과 네 발 달린 동물 주변을 둘러싼 어둠에 동화되어 있다. 왼손이 좀 더 자세하게 묘사되었다면, 구도의 모양과 초점도 바뀌었을 것이다. 이처럼 주변을 희미하게 만들거나 대충 마무리 짓는 일은 데생에서는 매우 흔했지만, 그림에서는 그렇지 않았다. 그림의 경우에는 고른 마무리가 관습으로 굳어 있었다. 작품을 X선으로 검사해 본 결과, '브누아의 성모'와 비슷하게 배경에 창문이 있었던 것으로 밝혀졌다. 나중에 배경을 검은색 물감으로 덮었는데, 이 또한 주의가 산만해지는 것을 최소화하기 위한 동기에서 비롯되지 않았나 싶다. 전면에 배치된 인물이 집중조명을 받는 동안, 그 배경은 편안하고 부드러운 느낌을 주는 것이 바로 밀라노 초상화의 특징이었다.

벨 페로니에르(Belle Ferronnière)(컬러삽화 14)라는 명칭이 붙은 관능적 모습의 정면 초상화는 현재 루브르에 소장되어 있고, 1490년대 중반에 제작된 것으로 추정된다. 이 작품은 레오나르도가 그렸던 스포르자의 내연의 처 초상화 시리즈에 속한 작품일 가능성이 있는데,

매혹적이고 섬세한 정도에서는 '흰 담비를 안은 여인'에 뒤처진다. 육감적인 입과 특이하게도 저 너머 어떤 지점이 아닌 바라보는 사람에 초점을 맞춘 직접적이고 도발적인 눈초리의 이 아름다운 여인은 체칠리아의 뒤를 이어 루도비코의 불륜 상대였던 루크레지아 크리벨리(Lucrezia Crivelli)인 것이 거의 확실하다. 루크레지아는 1497년 아들을 낳았고, 그 아들은 루도비코의 소생으로 인정을 받았다. 같은 해 아내인 베아트리체가 갑자기 죽자, 루도비코는 우울한 칩거에 들어갔다. 베아트리체는 쾌활하고 사람들에게 인기가 있었으며, 남편으로부터 항상 합당한 대우를 받지는 못했지만 그런대로 남편의 사랑을 받았다. 시인들의 시 속에서 루도비코의 '연인'으로 불렸던 루크레지아의 초상화가 완성된 것은 베아트리체가 사망하기 전일 가능성이 크다.

19세기 소장자였던 안토니오 리타(Antonio Litta) 공작의 이름을 따서 '리타의 성모마리아'로 불리는 모유 먹이는 모습의 성모마리아를 그린 작품은 신비스러운 분위기를 풍기지만 여러 측면에서 판단해 볼 때, 전형적으로 작업실에서 공동 제작된 작품이다. 마리아의 두상은 루브르에 소장된 유명한 데생을 바탕으로 한다. 데생은 레오나르도의 작품이 확실하지만 그림은 일반적으로 밀라노 작업실에서 일했던 조수들의 작품으로 추정된다. 완성된 그림 가운데 어느 정도를 레오나르도가 그렸는지에 대해서는 단지 추측을 해 볼 수 있을 뿐이다. 커다란 눈에 한입 가득 젖을 물고, 이제는 젖을 너무 먹어 싫증이 나는 듯 보이는 아이의 표정은 레오나르도의 솜씨가 아닌 것 같다. 레오나르도에게서 볼 수 있는 감성이 제대로 표현되지 않아, '실을 감는 성모마리아'에서와 마찬가지로 이 작품에서도 그저 감성의 언저리를 돌 뿐이다. 이류 추종자들이 완성한 레오나르도 풍의 작품에서

밀라노 작업실의 작품.
위 왼쪽 '리타의 성모마리아'를 위한, 은 철심을 사용한 습작. 루브르 박물관
위 오른쪽 '리타의 성모마리아'. 작업실의 합동 작품. 상트페테르부르크 에르미타슈 박물관
아래 왼쪽 암브로지오 데 프레디스의 '진주 목걸이를 한 여인'. 베아트리체 데스테의 초상화로 추정. 밀라노 암브로시아나 미술관
아래 오른쪽 레오나르도의 제자인 조반니 안토니오 볼트라피오(Giovanni Antonio Boltraffio)의 '성모자상'. 밀라노 폴디 페졸리 미술관

이런 경향은 작품의 활력을 떨어뜨린다. 풍경 또한 형식적이다. 아이의 왼손에 놓인 오색방울새에는 쾌활한 요소가 부족하고, 레오나르도라면 반드시 제공했을 세부적인 요소가 빠져 있다. 다만 성모마리아의 얼굴과 목의 부드럽고 미묘한 선과 레오나르도의 트레이드마크인 희미하게 빛나는 아기 예수의 곱슬머리를 보면 레오나르도가 붓을 들고 직접 작업에 개입했다는 사실을 짐작할 수 있다.

해부학자

해부학에 대한 레오나르도의 관심을 보여주는 기록이 최초로 등장한 것은 1480년대 말로, 해부학은 그가 달성한 심오한 업적 가운데 하나였다. 해부학자로서의 그의 작업은 엔지니어나 발명가, 건축가로서의 작업보다 훨씬 의미가 있다. 그는 과거 어느 누구보다 더욱 면밀하고 구체적으로 인체를 그렸고 이를 문서로 입증했다. 그가 그린 기계 데생이 그랬던 것처럼 해부학 데생은 새로운 시각언어로 신체 부위를 묘사했다. 이런 작업에는 불굴의 용기가 필요했다. 특히나 시체가 냉동되지 않은 상태에서 이루어졌던 힘들고 역겨운 사후검시(死後檢屍)는 당시의 금기사항이었고 교리를 거스르는 행동이었기 때문에 사람들의 집중 공격을 받았다. 레오나르도의 해부학은, 실제적이고 경험적이며 실용적인 조사에 대한 자신의 신념을 입증해 보인 결과였고, 여전히 '의과대학'의 대들보 역할을 하는 갈렌, 히포크라테스, 아리스토텔레스 등 고대학자들의 지혜를 철저히 조사하고 재평가한 작업의 결과였다.

정통 종교의 입장에서 본다면, 해부학은 호기심의 정도를 한참 초과했다. 사람은 신의 형상으로 창조되었기 때문에 기계 조각처럼 찢겨서는 안 되었다. 초기 인문주의자인 콜루치오 살루타티(Colluccio Salutati)는 해부학이 '자연이 세심하게 숨겨두었던 것'을 드러냈고, '신체의 동굴이 들춰질 때 눈물을 쏟아내지 않고는 그 장면을 도저히 볼 수가 없다.'고 말했다. 최소한 한 번, 레오나르도의 해부 활동이 교회와 정면으로 대치된 적이 있었다. 레오나르도는, 1515년 로마에서 남의 불행을 바라는 작자가 '내 해부를 방해하면서, 교황 앞에서, 그리고 병원에서 나를 비난했다.'고 기록했다.[28]

레오나르도의 해부학 연구는 '레오나르도의 과학자로서의 면모'에 속하지만, 실제적으로는 그의 예술가로서의 면모와도 관련이 있다. 해부학은 과학자와 예술가라는 두 역할 사이의 공백을 메우거나, 그 사이에 전혀 공백이 없다는 사실을 보여준다. 해부학은 기하학과 수학처럼 그림이라는 건물을 짓는 벽돌이었다. 레오나르도는 목과 어깨의 신경을 보여주는 해부학 데생 아래 이렇게 적었다. '훌륭한 문법 학자에게 단어의 라틴어 기원이 필요하듯이, 훌륭한 데생가에게는 이런 실연이 필요하다.'[29] '최후의 만찬(Last Supper)'을 생각하면, 극적 상황의 순간을 표현하는, 긴장으로 팽팽해지고 뒤틀린 목의 근육이 떠오른다. 해부학에 대한 관심은 레오나르도가 화가로서 당연히 가져야 하는 것이었고, 특히 밀라노의 작업실에서 학생들과 제자들에게 그림을 가르치는 스승으로서 반드시 따라야 할 길이었을 것이다. 여기에서 '화가 철학자'의 이상을 이끌어낼 수 있다. 화가 철학자는 자신이 묘사하는 모든 사물에 대한 심오한 과학적 지식을 바탕으로 예술 활동을 하는 사람을 뜻한다. 레오나르도가 해부학부터 시작해서 각고의 노력을 기울여 습득한 지식은 그의 사후에 출판된 회화 안내서인 『회화론』에 통합되었다.

초기 전기 작가들은 레오나르도가 이런 과정을 겪었던 것이 축복이기도 하고, 불운이기도 하다고 생각했다. 조비오는 레오나르도가 예술가로서 그토록 작품을 많이 생산하지 못한 이유는 바로 '예술에 종속된 지류', 그중에서도 특히 해부학과 광학 연구에 지나치게 시간을 많이 쏟았기 때문이라고 했다. 바사리 또한 레오나르도의 이런 연구가 작품 활동과 거리가 멀고 궁극적으로는 재능을 발휘할 시간을 뺏는 결과를 낳았다고 생각했다.

레오나르도가 해부학을 공부한 것은 아마도 베로키오 밑에서였을 것이다. 1470년대의 피렌체의 조형 형식은 폴라이우올로의 그림이나 베로키오의 조각처럼 해부학적 세밀함과 드라마를 바탕으로 했기 때문이다.

이렇듯 피렌체 예술의 영향을 받았던 레오나르도의 해부학에 대한 관심은 밀라노에서 다시 한 번 강렬하게 부상했다. 실제로 레오나르도는 1489년에 해부학에 관한 '책'을 출판할 계획을 세웠었고, 1489년 4월 2일자 자료를 비롯해서 초안과 목차 등의 증거가 남아 있다. 후에 레오나르도는 출간할 계획이었던 책에 '인체에 대해서'라는 제목을 달아 다시 한 번 해부학과 그림과의 관련성을 주장했다.

1489년 36세의 레오나르도는 죽어야 할 운명을 지닌 인간에 대한 보편적 상징인 인간 해골에 대해 깊이 연구했다. 그러면서 해골의 옆모습, 단면도, 비스듬한 각도로 위에서 내려다본 모습 등 해골을 위한 8개의 습작(원저 소장)을 그렸다. 데생은 섬세할 뿐만 아니라 아름답게 음영이 드리워져 있으면서 다소 으스스해 보인다. 얼굴의 혈관을 보여주는 작품도 있고, 눈구멍과 아래턱 뼈 사이의 관련성을 보여주거나, 두개골로 따라 들어가 해골 속 신경과 혈관을 보여주는 작품도 있다. 그러나 뒤이어 기록한 내용에서 볼 수 있듯이 레오나르도의 주된 관심은 과학적이기보다는 좀 더 형이상학적이다. 한 연구 기록에는 비율을 표시하기 위해 수직으로 자른 해골 모습이 그려져 있는데 그는 그 옆에 '선분 a-m과 선분 c-b가 교차하는 지점에 모든 감각의 합류점이 있을 것이다.'라고 적었다.

레오나르도가 지적하려 했던 '감각의 합류점'은 아리스토텔레스가 가설로 내세웠던 공통감각(sensus communis)을 뜻한다. 이곳은 감각적 인상이 조화를 이루고 해석되는 곳으로, 뇌에서 생경한 감각정보가 수집되는 뇌실과, 처리과정을 거친 정보가 축적되는 뇌실을 포함한 세 개의 '뇌실(腦室)' 중에서 가장 중요한 곳이다. '뇌실'은 단지 장소나 공동(空洞)을 뜻하지만, 공통감각은 활동적이기도 하다. 컴퓨터로 말하자면 중앙처리장치(CPU)로, 물질적 실체와 형이상학

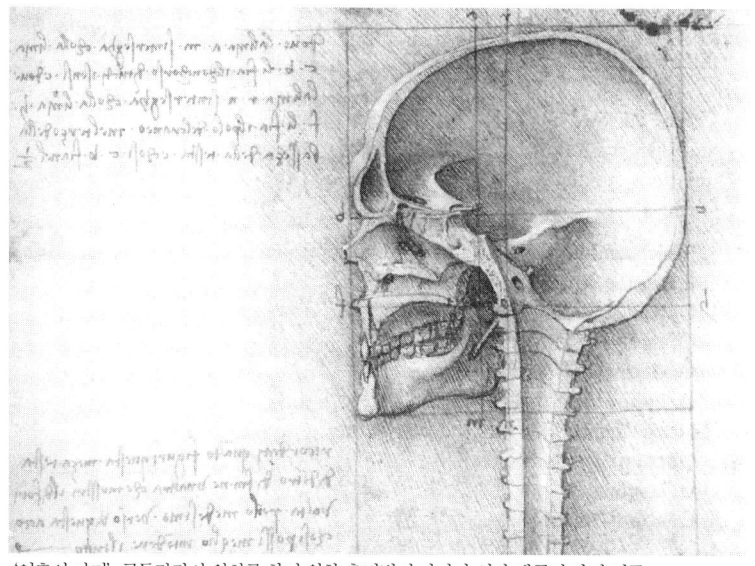

'영혼의 자리'. 공통감각의 위치를 찾기 위한 측정법이 나타난 인간 해골의 단면 연구.
윈저성 왕립도서관

적 체계 모두를 뜻한다. 해골 습작을 했던 시기에 남긴 노트에 레오나르도는 고전이론을 다음과 같이 정의했다.

> 공통감각은 다른 감각에 의해 주어진 것을 판단한다. 고대 이론가들은 사람의 해석 능력이, 서로 다른 다섯 가지 감각이 모든 것을 의뢰하는 한 가지 기관에서 발생한다고 결론지었다. …… 그들은 공통감각이 머리의 중앙, 인상과 기억을 담당하는 영역 사이에 자리한다고 주장했다.

그러므로 공통감각은 이성, 상상력, 지력, 심지어 영혼의 고향이다. 레오나르도는 이렇게 주장했다.

> 영혼은 공통감각이라 불리는 이 기관에 머무는 것 같다. …… 영혼은 많은 사람들이 생각해 온 것처럼 몸 전체에 퍼져 있지 않고, 오로지 한 부분에만 존재한다. 영혼이 온통 퍼져 있고 모든 부분에서 동일하다면 감각기관들을 한군데로 모을 필요가 없기 때문이다. …… 공통감각은 영혼이 자리하는 곳이다.[30]

레오나르도는 위의 균형 잡힌 해골 습작에서 한 인간의 영혼이 자리하는 곳을 찾기 위해 격자모양의 선을 그었다. 물론 이는 완전히 이론적인 시도로서 추정이라기보다 호기심을 좇은 결과였다. 레오나르도는 이 이론이 '고대 이론가들', 그중에서도 주로 아리스토텔레스의 이론이라 언급했고, 플라톤과 신비학자 등 기타 고대의 이론과 관련이 있다고 주장했다. 그럼에도 이 작품은 레오나르도가 이룩한 비약적인 발전의 전형적인 예로 사람의 가슴을 설레게 만드는 연구

잠재력을 보여준다. 이 데생이 제시한 것과 같은 명쾌하고 냉철한 연구를 거친다면 인간의 마음속에 자리한 내적인 비밀을 발견하는 일이 확실히 가능할 것이다. 만약 '공통감각'이라는 것이 있다면 우리는 그 위치를 확실하게 알아낼 수 있을 것이고, 영혼이 있다면 그것은 틀림없이 공통감각 안에 존재할 것이다. 레오나르도는 '어둡고 위협적인 동굴에 대한 두려움과 동굴 안에 뭔가 놀라운 것이 있는지 보고 싶어 하는 욕망이 뒤섞인', 강렬하지만 막연한 호기심에 불타는 눈으로 해골의 공동과 구석구석을 세심하게 들여다보았다.

이어 레오나르도는 '어깨에서 팔꿈치로 동작을 일으키는 힘줄에 대해서', '허벅지를 움직이는 힘줄에 대해서' 등 힘줄과 근육으로 형성된 몸으로 눈길을 돌렸다. 이 주제는 팔과 다리의 힘줄을 보여주었던 초기 해부학 습작과 관련이 있을지 모른다. 데생이 급하게 그려진 것처럼 보이고, 기술적인 면이 부족한 것으로 미루어 해부 현장에서 이루어졌음을 짐작할 수 있다.

레오나르도의 '인간 형상'에 대한 연구에는 인체의 비율을 정하고 서로 다른 부위 사이에 수학적 비율을 확립하고자 시도했던 데생이 포함된다. 여기서 우리는 다시 한 번 서기 1세기에 활약했던 위대한 로마 건축가이자 군사 공학자인 비트루비우스가 레오나르도에게 미친 영향력을 발견하게 된다. 비트루비우스가 남긴 글은 조화로운 인체비율과 관련된 고전 이론과 실천을 다룬 특유한 기록이다.

인체비율에 관한 습작 중에서 가장 유명하고, 진정한 의미에서 세계에서 가장 유명한 데생의 하나라 할 수 있는 작품으로, 일명 '비트루비우스의 인체비례(Vitruvian Man)'가 있다. 이 작품은 레오나르도와 그의 충천하는 정신을 상징하는 로고가 되어 왔다. 대부분의 매우 유명한 작품들과 마찬가지로, 이 작품 또한 작품이 창작되었던 상황과 결부되지 않고 작품만 분리되어 집중조명을 받는 경우가 많다.

'비트루비우스의 인체비례'는 커다란 종이 위에 펜과 잉크로 그린 데생으로, 현재 베네치아 학술원에 소장되어 있다. 데생의 위와 아래에는 자필로 다음과 같은 글이 적혀 있다.

건축가인 비트루비우스는 건축에 관한 자신의 저작에서 인체의 자연적 비례가 다음과 같다고 말했다. 손가락(핑거) 넷이 모여 손바닥(팜) 하나의 너비가 되고, 손바닥 넷의 너비를 더하면 발 길이가 되고, 손바닥 여섯의 너비를 더하면 한 큐빗(cubit, 길이 단위—옮긴이)으로 가운데 손가락 끝에서 팔꿈치까지의 길이가 되고, 큐빗 넷이면 인간의 신장이 된다.

비트루비우스의 저서인 『건축학』 제3권의 서론에서 인용한 이 비율은 이런 식으로 꼼꼼하게 계속 묘사된다. '팔꿈치에서 손목까지의 길이는 신장의 5분의 1이고, 팔꿈치에서 겨드랑이까지의 길이는 신장의 8분의 1이 된다.' 등등. 그리고 데생의 바로 밑에는 핑거와 팜 단위의 크기가 제시되어 있다.

데생에서는 한 사람이 두 가지 자세를 취하고, 그 자세는 함께 적힌 글에 기록된 두 문장과 일치한다. 다리를 모으고 팔을 수평으로 뻗은 사람에 대한 설명은 그림의 바로 아래 적혀 있다. '사람이 팔을 활짝 뻗었을 때의 폭은 신장과 같다.' 그러므로 그 사람은 각 변이 96 핑거(또는 24팜)인 사각형 안에 들어간다. 반면에 두 다리를 벌리고 팔을 더 높이 든 또 다른 사람은 좀 더 전문적인 비트루비우스 법칙을 나타낸다.

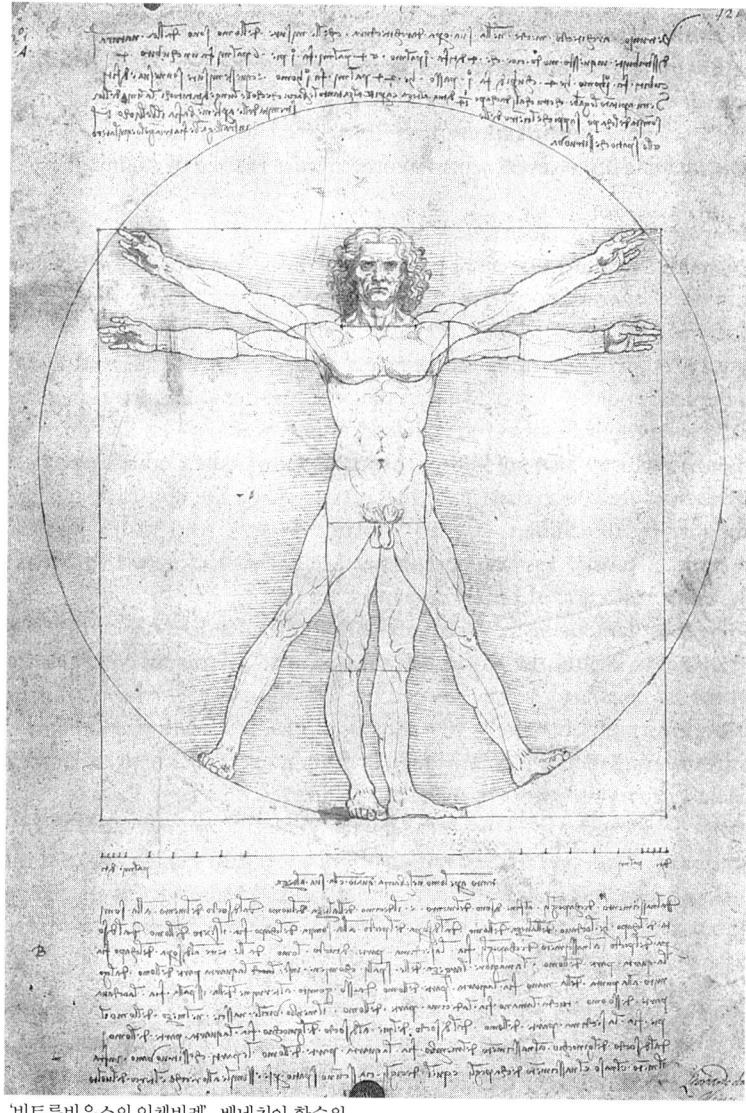

'비트루비우스의 인체비례', 베네치아 학술원

신장이 14분의 1만큼 줄어들 때까지 두 다리를 벌리고 두 팔을 쫙 뻗어 가운데 손가락 끝이 정수리 높이가 되도록 들어 올리면, 활짝 펼친 사지의 중심은 배꼽이 되고 두 다리 사이의 공간은 이등변삼각형이 될 것이다.

이 자세에서 사람은 배꼽이 중심인 원 안에 들어간다.
데생이 가진 힘의 일부는 추상적인 기하학과 관찰에 의한 신체적 실재의 상호작용에 있다. 인체는 대략적으로 그려져 있지만, 근육이 나타나 윤곽이 아름답다. 두 발은 실제로 정사각형의 밑변 위에 서 있거나, 원의 테두리를 미는 것처럼 보인다. 이중으로 표현된 인물은 마치 체조 선수처럼 움직이는 듯하고, 혹은 새의 날개처럼 두 팔을 아래위로 움직이는 것처럼 보인다. 몸의 윤곽은 깨끗하고, 절제되고, 도식적인 선으로 표현되어 있지만 얼굴은 다른 방식으로 표현되었다. 얼굴을 그릴 때는 좀 더 심혈을 기울여서, 매우 인상적으로 명암을 넣어 찡그린 표정을 연출했다.

또한 얼굴은 함께 기록된 설명대로 묘사되어, 머리카락이 자라는 꼭대기 이마 선부터 눈썹까지의 거리는 턱 끝에서 입까지의 거리와 같다. 이런 의미에서 데생 속 인물의 특징은 이상적이거나 표준이다. 그러나 레오나르도는 데생을 통해 추상적이고 기하학적인 인체의 균형을 표현하면서도 실제 인체의 모습을 그렸던 것 같다. 그래서 원 속에서 근엄한 표정을 짓고 있는 사람은 상징적 인물이라기보다 실존 인물인 것 같아 보인다. 누군가를 꿰뚫어 보듯 깊게 그늘진 눈을 가졌고, 길고 숱이 많은 곱슬머리를 가운데 가르마를 타서 늘어뜨린 그 누군가인 것 같다. 나는 이 '비트루비우스의 인체비례' 안에 자화상의 요소가 있다고 생각한다. 자연의 조화를 표현하는 이 인물은 유일하게 그 자연의 조화를 이해할 수 있는 능력을 가진 인물을 대표하는 것이다. 바로 예술가이자, 해부학자이자, 건축가인 레오나르도 다 빈치를 말이다.

스포르자의 기마상

1489년 7월 22일 밀라노의 피렌체 대사는 피렌체에 있는 로렌조 메디치에게 다음과 같은 내용의 정기적인 보고서를 보냈다.

루도비코 왕자는 아버지를 기념하고자 훌륭한 기념비를 건립할 계획을 갖고 있습니다. 그의 명령으로, 프란체스코 공작이 완전 무장을 하고 커다란 청동말 위에 올라탄 조각상을 만들기 위한 모델 제작이 레오나르도에게 의뢰되었습니다. 루도비코 왕자가 마음속에 그리는 기마상은 훌륭하고, 여태껏 결코 본 적 없는 그런 종류의 기마상이어서, 그는 이런 종류의 일을 전문적으로 담당할 만한 피렌체 예술인 한두 명을 보내줄 수 있는지 각하께 편지를 보내 물어보라는 지시를 제게 내렸습니다. 제 생각으로는 비록 레오나르도에게 작업을 맡겼지만, 그가 성공할 수 있을지 확신하지 못하는 것 같습니다.

레오나르도가 이 작업에 적합한지에 대한 의심이 있기는 했지만, 루도비코는 마침내 그토록 오랫동안 사람들 입에 오르내렸던 거대한 스포르자 기마상의 모델 제작을 레오나르도에게 의뢰했다. 루도비코가 의뢰한 '모델'은 축소 모형이 아니라 실물 크기의 점토상이었고, 이 점토상을 이용해서 청동상 제작을 위한 주형을 만들 작정이었다.

바로 이 청동 주조 작업을 위해 피렌체에서 전문가를 초빙하려 했던 것이다.

레오나르도는 지난 7년 이상 동안 스포르자 궁정에서 자신의 입지를 굳히고자 부단히 노력해 왔는데, 마침내 대중에게 선보일 중요한 작품의 제작을 맡았다는 것은 그동안 레오나르도가 기울였던 노력이 드디어 결실을 거두었다는 증거였다. 1489년 무렵에 주문 받았던 체칠리아 갈레라니의 초상화와 공작부인을 위한 정원 '별관' 리모델링 또한 이를 증명했다.

그렇다면 레오나르도는 1489년, 기마상을 구상하고 제작 계획을 세울 때 마음속에 어떤 말의 모습을 그렸을까? 레오나르도는 과거에 결코 본 적이 없는 완전히 새로운 기마상을 생각했다. 당시 이탈리아에는 유명한 기마상이 네 개 있었는데, 모두 걷거나 빨리 달리는 모습이었다. 말은 앞으로 나가려는 듯 왼쪽 앞다리를 들어올리고, 반대편 발굽은 동상의 대좌 위에 놓여 있었다. 이런 전형적인 기마상과는 달리, 스포르자 기마상을 위한 최초의 데생을 완성했을 당시 레오나르도는 뒷다리로 우뚝 버티고 선 말의 모습을 마음속에 그렸다. 당시 완성된 데생 중에 가장 훌륭한 작품은 윈저 소장품으로 푸른 종이 위에 철심을 사용해 그린 우아하고 에너지가 넘치는 말의 습작이다.[31]

이런 구상이 직면한 주요 문제점은 기술적인 것이었다. 즉 거대한 청동 기마상의 육중한 무게를 어떻게 뒷다리만으로 지탱할 수 있는가가 기마상 제작의 관건이었다. 레오나르도는 데생을 통해 해결책을 모색했다. 쓰러진 적군을 말의 앞발굽 밑에 배치했던 것이다. 또 다른 페이지에는 나무 밑동을 딛고 우뚝 서 있는 말을 그렸다.[32] 그러나 안정성의 문제가 남았다. 작품의 구상은 극적이었지만 비현실적이어서, 아마도 루도비코가 레오나르도의 작업에 불안감을 느꼈던 것도 이런 이유에서였을 것이다. 피렌체 대사가 '성공할 수 있을지 확신하지 못하는 것 같습니다.'라고 보고했던 것처럼 말이다.

　레오나르도는 이내 이런 구도를 포기했다. 다음 단계에 등장한 데생은 좀 더 인습적인 자세를 취한 말의 모습을 표현했다. 레오나르도는 물론 작품의 구상을 위해 기존의 조각상만을 참조하지 않았고, 이 시기부터 완성하기 시작한 활기찬 모습의 말의 습작은 실물 모델을 보면서 그린 것이 분명하다. 그의 데생에 등장하는 말은 털에 윤기가 흐르고, 육중하고, 생기에 넘쳐 꿈틀거린다.(컬러삽화 16)

　이렇게 해서 1493년 경 스포르자 기마상의 점토 모델이 마침내 완성되었다. 그 후에 점토 모델은 파괴되고 조각상은 주조되지 않았기 때문에 그 모습이 어떠했는지 알 길이 없다. 레오나르도의 기마상 점토 모델은 파괴되고 난 후에도 오랫동안 사람들의 입에 오르내렸다.

코르테 베키아 궁에서

　레오나르도는 스포르자 기마상을 위한 점토 모델 제작을 공식적으로 맡으면서 숙식을 제공받는 혜택을 누리게 되었다. 따라서 레오나르도가 코르테 베키아로 거처를 옮긴 시기는 아마도 이맘때였을 것이다. 널따란 새 숙소는 달라진 레오나르도의 지위를 상징하기도 했지만, 사실상 그 정도의 공간이 필요했던 것은 그가 제작하는 거대한 기마상 때문이었다.

　한때 코르테 베키아는 최초의 위대한 밀라노 왕조인 비스콘티 가문의 저택이자 권력의 중심지였지만, 스포르자 시대에 들어서서 스포르체스코(Sforzesco) 성에 밀리면서 구 궁전으로 남게 되었다. 이렇듯 광장의 남쪽, 두오모 근처에 위치한 코르테 베키아는 웅장하지만 몰락한 전 시대의 상징이었다. 18세기 들어 장대한 레알레(Reale) 성을 짓기 위해 허물었기 때문에 오늘날 코르테 베키아의 흔적은 찾아볼 수 없다.

아마도 낡고 오래된 비스콘티의 무도장이 스포르자 기마상을 제작하기 위한 작업장으로 사용되었을 것이다. 당대 사람들은 레오나르도가 코르테 베키아에 머물고 있는 것이 기마상을 제작하기 위한 것이란 사실을 잘 알고 있었다. '최후의 만찬'을 제작 중이던 레오나르도의 모습을 목격하고 글을 남긴 것으로 유명한 마테오 반델로(Matteo Bandello) 또한 레오나르도가 '놀라운 점토 기마상 작업을 하고 있는 코르테 베키아에서 나오는' 모습을 보았다고 말했다.[33]

그러나 작업장으로 그토록 넓은 장소가 필요했던 것은 비단 기마상 제작 때문만은 아니었다. 레오나르도에게는 날개치기 비행기가 있었다. 넓게 뻗은 비행기의 모습과 비행기까지 올라가는 사다리를 대강 그린 스케치가 코덱스 아틀란티쿠스에 포함되어 있어 보는 사람의 흥미를 자극한다. 레오나르도는 여기에 이렇게 기록했다. '위층의 커다란 방을 널빤지로 막고 모델을 크고 높게 만든다. 모델은 지붕 위에 두면 되는데, 모든 면에서 볼 때 지붕 위가 이탈리아에서 가장 적절한 장소일 것이다. 탑이 있는 쪽 지붕 위에 세운다면 사람들이 보지 못할 것이다.'[34] 이 글에서 지붕은 분명 코르테 베키아의 지붕을 가리킨다.

실제로 레오나르도가 밀라노에서 비행기를 시험 운행해 보았을 가능성이 있다. 레오나르도를 '비범한 사람'이라 생각했던, 수학자이자 철학자인 지롤라모 카르다노(Girolamo Cardano)는 '그가 날기를 시도해서 실패했다.'[35]고 분명하게 말했다. 레오나르도가 마지막으로 밀라노를 떠났을 당시 카르다노의 나이는 12살이었기 때문에 자신이 직접 알고 있는 사실을 기록했을 가능성이 크다.

또한 코덱스 레스터에 수록된, 화석에 대한 메모에서 레오나르도가 언급하고 있는 장소도 코르테 베키아였다. '파르마와 피아첸자 산맥에서 많은 양의 조개껍질과 산호가 발견되었다. 내가 밀라노에서 거대한 기마상을 제작할 때, 몇몇 농부들이 조개껍질과 산호를 커다란 자루에 담아 공장으로 보내 왔다.'[36] 레오나르도가 자신의 작업장을 공장으로 부른 것을 보면 작업장의 크기와 레오나르도의 작업 활동 범위를 어느 정도 짐작할 수 있다.

이제 코르테 베키아는 밀라노에 있는 레오나르도의 집이었다. 주랑이 이어진 안마당과 바람이 잘 통하는 복도를 갖추었고, 웅장하기는 하지만 다소 낡은 성이었다. 여기에 기마상과 비행기를 제작하기 위한 격납고 같은 작업장이 있었다. 레오나르도가 궁정 초상화와 아름다운 성모마리아를 제작한 작업실이 있었고, 노트와 원고가 가득 쌓인 그의 서재가 있었고, 조수들이 사용하는 작은 방이 있었다.

그러나 이곳은 임시 숙소의 성격이 짙었다. 그동안 사용하지 않았던 이 이탈리아 성은 아늑한 거주지는 아니었다. 레오나르도는 청결과 질서, 꼼꼼한 살림에 대한 욕구를 갖고 있었다. 1490년 4월 23일에 쓴 레오나르도의 글은 코르테 베키아에서 작성한 것으로 보이며 그 내용은 이랬다. '한 사람의 영혼이 그의 몸에서 어떻게 거주하는지 알고 싶다면, 그 몸이 자신이 사는 곳을 매일 어떻게 다루는지 보라. 사는 곳이 무질서하다면, 그의 몸은 영혼으로 인해 무질서하고 혼란스러운 상태에 빠질 것이다.'[37]

제 5 장

궁정에서

1490~1499

현재 제작 중인 청동 기마상에 관련된
모든 사항을 여기에 기록할 것이다.

코덱스 마드리드 II, 157v

연극

 레오나르도가 맞게 된 새로운 10년의 상서로운 출발을 알리는 것은 지안 갈레아조(Gian Galeazzo, 루도비코의 조카—옮긴이)와 아라곤의 이사벨라(Isabella)의 결혼식을 축하하기 위해 공연된 연극이었다. 이 연극은 '일 파라디소(Il Paradiso)'라는 제목의 가면극 또는 오페레타(operetta, 경쾌한 단편 오페라—옮긴이)로, 베르나르도 벨린치오니(Bernardo Bellincioni)가 대사를 썼고 레오나르도 다 빈치가 무대와 의상을 맡았다. 1490년 1월 13일 저녁, 무대에 오른 이 연극은 레오나르도가 관여한 최초의 연극이었다.

 이사벨라의 아름다움에 대해 언급한 기록이 많다. 페라라 대사인 자코포 트로티(Jacopo Trotti)는 그녀가 '무척이나 눈부실 정도로 아름다워서 마치 태양 같아 보였다.'고 찬사를 보냈다. 레오나르도의 조수인 볼트라피오(Boltraffio)가 붉은 분필을 사용해 그린 정교한 데생이 그녀의 초상화로 알려져 있다.

 사후인 1493년 밀라노에서 출판된 시선집 초판에서 벨린치오니가 '일 파라디소'에 대해 언급한 글을 보면, 연극의 대사보다 레오나르도가 창조한 시각적 효과가 더욱 인상적이었던 것 같다.[1]

 연극이 무대에 오르던 날, 조명이 꺼지고 비단 커튼이 올라가자 그곳엔 천국이 존재했다.

 '일 파라디소'는 계란 반쪽 모양으로 제작되었다. 안쪽은 모두 금으로 덮였고, 마치 별이 빛나듯 매우 많은 조명이 설치되었고, 벽에

이사벨라의 초상화로 추정되는 붉은 분필 초상화. 볼트라피오 작품. 밀라노 암브로시아나 미술관

는 단계에 따라 행성 일곱 개가 높고 낮게 걸려 있었다. 반구의 꼭대기 끝자락 주위에는 유리 뒤로 빛이 비치며 황도십이궁(黃道十二宮, 황도대를 12도씩 구분하여 배치한 열두 별자리─옮긴이)이 자리해서, 웅장하고 아름다운 광경을 연출했다. 이 파라디소 안에서 여러 노래와 많은 달콤하고 우아한 소리가 울려 퍼졌다.[2]

'일 파라디소'를 통해서 우리는, 궁정의 화려하고 장대한 연극 제작자이자 특수효과 전문가로서의 레오나르도의 모습을 볼 수 있다. '일 파라디소'는 여러 매체를 복합적으로 사용한 화려한 연극이었으며, 레오나르도는 나무와 천을 가지고 무대를 제작하고, 여기에 색채, 조명, 음악, 발레, 시 등을 결합시켜 천상의 분위기를 창조해 냈다.

레오나르도는 연극의 성격에 맞추어서, 결코 그림을 통해서는 접근할 수 없었던 방식으로 기상천외하고, 이국적이고, 기괴한 등장인물을 만들어낼 수 있었다. 그는 『회화론』에서 이렇게 주장했다.

화가가 자신을 매혹시킬 만한 아름다운 존재를 보고자 원할 때, 이는 그런 존재를 창조할 수 있는 화가의 능력에 달려 있다. 만약 화

가가 무섭거나, 익살스럽거나, 우스꽝스럽거나, 정말 가련한 추하고 괴이한 존재를 보고자 한다면, 화가는 그 존재의 신이자 창조주가 될 수 있다. …… 만약 화가가 지옥에 있는 존재나 악마를 묘사하고자 한다면, 머릿속에 가득한 형상을 따라 그런 존재를 풍부하게 만들어낼 수 있다.

레오나르도는 총칭으로 '화가'라는 단어를 사용했지만, 사실 그가 남긴 어떤 그림을 보아도 자신의 상상력을 가득 채우고 있는 그런 기괴하거나 무시무시한 존재를 찾아볼 수 없다. 레오나르도의 공상이 아무런 속박을 받지 않고 표현되었던 곳은 바로 그의 데생이었고, 그가 종이 위에 데생을 통해 창조해 낸 '무시무시한' 존재들은 대부분 가면극이나 야외극 제작과 관계가 있었다. 윈저에 소장된 검은 분필 스케치가 그 전형적인 예로, 여기에 묘사된 가장 무도회 참가자는 꼭대기에 나팔이 달린 코끼리 머리 가면을 쓰고 코끼리 코를 상징하는 목관악기나 플루트를 연주하고 있다.[3]

코끼리 악사는 재기발랄한 모습을 띠었지만, 다른 데생들은 원래의 모습을 추측하기가 더 어렵다. 동물 가면 한 쌍은 개를 변조한 무시무시한 모습을 하고 있다. 가면 하나는 털투성이에 머리가 이상해 보이는 퍼그(애완용 발바리의 일종—옮긴이)이고, 다른 가면은 어리석어 보이는 사냥개로 털이 마치 두건을 두른 듯 덮여 있고, 눈은 퀭하고, 아랫입술이 밑으로 힘없이 축 처지면서 양 같은 이빨을 드러낸다. 이 가면들은 실험실에서나 만들어질 것 같은 야릇한 잡종으로, 공포 소설을 보는 듯한 느낌을 갖게 한다. '퍼그'를 뒤집으면 얼굴이 박쥐로 바뀐다. 이 가면에는 일종의 재갈이 부착되어서, 사륜마차나 퍼레이드의 장식 수레를 끄는 하인들이 복장을 갖춰 입고 얼굴에 썼음을 알 수 있다. 이런 데생은 1490년대 초 작품으로, 스포르자 시대에 거행되었던 축제의 성격을 드러낸다고 할 수 있다.

밀라노 전기 작가인 파올로 조비오는 연극에서의 레오나르도의 기술에 대해 언급하면서 그를 '특히 연극 분야에서, 온갖 세련된 요소와 연극적인 즐거움의 발명가이자 조정자'로 묘사했다. 이는 '일 파라디소'에서 볼 수 있었듯이 레오나르도의 창작물이 소유한 우아한 성격을 강조한 말이지만, 그의 창작물에는 기묘한 측면도 있다. 레오나르도는 자신이 만들어낸 괴물을 통해서 자신이 꿈꾼 좀 더 어두운 공상을 분출했다. 최소한 그는 궁정에서 벌어지는 덧없는 행사를 통해 밀라노 작업실에서의 냉철하고 절제된 스타일의 작업과는 너무나 다르게, 기분을 북돋는 돌파구를 찾았다.

연극에 등장했던 이런 괴물과 잡종은 레오나르도가 1480년대 말과 1490년대 초에 특별히 심혈을 기울였던 또 다른 장르와 밀접한 관련이 있다. 그 장르는 바로 과장되고 풍자적인 특징을 소유한 기괴한 모습의 사람을 묘사하는 것인데, 특히 늙은 남녀를 대상으로 했고, 대부분 옆모습을 펜과 잉크를 사용해서 그렸다. 그들의 모습에는 풍자적 요소가 담겨 있다. 아마도 궁정 사람들의 속물적 언동과 오만한 태도에 대한 개인적인 복수였을 것이다. 작품의 일부는 구체적인 개인을 풍자적으로 묘사했던 반면에, 대부분의 작품은 추함과 기형에 대한 순수한 명상의 결과로서, 레오나르도의 말을 인용하자면 그는 '익살스럽고, 우스꽝스럽고, 정말 가련한' 존재에 어느 정도는 강박적으로 매료되었다고 한다. 이처럼 부풀어 오르고 내파(內破)된 얼굴은 생리적 불일치를 나타내는 예로, 이상적인 비트루비우스적 인체 비례에 대한 레오나르도의 연구의 다른 측면이다. 이 데생 작품들은

위 1490년대 두 개의 축제용 가면 습작.
레오나르도 작품. 윈저성 왕립도서관
아래 한 노파의 기괴한 초상화. 프란체스
코 멜찌가 그린 모작으로 추정. 윈저성
왕립도서관

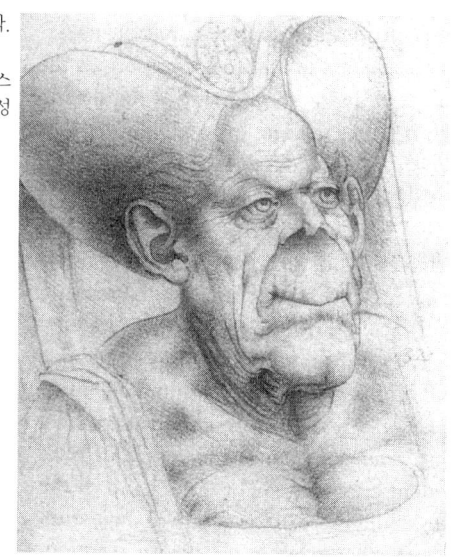

원저 소장품에 흩어져서 전해지는데 일부는 원본이고, 일부는 레오나르도의 작품을 모사했던 프란체스코 멜찌의 작품으로 추정된다. 그러나 모작은 작품 속의 유머는 포착했지만 뉘앙스는 포착하지 못했다.

레오나르도가 만들어낸 이 그로테스크한 존재는 현대적 의미로 볼 때 만화라 할 수 있다. 이는 길레이(Gillray)에서 로버트 크럼(Robert Crumb)으로 이어지는 만화가에게서 찾아볼 수 있는 무자비한 생리적 과장의 선조로, 웃음의 요소와 위대한 만화로서의 잠재력을 가지고 있으면서도 그 이상을 포함한다. 즉 웃음 속에 불안이 깃들어 있다. 이 장르의 걸작으로 불안함의 특징을 가장 두드러지게 보여주는 작품으로는, 원저 소장품으로 펜과 잉크를 사용해서 그린 다섯 개의 기괴한 두상이 있는데, 일반적으로 제작 시기는 1490년대 초로 추정하고 있다.(컬러삽화 18) 데생은 본질적으로는 생동감이 있지만 어떤 장면이 벌어지고 있는지는 확실하지 않다. 데생이 표현하려는 의미는 명확하지 않지만, 위협적인 분위기를 발산한다. 무슨 일인가가 벌어지고 있지만 그것이 무엇인지는 알 수 없다. 마치 악몽이나 환영을 꾸거나 아니면 정신병원의 한 장면 같다. 가운데 인물은 마치 승리에 젖은 로마 황제라도 되는 것처럼 참나무 잎으로 만든 관을 머리에 쓰고 있지만, 들여다보면 황제가 아니라는 사실을 알 수 있다. 그저 자신이 황제라는 망상에 사로잡힌 노인일 뿐이다. 그 사람 주위에는 네 명의 인물이 모두 위협적인 모습으로 바싹 붙어 있다. 정면을 향한 두 얼굴 가운데 하나는 병적으로 웃고 있거나 소리를 지르고 있으며, 다른 얼굴은 고집스럽게 또는 공허하게 무언가를 캐묻는 듯 보인다. 중심인물의 양옆에 있는 사람 중 한 사람은 무섭게 생긴 얼굴에 매부리코를 하고 살집이 있으며, 다른 한 사람은 사이가 벌어진 이빨에 머릿수건을 쓰고 바싹 마르고 악의에 찬 표정을 짓고 있다. 내가 보기에는 여전히 명확하지 않지만 두 사람 모두 여성이라는 것이 통설이다. 그들의 관심은 가운데 노인에게 집중되어 있다. 그들 사이에는 사악한 부추김이 감도는 분위기가 느껴진다. 그림 왼쪽에 있는 쭈그렁할멈의 손이 가운데 노인을 사람들의 중앙으로 밀면서 붙들고 있는 것처럼 보인다. 그들을 바라보는 사람은 코미디, 조롱, 잔인함, 비애감 가운데 자신의 반응을 선택해야 한다. 이가 빠져 '합죽이'가 된 가운데 노인의 옆모습은 레오나르도의 스케치에 거듭 등장하는데, 여기서 사람들은 이 노인의 모습이 레오나르도 자신의 모습을 상징한 것이라 느끼게 된다. 무력하고, 하찮고, 자기기만에 빠진 노인의 모습은 르네상스 시대 위대한 성취자의 암울한 모습이다.

레오나르도의 이 데생은 유명해서 당시 또는 후대의 많은 작품에 영감을 주었다. 18세기에 이르러서는 노인을 둘러싼 네 인물을 '열정의 실례'로 보거나 네 가지 '기질'로 보는 경향이 등장했다. 장 폴 리히터(Jean-Paul Richter)는 이런 해석을 좀 더 현대적이고 정신의학적인 측면으로 뒤틀어서, 네 인물이 오른쪽에서 왼쪽으로 각각 치매, 완고함, 광기, 어리석음을 대표한다고 주장했고, 관을 쓴 가운데 인물은 '과대망상증의 전형'으로 보았다.[4] 그러나 이런 해석은 지나치게 도식적인 것처럼 보인다. 최근에, 윈저성의 사서인 마틴 클레이턴(Martin Clayton)은 이 데생에 '집시들에게 사취당하는 남자(A Man Tricked by Gypsies)'라는 제목을 붙였다. 그는 오른쪽에 있는 인물이 노인의 손금을 보고 있다고 해석했다. 오른쪽 가장자리를 따라 종이가 소실된 것으로 추정되지만, 남아 있는 부분에 그려진 남성의 팔과 여성의 팔을 보면 이를 짐작할 수 있다. 케네스 클라크(Kenneth Clark)는 왼쪽의 여성을 '가운데 인물에 팔을 두르고 있다.'고 해석했지만, 클레이턴은 노인의 지갑을 훔치기 위해 호주머니 밑으로 손을 뻗고 있는 것으로 보았다. 그러면서 당시 집시의 사취 행위에 대한 평판을 예로 들었다. 특히 1493년 4월에는 '악당, 깡패, 사기꾼' 등으로 불리던 집시들의 범죄 행위로 말미암아, 그들을 '교수대의 고통을 주어 밀라노로부터 추방하라.'는 칙령이 선포될 지경에 이르렀다.[5] 이렇듯 집시에 대해 공공연하게 적대감을 품었던 시대 상황에서 데생이 완성되었을 가능성이 있다. 또한 레오나르도 자신이 집시들의 속임수에 당하는 경험을 했을 수도 있다. 놀랍게도, 코덱스 아틀란티쿠스에 수록된 가계부 목록을 보면 '점괘를 보는 데 6솔디'라는 구절이 있고, 마드리드 서적 목록에는 '손금보기 두 번'이란 구절이 있다.[6]

이는 설득력 있는 해석이기는 하지만, 단순한 길거리 사기 행위 장면 이상의 병적이거나 초현실적인 독특한 분위기가 존재한다는 생각을 여전히 떨쳐 버릴 수 없다.

레오나르도가 사망한 후 수십 년 동안 레오나르도에 대한 자료를 꾸준히 모았던 조반니 파올로 로마조(Giovanni Paolo Lomazzo)는 다음과 같이 자세히 기록했다.

> 레오나르도가 활동했던 시대에 살았고, 그의 하인이었던 사람들로부터 들은 이야기이다. 레오나르도가 한번은 웃는 모습의 농부들을 그리고 싶었다.(비록 그리지는 않았고, 데생만 했지만.) 그는 조건에 맞는다고 생각한 사람들을 골라서, 그들과 안면을 튼 후에 몇몇 친구의 도움을 받아 그들을 위한 파티를 준비했다. 그러고는 그들 반대편에 앉아서 그들에게 세상에서 가장 정신 나가고, 가장 어처구니없는 이야기를 했다. 이런 식으로 레오나르도는 그들을 포복절도

하게 만들었다. 그러면서 그들 모르게, 자신의 어처구니없는 말에 대한 그들의 온갖 반응과 몸짓을 관찰했고, 그 관찰 결과를 마음속에 새겼다. 그들이 돌아가고 난 후 레오나르도는 자신의 방으로 돌아와서 데생 하나를 완성했다. 이는 사람들이 쳐다보기만 해도 꼭 파티에서 레오나르도의 이야기를 들었을 때처럼 웃음을 터뜨리게 만드는 완벽한 데생이었다.[7]

이 이야기 속에서는 '다섯 두상'을 구별할 수가 없다. '다섯 두상'에서는 단지 두 인물만이 웃고 있고, 어쨌거나 분위기가 사뭇 다르기 때문이다. 그러나 위의 이야기를 통해 우리가 알 수 있는 것은 직접적인 관찰과 이에 바탕을 둔 시각적인 기록에 대한 레오나르도의 신념이 이 초현실적인 데생을 그토록 생생하고 사실적으로 만들었다는 점이다. 레오나르도와 동시대 인물로 밀라노의 궁정에 기거하던 페라라 사람 크리스토포로 지랄디(Cristoforo Giraldi)도 같은 이야기를 했다.

레오나르도는 어떤 인물을 묘사하고자 하면…… 그런 사람들이 모이는 곳으로 갔다. 그러고는 그들의 얼굴과 태도와 옷과 몸의 움직임을 관찰했다. 자신이 찾고 있는 무언가를 발견하면, 항상 자신의 혁대에 매달고 다니는 작은 노트에 철필로 기록했다.[8]

'그림자와 빛에 대해서'

'1490년 4월 23일 나는 이 책을 쓰기 시작했다.' 여기서 이 '책'은 현재 파리 MS C로 알려진 필사본을 말한다. 이 필사본은 14장으로 구성돼 있고, 종이는 커다란 판형에 두께가 얇고, 작은 원에 물결모양이 두 줄 그려진 진기한 비침무늬가 새겨져 있다. 무늬는 마치 꼬리 두 개 달린 올챙이처럼 보이는데, 실제로는 전통적인 밀라노 문장의 하나인 비스콘티 뱀이 틀림없다. 이 책은 한 주제에 초점을 맞춘 전문서적으로 분류되는 최초의 필사본으로, 빛의 작용을 주제로 한다. 프란체스코 멜찌는 이 책을 '그림자와 빛에 관한 책'이라 정의했다. 레오나르도는 이 책 속에 해당 주제에 대한 상세한 자료들을 많이 수록했지만, 오랫동안 한 가지 주제만 파고들 수 없었기 때문에 물리학, 음향학, 게임, 농담, 물 등 다른 주제에 대한 기록과 데생도 많이 포함시켰다. 어떤 장에는 망치, 종, 칼, 와인통, 통나무를 쪼개는 도끼 등과 같은 물건을 그린 극히 구체적인 소형 데생이 있다. 이는 주제와 관련된 엄격한 도식 작업에서 잠시 눈을 돌려 기분전환을 하기 위한 것이었다. 이 책은 광학과 기하학을 혼합한 고도로 과학적인 작품이다. 글은 정연하고 말끔하게 적혀 있고, 도식에는 공들인 흔적이 역력해서 펜과 잉크를 사용해 정교하게 사선을 그어 빛과 그림자의 점진적 변화를 표현했다. 이 책은 1490~1491년 사이에 코르테 베키아에 있는 레오나르도의 서재에서 완성된 것으로, 제작 시기는 대담한 명암 효과가 두드러지게 나타나는 '악사' 초상화를 완성한 시기와 어느 정도 일치한다.

    1489년에 계획했던 해부학 전문서적과 마찬가지로 레오나르도의 '그림자와 빛에 관한 책'은 화가에게 필요한 과학을 섭렵하려는 레오나르도의 계획의 일부분이었고, 이렇듯 대가가 자신의 지혜를 책의 형태로 다른 사람에게 베푸는 것이 당시 작업실의 풍토였다. 초기 해부학 연구와 마찬가지로 빛과 그림자에 관련된 이론은 마치 히드라(hydra, 머리 하나를 자르면 곧 머리 두 개가 생겼다는 아홉 머리의 큰

뱀—옮긴이)의 머리처럼 꼬리에 꼬리를 물고 이어졌다. 레오나르도는 빛과 그림자에 대한 '책'을 일곱 권 쓰겠다는 야심 찬 계획을 코덱스 아틀란티쿠스에 이렇게 기록했다.

나는 그림자와 관련된 첫 명제로, 불투명한 물체는 모두 그림자와 빛으로 둘러싸여 있다고 말한다. 그리고 그 명제를 바탕으로 첫 책을 쓴다. 그림자 자체는 다양한 특징(qualities)을 가진 어둠으로 구성된다. 이는 다양한 양(quantities)의 광선이 없어서 생기기 때문이다. 나는 이 어둠을 제1그림자라고 부른다. 이 그림자는 물체를 덮으면서 물체에 고정되는 최초의 그림자이기 때문이다. 나는 이런 개념을 바탕으로 두 번째 책을 쓰려 한다.

세 번째 책의 내용은 2차적인 그림자에 관한 것이고, 이렇게 일곱 권까지 쓸 계획이었다.[9]

레오나르도는 이 시기에 작성한 다른 필사본에서 광원의 종류를 정의했고, 창문을 통해 들어오는 '부자연스러운 빛'과 전원에 내리쬐는 '자유로운 빛' 등, 빛의 여러 특징에 대해 정의했다.[10] 그는 '충돌(percussion)'이란 단어를 사용해서 빛이 물체에 떨어지거나 물체에 부딪치는 현상을 설명했다. 이는 빛을 동적인 요소로 생각했다는 의미이다. 레오나르도는 다른 기록에서 빛을 '영적인 힘'의 하나로 정의했는데, 이때 '영적'이라는 뜻은 아리스토텔레스가 의미했던 '비물질적'이거나 '감지할 수 없는'의 뜻으로, 질량 없는 에너지를 가리켰다.[11]

레오나르도는 그림자와 빛을 묘사하는 법칙을 끈기 있게 지속적으로 기술했다. 그림자와 빛은 '물체의 모양을 알게 하는 가장 확실한 수단'으로 '탁월한 그림을 창조하는' 과학의 필수적 요소이다.[12] 우리는 여기서, 레오나르도의 스푸마토(sfumato)에 의해 표현되는, 매우 섬세하며 무엇이라 설명하기 힘든 미묘한 효과의 과학적인 근본을 발견하게 된다. 레오나르도 자신의 정의에 따르면 스푸마토는 '음영선이나 붓놀림 없이 마치 연기처럼 그림자와 빛이 융합된다.'[13] 스푸마토가 나타내는 미묘한 스타일이 드러난 작품에는 '모나리자'가 있다. 이 작품에서 스푸마토는 빛과 그림자의 묘사 이상으로, 자신의 전성기가 지난 데 대한 무상함과 후회의 분위기를 풍긴다. 스푸마토는 원근법을 표현하는 보조수단의 역할을 하기도 해서 색채의 점차적 변화를 통해 거리를 표현한다. 레오나르도는 『회화론』에서 사물이 '거리 때문에 소실'된다는 표현을 사용했다. 좀 더 가까이 있는 물체는 '분명하고 뚜렷한 경계로 구분되는' 반면에 좀 더 멀리 있는 물체는 '안개에 싸인 듯 흐릿한 경계'를 갖는다.[14] 레오나르도는 이를 일컬어 '크기의 원근법'과 구별되는 '상실의 원근법'이라 불렀다. '상실의 원근법'이란 용어는 시각적인 현상을 나타내는 것만큼이나 정신적인 분위기를 풍긴다. 모나리자의 인물 뒤에 뻗어 있는 거리는 이런 '상실의 원근법'을 시적으로 표현한 것이다.

이 시기에 레오나르도가 또한 저술했던 책은 현재 파리 MS A로 알려진 것으로, 원래는 레오나르도가 일련번호를 매긴 2절지 114장으로 구성되었지만, 리브리 백작의 표적이 되면서 수난을 겪는 바람에 50장이 뜯겨 나갔고, 그 가운데 17장은 이후 행방불명이 되었다. MS A는 화가의 매뉴얼이었지만 전통적인 피렌체식 매뉴얼과는 달라서 직접적으로 그림 기술을 다루었고, 광학, 원근법, 비례, 움직임, 역학 등의 다양한 주제를 화가의 관점에서 다루었다. 또한 빛과 그림자에 대한 내용도 담고 있다.

> 누군가의 초상화를 그리고자 한다면, 흐릿한 날씨일 때나, 저녁노을이 질 때 그리라. …… 해가 저물어 가는 거리를 보라. 아니면 날씨가 흐릴 때, 남녀의 얼굴에 깃든 우아함과 온화함을 보라. 그러므로 화가들이여! 벽이 검게 칠해져 있고, 지붕이 포개져 있는 안마당을 이용하라. …… 해가 비치면 차양으로 가려야만 한다. 대신에 저녁 무렵이나 흐린 날씨나 안개 낀 날 작업하면 완벽한 분위기를 연출할 수 있다.[15]

이것이 바로 레오나르도의 특징인 미묘하고 어두컴컴한 색조의 이론적 바탕으로, 피렌체에서 훈련받을 당시 뚜렷한 윤곽으로 햇볕이 내리쬘 때의 아름다움을 묘사했던 것과는 확연히 달랐다.

노트의 주요 내용인 세부적인 기술 사항을 통해 레오나르도의 상상력 풍부한 창작 과정, 즉 자신이 서술한 대로 '창의력에 마음의 눈을 뜨는' 과정을 엿볼 수 있다.

> 각양각색의 얼룩이 있는 벽을 보거나, 여러 가지 형태를 가진 돌을 보라. 그러면 그 속에서 다양한 풍경과 닮은 모습을 발견하게 될 것이다. …… 아니면, 이리저리 움직이는 인물이나 이상하게 생긴 얼굴과 의상을 그리려 애를 쓸 때가 생각날 것이다. 훌륭한 표현 형태로 순화할 수 있는 무한히 다양한 대상이 떠오를 것이다. 벽과 돌에 일어나는 현상이 종소리에서도 똑같이 일어날 수 있고, 거기에서 당신이 상상하고 싶어 하는 것은 무엇이든 찾게 될 것이다.[16]

레오나르도의 그림자 스케치. 파리 MS A

이 같은 개념은 다른 방식으로 표현되어, 『회화론』에 보티첼리와 벌인 논쟁의 일부분으로 등장한다. '스펀지를 여러 물감에 적셔 벽에 던지기만 해도 아름다운 풍경을 볼 수 있는 얼룩이 생길 것이다. …… 사람들은 그런 얼룩에서 사람의 두상, 동물, 다툼, 바위, 바다, 구름, 숲, 기타 비슷한 사물을 찾아낼지 모른다.' 시각적인 환상이나 자유로운 연상을 쏟아 부어 작품을 창작하는 것은 몽상가이자 방랑자로서의 레오나르도의 모습이었다. '혼란스럽게 뒤범벅되어 있는 사물을 보면 마음에 불이 붙어 위대한 창작을 하게 된다.'[17]

MS A의 첫 페이지에는 '사람에 의해 만들어진 그림자'를 보여주는 작은 데생이 그려져 있고, 데생의 아랫부분에는 짙고 옅은 음영의 경계에 대한 설명이 붙어 있다. '만약 창문 a-b를 통해 햇빛이 방으로 들어오면, 창문은 더 커 보이고 사람의 그림자는 작아질 것이다. 이런 방식으로 사람들이 이 축소된 자신의 그림자를 ……와 비교하면…….' 대충 그린 이 작은 스케치는 일종의 자화상이다. 그림자의 주인은 데생을 그리고 있는 사람임에 틀림없고 그 사람은 바로 레오나르도 다 빈치이다. 그림자는 레오나르도의 특징을 보이지 않은 채, 1490년대 초 화창한 날, 아마도 코르테 베키아의 아치형 창문 앞에 서 있는 그의 그림자로 '뒤덮인' 윤곽만을 보여준다.

작은 악마

> 나는 너에게 마치 내 아들인 양 우유를 먹였다.
>
> 코덱스 아틀란티쿠스, fol. 220v-c

레오나르도가 이맘때 작성한 노트에는 무덤덤하게 즉석에서 쓴 것처럼 보이는 글이 적혀 있다. '1490년 성 마리아 막달레나(St Mary Magdalen)의 날(7월 22일), 자코모(Giacomo)가 나와 함께 살기 위해 왔다.'[18]

'자코모'는 밀라노 북부에서 수마일 떨어진 몬자(Monza) 근방 오레노(Oreno) 출신으로 당시 열 살이었다. 자코모는 살라이(Salai)라는 별명으로 세상에 더 잘 알려져 있다. 그의 아버지인 피에트로에 대해서는 알려진 사실이 많지 않은데, 그다지 부유하지는 않지만 신통치 않은 신분의 농부는 아닐 가능성이 있고, '대가였던 고(故) 조반니의 아들'로 기록된 법률 문서가 남아 있다. 어쨌거나 피에트로는 아들인 자코모를 위대한 레오나르도 다 빈치의 작업실에 의탁하고 싶어 했다. 아들이 재능을 보였기 때문일 수도 있고, 아들을 떨쳐 버리고 싶었을 수도 있고, 아니면 레오나르도가 아들을 지목해서 원했기 때문일 수도 있다.

자코모는 하인으로, 사환으로, 빈번하게는 작품 모델로 쓰기 위해 레오나르도의 작업실에 받아들여졌지만, 그 외에도 화가로 훈련시키기 위한 목적이 있었고, 실제로 그는 매우 유능한 화가가 되었다. 하지만 자코모는 요즈음 말로 골칫거리나 작은 폭주족 등으로 불리다가, 곧 '작은 악마'라는 뜻의 살라이라는 별명을 얻어 평생 그렇게 불렸다. 레오나르도는 살라이가 코르테 베키아의 작업실에 온 첫 해

동안 저지른 악행에 대해 글을 남겼는데, 레오나르도가 다른 사람의 행동에 대해 쓴 글 중에서 가장 길다. 기록을 정확하게 남기려는 의도로 작성된 이 글은 살라이에게 들어간 의류비를 포함해서 그의 비행으로 파생된 비용까지 항목별로 적혀 있다. 기록의 마지막 날짜가 1491년 9월인데 잉크 색이 균일하게 짙은 갈색인 것으로 보아 한꺼번에 작성된 것으로 보인다. 그러니까 살라이가 도착하고 나서 14개월 후의 기록이다. 살라이의 아버지에게 제시해서 손해 비용을 청구하기 위한 의도로 작성된 것이 분명하지만, 글 속에는 이상하게도 레오나르도의 개인적인 감정 즉 분개하면서도 어쩔 수 없이 애정을 품고 있는 듯한 분위기가 감돈다. 그래서 이 다소 괴벽스러운 불평 목록은 거의 몽상에 가깝다는 느낌이 들 정도이다.

글은 7월 23일 월요일, 살라이가 도착한 두 번째 날부터 시작된다.

둘째 날 그를 위해 셔츠 두 벌, 스타킹 한 켤레, 조끼 한 벌을 준비했다. 값을 지불하려고 돈을 떼어 놓았는데 그 녀석이 지갑에서 그 돈을 훔쳤다. 그가 훔쳤다는 것을 완전히 확신하지만 자백을 받아낼 수 없었다.   4리라

다음날 자코모 안드레아(Giacomo Andrea)와 저녁을 먹으러 갔다. 한데 앞서 말한 자코모가 2명분의 음식을 먹고, 4명분의 말썽을 피웠다. 테이블에 놓인 병 3개를 깼고, 와인 잔을 넘어뜨렸다. 이 일이 있고 나서 다시 저녁을 먹으러 갔는데……(문장 미완성)

9월 7일, 그가 나와 함께 사는 마르코의 작업실에서 22솔디짜리 철심펜을 훔쳤다. 마르코가 사방을 찾아다닌 끝에 자코모의 옷장에

서 찾아냈다.   1리라

다음 해 1월 26일, 내가 메세르 갈레아조 다 산 세베리노(Messer Galeazzo da San Severino)의 집에서 마상 창시합용 장식을 준비하고 있을 때였다. 마상 창시합에서 난폭자로 등장할 하인들이 복장을 입어 보기 위해 옷을 벗었다. 그들 중 하나가 침대 위에 옷을 벗어 놓으며 지갑을 옆에 두었는데, 자코모가 그 지갑에 있는 돈을 모두 훔쳐 갔다.   2리라 4솔디

같은 집에서, 아고스티노 다 파비아(Agostino da Pavia)가 내게 짧은 부츠를 만들어 신으라며 터키산 가죽을 주었다. 한데 한 달이 채 되지 않아 자코모가 이 가죽을 훔쳐 구두 제조인에게 20솔디에 팔았다. 그리고 그 돈으로 아니스(anise, 미나리과의 1년초—옮긴이) 사탕을 샀다고 자백했다.   2리라

4월 2일, 볼트라피오가 철심을 자신의 데생 위에 올려놓았는데, 자코모가 또 이것을 훔쳤다. 철심은 24솔디가 넘는 것이었다.
                                                               1리라 4솔디

레오나르도는 종이의 여백에 피해액의 합계를 내고, 도둑, 거짓말쟁이, 다루기 힘든 녀석, 탐욕스러운 녀석이란 네 단어를 적었다. 자코모에 대한 썩 좋지 않은 평가를 담은 보고서였다. 하지만 이 글을 쓰면서 대가의 입 한구석에 미소가 번지지 않았을까?

기록의 마지막에 등장하는 의류비 지출 목록을 보면 레오나르도는 살라이를 위해 외투 1벌, 셔츠 6벌, 조끼 3벌, 스타킹 4켤레, 안감을

댄 웃옷 1벌, 신발 24켤레, 모자 하나, 약간의 레이스 등 모두 32리라를 지출했다. '첫해'라고 제목을 붙인 이 의류비 지출 목록에서는 살라이에 대한 다른 기록과 마찬가지로 설명이 반, 로맨스가 반 섞여 있는 분위기가 느껴진다.

악동이 주인공으로 등장하는, 비행과 도둑질에 대한 레오나르도의 이 기록은 거의 코미디 무성영화 같은 분위기이다. 또한 놀라울 정도로 상세하게 기록되어 있기도 하다. 아니스 사탕, 터키산 가죽, 침대 위의 지갑, 바닥에 깨진 작은 기름병, 등등. 하지만 가장 눈길을 끄는 것은 두 번째 이야기다. '나는 자코모 안드레아와 저녁을 먹으러 갔다. 한데 앞서 말한 자코모가 2명분의 음식을 먹고…….' 저녁식사는 아마도 건축가인 자코모 안드레아의 집에서 이루어졌을 것이고, 초대를 받은 레오나르도는 어린 자코모를 데려갔을 것이다. 자코모가 작업실에 온 지 이틀 후의 일이었다. 초대받은 저녁식사 자리에서 자코모의 위치는 무엇이었을까? 레오나르도의 하인이었을까? 레오나르도를 즐겁게 해주기 위한 마스코트였을까? 레오나르도에게 새로 생긴 미소년이었을까? 자코모의 제멋대로의 행동에도 불구하고 레오나르도는 그를 다시 저녁식사 자리에 데려갔다. '이 일이 있고 나서 다시 저녁을 먹으러 갔는데…….' 하지만 레오나르도는 문장의 끝을 흐렸다. 아마도 살라이의 아버지에게 보여주려고 작성한 문서였으므로 불필요하게 사생활을 이야기할 필요가 없다고 생각했을 것이다. 여기서 주목할 점은 두 사람의 동행이다. 살라이는 레오나르도와 함께 있었다. 레오나르도의 성인기 동안 가장 오래 지속된 인간관계가 이때 시작된 것이다. 살라이는 그 후 28년 동안 늘 레오나르도의 주변에 있었다. 하지만 두 사람이 서로를 마지막으로 본 것이 언제였는지는 분명하지 않다. 살라이는 1519년 레오나르도가 유언을 남기는 자리에 불참했다. 두 사람이 절교했을 가능성이 있지만 어쨌거나 레오나르도는 살라이에게 풍족한 유산을 남겼다.

레오나르도에게 이 다듬어지지 않은 다이아몬드 같은 개구쟁이는 필요악 같은 존재였다. 살라이는 레오나르도의 '작은 악마'였고, 혼란을 몰고 오는 작은 마귀였다. 살라이의 이런 모습은 투영된 이미지를 떠오르게 한다. 몹쓸 장난을 즐기고 변덕스럽고 게으른 레오나르도 자신의 기질이 꼬마 도깨비 같은 어린 살라이의 모습으로 표현되었던 것이다. 이로써 레오나르도 자신은 분방한 기질에 얽매이지 않고 좀 더 엄격하면서 그다지 재미없는 사업과 연구 그리고 실험 등에 전념할 수 있었는지도 모른다. 못된 살라이는 레오나르도의 악동 기질을 대표했던 것이다.

레오나르도가 현실적으로 불가능하리만치 성인군자 같았다고 주장하는 사람들은 그가 금욕 생활을 했다고 말하지만, 실제로 동성애 관계를 맺었음을 의심하지 않을 수 없다. 바사리는 살라이의 아름다움을 이렇게 언급했다. '레오나르도는 밀라노에서 살라이라는 이름의 밀라노 사람을 하인으로 삼았다. 살라이는 비범하게 우아하고 매력적이었다. 머리카락이 아름다운 곱슬이어서 레오나르도가 좋아했다.' 어린 소년(또는 소년처럼 생긴 예쁜 젊은이)에 대한 동성애는 자기 어린 시절의 무의식적인 재현으로, 어머니의 사랑과 같은 정서가 부족하기 때문이라는 것이 프로이트식 해석이다. 레오나르도는 살라이의 얼굴을 볼 때마다 반 의식적으로 소년 시절 자신의 모습을 보았다. 살라이의 엄마 역시 레오나르도의 엄마와 마찬가지로 카테리나라는 이름을 지녔다. 또 다른 심리학적 관련성이다.

살라이의 얼굴은 레오나르도의 작품을 통해 볼 수 있는데, 전혀 그럴 가능성이 없는데도 살라이의 초상화라고 알려진 데생이 몇 점 있으므로 주의를 기울일 필요가 있다. 진짜 살라이의 초상에는 뚜렷한 특징이 있다. 살라이는 레오나르도가 자주 낙서를 통해 표현했던 남성의 이상적인 아름다움을 소유했고, 이런 점이 레오나르도의 관심을 끌었던 것이다. 살라이의 초상화일 가능성이 가장 큰 작품은 윈저에 소장된 한 쌍의 데생으로, 이 중 오른쪽 데생은 연분홍색 종이에 빨간색과 검정색 분필을 섞어 그렸고, 이 책에 수록된 왼쪽 데생은 흰색 종이에 검정색 분필을 사용했다. 이 데생은 클라크가 '레오나르도 초기 작품에 등장하는 베로키오 풍의 소년들'이라 불렀던 소년들의 모습과 달리, 좀 더 둥글면서 육감적인 턱과 좀 더 짧고 더 곱슬거리는 헤어스타일을 보이고 있다. 특별히 독특한 특징은 이마와 콧등 사이로 흐르는 부드러운 선이다. 분필을 섬세하게 다룬 스타일로 판단하건대, 데생의 완성 시기는 레오나르도가 두 번째로 밀라노에 체재하기 시작했던 1508년경이었다. 데생은 20대 후반의 살라이의 모습을 표현한 것으로, 언뜻 보기에는 아직 소년의 모습을 지닌 채 다소 나른해 보이면서도 우아한 젊은이다. 눈꺼풀은 무거워 보이고, 기분은 기쁨과 지루함의 중간 정도로 보인다.

이 독특한 옆모습의 초기 형태로는 볼트라피오(Boltraffio)의 작품으로 알려진, 참나무 잎으로 만든 관을 머리에 쓴 젊은이 데생과, 현재 영국 박물관에 소장되어 있는, 남녀 양성의 모습을 띤 옆얼굴을 새긴 작품이 있다. 후자의 작품에 'ACHA. LE. VI.(아카데미아 레오나르디 빈치)'라는 로고가 적혀 있는 것으로 보아 제작 연도는 1490년대 후반으로 추정된다. 이 작품들은 모두 레오나르도의 작업실을 통해 생산된 것으로 이 시기에 레오나르도가 그렸지만 실종되었다고 알려진 살라이의 데생일 가능성도 있다. 두 가지 형태로 알려진 볼트

살라이의 모습은?
위 레오나르도, 검정 분필로 그린 옆얼굴 초상화. 살라이의 모습으로 추정. 윈저성 왕립도서관
아래 '나르키소스'. 볼트라피오 작품. 우피치 미술관
오른쪽 레오나르도, '아름다운 젊은이를 응시하는 노인'. 1497~1500년. 우피치 미술관

라피오의 침울한 '나르키소스(Narcissus)'에는 공통적으로 눈썹이 없는 곱슬머리의 옆모습이 등장한다. 두 데생은 우피치 미술관과 런던의 국립미술관에 각각 소장되어 있다.

이 작품들이 살라이를 모델로 했다면, 레오나르도의 작품으로 현재 우피치 미술관에 소장되어 있는 빨간색 분필 초상화 속 젊은이도 살라이다. 노인과 마주 선 자세를 취한 젊은이의 독특한 콧등 선은 곱슬머리에 가려 가까스로 보인다. 이빨이 없는 옆모습이 특징인 대머리 노인이 젊은이를 응시한다. 노인의 오른손이 젊은이의 어깨 위에 얹혀 있는 것처럼 보이지만 팔뚝이 그려져 있지 않기 때문에 두 사람의 몸은 하나의 몸통으로 합쳐진다. 이는 앞에서 보았던 쾌락과 고통의 데생을 상기시킨다. 1490년대 후반에 완성된 이 데생은 살라이의 10대 후반의 모습을 담았다. 살라이의 비행을 기록한 최초의 메모는 안쓰러운 느낌의 코미디를 연상시켰지만, 이 데생에는 자기비난과 비애감이 깃들어 있다. 노인은 세월의 현격한 차이 저 너머에서 자신이 사랑하는 동시에, 자신의 잃어버린 소년 시절을 반영하는 소년을 응시한다. 당시 레오나르도는 40대 중반으로 여전히 전성기에 속해 있었지만, 이 작품에서는 자신을 늙은 '합죽이'로 희화했다. 이는 성적인 불확실성을 형상화한 것인지도 모른다. 연인이고 싶었지만, 오히려 폐물이 되어 버린 아버지 상을 자신에게서 발견했던 것이다. 이 데생이 풍기는 분위기는 무례한 귀염둥이에 대한 인심 좋은 중년 남자의 우울한 애정이다.

1490년에 교활한 악동이었던 살라이는 유행을 앞서가는 사람으로 성장했지만 초상화의 모습에서 알 수 있듯 전적으로 신뢰할 수 있는 젊은이는 아니었다. 대체로 검소했던 레오나르도였지만 버릇없는 젊은 제자에게는 좋은 옷과 선물을 쏟아 부었다. 누이의 지참금을 채우라고 살라이에게 돈을 빌려 주기도 했고, 1497년에 루도비코가 자신에게 하사했던 집을 살라이의 아버지에게 빌려 주었는데 무슨 영문인지 살라이의 개인 재산이 되었고, 결국 유언을 통해 그 집을 살라이에게 주었다. 이런 상황으로 볼 때 살라이는 주인의 관대함과 애정을 착취했던 탐욕스러운 젊은이였다. 그러나 두 사람의 오랜 관계에는 다른 특징도 눈에 띈다. 살라이는 레오나르도의 제자이자, 하인이자, 모사자이자, 성적인 상대였고, 동지였으며, 잡역부였고, 친근한 사이로 레오나르도의 총애를 받으면서, 레오나르도의 유언장에서 볼 수 있듯이 '훌륭하고 친절하게 봉사' 했다. 1490년 레오나르도의 작업실에 첫발을 디딘 후로, 천사의 얼굴을 한 이 못된 소년은 레오나르도에게서 떼려야 뗄 수 없는 일부가 되었다. 그는 바로 레오나르도의 그림자였다.

기마상의 주조

도서관 광의 마음을 흔들어 놓을 만한 이야기가 있다. 1967년 2월, 초기 스페인 문학 전문가인 매사추세츠 대학교의 쥴 피쿠스(Jules Piccus) 박사가 마드리드의 국립도서관에서 중세 발라드 원고를 찾던 중 붉은 모로코가죽으로 장정된 책 두 권을 발견했다. 그는 그 속에 레오나르도의 데생과 글이 수록된 것을 보고 깜짝 놀랐다. 한때 이 도서관에 소장됐었다는 사실을 알고 있는 사람은 꽤 있었지만 잃어버리거나 도둑맞았다고 생각했던 책이었다. 이 책은 단순히 잘못 놓이는 바람에 거대하고 오래된 도서관의 서고 구석에 박혀 있었던 것이다. 바로 이 책이 마드리드 코덱스(I, II)이다.

두 권으로 장정된 다양한 논문에는 마드리드 코덱스 II의 마지막 부분을 구성하는 17장짜리 작은 노트가 포함돼 있는데, 여기에 스포르자 기마상 주조에 따른 상세한 메모와 지침사항이 기록되어 있다. 레오나르도는 1491년 5월 17일에 이 책을 쓰기 시작하면서 '현재 제작 중인 청동 기마상에 관련된 모든 사항을 여기에 기록할 것이다.'라고 썼고, 1493년 12월 20일에는 기마상을 거꾸로 주조하지 않고 눕혀서 주조하기로 결정했다고 썼다.[19]

스포르자 기마상의 실제 제작은 세 단계로 이루어질 것이었다. 우선 실물 크기의 점토 모델을 제작하고, 두 개의 내화성 철 틀을 고정시킨 후에 사이에 왁스를 넣어 주형을 제작하고, 마지막으로 왁스를 녹여 낸 후에 내화성 철 틀의 빈 공간에 액체 청동을 부어 청동상을 주조하는 것이다. 앞에서 살펴보았듯이 기마상 제작에 대한 레오나르도의 생각은, 뒷다리로 우뚝 선 말을 제작하려는 웅장하지만 실효성이 없는 생각에서 좀 더 평범하게 빨리 걷거나 껑충거리며 뛰는 말을 제작하는 것으로 바뀌었다. 뒷다리로 서 있는 기마상에 대한 집착은 한동안 레오나르도의 머릿속을 떠나지 않아서 실제로 이에 대한 데생을 남기기도 했다. 그러나 마드리드 노트에 수록된 설계도를 포함해서 대부분의 주조 설계도가 빨리 걷는 말의 모습을 담았던 것으로 보아, 이것이 레오나르도가 최종적으로 제작하려 했던 말의 모습임이 확실하다.

1492년, 레오나르도는 기마상 주형의 제작에 몰두했다. 원저에 소장된 스케치[20]는 두 부분으로 구성된 주형과, 이를 들어올리기 위한 장치로 추정되는 도르래와 물림기어 장치의 고안 등을 담고 있다.

마드리드 코덱스 II에는 붉은색 분필을 사용해서 말의 머리와 목의 외부 주형을 세밀하게 그린 데생[21]이 남아 있는데, 이 외부 주형은 나무와 철로 된, 서로 맞물리는 형태의 틀로 만들어졌다.

바사리는 피렌체 건축가였던 줄리아노 다 상갈로(Giuliano da Sangallo)가 레오나르도와 기마상에 대해 토론을 벌이면서 '제작 불가능성을 주장했다.'고 기록했다. 실제로 1492년 10월 상갈로가 밀라노에 있었다는 문서가 발견되었다. '제작 불가능성'이란 아마도 전통적인 방법과는 달리 말을 하나의 조각으로 주조하려 했던 레오나르도의 결정에 대한 언급이었을 것이다. 바사리는 바로 이점 때문에 조각상이 미완성에 그쳤다고 잘못 생각했다. '그는 완성이 불가능한 수준의 작품을 구상했다. …… 작품이 너무 커서 한 덩어리로 주조하는 것은 불가능하다는 점이 입증되었다.'

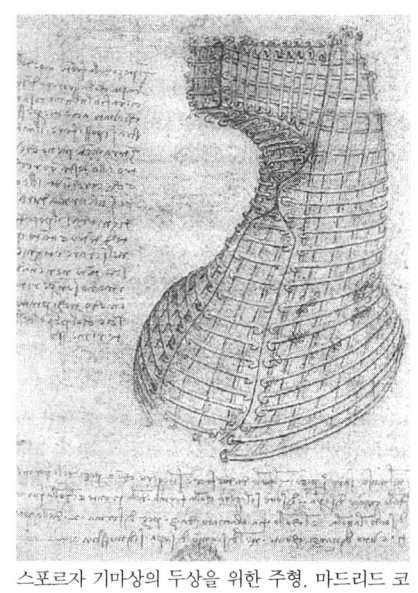

스포르자 기마상의 두상을 위한 주형. 마드리드 코덱스II

여기서 조각상의 엄청난 규모를 마음속에 그려 보아야 한다. 어렸을 때 점토 모형을 보았으리라 추정되는 파올로 조비오의 말을 빌리자면 기마상은 '어마어마했다.' 마드리드 노트에 등장하는 기마상의 치수는 발굽에서 머리까지가 24피트(약 730센티미터)로 키 큰 성인 남자 키의 네 배였다. 뒷발굽에서부터 들어 올린 앞다리까지의 길이 또한 그 정도였다. 레오나르도의 기마상은 따라서 실물 크기의 3배 정도였다. 또한 최종 주조에 사용될 청동의 양은 약 75톤에 달했다.

기마상의 점토 모델은 1493년 후반에 전시되었다. 루도비코의 조카딸인 비앙카와 신성로마제국 황제인 합스부르크의 막시밀리안의 결혼을 축하하기 위한 행사의 일환이었다. 당시 결혼을 축하하는 시가 많이 발표되었는데, 이 시들은 루도비코를 칭송하면서 한결같이 기마상에 대해 언급했다. 발다사레 타콘(Baldassare Taccone)은 이렇게 노래했다.

> 코르테에서 보게, 철로 만든 거대한 조각상을.
> 그(루도비코)가 아버지를 기억하기 위해 철로 만들었네.
> 이보다 더 큰 조각상은
> 그리스에서도 로마에서도 본 적이 없다네.
> 말이 얼마나 아름다운지 보게
> 레오나르도가 홀로 만들었다네.

바사리는 '레오나르도가 만든 거대한 점토 모델을 본 사람이라면 누구나 그보다 더 훌륭하거나 더 웅장한 예술 작품은 본 적이 없다고 생각했다.'고 기록했다.

이 무렵 레오나르도는 이미 말의 주조 공정에 대해 생각하고 있었다. 그는 1493년 12월 20일자로 이런 메모를 남겼다. '말은 옆으로 뉜 상태에서 꼬리 없이 주조되어야 한다. 말을 거꾸로 주조한다면 물에서 1브라치오(braccio, 당시 이탈리아의 거리 단위—옮긴이) 거리에 있게 되는데, …… 주형은 몇 시간 동안 땅속에 있어야 하기 때문에 물에서 1브라치오밖에 떨어져 있지 않으면 머리가 습기의 영향을 받아 주조가 불가능해질 것이다.' 이는 주조 작업이 이루어지는 구덩이에 대한 고찰로, 말을 거꾸로 놓고 주조하려면 12브라치오 깊이의 구덩

이를 파야 하는데, 이렇게 되면 말의 머리가 롬바르드 평야의 얕은 지하수면에 지나치게 가까워지는 문제에 대한 고민이었다.

1492~1493년까지 매달렸던 거대한 점토 기마상의 제작은 기계공학자로서 레오나르도가 한 작업의 일부에 불과했다. 기계공학자로서 그의 면모는 1493년 1월 1일에 작성하기 시작해서 7~8년 넘게 작업했던 마드리드 코덱스 I에 수록된 놀라운 데생들에 잘 드러나 있다. 레오나르도는 이 노트에 '양과 힘에 관한 책'이라는 제목을 붙였다. 이 책은 아마도 레오나르도가 어디선가 언급했지만 그 외에는 알려지지 않은 '기계적 요소에 관한 책'과 '물리학에 관한 기술서'일지 모른다. 이는 주문 제작한 산업 장비의 보고로, 직조 기계, 제분기, 풍차, 자동 실꼬기 장치를 통합한 물레, 짐이 땅에 닿았을 때 풀어지도록 고안된 크레인 고리를 장착한, 물건 드는 다양한 장치 등에 대해 수록한 안내서이다. 하지만 이는 발명품을 모아 놓은 책이 아니다. 완벽하게 작동하는 기계를 제시하는 것이 아니라, 기계의 기본 원리와 운동에 초점을 맞추었고 실제로 조립이 가능하도록 하는 데 목적을 두고 수행한 체계적이고 실질적인 연구 기록이다.

마드리드 I에 수록된 설계도 가운데는 레오나르도 작품 중에 가장 환상적이라 할 수 있는 움직이는 부품을 보여주는 데생[22]이 있다. 바로 갑옷 입은 기사 로봇이다. 날이 바뀌는 기어와, 축으로 움직이는 독창적이고 탄탄한 모터를 특징으로 하는 이 자동 기사는 다리를 구부리고, 팔과 손을 움직이고, 머리를 돌릴 수 있었다. 입이 열리고, 기계 속에 장착된 자동 공명통을 통해 말도 할 수 있었다. 코덱스 포르스터에 수록된 기사 로봇의 머리와 목의 스케치[23]는 1495년 경 밀라노에서 전시되었다. 이런 자동장치는 16세기 궁정의 축제에 자주 등장하면서 인기를 끌었지만, 이를 최초로 선보인 사람은 레오나르도였다. 레오나르도가 자동적인 움직임에 관심을 기울였던 것은 피렌체 시절까지 거슬러 올라간다. 1470년대 말에 제작한 기술적인 데생[24]을 보면, 용수철에 의해 동력을 전달받고 피니언(래크와 맞물리는 작은 기어—옮긴이) 바퀴로 움직이는 바퀴달린 연단이 등장한다. 이는 아마도 피렌체의 가장행렬에서 조각상이나 카니발에 사용될 인형 등을 운반하는 데 사용했을 것이다.

자동 기사 로봇은 기계학, 해부학, 조각, 연극 등에 대해 레오나르도가 품었던 열정의 혼합체였다. 그가 제작했던 또 다른 놀라운 작품으로는 1515년 몸통이 열리면서 프랑스 백합을 보여주어 국왕 프랑수아 1세를 감탄하게 만들었던 자동 사자가 있다.

'최후의 만찬'을 그리다

1490년대에 소년이었던 미래의 소설가 마테오 반델로(Matteo Bandello)는 밀라노 소재 산타 마리아 델레 그라치에(Santa Maria delle Grazie) 교회 부속 도미니크회 수도원의 수련 수도승이었다. 따라서 식당의 북쪽 벽에서 스포르자 시대를 대표하는 위대한 걸작인 '최후의 만찬'을 그리는 레오나르도 다 빈치를 지켜볼 기회를 가졌다.

그는 일찍 도착해서, 발판 위에 올라가 작업을 시작하곤 했다. 때로는 새벽부터 해가 저물 때까지 머물렀고, 한 번도 붓을 놓는 일 없이 마시거나 먹는 것도 잊은 채 쉬지 않고 그림만 그렸다. 어떨 때는 이틀, 사흘, 또는 나흘 동안 붓은 건드리지도 않고, 하루에 몇 시간이고 팔짱을 낀 채 작품 앞에 서서 작품 속 인물을 관찰하고 흠을 찾았다. 또 태양이 중천에 떠 있는 대낮에 갑작스런 충동에 휩싸여, 코르테 베키오에서 엄청난 점토 기마상을 제작하다 말고 뛰쳐나와 곧장 산타 마리아 델레 그라치에로 와서 발판 위에 올라가 붓을 집어 들고는 한두 획만을 그리고 다시 가 버리기도 했다.[25]

반델로가 이 글을 쓴 시기는 이를 목격하고 수십 년이 지난 후였으므로 실제와 약간의 차이가 있다. 레오나르도가 '최후의 만찬'의 제작에 들어간 것이 1495년이었으므로 1493년에 모습을 드러낸 점토 기마상과 동시에 제작하지는 않았기 때문이다. 하지만 이 글은 대가의 작업 모습을 담은 신빙성 있는 글이다. 이 글을 통해 레오나르도의 창의적 리듬이 드러났고, 이 창조적 리듬은 도통 종잡을 수 없어서, 말없이 구상만 하는 시기에는 중단되었다가 갑자기 격렬하게 분출되곤 했다는 사실을 알 수 있다. 바로 이 점 때문에 다른 사람들 특히 그에게 작품을 의뢰하고 보수를 지불했던 사람들이 그를 두고 공상에 빠져 작업할 생각을 하지 않는다고 오해했던 것이다. 이 글을 읽다 보면, 그동안 고민해 오던 구도상의 문제를 해결하는 데만 온 정신을 쏟아서, 대낮에 햇볕이 내리쬘 때도 휴식하거나 그늘을 찾지 않고 작업실을 향해 거리를 성큼성큼 걷는 레오나르도의 놀라운 모습을 상상하게 된다. 그때 그은 '한두 획'은 고통스럽게 축적된 그의 예술의 정수였을 것이다. 사람들이 그라치에 교회의 벽에서 보게 되는 거대한 시각적 이야기는 수천 번의 작은 붓질과 수천 번의 미세한 결정이 모여 이루어졌다. 세계적으로 유명한 그림을 자꾸 보다 보면 그 작품이 그렇게 그려질 수밖에 없으리라는 생각이 든다. 어떻게 다르게 그려질 수 있겠는가? 그 작품을 이룬 한 획 한 획은 모두 자신과의 싸움을 통해 얻어진 것이다.

산타 마리아 델레 그라치에 교회는 성의 서쪽, 옛 포르타 베르셀리나(Porta Vercellina) 위쪽에 자리했다. 1492년 설교단과 둥근 지붕을 만들기 위해 성가대석과 애프스(apse, 교회 제단 뒤쪽의 둥근 지붕이 있는 반원형으로 된 부분—옮긴이)를 없앴고, 이와 더불어 인접한 수도원 건물을 확장하기로 결정했다. 식당의 수리가 끝난 시기는 1495년으로, 당시 도나토 디 몬토르파노(Donato di Montorfano)의 '십자가 책형'이 남쪽 벽을 장식했고, '최후의 만찬'은 반대편 벽을 장식하기 위해 그해에 제작되기 시작한 것으로 추정된다. 수리를 지시하고 그 비용을 지불한 사람은 루도비코로, 그는 공작이 다스리는 영토에 적합한 기념비적 건물인 동시에 스포르차 집안의 영묘로 사용할 장소를 건립하려 했다. 이 계획의 추진을 더욱 부채질한 것은 1497년, 루도비코의 아내인 베아트리체와 딸인 비앙카의 급작스런 죽음이었다. 아내와 딸을 동시에 잃은 루도비코는 참담한 심경에 빠지면서 한동안 신앙 생활에 몰두했다. 그라치에 교회에 대한 그의 투자는 감정적인 측면이 있어, 그는 수도원 식당에서 식사를 하는 일이 잦았다. 레오나르도의 거대한 벽화(이 벽화는 유화이기 때문에 기술적인 의미로 프레스코화가 아니다.)는 유명한 스포르차 프로젝트의 핵심으로, 건물의 우아한 현대화 작업의 마지막을 화려하게 장식할 매우 현대적인 작품이었다.

'이 살아 숨 쉬는 걸작'의 제작 과정을 추적해 보려면, 우선 윈저에 소장되어 있는 펜과 잉크를 사용한 초기 구도 습작[26]을 살펴보아야 한다. 이 작품은 여전히 최후의 만찬을 표현하는 전통적인 도상학에 그 뿌리를 내리고 있어서, 유다는 등을 돌려 무리에서 소외된 위

'최후의 만찬'을 위한 습작.
위 구도에 관한 초기 스케치. 윈저성 왕립도서관
아래 유다의 두상(왼쪽)과 성 야고보(대(大) 야고보)의 두상을 위한 습작. 모두 윈저성 왕립도서관

치에 있고, 성 요한은 배반 사실이 알려질 때 '예수의 가슴에 기대 있었다'를 표현하기 위해 예수 옆에서 자고 있는 것처럼 보인다. 그러나 이런 특징들은 마지막 제작 단계에서 사라졌다.

종이에는 두 가지의 데생이 독립해서 그려져 있다. 왼편에는 10명의 인물이 있다. 아마도 종이가 잘려 나가면서 나머지 3명의 모습이 없어진 것으로 추정된다. 오른편에는 4명의 인물이 있는데 주로 예수와 유다의 습작이다. 이 작품에서 레오나르도는 배반자를 밝히는 극적인 순간에 초점을 맞춘다. '나와 함께 그릇에 손을 넣는 그가 나를 팔리라.'(마태복음 26장 23절) 유다는 의자에서 몸을 일으켜 접시 쪽으로 손을 뻗고 있다. 예수의 손은 두 가지 모습으로 그려져 있다. 하나는 마치 손을 앞으로 막 뻗으려는 것처럼 보이는 모습이고, 또 하나는 접시로 손을 뻗으면서 배반자의 손과 마주치는 고통스러운 순간에 멈칫하는 모습이다.

이 작은 스케치의 또 다른 특징은 바로 예수의 손이 등 위에 놓인 상태에서 요한이 잠을 자고 있는 모습이다. 성경에서 요한은 '예수가 사랑했던' 제자였지만, 종교의 교리를 부정하는 비종교적인 사람들은 '예수의 가슴에 기대 있는' 요한을 동성애의 시각으로 봤다. 레오나르도는 그림의 마지막 단계에서 예수와 요한을 떼어 놓았지만, 여전히 요한을 가장 젊고 아름답게 묘사했다.

이보다 좀 나중에 완성한 붉은색 분필 스케치는 그 위에 다른 사람이 잉크로 가필했고, 현재 베네치아 학술원에 소장되어 있다. 잉크로 이루어진 가필은 레오나르도의 의도를 왜곡시켰지만, 데생과 필체는 모두 레오나르도의 것이다. 이 스케치는 앞의 스케치보다 더 허술하지만 이는 대부분 잉크 가필 때문이고 그림에는 구도적인 리듬이 존재한다. 여기서 제자들은 그룹지어 모여 있고, 제자 개개인의 특징이 좀 더 강조되었다. 그러나 유다의 위치는 같고, 요한도 여전히 잠을 자는 모습으로 묘사되어 있다.

이 스케치들은 레오나르도가 '최후의 만찬'에 대해 가졌던 착상을 엿볼 수 있는 초기 작품이다. 그는 축소형 청사진을 집중해서 재빨리 그려 내면서 계속 질문을 던졌다. 이렇게 할까 아니면 저렇게 할까?

레오나르도는 이후 초점을 인물 개개인의 특징으로 옮겨 갔다. 이렇게 해서 탄생한 작품이 바로 윈저에 소장된 유명한 두상 시리즈로, 대부분 붉은 분필을 사용한 완성도 높은 작품이다. 두상은 유다, 베드로, 성 야고보(대), 성 빌립의 것으로 성 야고보와 빌립은 같은 모델을 사용한 것이 거의 확실하다. 또한 성 요한의 손과 성 베드로의 소매를 위한 아름다운 습작이 있다.[27]

잘 알려진 어느 구절에서 레오나르도는 제자들의 몇 가지 반응을 다음과 같이 나열했다.

> 포도주를 마시던 제자는 잔을 원래 위치에 놓고 말하는 사람 쪽으로 고개를 돌렸다.
> 또 다른 제자는 손가락을 꼬면서 눈살을 찌푸리며 동료 쪽으로 몸을 돌리고, 손을 쫙 펴서 손바닥을 보이며 어깨를 으쓱하고, 입은 놀란 표정이다. ……
> 또 다른 제자는 손에 칼을 들고 몸을 돌리면서 식탁 위에 있는 잔을 넘어뜨린다. ……
> 또 다른 제자는 말하는 사람을 보려고 몸을 앞으로 기대고, 손으로 눈 위에 그늘을 만든다.[28]

이 인물 중의 일부는 완성된 작품 속에서 찾아볼 수 있다. 흰 수염의 성 안드레아(왼쪽에서 세 번째)는 손바닥을 보이며 어깨를 으쓱인다. 다른 제자들의 모습은 바뀌어서, 손에 칼을 들고 고개를 돌린 인물(성 베드로)은 잔을 넘어뜨린 인물과 분리되었는데, 베드로 옆의 유다는 잔을 넘어뜨리는 것이 아니라 소금 그릇을 엎는다.

구도상의 계획만큼이나 감정적인 역학에 있어서도, 레오나르도의 '최후의 만찬'은 사도들을 식탁에 딱딱하게 일렬로 배열했던 중세 이후의 전통을 파기했다. 레오나르도는 일종의 물결구도로 사도들을 배열했다. 물결은 4개의 소그룹으로 구성되고, 각 그룹에는 3명의 사도가 포함된다. 또한 이 작품은 극적인 순간을 포착했다. 극적인 순간은 성찬식의 설립도 아니고 배반자로 유다를 지목하는 장면도 아닌, 바로 다음과 같은 그리스도의 말이 사도들에게 몰고 온 폭탄성 쇼크의 순간이었다. '내가 진실로 너희에게 이르노니 너희 중에 한 사람이 나를 팔리라 하시니, 저희가 심히 근심하여.'(마태복음 26장 21~22절) 이렇듯 새로운 구도를 잘 설명한 인물로는 루카 파치올리(Luca Pacioli)가 있는데, 그는 1498년 12월 14일, 『신성한 비례 *divina proportione*』의 헌정사에서 벽화에 대한 최초의 기록을 남겼다.

감히 그런 일이 있으리라 생각조차 할 수 없었던 '너희 중에 한 사람이 나를 팔리라'는 그리스도의 진실의 목소리에 대한 사도들의 반응을 이보다 더 예리하게 표현한 작품은 없다. 사도들의 행동과 몸짓을 보면, 그들은 강렬한 충격에 괴로워하며, 한 사람이 다른 사람에게 말하고, 그 사람이 또 다른 사람에게 말을 거는 것 같다. 우리의 훌륭한 레오나르도는 섬세한 손길로 이런 분위기를 창조해 냈다.

이렇듯 레오나르도는 극적인 효과를 위해 사도 사이의 상호작용과 그리스도에 강렬하게 초점을 맞추었다. 벽화 속 인물들은 한 줄로 앉아 있는 것이 아니라 '혹시 저입니까?'라고 말하면서 서로 엉켜 있다.

그리고 유다가 있다. 원저 소장의 옆모습 습작에서 유다는 악하기보다는 추하고 기괴해 보이지만, 그 모습에는 자책과 자기혐오 또는 그리스도의 용서가 배어 있다. (나중에 이루어진 가필에 의해 가려졌던

'최후의 만찬' 속 유다 얼굴의 섬세한 부분이 최근의 복구 작업을 통해 회복되었다. 복구 작업을 거친 유다의 얼굴은 복구 작업 이전보다 더욱 위의 습작에 가깝다.) 유다는 접시에 담기 위해 빵조각에 손을 뻗다가 그리스도의 말에 움찔하기까지 한다.

레오나르도의 '최후에 만찬'에 등장하는 유다의 얼굴에 대해서는 바사리의 책에 유명한 일화가 있다. 그라치에 교회는 레오나르도에게 '작품을 서둘러 완성하라'며 계속 재촉하는 동시에 레오나르도가 게으르다고 루도비코에게 불평했다. 이런 교회의 태도에 대해 레오나르도는, 유다의 얼굴로 사용할 악한 얼굴을 찾고 있는 중인데 만약 찾을 수 없다면 '무뚝뚝하고 성급한 수도원장'을 모델로 사용하겠다고 루도비코에게 말했다. 이 말에 루도비코는 박장대소했고, '불운한 수도원장은 정원 일꾼들의 눈에 자신이 어떻게 비칠까 고민하던 끝에 사퇴했다.'

'최후의 만찬'을 그리는 작업의 첫 단계는 식당 벽을 인토나코 (intonaco, 마감 바탕재-옮긴이)로 골고루 발라 벽화의 바탕을 만드는 것이었다. 주요 장면이 그려질 중앙 부분에는 인토나코를 보다 거칠게 발라서 물감이 잘 밀착하게 했다. 가장 최근에 이루어진 복원 작업에서 밑그림〔시노피아(sinopia)〕의 흔적이 발견되었다. 밑그림은 바탕 위에 직접 그린 것으로 '붉은색 물감을 묻힌 붓으로 극히 세밀한 선을 통해 묘사했다.' 그런 다음 석고를 입혔다. 현대에 이루어진 분석에 따르면 석고는 '100~200미크론(100만분의 1미터) 두께의 약간 알갱이가 있는 혼합물로, 단백성 접착제를 포함한 탄산칼슘과 마그네슘으로 구성'되었고, 그 위에는 백연을 얇게 입혔다. 이 단계에서는 주로 건축학적인 배경에서의 형태와 원근을 결정할 목적으로 표면에 많은 흔적을 남겼다. 그림의 중앙에는 소멸점(투시화법의 소멸점—옮긴이) 역할을 하는 작은 구멍을 뚫었는데, 이 구멍은 그리스도의 오른쪽 관자놀이에 있고 그림을 확대해야 볼 수 있다.

　이렇듯 작품에 착수하기 전의 준비 상태로 판단해 볼 때, 이 작품은 레오나르도의 단독 작품이 아니라 레오나르도의 작업실 전체가 참여한 작품이었음을 알 수 있다. 미켈란젤로가 시스티나 성당 벽화를 혼자 그리지 않았다는 소문이 도는 것처럼, 레오나르도 또한 이 작품을 혼자 제작하지 않고, 벽화 제작을 돕는 조수들을 거느리고 있었다. 당시 조수들 중에는 벽화의 초기 모작 가운데 하나를 제작했다고 추정되는 마르코 도지오노(Marco d'Oggiono), 이제 16세가 된 살라이, 후에 '앙기아리(Anghiari)' 프레스코화 제작에 참여했던 토마소 마시니(Tommaso Masini) 등이 있었다고 기록에 남아 있다.

　그림은 아마도 만찬 장면 위에 자리한, 문장(紋章)이 새겨진 세 개의 루넷[lunette, 둥근 지붕이 벽과 접한 부분의 반원형 벽간(壁間)]에서 시작되었을 것이다. 이 부분은 현재 손상을 많이 입은 상태이지만, 글씨, 무기의 채색, 과일과 풀로 구성된 훌륭한 화환의 모습을 부분적으로 볼 수 있다. 벽화의 중심 장면을 그리는 작업은 아마도 왼쪽에서 시작했을 것이다. 마테오 반델로가 묘사했던 것처럼 레오나르도가 강렬한 강도의 작업과 팔짱을 끼고 작품을 응시하기만 하는 과정을 반복했던 것도 이때부터였다. 반델로가 남긴 기록의 신뢰성은 기술적인 자료를 통해 입증되었다. '레오나르도가 작업에 빠른 진척을 보이지 못했던 것은 작품에 대해 거듭 생각하고, 중요한 세부사항에 심혈을 기울였기 때문이다. …… 각 인물과 식탁 위에 놓인 물건의 윤곽이 약간 또는 상당히 많이 수정된 것으로 보아, 레오나르도는 자유롭게 반복해서 주어진 제재로 돌아갔을 것이다.'[29] 예를 들어 작품 복원 전문가들은 그리스도의 손가락 위치가 원래 구도보다 더 뻗어 있다는 사실을 밝혀냈다.

잘 알려진 대로, 레오나르도의 거대한 벽화는 혁신적인 방법을 채택했지만 행운이 따르지는 못했다. 레오나르도는 그림을 그리기 위해 기름과 템페라를 섞었다. 전통적인 '부온 프레스코(buon fresco)' 기법(마르기 전의 축축하고 신선한 회반죽벽에 물에 녹인 안료로 그리는 기법—옮긴이)을 사용하지 않았던 것이다. 새로운 방법을 사용함으로써 더욱 천천히 작업을 하고 덧칠도 할 수 있었지만, 곧 단점이 명확하게 드러나서 물감이 벗겨지기 시작했다. 여기에 본래 있었던 습기 문제가 상황을 더욱 악화시켜서, 그림의 상태는 이미 레오나르도 생전에 심각한 지경에 이르렀다. 1517년 안토니오 데 베아티스(Antonio de Beatis)는 벽화가 '망가지기 시작했다.'고 기록했고, 1550년대에 벽화를 보았던 바사리는 '얼룩 덩어리를 제외하고는 아무 것도 보이지 않는다.'고 기록했다. 이런 이유로 원작의 작업에 관여했던 화가들에 의한 복제가 이루어졌고, 광범위한 복원 계획이 강행되었다. 복원 노력에 대한 첫 기록은 18세기 초에 등장하지만 아마도 이것이 최초는 아니었을 것이다. 1930년대에 이르러 케네스 클라크는 벽화의 현 상태를 초기 복제 작품과 윈저에 소장된 습작에 비교해 본 후에, 복원가의 둔감한 손길에 의해 원래 작품의 미묘한 뉘앙스가 상실되었다고 한탄했다.[30]

본래부터 그림에 내재했던 약점인 파손되기 쉽다는 점 자체가 이제는 이 그림이 지닌 마력의 일부분이 되었다. 완성한 지 불과 수십 년 만에 '얼룩 덩어리'로 변해 버렸고, 19세기 초 나폴레옹 군대에 의해 파괴되었을 뿐만 아니라, 1943년 연합군의 폭격으로 그림의 일부가 사라졌음에도 여태껏 남아 있다는 자체가 기적이라 할 수 있다.

핀닌 브람빌라 바르셀론(Pinin Brambilla Barcelon)의 주도 아래 20억 리라(약 110억 원)의 비용을 들여 가장 최근에 이루어진 야심찬 복원 작업의 결과가 20년 만인 1999년 그 모습을 드러냈다. 복원의 목표는 과거 복원으로 덧붙여진 부분을 제거하는 것이었다. 즉 그 밑에 원래 물감이 남아 있기를 바라면서, 흔적이 조금씩 마모되고 있는 유약과 과잉 채색의 딱지를 제거하는 것이었다. 브람빌라 바르셀론은 그림을 '중환자처럼' 다루었다고 했다. 항상 그렇듯이 이번 복원에 대해서도 원작의 '생명'을 잃게 했다는 비판이 따랐다. 그러나 현재 우리가 볼 수 있는 작품은 500여 년 전에 레오나르도와 그 제자들이 벽에 그렸고, 소년 시절의 반델로가 눈을 휘둥그레 뜨고 지켜보았던 작품에 훨씬 가까워졌다. 원작에 근접하기는 했지만 복원된 부분은 일부여서 약 20퍼센트 정도만이 재생되었다. 그림은 마치 벽 위를 떠도는 혼령처럼 흔적으로 남았지만, 복원을 거치면서 인물의 매력적인 표정과 몸동작, 그리고 단순하면서도 감동적인, 최후의 만찬의 세세한 면 즉 반쯤 채워진 와인 잔, 식탁보에 금으로 수놓인 선(線) 세공, 중요한 순간에 격한 감정에 휩싸인 베드로가 마치 살인 무기처럼 쥐고 있는 칼 등을 조금씩 보여주고 있다.

'아카데미'

> 수학자가 아닌 사람에게는 내 책을 읽게 하지 마라.
>
> 코덱스 포르스터 III, fol. 82v

1496년은 '최후의 만찬' 이라는 대작을 위한 작업에 가려 크게 조명을 받지 못했지만, 레오나르도와 파치올리 사이의 위대한 우정이 싹튼 해였다. 레오나르도가 '마에스트로(Maestro, 대가) 루카' 라고 불렀던 수학자 프라 루카 파치올리(Fra Luca Pacioli)가 밀라노에 도착했던 것이다.

투스카니 지역 남단 보르고 산 세폴크로(Borgo San Sepolcro)의 작은 마을 출신인 파치올리는 이 무렵 50대 초반이었다. 파치올리는 젊은 시절 피에로 델라 프란체스카(Piero della Francesca) 밑에서 수학했고, 원근법에 대한 피에로의 수학적 저작에 깊은 영향을 받았다. 바사리에 따르면 파치올리는 피에로의 저작을 자신이 쓴 후기 글에 도용하기도 했다. 그는 1470년대 중반에 회계사로서의 전도유망한 직업을 팽개치고 프란체스코 수도회의 수사(修士)가 되어 가난한 삶을 살기로 서약하고, 12년 동안 철학과 수학에 대해 강의를 하며 세상을 떠돌았다. 1494년에는 자신의 첫 책인 『산술집성(算術集成, *Summa de arithmetica, geometria e proportione*)』을 펴냈다. 600쪽에 달하는 이 책은 제목을 보아서도 알 수 있듯이 위대한 창작물이라기보다 개론서에 가깝다. 책의 내용은 산술, 대수, 기하학, 삼각법 등을 망라하고 복식 부기론, 운에 승부가 갈리는 게임에 대한 흥미로운 토론, 여러 이탈리아 지역에서 사용되는 화폐와 도량형 환산표 등을 포함하고 있다. 파치올리는 당대에는 철학자로 알려졌지만 실용적인 경향이 상당히 강했고, '규칙적인 회계가 우정을 오래 지속시킨다.' 는 격언을 남긴 것으로도 유명하다.

야코포 데 바르바리(Jacopo de' Barbari)가 파치올리의 초상화를 그린 것은 1495년이었다. 초상화에서 파치올리는 프란체스코 수도회 수사의 복장에 두건을 두르고 한 손은 기하학 교본 위에 놓고 다른

루카 파치올리의 초상화. 야코포 데 바르바리 작. 1495년. 나폴리 카포디몬테 박물관

레오나르도가 고안한 12면체. 파치올리의 『신성한 비례』에 실려 있다.

손으로는 옆면에 '유클리드'라고 적혀 있고 기하 모양이 그려진 도판을 가리키고 있다. 책상 위에는 기하학자의 도구인 분필, 스펀지, 삼각자, 각도기 등이 놓여 있다. 오른쪽 어깨 너머로는 다면체의 3차원 모델이 커다란 수정처럼 걸려 있다. 책상 위에 놓여 있는 커다란 가죽 장정 서적에는 한 해 전에 출간된 저서『산술집성』의 제목이 새겨져 있다. 파치올리의 뒤에 서 있는 잘생긴 외모의 젊은이는 파치올리가『산술집성』을 헌정했던 우르비노(Urbino) 공작 귀도발도 다 몬테펠트로(Guidobaldo da Montefeltro)인 것으로 추정된다.

파치올리는 1495년 또는 1496년에 밀라노에 도착했다. 그러므로 이 훌륭한 초상화는 파치올리가 레오나르도를 처음 만났을 당시의 모습을 담았을 가능성이 크다. 파치올리는 개인적으로 무어의 초청을 받았지만, 사실 이 새로운 수학의 대가를 무어에게 추천한 이는 레오나르도였을 것이다. 두 사람은 급속히 친분을 맺었고, 다음 해에는 작업을 같이 하기 시작했다. 파치올리는 자신의 걸작인『신성한 비례』를 썼고, 레오나르도가 기하학 삽화를 그렸다. 총 세 권 가운데 첫 권은 1498년 말에 완성되었고, 1509년 인쇄본의 서문에서 파치올리는 매우 훌륭한 화가이고, 원근법의 대가이고, 건축가이고, 음악가인 동시에 모든 분야에서 두각을 나타내는 대가인 밀라노의 레오나르도 다 빈치 피오렌티노(Leonardo da Vinci Fiorentino)가 기하학 삽화를 그렸다고 언급했다.

레오나르도는 수학이 '궁극의 확실성'을 제공한다고 했다.[31] 수학은 레오나르도의 작업실에서 기본 훈련과정으로 이루어졌지만, 루카 파치올리의 영향을 받으면서는 보다 추상적인 기하학의 세계와 조화와 비례에 대한 규칙집을 탐색하기 시작했다.

레오나르도와 루카 파치올리의 공동 작업은 여전히 베일에 가려 있는 레오나르도의 '아카데미(academy)'를 구성하는 역사적 토대의 일부가 되었다. 아카데미의 존재에 대해서는 논란이 많다. 대부분의 사람들은 레오나르도의 아카데미가 '아카데미아 레오나르디 빈치

(Academia Leonardi Vinci)'라는 단어를 장식한 아름다운 매듭 고안 속에 존재할 뿐이라고 주장한다. 이런 매듭 고안은 거창하게 들리는 단체를 대표하는 도안이나 문장으로 만들어진 것처럼 보이지만, 레오나르도의 몽상에 불과하다고 믿는 사람도 많다.

이때의 고안은 1500년대 초 베니스에서 완성한 것이 거의 확실한 도안 조각을 가리킨다.(51쪽 그림 참조) 이 도안의 바탕이 된 원래 데생은, 레오나르도가 1498년에 작업했던 살라 델레 아세 천정의 복잡하게 얽힌 무늬, 그리고 1498년이나 그 이전에 파치올리의 『신성한 비례』의 출간을 위해 그렸던 다면체 고안과 동시대 작품이다.

'아카데미 로고'를 위한 원래 고안은 레오나르도와 파치올리의 공동 작업 과정에서 파생된 것으로 보인다. '아카데미'에 대한 기록이 다른 사람의 글에 처음 등장한 것은 17세기 초에 출간된 지랄로모 보르시에리(Giralomo Borsieri)의 책에서였다. 이 책에서 보르시에리는 '미술과 건축 분야의 스포르자 아카데미'와 아카데미에서의 레오나르도의 역할에 대해 언급했다. '나는 마젠타(Mazenta) 소유의 원고 속에서 원근법, 기계, 건물 등에 대한 일부 강의 내용을 읽었다. 이것은 레오나르도의 글로 추정되며, 전에 아카데미를 통해 발표되었다.' 레오나르도의 원고를 다수 소유했던 장서가 마젠타는 1613년 사망하기 얼마 전에, 레오나르도가 쓴 것으로 알려진 강의 내용을 포함한 원고를 보르시에리에게 보여주었다. 원고가 세상에 모습을 드러낸 것은 16세기에 들어서였지만 원고에 포함된 강의 내용은 1499년 루도비코 스포르자가 몰락하기 전까지 존재했던 '스포르자 아카데미'의 후원 아래 발표되거나 발행되었다.

얽히고설킨 매듭 고안 위에 장식된 '아카데미아 레오나르디 빈치'라는 단어는 정식으로 구성된 '클럽'을 뜻하지 않을 가능성도 있지만 몽상 정도는 넘어선 것 같다. 레오나르도에게 '아카데미아'라는 단어는 20년 전 피렌체에서 알았던 피치노의 플라톤 식 아카데미였을 것이고 실제로 이보다는 더욱 광범위하고 보다 과학적이었을 것이다. '아카데미'는 지식인들의 느슨한 모임으로, 구성원들은 때로 궁전에서, 때로는 갈레아조 산세베리노(Galeazzo Sanseverino)의 집에서, 때로는 코르테 베키아에서 모여 토론하고 강의를 하고 함께 책을 읽었을 것이다.

살라 델레 아세 Salla delle Asse의 나무그늘

1497년, 레오나르도는 포도밭이 딸린 땅의 소유주가 되었다. 이 땅은 포르타 베르셀리나 외곽, 그라치에 수도원과 산 비토레 수도원 사이에 위치했다. 엄격한 의미에서 이 땅은 레오나르도가 소유한 최초의 재산은 아니었지만, 어떤 조건도 붙지 않은 순수한 그의 재산이었고, 22년 후에 유언장을 작성할 당시에도 여전히 그의 소유로 남아있었다.

이 땅은 루도비코에게서 받은 선물이었다. 땅의 소유권이 레오나르도에게 넘어온 정확한 날짜에 대한 기록은 없지만, 인접 재산에 대한 문서를 통해 추정해 본다면 1497년 8월초로, '최후의 만찬'을 완성했을 무렵이었다.

항상 레오나르도의 포도밭 또는 정원으로 묘사되었던 이 땅에는 집이 한 채 있었다. 그 당시 이 집은 살라이가 관리했는데, 그는 집의 일부를 세주고, 나머지는 홀로된 자신의 어머니가 기거하도록 남겨두었다.

레오나르도는 메모와 지도를 통해 땅의 면적과 가치를 기록해 두었다. 일정한 거주지도 꾸준한 직업도 없는 45세의 화가에게 이 땅은 매우 중요하고 확실한 자산으로 인식되었던 것이다. 레오나르도가 자기 소유 정원의 아름다움과 고요함, 푸른 신록을 얼마나 사랑했고, 여름철 도시의 불쾌함에서 도피할 수 있는 피난처로 또한 얼마나 좋아했는지는 쉽게 짐작할 수 있다.

포르타 베르셀리나 외곽 지역은 잎이 우거진 멋있는 곳이었다. 레오나르도는 '정원' 안에서만큼은 완전한 자유를 누렸다. 자신의 땅을 밟아 보고, 포도밭을 훑어보고, 어슬렁어슬렁 정원을 걸어 다녔고, 나무 그늘에 앉아 현실에 있을 법하지 않은 정원으로 개량할 궁리를 했다. 그러고는 이런 전원의 분위기를 만끽하려는 듯 성 안에 일종의 정원을 꾸미기 시작했다. 이렇듯 창작의 세계 속에 탄생한 것이 바로 그 훌륭한 살라 델레 아세(Salla delle Asse)의 나무그늘이다.

1497년 아내가 출산 중에 사망하면서 음울한 기분에 휩싸였던 루도비코 스포르자는 은둔할 방을 만들 생각으로, 성의 북쪽 날개를 리모델링하기 시작했다. 북쪽 탑의 1층에 살라 델레 아세(Panel Room, 판자 방)가 있었다. 그 방이 판자 방이란 명칭으로 불린 이유는 스포르자 가문의 상징이 새겨진 나무판자가 벽을 빙 둘러싸고 있기 때문이었다. 이 방을 시작으로 살레테 네그레(Salette Negre, the Little Black Rooms, 작은 검은 방)라는 명칭으로 불리던 방이 두 개 있었는데, 나중에 성의 해자에 걸친 매혹적인 모습의 개랑(開廊)으로 개조되었지만 지금은 황폐해지고 말았다.

레오나르도는 1498년 4월 살레테 네그레의 장식을 완성했고, 즉시 살라 델레 아세의 장식 작업에 들어갔다.

살라 델레 아세 프레스코화의 일부분. 밀라노 스포르체스코 성

    살라 델레 아세의 프레스코 천정화는 레오나르도가 스포르자 가문의 인테리어 장식가로 일하면서 남긴 것 중에서 유일하게 현존하는 작품이다. 커다랗고 기다란 창문이 있지만, 구조적으로 다소 어두컴컴했던 살레 델레 아세에 레오나르도는 녹색의 놀랍고 환상적인 세계를 만들어냈다. 서로 얽히고설킨 가지를 통해 표현한 무성한 트레이서리(tracery, 고딕 건축에서 창 등에 사용한 나뭇가지나 곡선으로 된 여러 장식 무늬—옮긴이)가 벽과 천정을 뒤덮으며, 나뭇잎이 울창한 실내 나무그늘을 만들었다. 윤기가 반지르르 흐르는 나뭇잎 사이로 황금 로프가 꼬불꼬불 지나가며 고리를 만들면서 매듭을 지었다. G. P. 로마조(Lomazzo)는 이 방을 이렇게 묘사했다. '나무 속에서 우리는 레오나르도의 아름다운 발명품을 찾아볼 수 있다. 그는 모든 나뭇가지를 기묘한 매듭 무늬로 만들고 이를 어울러 엮었다.'

나무줄기는 바닥에서 시작되면서, 모두 열여덟 그루의 나무가 무늬를 형성한다. 수평으로 가지를 뻗는 나무도 있다. 나무줄기 두 쌍은 안으로 굽어 두 개의 방 창문 위에 무성한 나뭇잎 아치를 형성한다. 여덟 그루의 줄기는 아치형의 천정까지 뻗어 올라가 중앙에서 한데 모인다. 튼튼한 나무는 스포르자 가문의 힘과 권력의 성장을 상징하며, 가지 사이를 흐르는 황금 줄은 베아트리체의 초상화로 추정되는 암브로지오 데 프레디스(Ambrogio de Predis)의 '진주 목걸이를 한 여인'(239쪽 참조)에 나오는 황금 소매무늬와 관련이 있을 수 있다.

이 아찔할 만큼 아름다운 벽화가 재발견된 것은 1893년으로, 방 전체를 덮고 있던 짙은 백도제(白塗劑, 벽이나 천정 등의 겉에 바르는 재료-옮긴이)를 한쪽 벽에서 걷어내고 나서였다.(백도제를 바른 이가 누구인지, 그 이유가 무엇인지는 밝혀지지 않았다.) 당시 성의 감독관이었던 루카 벨트라미(Luca Beltrami)의 지휘 아래 장식이 복원되어, 1902년에 대중에게 재개방되었지만, 그 이후 벽화의 복원 작업은 지나친 첨가 등으로 '몇 가지 측면에서 거의 예술작품의 파괴 행위'라는 가차 없는 비판을 받았다. 1954년에 이루어진 복원을 통해서 명백하게 지나친 첨가 요소는 제거되었지만, 우리가 현재 보는 작품과 원래 레오나르도가 그렸던 작품과의 관계를 규명하는 일은 영원한 숙제로 남게 되었다.

지나치게 열성적인 복원가의 손길을 피할 수 있었던 부분은 북쪽 벽의 일부였다. 이 부분은 미완성임이 분명하게 드러나는 곳으로 바탕색인 단색만 칠해져 있을 뿐이다. 벨트라미는 그 부분이 나중에 추가되었다 판단하고 나무판자로 덮어 버렸지만, 현대에 이르러서는 스승으로부터 직접적인 지시를 받아 조수들이 그린 것으로 추정하고 있다. 이는 거대한 나무뿌리가, 폐허가 된 고대 건물의 토대였던 바위 층을 뚫고 강력하게 뻗어 나가는 장면을 그린 것이다. 레오나르도가 이를 통해 스포르자 가문의 뿌리 깊은 힘을 상징하려 했다면, 나중에 발생하게 될 사건은 이 그림에 또 다른 의미를 부여하게 된다. 살라 델레 아세의 무성한 잎을 통해 그토록 화사하게 찬양했던 왕조가 레오나르도를 포함한 다른 사람들의 운명과 더불어 곧 추락하고 몰락할 것이기 때문이다. 살라 델레 아세의 프레스코화를 완성했을 무렵, 레오나르도는 자신의 노트에, '최후의 만찬'으로 세인의 칭송을 받았고, 아카데미를 통해 동지를 얻었고, 자신의 정원에서 고요한 즐거움을 누리는 데 따른 만족감을 표현했다. 하지만 이런 만족감은 오래 지속되지 못했다. 1499년 초, 프랑스가 새로 왕위에 오른 루이 12세의 지휘 아래 침략 세력을 결집하고 있다는 소식이 밀라노에 전해졌기 때문이다.

'가져갈 수 없는 것은 팔아라……'

프랑스 군대가 이탈리아 국경에 밀집하자 레오나르도는 일을 정리하기 시작해서 제자들과 채권자들에게 돈을 지불하고 이를 기록했다. 그리고 같은 종이 위에 현금통에 있던 돈을 합산해 썼다. 모두 1,280리라였다.[32] 그는 그 돈을 흰 종이와 푸른 종이에 나누어 싼 후에 작업실 구석구석에 분산해 두었고, 현금통에는 아주 작은 단위의 푼돈만을 헝겊에 싸서 넣어 두었다. 이 대가는 보물찾기를 준비했던 것이다. 그는 곧 강도나 약탈자가 밀어 닥치리라 예측했다. 그들은 현금통은 찾겠지만, 아수라장 속에 아무렇지도 않게 방치된 종이꾸러미는 찾지 못하리라 생각했다.

5월에 프랑스 군대가 이탈리아를 침범했다. 7월 말에는 아스티(Asti)와 아라조(Arazzo)의 성채를 점령하고 공작 영토의 끝자락을 위협했다.

레오나르도는 코덱스 아틀란티쿠스에 다음과 같은 내용의 글을 차분한 문체로 기록했다. '1499년 8월의 첫날, 나는 이곳에서 운동과 무게에 대해 기록했다.' 해당 페이지에는 이 주제에 대한 메모가 가득 쓰여 있다. 마드리드 I에 수록된 기계적인 조사와 코덱스 포스터에 수록된 물리학과 관련이 있는 연구 내용이었다. 또한 동일한 종이에, '공작부인의 목욕탕'을 위한 스케치를 그리고 메모를 작성했으며, 같은 시기에 작성한 노트에는 '목욕탕'이란 제목에 다음과 같은 내용을 적었다. '공작부인의 난로에 물을 덥히려면, 뜨거운 물 3, 찬물 4의 비율을 맞춘다.'[33] 공작부인은 지안 갈레아조의 부인인 아라곤의 이사벨라인 것이 분명하다. 그녀는 병석에 있는 아들, 프란체스코와 함께 코르테 베키아의 한편에서 레오나르도와 이웃해 살았다. 공작부인의 목욕탕에 온수를 공급하기 위한 계획을 언급한 것은 아마도 레오나르도가 그녀의 편의를 봐주고 있었다는 뜻으로 해석된다. 공작부인은 루도비코와는 앙숙이었다. 루도비코는 그녀가 남편을 독살했다고 의심해서 사실상 감금해 두고 있었다. 프랑스 군대가 점령한 후에 가장 먼저 '석방된' 사람도 그녀의 아들이었다. 그러므로 레오나르도는 침략자의 도착을 학수고대하고 있던 사람과 가깝게 지내고 있었던 셈이다.

프랑스 군대의 전진은 계속되었다. 8월 19일에 발렌자(Valenza)가 함락되었고, 다음에는 알레산드리아(Alessandria)가 함락되었다. 8월 30일 스포르자에 반대하는 세력이 반란을 선동하면서, 밀라노는 혼란에 빠졌다. 9월 2일 루도비코는 점성술사에게 물어볼 여유도 없이 밀라노에서 도망쳤다. 그는 막시밀리안 황제에게 지원을 요청할 목적으로 북쪽의 인스브루크(Innsbruck)로 향했다. 프랑스 군대는 9월 6일 아무런 저항도 받지 않은 채 밀라노를 점령했다.

10월 6일 루이 12세는 승리감에 도취해서 밀라노에 입성했다. 그가 밀라노에 머물렀던 여섯 주 동안은 루도비코와 관련이 있던 사람에게는 특히나 위험한 기간이었다. 레오나르도는 프랑스인들에 대적했을까? 아니면 이를 기회로 활용했을까? 기회로 사용했던 것이 거의 틀림없다.

2년 후, 피렌체로 돌아온 레오나르도는 프랑스 왕이 총애하던 플로리몽 로베르테(Florimond Robertet)를 위해 '실을 감는 성모'를 그리면서, 왕을 향한 미지의 '의무'를 수행해야 한다며 다른 작품 주문을 거절했다. 이 일이 레오나르도가 루이 왕 및 로베르테와 개인적인 접촉이 있었음을 의미한다면, 그 접촉은 틀림없이 1499년 밀라노에서 이루어졌을 것이다. 당시 프랑스 군대를 지휘했고, 후에 전쟁터에서 레오나르도의 고용주가 되었던 카리스마 넘치는 체사레 보르자(Cesare Borgia)를 레오나르도가 만난 것도 이때였을 가능성이 있다.

12월까지 밀라노에 머물렀던 레오나르도는 곧 출발하기 위해 가져갈 물건의 목록을 작성했다. 목록의 마지막에는 '가져갈 수 없는 것은 팔아라.'라고 적었다. 레오나르도의 출발을 재촉한 것은 루도비코가 밀라노로 돌아올 시간이 임박했다는 풍문이었다. 프랑스 지도자들은 만족해하며 야영지를 떠났고, 왕당파(loyalist factions)는 공작이 스위스 용병을 앞세우고, 막시밀리안으로부터 지원을 받아 곧 밀라노에 도착하리라는 풍문을 퍼뜨렸다.

루도비코가 귀환한다 하더라도 오래 끌지 못하고 불명예스럽게 끝

장날 것이지만, 레오나르도는 그때까지 기다리지 않았다. 레오나르도는 프랑스 점령 기간 동안 밀라노에 머물러 있었기 때문에 정복자에 '협력했다는' 비난을 들을 가능성이 짙었다. 그러므로 다시 밀라노로 입성할 루도비코로부터 그다지 동정을 기대할 수 없었다. 레오나르도는 복잡한 정치 상황과 과거 후원자로부터 도망치기 위해 1499년 말에 밀라노를 떠났다. 데생 한 묶음과 주문 생산한 수금을 갖고, 피렌체인 수행원들을 거느리고 야심차게 밀라노에 도착한 지 거의 18년 만이었다. 지금 밀라노를 떠나는 레오나르도의 모습은 18년 전과 사뭇 달랐다. 추위에 견디기 위해 영양가죽 웃옷의 단추를 목까지 잠근 47세의 레오나르도는 훨씬 더 불확실한 미래를 향해 밀라노에서의 생활을 접었다.

제 6 장

계속 앞으로 나아가다
On the Move
1500~1506

운동은 모든 생명의 근원이다.
파리 MS H, fol. 141r

만투아와 베네치아

레오나르도의 첫 번째 기항지는 만투아(Mantua)로, 젊은 후작부인인 이사벨라 데스테(Isabella d'Este)가 기거하는 궁이 있는 곳이었다. 레오나르도가 이미 밀라노에서 그녀를 만난 것은 의심할 여지가 없다. 그녀는 1491년, 언니인 베아트리체와 루도비코의 결혼식에 참석했고, 1495년 초 프랑스가 나폴리에 승리를 거두었다는 소식이 전해졌을 때 밀라노에 있었다. 그녀는 레오나르도가 그린 '체칠리아 갈레라니의 초상화'에 대해 알고 있었다. 체칠리아가 베네치아 대가인 조반니 벨리니의 초상화와 비교해 보라며 자신의 초상화를 그녀에게 보냈기 때문이다. 여하튼 그녀와 레오나르도 사이에 어느 정도의 개인적인 친분이 있었는지는 알 수 없으나 둘은 서로에 대해 잘 알고 있었다.

이사벨라 데스테는 의지가 강했고, 상당히 세련되고 매우 부유한 여인이었다. 20대 중반의 젊은 나이에도 파리 살롱의 도도한 여주인처럼 자신의 궁을 다스렸다. 페라라 지방의 데스테 집안은 이탈리아에서 아주 오래되고 유명한 가문의 하나였다. 이사벨라는 16세인 1491년 1월에 만투아의 후작인 프란체스코 곤자가 2세(Francesco Gonzaga II)와 결혼했다. 언니는 루도비코와, 오빠는 루도비코의 조카딸인 애나와 결혼했던 삼중 정략결혼의 일부였다. 곤자가 가문은 밀라노의 비스콘티 집안과는 숙적이었다. 그러므로 두 자매와의 외교적 결혼을 통해 스포르자 가문과 곤자가 가문, 그리고 페라라는 서로 동맹의 관계에 서게 되었다.

이사벨라는 만투아에 유행을 몰고 왔다. 멋진 배로 포 강을 따라 항해를 하고는, 마차로 위세당당하게 작고 우아한 성채 도시로 들어간 이사벨라는 13개의 채색 결혼함에서 물건을 쏟아냈다. 그녀는 곧 흥청망청하는 소비 시대의 우상이 되었고, 귀중하고 아름다운 물건을 열렬하게 때로는 닥치는 대로 끌어 모으는 수집가가 되었다. 그녀는 언니의 재산에 대해 빈정거리며 '기꺼이 돈을 쓰려는 사람이 더 많이 가져야만 하지 않을까?'라고 말하곤 했다.(스포르자 가문은 곤자가 가문보다 훨씬 부유했지만 베아트리체는 수집가가 아니었다.) 그녀는 보석, 카메오 조각, 음각 작품 등으로 곤자가 컬렉션을 구축했다. 하지만 1490년대 말에 작성한 편지를 보면 그녀의 관심 수집 분야가 광범위해졌음을 알 수 있다. 그녀는 1499년 자신의 에이전트에게 이렇게 썼다. '우리가 고대 유물을 얼마나 갈구하는지 아실 겁니다.' '이제 청동과 대리석으로 만든 입상과 두상을 입수하고 싶습니다.' 그녀는 이렇게 모은 고대 유물과 입상을 당시 곤자가 성에 만들고 있던 전시실에 전시할 예정이었다. 또한 그림도 주문하기 시작했는데, 특히나 벨리니와 레오나르도의 작품에 관심을 가졌다. 결국 9점의 대작을 입수해서 전시실을 장식했지만, 그녀의 집요한 노력에도 레오나르도의 작품은 한 점도 걸 수가 없었다.

이사벨라는 상당한 지성과 통찰력을 소유한 여성이었다. 그녀는 노련한 류트 연주가였고, 시인과 음악가를 후원했다. 하지만 무엇보다도 수집가로 유명했는데, 수집에 대한 그녀의 열정은 거의 강박적인 성향을 띠었다.

레오나르도가 이사벨라의 모습을 그린 반신 초상화는 현재 루브르에 소장되어 있는데, 레오나르도가 그녀의 손님으로 만투아에 머물

레오나르도, 이사벨라 데스테, 1500년, 루브르 박물관

렀던 1499~1500년에 완성된 것이 거의 확실하다. 이 초상화는 검정 분필과 빨강 분필, 노랑 파스텔을 사용했고, 작품의 바닥 부분에 잘려나간 흔적이 분명하게 남아 있다. 모든 면에서 원본과 가까운, 작가 미상의 16세기 모작(옥스퍼드 크라이스트 처치 소장품)을 보면 그녀의 손은 난간에 얹혀 있고, 쭉 뻗은 오른손 집게손가락은 난간 위에 놓인 책을 가리킨다. 레오나르도의 이 데생 초상화는 그 크기와, 데생을 화판에 옮기기 위해 그림의 형상을 따라 구멍이 나 있는 점으로 미루어, 밑그림으로 추정된다. 레오나르도가 채색된 초상화를 이사벨라에게 전달하지는 않았지만, 초상화를 채색하기 시작했다는 증거

가 남아 있다. 그러나 그 작품은 훨씬 이후에 종적을 감추고 말았다.

데생은 음영을 통한 입체감이 전달하는 아름다움과 옆얼굴에 드러난 깊숙한 고집스러움이 미묘한 대조를 이룬다. 화가가 보수를 받기 위해 의뢰자인 자신의 소원을 충족시켜 주리라는 사실에 만족해하는 젊은 귀족 여성의 모습을 볼 수 있다. 초상화의 얼굴은 약간 통통하고 응석받이처럼 보인다. 걸핏하면 뿌루퉁해지고, 화가 나면 발을 구르고, 기쁘면 깔깔대며 웃었을 것 같다. 다른 출처로부터 입수한 정보에 따르면 이사벨라는 변덕스러웠다. 1512년에는 자신의 무릎 위에 올려놓고 귀여워하던 개가 죽자 타국에 조문을 요구하기까지 했다. 만투아에 있던 피렌체 외교관, 마키아벨리는 그녀가 아침에 늦게 일어나기 때문에 정오 전에는 공식적인 방문객을 전혀 받지 않는다고 언짢은 심정으로 기록을 남기기도 했다. 동전과 메달에나 새겨지면 어울릴 법한 반신 옆모습을 통해 드러난 그녀의 모습은 고결하고 권위적으로 보인다. 초상화는 그녀 자신이 다른 사람에게 비추이고 싶어 하는 모습과 실제로 레오나르도의 눈에 비친 그녀의 모습을 표현하면서, 그토록 힘들고 어려운 시기에 후원자의 보호가 필요했던 화가의 편의주의적 방편으로서의 아부를 이면에 깔고 있다.

레오나르도는 만투아에 그리 오래 머물지 않고 1500년 2월경 곧 길을 떠나 베네치아에 도착했고, 3월 중순에는 로렌조 구즈나고(Lorenzo Guznago)를 찾아갔다. 구즈나고는 페라라 출신 음악가이자 악기 제조인으로 당시 베네치아에 거주했고, 과거 밀라노의 스포르자 궁정에 있었으므로 레오나르도와 개인적으로 친분이 있었다. 그는 3월 13일 이사벨라에게 이런 편지를 썼다. '여기 베네치아에 레오나르도 다 빈치가 와 있습니다. 그가 제게 귀하의 초상화를 보여주었습니다. 실물과 정말 꼭 같은 아름다운 그림입니다. 더 이상 완벽한 그림이란 있을 수 없습니다.' 이런 부드러운 찬사를 담은 편지로 알 수 있는 사실은 레오나르도가 베네치아에 거주했다는 점과 이사벨라 데스테의 초상화를 가지고 있었다는 점이다. 구즈나고는 이 작품을 리트라토(ritratto)라고 일컬었는데 이는 거의 틀림없이 데생이 아닌 그림을 가리킨다. 그림은 아직 미완성이었을 가능성이 있지만, 정말 실물과 꼭 같고 '아름다운 작품'이라고 부르기에 충분할 만큼 완성돼 있었던 것이다.

이사벨라 데스테의 사라진 초상화가 특히 관심의 대상이 되는 이유는 아마도 '모나리자'의 손이 등장하는 첫 채색화이기 때문일 것이다. 엇갈려 얹은 손은 루브르에 소장되어 있는 데생에서는 부분적으로만 드러나 있다. 하지만 크라이스트 처치에 소장된 모작에서 재현된 손(컬러삽화 20)은 '모나리자'에 등장하는 손과 거의 동일하다. 딱딱한 표면(데생에서는 난간, '모나리자'에서는 의자의 팔걸이)에 놓인 왼쪽 팔뚝 위에 오른손 손가락이 가볍게 놓여 있다. '모나리자'를 연상케 하는 또 다른 특징은 데생에 잘 드러나 있다. 이사벨라의 머리카락이 자연스럽게 흘러내리지 않고 형태만 그려져 있는 것으로 보아 '모나리자'에서처럼 얇게 비치는 베일로 가려 있음을 알 수 있다. 가슴 또한 '모나리자'를 연상케 해서, 드레스의 마름질 부분, 희미하게 옴폭 들어가기 시작한 가슴 부분, 왼쪽 어깨의 위치 등이 비슷하다. 물론 '모나리자'의 모델은 약간 오른쪽으로(또는 그림의 왼쪽으로) 몸을 돌린 반면에 이사벨라의 흉상은 왼쪽을 향하고 있는 것이 다르지만 말이다. 그러나 루브르 소장 데생을 뒤에서 보면 이런 차이점은 사라진다.(컬러삽화 21) 이때 드러나는 형상이 독특하다. 유령 같은 모습의 모나리자가 종이 위를 배회하는 것처럼 보이기 때문이다.

'모나리자'에 대해서는 많은 점이 수수께끼로 남아 있지만, 사실에 가까운 관련된 점을 추적해 볼 수 있다. 즉 레오나르도가 데생으로 그렸고 1500년 초에 채색하기 시작한 것이 분명한 한 초상화에 모나리자의 자세와 모습이 최초로 등장했다는 것이다.

레오나르도가 베네치아에 잠시 체류하는 동안 수행했던 몇 가지 사소하지만 흥미 있는 일이 기록으로 남아 있다. 여러 번 접혀 있고, 여러 번 수정을 거친 종이가 코덱스 아틀란티쿠스에 포함되어 있는데, 여기에는 터키의 침략 위협에 대비하기 위해 이손조 강(Isonzo, 베네치아의 북동쪽 프리울리(Friuli) 지역에 위치]을 요새화하는 계획에 대한 보고서 초고[1]가 있다. 이 초고는 베네치아 의회의 공식적인 요청에 따른 작업으로 보이며, 레오나르도는 3월 13일 의회가 열리기 전인 3월 초에 이손조 강 지역을 방문했을 것이다.

그는 보고서 형식으로 간략하게 '이손조 강의 상태를 주의 깊게 관찰했다……'고 적었다. 레오나르도는 홍수 시 물의 높이를 기록했고, '내가 알고 있는 지방 사람부터 시작해서……' 지역 사람들과 이야기를 나누었다. 그는 담담한 어조로, 물의 힘이 너무나 강력해서 사람이 만든 구조물이 버텨낼 수 없다고 말했다. 레오나르도가 코덱스 아룬델에 작성한 메모에서 로모랑탱(Romorantin) 소재 프랑스 궁전에 대해 언급하면서 '내가 프리울리에 세웠던 것처럼 수문을 움직이게 하라.'[2]고 썼던 것으로 미루어 이 무렵 그가 몇 가지 방법을 추천해서 이 방법이 시행되었던 것으로 보인다.

베네치아에 있을 당시 레오나르도가 흥미를 보였던 또 다른 기술 분야는 바로 인쇄술이었다. 베네치아는 부식제를 사용해서 형상을 동판 위에 새기는 새로운 동판인쇄 기술의 최전선에 있었다. 동판인쇄 기술은 여전히 실험 단계에 있었지만, 레오나르도는 데생의 기술적인 부분을 살려낼 수 있는 동판인쇄의 잠재력을 확신했다. 동판 에 칭을 사용하면 전통적인 목판으로는 불가능했던 세밀한 선을 표현할 수 있었다. '아카데미' 도안을 새기고 인쇄했던 시기도 바로 1500년 베네치아에 체재할 때였을 것이다. 물론 동판인쇄에 관심을 가지기는 했지만, 레오나르도는 여러 장을 복제해 내는 것보다 오직 하나뿐인 그림이 우월하다는 점을 고집했다. '그림은 인쇄된 책처럼 무한하게 자식을 낳지 않는다. 그림은 자신과 정확하게 똑같은 자식을 출산하지 않는다는 점에서 특유하다. 이런 특이성 때문에 그림은 온갖 곳에서 인쇄되는 책보다 더욱 탁월하다.'[3]

1500년 4월 중순, 밀라노로부터 소식이 도착했다. 2월초에 왕당파 군대가 도시에 재입성하면서 스포르자의 운세가 잠시 소생했지만, 루도비코의 귀환은 결국 노바라(Novara)에서 저지되었고, 4월 10일 스위스 용병으로 구성된 루도비코의 군대가 패망하고, 루도비코 자신은 수치스럽게도 하인으로 가장했다가 생포되었다는 소식이었다. 이렇게 해서 밀라노는 4월 15일부터 다시 프랑스의 통치를 받게 되었다.

루도비코가 자유를 박탈당한 것은 기정사실이었다. 그는 프랑스로 후송되어 감금되었다가 8년 만에 반미치광이 상태로 죽음을 맞이했다. 레오나르도는 파리 MS L의 안표지에 남긴 '공작은 그의 영지를 잃었고, 재산을 잃었고, 자유를 잃었다. 뿐만 아니라 그가 의도했던 작품은 하나도 완성되지 못했다.' 는 기록을 통해 루도비코의 정치적 운세가 꺾였다는 사실을 표현함과 동시에 스포르자 기마상을 완성하지 못한 데 따른 개인적인 감정을 토로했다. 레오나르도는 후에 프랑스 궁수들이 스포르자 기마상의 점토 모델을 파괴했다는 소식을 접했다. 연대기 작가였던 사바 카스티글리오네(Sabba Castiglione)는 50년 후에 기마상의 파괴 소식에 대해 이렇게 기록했다. '나는 기억한다. 그리고 슬픔과 분노에 가득 찬 마음으로 지금 이렇게 말한다. 그 고귀하고 독창적인 작품이 가스콘(Gascon) 궁수들의 표적이 되었다는 사실을.'[4]

만약 레오나르도가 그 당시에 밀라노로 돌아갈 의도를 가지고 있었더라도, 막상 돌아갔다면 투옥, 몰수, 살인 등으로 얼룩진 대 격변을 겪으면서 생각이 달라졌을 것이다. 4월 15일 직후 어느 시점에서 레오나르도는 전해 들은 끔찍한 소식을 노트의 표지에 휘갈겨 썼다. 그리고 난 4월 24일, 레오나르도는 피렌체에 가 있었다.

다시 피렌체로

1500년 4월 24일 레오나르도는 산타 마리아 누오바(Sata Maria Nuova)에 개설된 자신의 계좌에서 돈을 인출했다. 18년 만에 피렌체로 돌아온 것이다. 그에게는 눈에 익은 모습이 많았다. 이제 70세 중반에 다다른 아버지는 여전히 공증업에 종사하면서 베로키오의 옛날 공방 자리 근처에 살고 있었다.

미술계에서는 몇몇 옛 얼굴들이 사라졌다. 도메니코 기를란다요와 폴라이우올로가 유명을 달리했다. 하지만 레오나르도의 옛 동료였던 로렌조 디 크레디는 여전히 베로키오로부터 물려받은 작업실을 운영하고 있었다. 보티첼리는 세련되지만 구식이 되어 버린 스타일의 그림을 변함없이 그리고 있었다. 그리고 가까운 미래에 등장할, 카프레제(Caprese) 출신 행정관의 아들인 미켈란젤로는 이제 25세로 자신의 첫 걸작 조각상인 '피에타(Pieta)'의 마지막 손질을 하고 있었다.

비록 일시적이었지만 당시 피렌체에서 메디치가는 몰락해 있었다. 이때는 사보나롤라(Savonarola)의 신권정치(神權政治) 이후의 암울한 시기였다. '허영의 소각(사치품과 이교도적 상징물들을 모아 불태운 일 - 옮긴이)'을 행했던 사보나롤라는 그 자신도 1498년 5월 23일, 시뇨리아 광장에서 교수형에 처해진 후에 화형 당했다. 또한 이 시기에 피렌체에는 재정 위기가 불어 닥쳤다. 몇몇 길드가 파산 위기에 처했고, 피사와의 전쟁으로 국고가 바닥나고 있었다.

레오나르도는 젊은 시절을 보냈기 때문에 낯익었지만 지금은 변해버린 피렌체에 매우 조심스럽게 생활의 터전을 마련했다. 피렌체 사람들의 눈에 레오나르도는 이상하고 변덕스러운 인물로 비쳤다. 1501년 초 프라 피에트로 노벨라라(Fra Pietro Novellara)는 이사벨라 데스테에게 보낸 편지에 이런 말을 남겼다. '레오나르도의 생활은 극히 불규칙하고 계획성이 없고, 앞날을 생각하지 않고 그날그날을 가까스로 사는 것 같다.'

레오나르도는 피렌체 사람들의 눈에 이상해 보이기는 했지만, '최후의 만찬'과 '스포르자 기마상'을 통해 유명한 대가로 인정을 받았기 때문에 작품 주문이 끊이지 않았다. 바사리에 따르면, 레오나르도는 산티시마 아눈지아타(Santissima Annunziata) 교회의 세르비테(Servite) 수사들의 환대를 받았다.

피렌체에 돌아온 레오나르도는 세르비테 수사들이 필리피노(리피)에게 아눈지아타 교회의 높은 제단을 장식할 벽화를 그려 달라고 의뢰한 사실을 알았다. 레오나르도는 자신이 그 일을 기꺼이 하겠노라고 말했고, 성품이 좋았던 필리피노는 이 말을 듣고 물러서기로 결정했다. 그러자 수사들은 레오나르도가 확실하게 일을 할 수 있도록 그를 그들의 집에 불러들이면서 모든 경비와 생활비를 제공했다.

1500년 9월 15일, 세르비테 수사들은 제단 벽화에 사용할 대형 금색 액자를 주문했는데 그 크기는 세로 10피트(3미터), 가로 6피트(1.8미터)로 레오나르도가 그동안 완성했던 화판 그림 중 최대였다.
바사리는 다음과 같이 글을 이었다.

레오나르도는 그림을 시작도 하지 않은 채 오랫동안 수사들을 기다리게 했다. 그러더니 성 안나와 함께 있는 마리아와 아기 예수를 표현하는 밑그림을 그리기 시작했다. 이 작품은 모든 화가들의 경탄의 대상이 되었고, 밑그림이 완성되자 작품이 전시된 방안에 이틀 동안 남녀노소의 무리가 마치 거대한 축제에 참석하기라도 하듯 구름처럼 몰려들어 레오나르도가 창조한 경이로운 작품을 놀라워하며 바라보았다.

이 글을 통해서 우리는 당시 레오나르도의 놀라운 명성을 엿볼 수 있다.
현재 밑그림 자체는 사라지고 없다. 런던의 국립미술관에 소장된 유명한 벌링턴 하우스(Burlington House) 밑그림(컬러삽화 24)은 그로부터 몇 년 후에 그려진 것이고 구도 자체가 다르기 때문에 분명히 당시의 밑그림이 아니다. 카르멜회 수도원(Carmelites)의 주교 총대리였던 프라 피에트로 노벨라라는 아눈지아타 밑그림을 직접 목격하고 1501년 4월 아사벨라에게 보내는 편지에서 데생이 '아직 미완성입니다.'라고 언급하였다. 이로 미루어 그가 작품을 보았던 시기는 바사리의 기록에 나오는 작품의 대중 공개 시기보다 앞선 것으로 보인다. 노벨라라는 이사벨라에게 레오나르도의 활동에 대해 상세히 알렸다.

레오나르도는 피렌체에 머문 이후로 밑그림으로 사용할 데생 한 점만을 그렸습니다. 약 한 살 정도로 막 어머니의 품을 벗어난 아기 그리스도의 모습을 담은 데생입니다. 아기 그리스도가 양을 잡고 있는데 마치 꽉 쥐고 있는 것처럼 보입니다. 어머니는 성 안나의 무릎 위에서 거의 일어선 자세로 아이를 붙잡아, 수난을 상징하는 양에게서 떨어뜨리려 합니다. 성 안나 또한 얼마간 자리에서 몸을 일으키고 있습니다. 마치, 아이를 양에게서 떼어놓으려 애쓰는 자신의 딸을 말리고 싶어 하는 것처럼 보입니다. 아마도 수난의 발생을 방해해서는 안 된다는 교회의 바람을 상징했을 겁니다. 인물은 모두 실제 크기지만, 모두 앉아 있거나 기대있는데다가, 각 인물이 왼쪽으로 서로 포개져 있기 때문에 그다지 커 보이지 않습니다. 이 데생은 아직 미완성입니다.

1501년 4월에 미완성이었던 이 밑그림은, 완성되자 많은 사람의 경탄의 대상이 되었다고 바사리가 언급했던 바로 그 밑그림이다. 하지만 바사리의 작품 묘사는 사뭇 다르다. '성모마리아는 무릎 위에 아기 그리스도를 부드럽게 안고, 순수한 눈길로 양과 놀고 있는 성 요한을 바라보고 있다.' 이는 노벨라라의 묘사와도 다르고, 현존하는 런던 밑그림과도 다르다. 이에 대한 설명을 찾기는 어렵지 않다. 바사리는 아눈지아타 밑그림이 '완성 직후에 프랑스로 반출되었다.'는 언급을 덧붙였기 때문이다. 그가 작품을 직접 보지 못했다는 뜻이다. 아마도 밑바탕 그림에 대한 바사리의 묘사는 다른 출처로부터 인용한 것이 아닌가 싶다. 그러므로 아눈지아타 밑그림에 대한 1501년 당시의 기록으로는 노벨라라의 묘사가 유일하게 신빙성 있는 자료이다.

벌링턴 하우스 밑그림과는 세부적인 사항이 다르지만, 노벨라라가 묘사한 밑그림은 현재 루브르에 소장 중인 '성 안나와 함께 있는 마리아와 아기 예수'(46쪽 참조)의 완성된 그림 구도와 놀랄 정도로 흡사하다. 루브르 소장 그림의 제작 시기가 1510년이므로, 사라진 아눈지아타 밑그림이 나중에 완성된 작품의 원형이고, 런던 밑그림은 중간 단계의 변형으로 보인다.

복잡하기는 하지만 이 작품들에서 파악할 수 있는 중요한 점은, 레오나르도가 아버지의 존재를 엄격하게 배제하고 성모마리아와 그녀의 어머니인 성 안나로 구성된 가족 구도를 10년 넘게 반복해서 사용했다는 사실이다. 1501년에 완성되어 사라진 아눈지아타 밑그림, 1508년의 런던 소장 밑그림, 1510년의 루브르 소장 그림, 다양한 시기에 걸쳐 완성한 소형 스케치 등은 중심인물을 축으로 같은 구도가 반복되는 양상을 보인다.

이 시기에 레오나르도는 자문 기술자로도 부름을 받았다. 피렌체를 굽어보며 우뚝 서 있는 성 살바토레 델로세르반자(San Salvatore dell'Osservanza) 교회가, 지반인 언덕사면이 미끄러지면서 레오나르도의 표현을 빌자면 '벽이 무너지는' 구조적 손상을 겪고 있었다. 기록에 남아 있는 그의 조언은 이랬다. '성 살바토레 교회에 필요한 치유책에 대해서, 레오나르도 다 빈치는 수로와 관련된 건물의 문제점을 보여주는 도면을 제공했다. 수로는 암석층 사이를 흘러 벽돌 공장이 있는 지점까지 흐르고, …… 여기서 암석층이 깨지면서 결함이 발생한다고 주장했다.'⁵ 레오나르도는 배수 체계와 수로를 수리하도록 권고했고, 이에 따라 1501년 3월 22일에 수리 결정이 내려졌다.

집요한 후작부인

로마에서의 짧은 여행을 마치고 피렌체로 돌아온 레오나르도는 산티시마 아눈지아타로 복귀했고, 1501년 4월 초에는 인맥이 풍부한 카르멜회 수도원의 주교 총대리, 프라 피에트로 노벨라라를 만났다. 노벨라라가 레오나르도를 만난 이유는 이사벨라 데스테의 다소 위압적인 요청을 전달하기 위해서였다. 후작부인의 메시지를 전달하는 노벨라라의 단순한 역할을 통해 우리는 1501년 당시 피렌체에서 레오나르도가 처했던 상황과 그의 활동과 정신 상태 등을 엿볼 수 있다. 후작부인의 끈질긴 부탁과 레오나르도의 회피를 내용으로 한 이야기가 최초로 완역된 세 장의 편지 속에 드러난다.

이사벨라 데스테가 프라 피에트로 노벨라라에게 보낸 편지
(1501년 3월 29일, 만투아)

존경하는 신부님,
화가인 레오나르도 피오렌티노를 그곳 피렌체에서 보신다면, 그가 처한 상황이 어떤지, 현재 진행 중인 작품이 있는지, 있다고 들었는데 있다면 어떤 작품인지, 그리고 귀하께서 생각하시기에 그가 피렌체에 당분간 머물 작정인지 알려주십시오. 그리고 서재를 장식할

그림을 그려 달라는 저희의 주문을 받아들일 수 있는지 그의 의사를 타진해 주십시오. 그가 기꺼이 수락한다면 그림의 주제뿐만 아니라 인도 날짜까지도 그의 결정에 맡길 것입니다. 만약 그가 망설인다면, 최소한 작더라도 그의 타고난 재능을 발휘하는 경건하고 아름다운 양식으로 성모마리아 상을 그려 달라고 설득해 주십시오. 또한 저희의 모습을 그린 초상화를 제게 하나 더 보내 달라고 부탁해 주시겠습니까? 그가 여기 남겨두고 간 초상화를 제 부군인 후작께서 다른 사람에게 줘 버렸기 때문입니다. 이 모든 부탁을 들어주신다면 정말 감사하겠습니다. ……

프라 피에트로 노벨라라가 이사벨라 데스테에게 보낸 편지
(1501년 4월 3일, 피렌체)

빛나고 훌륭한 후작부인,
부인의 편지를 막 받았습니다. 신속하고 부지런하게 부인의 요청을 전달하겠습니다. 그러나 제가 파악하고 있는 바로는 레오나르도의 생활은 극히 불규칙하고 계획성이 없어서, 앞날을 생각하지 않고 그날그날 근근이 살아가는 것처럼 보입니다. 그는 피렌체에 머문 이후로 밑그림으로 사용할 데생 한 점만을 그렸습니다. (앞에 수록한 '성 안나와 함께 있는 마리아와 아기 예수'의 밑그림에 대한 묘사가 이어진다.) 조수 두 명이 모작을 만들고 있을 뿐, 그는 그 작품 외에는 아무 작업도 하지 않고, 다만 모작을 약간 손질하는 정도의 일만을 합니다. 많은 시간을 기하학에 쏟으면서 붓을 들고 싶어 하지 않습니다. 제가 이 편지를 쓰는 이유는 부인의 편지를 받았다는 것을 알리기 위해서입니다. 부인께서 부탁하신 일을 하고 나서 가능한 한

신속하게 답변을 보내도록 하겠습니다.

프라 피에트로 노벨라라가 이사벨라 데스테에게 보낸 편지
(1501년 4월 14일, 피렌체)

빛나고 훌륭한 후작부인,
 이번 고난주간 동안에 제자인 살라이를 비롯해서 그와 가깝게 지내는 몇몇 사람들로부터 화가인 레오나르도의 의향을 알아봤습니다. 그리고 그의 의향을 명확하게 파악하기 위해서 그들이 성 수요일(4월 7일)에 그를 내게 데려왔습니다. 간단하게 추려 말하자면, 그는 수학적인 실험에 너무나 몰두한 나머지 그림을 그리는 데 집중을 할 수 없습니다. 저는 그에게 부인의 바람을 알렸고, 그는 자신이 만투아에 있을 때 부인께서 보여주셨던 친절에 보답하기 위해서라도 부인의 바람을 충족시켜 드리고 싶다고 했습니다. 저희는 격의 없는 대화를 나눈 다음 이런 결론에 도달했습니다. 프랑스 왕의 역정을 사지 않고 그에 대한 의무에서 자유로워진다면, 레오나르도의 희망대로라면 기껏해야 한 달 정도일 거라고 합니다만, 세상 그 어느 누구의 부탁보다 우선적으로 부인을 위해 봉사하겠다고 했습니다. 여하튼 무슨 일이 있어도, 프랑스 왕이 총애하는 로베르테를 위해 현재 제작 중인 작은 그림을 마치는 대로 즉시 초상화 작업에 들어가서 완성하는 대로 부인께 즉시 보내 드리겠답니다. 저는 그를 부추기기 위해 정표 두 개를 주었습니다. 그가 현재 작업하고 있는 작은 그림은 앉아서 실을 감고 있는 것처럼 보이는 성모마리아 상입니다. 아이는 자기 발을 실 바구니 속에 넣고 실패를 쥔 채로 십자가 모양으로 생긴 네 개의 살을 주의 깊게 바라봅니다. 마치 원하는 것처럼 미소 지으

며 십자가를 꼭 쥐고서는, 그것을 빼앗으려는 어머니에게 결코 양보하려 하지 않는 것처럼 보입니다. 이것이 제가 그로부터 알아낸 전부입니다. 저는 어제 강론을 했습니다. 듣는 사람이 많았던 만큼이나 강론이 결실을 맺도록 주님이 역사하시기를 바랍니다.

편지의 내용을 통해 요리조리 핑계를 대며 주문을 피하는 유명인으로서의 레오나르도의 모습과 당시 그가 처했던 상황을 엿볼 수 있다. 그는 그림 그리는 일에 싫증이 났기 때문에 붓을 잡을 수가 없었다. 이즈음 레오나르도는 대부분의 시간을 수학적 연구와 기하학적 연구에 쏟았다. 또한 루이 왕에게 '의무'가 있다고 말한 점으로 미루어 아마도 밀라노를 떠나기 전에 프랑스와 모종의 거래가 있었던 것으로 보인다. 프랑스 왕에 대한 의무가 무엇인지는 알기 힘들다. 또한 레오나르도가 후작부인의 제안을 딱 잘라 거절했다는 인상을 주고 싶지 않았던 노벨라라가 레오나르도의 의무를 다소 과장해서 표현했을 가능성도 있다.

1501년 초 레오나르도가 작업하고 있던 '작은 그림'은 '실을 감는 성모'였다. 이 그림은 다양한 판으로 알려져 있지만 대가의 손을 부분적으로 거친 작품은 그 중에 두 점(모두 개인 소장품)이다. 두 그림은 편의상 레포드(Reford) 판과 버클루(Buccleuch) 판으로 불린다. 사실, 레포드 판은 더 이상 몬트리올의 레포드 컬렉션에 포함되지 않고, 뉴욕에 거주하는 한 개인이 소장하고 있다. 버클루 판은 버클루 공작의 성 계단에 걸려 있다가, 2003년 8월 관람객을 가장한 두 명의 절도단에게 도난당했다. 당시 CCTV 화면을 보면, 도둑들은 그림을 코트 속에 숨겨 흰색 차까지 운반했다. 이는 1911년 루브르 박물관에서 '모나리자'가 도둑맞았을 때의 상황과 비슷하다. 당시에 빈센조

'실을 감는 성모', 레포드 판. 레오나르도와 조수들의 작품. 1501~04년.

페루자(Vincenzo Perugia)는 작업복 속에 '모나리자'를 숨긴 채 박물관을 떠났다. 페루자는 '모나리자'를 2년 동안 자기 방의 난로 아래 상자에 숨겼다. 이런 행위는 절도라기보다는 유괴에 가깝다.

 그림에 대한 노벨라라의 묘사는 간결하고 정확하지만, 한 가지 의문점은 바로 '실 바구니'에 아이의 발이 들어가 있다는 대목이다. 현재까지 알려진 어떤 그림에도 그런 장면이 없기 때문이다. 엑스레이와 적외선을 투시했지만 아무런 흔적도 찾을 수 없었다. 다만 레포드 그림을 조사한 결과, 흥미로운 점이 발견되었다. 성모마리아의 머리 왼쪽 중간쯤에, 문 또는 긴 창문이 정면에 나 있고 지붕이 평평한 신기한 건물이 자리하고 있는 것이다. 건물이 물감에 묻혀 버린 자리에는 강과 암석이 들어서고 짙은 안개가 깔린 멋진 풍경이 펼쳐지면서 멀리에는 얼음으로 파래 보이는 산맥이 뻗어 있다. 이 풍경을 보고 있자면 마치 '모나리자'의 탄생을 예고하는 장면을 보는 것 같아 가슴이 설렌다. 두 그림의 풍경 모두, 강의 아랫부분에 기다란 아치형 다리가 걸쳐 있다.(컬러삽화 22) 이 풍경은 레오나르도가 1502년 여름에 여행을 하고 지도로 남겼던 폰테 부리아노(Ponte Buriano)라는 설이 유력하다.

　실을 감는 기구에 대한 도상학(圖像學)은 레오나르도의 독창적인 생각인 것 같다. 마치 레오나르도가 피렌체 시기 초에 그렸던 그림에 등장하는 꽃('카네이션의 성모마리아'의 붉은 카네이션과, '브누아의 성모'에 등장하는 십자가 모양의 꽃)처럼, 아기 그리스도가 받을 미래의 수난에 대한 상징으로 실패를 사용했다. 레오나르도는 예언의 징조를 자신의 특징이 담긴 드라마, 즉 순간의 역동성─모형 십자가를 향한, 그림의 끝을 향한, 미래를 향한 아이의 흐르는 듯한 움직임─속에 스며들게 했다. 아이를 보호하려는 어머니의 손동작은 비극적인 예감이 느껴지는 망연자실한 순간에 정지된 것처럼 보인다. 작품 속 인물의 입체감은 흠잡을 곳이 없다. 이 작품은 4년 전 '최후의 만찬' 이후로 처음 완성한 비유적인 작품으로, 중요한 동작을 정확하고 조예 깊게 묘사했다. 성모마리아의 뻗은 손은 '암굴의 성모마리아'의 뻗은 손을 떠올리게 하지만 더 이상 축복의 움직임이 아니다. 얼굴 모습도 바뀌었다. 매혹적인 동굴 속 가냘픈 소녀는 더욱 살이 오르고, 얼굴이 넓어지고, 천진난만함이 사라지면서 좀 더 세속적으로 변했다.

1501. 14. aple   fiorenza

Ill.ma et Ex.ma d.na mia sing. Questa septimana s.ta ho messo lo mennone
de Leonardo pictore per mezo de Salai suo discipulo et de alcun altri suoi
affectionati, li quali per farmila più nota me lo menorno el mercordi di
s.to. Insuma li suoi experimenti mathematici l'hano distracto tanto dal
dipingere, che non può patire el pennello. Pur me assecurai di farli
intendere in destreza el parere di V. Ex. Primo como da me
per vedendolo molto disposto ad volere gratificar V. Ex. per la
humanità gli monstroe a M.tua, o se volesse gli disse el tutto
liberamente. Rimase in questa conclusione se si potrà spicare
da la maestà del Re de Francia senza sua disgratia como
sperava ala più longa fra treso uno, che servirebbe più p.to
à V. Ex. che persona del mondo. Ma h che ad ogni modo
formito che gli havesse un quadretino che fa a uno Roberteto
favorito del Re de Francia, farebbe subito el retrato e lo
mandarebbo a V. Ex. Gli lasso dui boni sollicitadori.
El quadretino che fa è una Madona che sede como se
volesse inaspare fussi, el Bambino posto el piede nel canestrino
dei fussi e ha preso l'aspo e mira attentamente que quattro raggi
che sono in forma di croce, e como desideroso dessa croce ride
et tienla salda nò la volendo cedere ala Mamma che pare
gela voglia torre. Questo e quanto ho potuto fare cu lui. Heri
forni la predica mia & dio voglia che faza tanto fructo q.to
è stata copiosamente udita. Son certificato de q.nto altre
volte disse del fr.te a V. Ex. A la quale me ricomando.
Florentie die 14. Aprilis 1501.

E.~.Ex

ser.ali Petrus de
Nuvolaria Car.mo
Gen.

프라 피에트로 노벨라라가 이사벨라 데스테에게 보낸 편지.
1501년 4월 14일, 피렌체에서. 개인 소장

체사레 보르자

1502년 5월, 50세가 된 레오나르도는 새로운 전기를 맞았다. 체사레 보르자(Cesare Borgia)를 새 고용주로 맞았던 것이다. 체사레 보르자는 교황 알렉산더 6세의 사생아로, 잔인함과 교활함의 대명사였고, 마키아벨리가 일컫는 '군주'의 전형이었다. 그의 가문을 둘러싸고 살인, 방탕, 근친상간에 관련된 이야기가 그칠 줄 몰랐다. 누이동생인 루크레지아 보르자(Lucrezia Borgia)의 평판은 특히나 지독했다. 그중 일부는 사실무근이었지만 상당 부분은 사실이었다. 보르자는 루도비코와 마찬가지로, 아니 그보다 더욱 심하게 양심적인 사람들을 탄압했다. 레오나르도가 이렇듯 강한 남자들에게 끌렸던 이유에 대해 프로이트는 어린 시절 아버지의 부재에 대한 보상심리였다고 주장했다.

보르자 가문은 스페인 출신으로, 1492년 추기경이었던 로드리고 보르자(Rodrigo Borja)는 알렉산더 6세로 교황에 즉위했다. 당시 60세였던 그는 악명 높은 난봉꾼으로 자신의 사생아 자식들을 출세시키는 데 광적인 노력을 기울였다.

체사레 보르자는 1476년 로드리고와 로마인 정부 사이의 사생아로 태어났다. 트라스테베레(Trastevere)에 있는 그의 궁전을 방문했던 사람이 그의 행동은 결코 교회에 합당하지 않다고 지적할 정도였음에도 17세의 나이에 추기경이 되었다. '그는 언제라도 사냥을 떠날 채비를 갖추고 있었고, 매우 값비싼 비단으로 온몸을 휘감고, 엄청나게 무장을 했다. …… 지적이고 매력적이었으며, 마치 자신이 위대한 군주라도 되는 양 행동했다. 생기가 넘쳤고 쾌활했으며 사람들과의 교제를 즐겼다. 이 추기경은 신부가 될 의향이 조금도 없었지만, 연간 1만 6천 두카트에 달하는 급여를 포기할 생각도 없었다.'[6] 1497년 그의 남동생인 조반니의 시체가 목이 잘린 채로 티베르 강에 떠내려왔다. 이는 체사레가 저질렀던 셀 수 없이 많은 살인 가운데 최초의 살인으로 알려져 있다. 체사레 자신은 교회의 급여만을 받는 반면에 동생은 세속적인 권력〔간디아(Gandia)의 공작〕을 소유한 것에 질투를 느꼈다고 전해진다. 체사레는 교황 군대를 이끄는 사령관으로 프랑스에서 교황과 새 국왕인 루이 12세와의 동맹을 성사시켰고, 1499년에는 루이의 사촌과 결혼해서 발렌티노 공작이 되었다. 그해에 프랑스 군대의 일원으로 이탈리아 침공에 참전해서 루이 12세와 나란히 밀라노에 입성했다. 레오나르도를 처음 만난 것도 그때였을 것이다. 당시 체사레는 23세의 나이로 키가 크고, 강인하고, 이글거리는 푸른 눈을 가진 훌륭한 군인이자 무자비한 야심가였다.

이즈음 체사레의 계획은 루이 왕으로부터 군사적인 지원을 받아 로마냐(Romagna)를 점령하는 것이었다. 로마냐는 로마 북부의 무법 지대로, 명목상으로는 교황령에 속했지만 실질적으로는 독립적인 소군주와 고위 성직자가 통치했다. 다음 몇 달 동안 계속된 프랑스 군대의 대규모 파견에 힘입은 체사레는 중앙 이탈리아에 힘의 기지를 구축하며 속국을 형성하기 시작했다. 1500년 말까지 그는 이몰라(Imola), 포를리(Forli), 페사로(Pesaro), 리미니(Rimini), 케세나(Cesena)의 군주 자리에 올랐다. 체사레는 로마냐 공작이라는 새로운 직위에 의기양양해 하며 위협적인 위세로 진군을 계속해서 피렌체를 위협했고, 자신 특유의 전격적인 공격으로 우르비노(Urbino)를 점령했다. 이때 피렌체의 사절이 급히 우르비노에 있던 체사레에게 파견되었는데, 이때 동행했던 사람이 바로 30대 초반의 야심찬 공무원 니콜로 마키아벨리(Niccolò Machiavelli)였다.

6월 26일 파견된 마키아벨리는 체사레를 포함한 청중들에게 피렌체의 상황을 설명했다. 어둠이 깔렸고, 궁전의 문이 잠기면서 경비가 삼엄해졌다. 체사레는 위압적인 태도를 취하면서 피렌체의 의도를 확실히 밝히라고 요구했다. '나는 당신네 도시가 나에게 우호적이지 않고, 암살자처럼 나를 저버리리라는 사실을 알고 있다. 당신들이 나를 친구로 맞이하기를 거부한다면, 나는 당신들의 적이 될 것이다.' 피렌체 사절은 우호관계를 다짐하면서 공작의 군대를 아레조에서 철수시키라고 요구했다. 분위기는 긴장으로 일관되었다. 이때 마키아벨리는 체사레의 태도에 외경심을 느끼며 매료되었다.

이것이 1502년 여름 레오나르도가 체사레 보르자 밑으로 들어갔을 당시의 시대 상황이었다. 레오나르도가 정확하게 어떻게, 언제 체사레에게 고용되었는지는 확실하지 않지만, 체사레에게 기술적인 도움을 제공한다는 명목하에 정보를 수집하려 한 마키아벨리를 비롯한 정치고문의 입김이 작용했을 가능성 또한 배제할 수 없다. '이탈리아의 최고 인물'에 관심을 가졌던 체사레의 눈에 비친 레오나르도는 숙련된 군사 기술자였지만, 피렌체 사람들에게는 보르자 궁정에 심겨 자신들의 눈과 귀 역할을 담당할 '자기 쪽 사람'이었던 것이다.

연대기가 항상 명확한 것은 아니지만, 레오나르도가 여름 내내 몸에 지니고 다녔던 수첩 즉 파리 MS L을 참고하면 그의 행동반경을 추적할 수 있다. 노트의 첫 페이지에는 필요한 도구 목록으로 나침반, 칼 띠, 부츠의 바닥, 가벼운 모자, '수영 띠', 가죽 웃옷, 데생용 흰종이, 목탄 등이 적혀 있다. 레오나르도는 1502년 7월 말에, 체사레의 점령지인 우르비노에 가서 사방에 흩어져 있는 체사레의 영토 구석구석을 서둘러 훑어보았다. 노트의 기록을 보면, 레오나르도가

왼쪽 체사레 보르자의 초상화로 추정되는 붉은색 분필의 레오나르도 작품. 투린 왕립도서관
오른쪽 니콜로 마키아벨리의 초상화. 산티 디 티토 작품. 피렌체 베키오 궁

도시의 요새화와 항구의 수용 능력에 관심을 가졌음을 알 수 있다. 또한 아펜니노 산맥의 고원지대까지 들어가 지형적인 자료를 수집한 후에, 해당 지역의 지도를 작성했다. 레오나르도는 우르비노에 위치한 몬테펠트로(Montefeltro) 궁전에서 카리스마 넘치는 공작을 다시 만났다. 밀라노에서 만난 지 3년 만의 해후였다. 레오나르도는 수첩에 궁전의 계단을 스케치하고 흥미로운 모양의 비둘기장을 주의 깊게 관찰해서 기록했다.[7] 또한 세 가지 각도에서 그린, 수염이 나고 눈꺼풀이 무겁게 내려앉은 남자의 모습은 체사레의 초상이리라 추정하고 있다.

두 사람이 함께 있었던 시간은 얼마 되지 않았다. 7월 말 보르자는 루이 12세와의 과거 우정을 다지기 위해 밀라노로 향했다. 레오나르도 또한 동행하고 싶었겠지만 그렇게 하지 않았다. 그 대신 기구를 갖추고 보르자의 동쪽 영토를 돌아보기 시작했다.

　로마냐의 수도인 케세나에서 레오나르도의 노트가 진가를 발휘했다. 케세나는 그림처럼 아름다운 풍광에 특이한 관습을 가진 지역이었다. 그리고 땅이 평평했다. 레오나르도는 그때까지 이탈리아에 도입되지 않았던 풍차의 설치 가능성을 생각해 냈다. 또한 그 지방에서 사용하고 있는, 앞에 작은 바퀴 두 개와 뒤에 큰 바퀴 두 개가 장착된 수레를 보고 이를 비판했다. '이런 고안은 앞바퀴에 너무나 많은 무게가 실리기 때문에 힘의 분배가 골고루 되지 않는다.' 레오나르도는 시대에 뒤떨어지고 쇠잔해 가는 지역의 이런 결점에 대해 비아냥거렸다. 레오나르도가 본 로마냐는 '모든 바보 같은 짓이 집중적으로 이루어지는 곳'이었다. 레오나르도는 보통 때의 어조와는 사뭇 다르게 냉담한 목소리로 이를 기록했다.[8]

　1502년 8월 18일 매우 화려한 양식의 문서가 작성되었다. 바로 레오나르도의 여권이었다. 이 여권으로 레오나르도는 체사레의 속국을 마음대로 여행할 수 있는 자유를 부여받았고, 레오나르도와 수행인의 여행 비용을 체사레가 지불한다는 보증을 받았다. 여권에는 레오나르도를 '우정으로 영접해야 하고, 그가 원하는 것은 무엇이든 살펴보고, 측량하고, 세심하게 조사할 수 있게 해야 한다.', 또한 다른 기술자들은 '반드시 레오나르도와 의논을 해야 하고, 그의 의견에 따라야 한다.'는 내용이 수록되어 있었다.

　이런 권력으로 단단히 무장한 레오나르도는 여러 지역의 성채화 작업에 관여했다. 루카 파치올리가 남긴 생생한 기록을 통해 체사레의 군대와 행군하던 레오나르도의 모습을 엿볼 수 있다.

　　어느 날, 로마냐 공작이자 피옴비노(Piombino)의 현 군주인 보르자 발렌티노가 군대를 이끌고 24보폭 넓이의 강에 도착했다. 하지만 다리를 찾아볼 수 없었고, 다리를 만들 만한 재료도 찾을 수 없었다. 눈에 띄는 것이라곤 16보폭 길이로 잘려 있는 나뭇더미뿐이었다. 그러자 보르자의 유명한 기술자는 쇠도 사용하지 않고, 밧줄이나 다른 어떤 건축 재료도 사용하지 않은 채 나무만으로 군대 전체가 지나갈 수 있을 만큼 튼튼한 다리를 만들었다.[9]

이 시기에 눈에 띄는 것은 레오나르도의 열정적인 활동이다. 레오나르도는 먼 거리를 마다않고 체사레가 점령한 마을과 도시, 성채와 성을 누비고 다녔고, 여관에서 잠을 청한 후에 새벽에 출발하고, 해가 내리쬐는 대낮에는 쉬면서 강행군을 계속했다. 그는 측량을 하고, 조류를 기록하고, 성채를 조사하는 등 물리적인 기술 작업에 전념했다. 이러한 레오나르도의 행적을 볼 때, 그가 지난 20년간의 편안한 도시 생활을 뒤로 한 채 너무나 많은 일을 시작했지만, 들인 시간과 열정에 비해 성취가 거의 없는 생활을 했다고 느끼게 되기도 한다. 그러면서도 화가들에게 '도시의 집을 떠나고', '가족과 친구를 떠나, 산과 계곡으로 가서 자신을 강렬한 햇빛에 노출시키라'고 충고했던 레오나르도의 말을 떠올리게 되기도 한다. 그러나 우리가 여기서 생각해야 하는 점은, 레오나르도가 체사레의 총애하는 군사 기술자로서 자신이 파괴와 폭력의 전파에 일조하고 있음을 느꼈으리라는 점과, 자신을 고용한 사람의 천성에 대해 마음 깊이 동요했으리라는 점이다. 레오나르도는 언젠가 '전쟁은 가장 잔인한 형태의 광기'[10]라고 쓴 적이 있는데, 1502년 이 시기 동안 직접 그 장면을 목격했다.

이몰라에서 가을을 보내며

여름이 끝나갈 무렵, 체사레는 이몰라(Imola)에 임시 궁정을 건립했다. 이몰라는 볼로냐(Bologna)와 리미니(Rimini) 사이에 위치한 옛 로마가도 상의 작은 성채도시로, 겨울 동안 체사레의 본부가 될 예정이었다. 만약 난공불락의 성채를 건립할 수만 있다면 영구적인 본부가 될 가능성도 있었다. 레오나르도가 남긴 기록에는 몇 가지 치수와 함께 성채의 평면도가 있다.

1502년 10월 7일 오후 일찍 니콜로 마키아벨리가 도착했다. 피렌체를 배반한 체사레와 다시 한 번 평화협정을 맺기 위해 파견되었던 것이다. 마키아벨리는 깡마르고 창백한 모습에 짧게 미소 짓던 인물로 아직 유명세를 타지 않았고, 작가로서의 평판도 얻기 전이었지만, 정확하고 명민한 정신만은 이미 높은 평가를 받고 있었다. 당시 33세였던 마키아벨리는 좋은 교육을 받았고, 풍부한 인맥을 소유했지만, 부유하지는 못했다. 그는 메디치가의 몰락과 사보나롤라의 신권정치라는 파란만장한 세월을 겪었고, 1498년부터는 제2서기관장직(書記官長職)을 맡아서 선출직 관리가 임명되고 이임하는 동안 내정과 군사 문제를 담당하며 영향력을 행사했다.

마키아벨리는 체사레의 궁정에서 3개월을 머물렀다. 그가 이몰라에 도착했을 당시에도 체사레의 속국에서 무장반란이 발발했다는 소식을 들었는데, 급기야 체사레는 반란을 일으켰던 포솜브로네(Fossombrone)를 공격해서 함락시켰다. 그때 체사레의 군사 기술자였던 레오나르도 또한 그 자리에 있었다.

역사상 유명한 인물들이 등장하는 짜릿한 드라마가 이몰라에서 벌어졌다. 르네상스 시대를 풍미했던 위대한 인물 세 명이 로마냐의 바람 몰아치는 평야에 서 있는 요새 속에서 각자 상대방을 반은 매료된 눈초리로, 반은 신경질적인 의심의 눈초리로 경계를 늦추지 않으며 마주했던 것이다. 어쨌거나 마키아벨리와 레오나르도는 우정 어린 관계를 구축했던 것 같다. 마키아벨리는 기술자와 화가로서 레오나르도의 능력을 높이 평가했고, 그런 이유로 다음 해에 피렌체에서 수행한 프로젝트에서 같이 일하기도 했다.

이처럼 힘이 지배하는 격렬한 정치무대에서도 레오나르도는 '이몰라의 지도'라는 아름다운 작품을 남겼다. 이 지도는 굉장히 상세하고 정교하게 채색되어, '당대의 지도 중에서 가장 아름답고 정확한 지도'라는 평을 들었다. 이 지도를 그리기 위한 대강의 스케치 또한 남아 있는데, 레오나르도는 이 스케치를 여러 번 접어 가지고 다니면서 현장에서 손바닥에 올려놓고 치수를 기록했다.[11] 레오나르도가 완성한 지도들은 1502년에 몹시 혹독한 여행을 한 결과 달성해 낸 진정한 수확이었다.

체사레는 1503년 2월 로마로 향했다. 병상에 있는 아버지인 교황 알렉산더 6세와 상의하기 위해서였다. 그때 레오나르도가 동행했을 가능성도 있지만 설사 동행했더라도 체류 기간은 짧았을 것이다. 3월초에는 피렌체에 돌아와 있었기 때문이다. 체사레에 고용되어 일하는 것을 그만두기로 한 결정은 현명했다. 체사레의 운은 1503년 8월 18일 아버지의 사망으로 막바지에 접어들었다. 교황의 영향력을 통해 부여받은 권력 기반이 교황의 사망을 계기로 산산이 부서졌기 때문이다. 새로 교황에 즉위한 율리우스 2세는 체사레를 로마냐 공작으로 인정하지 않았고, 속국을 반환하라고 요구했다. 체사레는 교

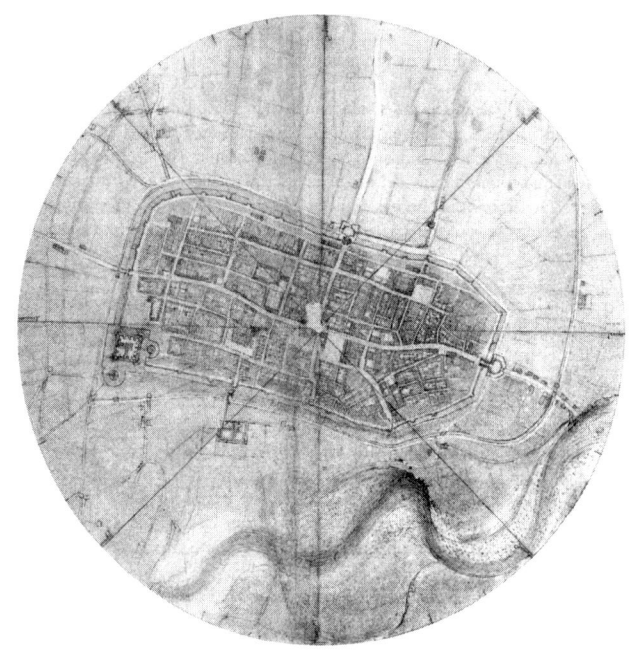

레오나르도, 이몰라의 지도. 윈저성 왕립도서관

황에 의해 체포되었다가 도망친 후에 나폴리에서 반(反)교황 동맹을 일으키려 했지만 실패했고, 1507년에 스페인에서 용병으로 전투를 벌이다가 약 30세의 나이로 전사했다.

술탄에게 보내는 편지

1952년 이스탄불 소재 토프카피 박물관(Topkapi Museum)의 기록보관실에서 놀라운 문서가 발견되었다. 문서의 서두에는 우아한 터키어 서체로 '제노아(Genoa)에서 리오나르도(Lionardo)라는 이교도가 보낸 편지의 사본'이라고 적혀 있었다. 이것이 진짜라면, 이는 레오나르도가 술탄 베야젯 2세(Sultan Bejazet II)에게 공학적 계획을 알리고 후원을 구하는 내용의 편지를 터키어로 번역해 놓은 것이다. 필경사는 편지의 밑단에 '7월 3일 편지를 작성했다.'고 적으면서 연도를 빼놓았다. 하지만 1503년에 피렌체에서 작성한 것이 거의 틀림없고, 이 시기에 레오나르도는 체사레 보르자와 관련된 일을 끝내고 거대한 기술적 계획을 구상하는 일에 몰두해 있었다. (편지 사본에서 '제노아'라고 언급한 것은 제노아를 출발한 배로 도착했다는 뜻이다.)

편지의 내용은 레오나르도가 20년 전 밀라노에서 무어에게 보낸 기술과 전문지식을 제공하겠다고 제안했던 유명한 기획서와 유사하게 시작하면서, 황금하구(Golden Horn)를 가로지르는 다리를 고안하고 건축하겠다는 계획을 알린다.

> 폐하의 종인 저는 폐하께서 스탐보울(Stamboul)과 갈라타(Galata)를 연결하는 다리를 건축하고자 하였으나 적임자를 찾지 못해 추진하지 못하신다는 얘기를 들었습니다. 폐하의 종인 제가 건축 방법을 알고 있습니다. 저는 다리를 건물의 높이까지 끌어올려서 아무도 위로 통과할 수 없을 정도까지 높게 만들 것입니다. …… 배가 돛을 올린 상태에서도 다리 밑을 지날 수 있도록 만들 것입니다. …… 도개교(跳開橋)로 만들어서 다리를 통과해 아나톨리아(Anatolia) 해안으로 갈 수 있게 만들 것입니다. …… 폐하께서 제 말을 믿고 당신께 봉사할 수 있는 기회를 주시길 기원합니다.

1502~1503년에 체사레 보르자와 관련된 일에 대해 집중적으로 기록했던 파리 MS L에는, 편지에 묘사한 것과 다른 점이 몇 가지 있

기는 하지만 다리 건축 계획과 관련된 데생이 포함되어 있다. '새 꼬리'를 연상케 하는 받침대에 아름다운 유선형 모습을 드러낸 데생이다. 레오나르도는 데생에 다음과 같은 기록을 남겼다. '페라(Pera)에서 콘스탄티노플(Constantinople)을 잇는 다리는 폭이 40브라치아(braccia, 1브라치아는 팔 하나의 길이-옮긴이), 물위 높이가 70브라치아이고 총 길이는 600브라치아로 바다 위로 400브라치아, 땅 위로 200브라치아를 뻗도록 받침대를 만든다.'[12] 황금하구의 실제 폭이 800피트(244미터) 즉 '바다 위로 400브라치아'이기 때문에 레오나르도의 계산은 매우 정확하다. 레오나르도가 제안했던 다리의 총 길이 [600브라치아=1천200피트(약 370미터)]로 판단할 때 이는 당시 세계에서 가장 긴 다리였다.

1485년 짧은 메모의 형태로 보관되어 있다가 500년 이상 지난 후에 실제 공중에서 실험을 거쳤던 레오나르도의 낙하산과 마찬가지로, 다리는 레오나르도가 원래 의도했던 보스포루스(Bosporus, 유럽과 터키를 가르는 좁은 해협-옮긴이)에서 약 2,400킬로미터 북쪽에서이기는 하지만, 그의 설계 도면에 따라 최근에 건립되었다. 2001년 10월 31일, 레오나르도의 원래 계획보다 길이가 축소되어 건립된 다리(약 91미터)가 오슬로(Oslo)에서 남쪽으로 32킬로미터 떨어진 아스(Aas) 마을에 모습을 드러냈다. 노르웨이 화가 베브요른 산드(Vebjørn Sand)가 고안하고 건축한 이 다리는 소나무와 티크(teak)나무, 강철로 만들어졌고, 136만 달러의 건설 비용이 들었으며, 현재 고속도로를 가로지르는 인도교로 사용되고 있다.

레오나르도는 계속 살아 있다. 레오나르도의 간략한 설명이 붙은 자그마한 데생과 그 안에 존재하는 농축된 사고력은 후대의 수많은

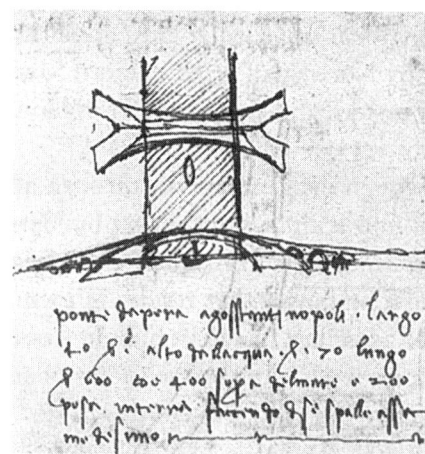

오른쪽 레오나르도, 콘스탄티노플의 다리 스케치, 파리 MS L
아래 베브요른 산드가 재현한 다리

화가와 조각가, 로봇 제작자, 스카이다이버 등의 상상력을 자극함으로써 세대를 초월해서 계속 가동되고 있기 때문이다. '다리는 건설될 수밖에 없었다.' 산드는 이렇게 주장했다. '다리 건축의 원리가 주효하기 때문에 다리는 어떤 크기로 어떤 재료를 사용하든 건설될 수 있다.'[13] 1503년에 꿈꾸었던 아이디어의 씨앗이 결국 500년이 지난 21세기, 오슬로 남쪽 E-18 고속도로 위에 화려한 꽃을 피웠다.

강을 움직이다

　레오나르도는 약탈행위를 일삼던 공작의 궁정에서 몇 개월 동안 냉혹한 생활을 하고 난 1503년 3월 초, 피렌체로 돌아왔다. 당시 그가 처한 상황은 막막했다. 미래는 불확실했고, 저금했던 돈은 계속 새나갔다. 아눈지아타 교회 쪽 문도 더 이상 열려 있지 않았다.

　하지만 새롭고 흥미진진한 프로젝트가 레오나르도를 기다리고 있었다. 다름 아닌 아르노 강의 물줄기를 돌리는 계획이었다. 사실상 이 계획은 두 개의 분리된 프로젝트로 이루어졌다. 하나는 아르노 강 하류의 물줄기를 돌리는 계획으로, 피사가 바다를 접할 수 없게 하기 위한 순수하게 군사적인 전술의 일환이었고, 또 하나는 배가 항해할 수 있도록 피렌체의 서쪽에 위치한 강에 운하를 건설하는 웅장한 계획이었다. 군사와 정치 문제에서 소데리니(Soderini)의 오른팔이었던 마키아벨리는 두 가지 계획에 모두 밀접하게 관여했다.

　1494년 피에로 메디치는 피사를 프랑스에 일시적으로 양도했는데, 다음 해 프랑스 군대가 이탈리아에서 철수하자 피사는 독립을 선언했다. 피사를 다시 찾으려는 피렌체의 노력은 낭패스럽게도 별반 효과를 거두지 못했다. 피사 사람들은 아르노 강 초입에 위치한 항구를 통해 식량과 보급품을 공급받는 한 무한정 버틸 수 있었다. 피렌체가 아르노 강의 물길을 돌리고, 운하를 건설하는 새로운 전략을 수립한 것은 바로 이런 이유에서였다.

　레오나르도는 7월 22일 현장에 가서 아르노 강 하류를 스케치했고, 23일에는 피렌체 병영에서 열린 토론에 참석했다. 토론 끝에 수립된 계획은 강의 흐름을 남쪽의 습지지역으로 돌리는 것이었다. 레오나르도는 수로를 건설하려면 백만 톤의 흙을 파내야 한다고 추정했다. 그는 시간과 운동에 관한 초기 연구를 통해 인부 한 명이 운반할 수 있는 흙의 양을 계산했다. 복잡한 계산 끝에, 전체 프로젝트를 수행하는 데 하루에 5만 4천 명의 노동력이 필요하리라는 결론을 내렸다. 그러면서 '다양한 기계'를 사용해 작업 속도를 가속화할 수 있다고 주장했다. 그런 기계 중의 하나가 코덱스 아틀란티쿠스에 수록된 채굴기구이다.[14] 이 채굴기구를 그린 데생 옆에 아르노 강에 수로를 구축하는 데 필요한 정확한 치수가 적혀 있는 것으로 보아 이 기계는 특별히 수로 건설을 위해 고안된 것으로 추정된다. 이와 관련한 또 다른 계산법이 기록으로 남아 있다. '한 삽 분량은 25파운드(약 11킬로그램)이고, 여섯 삽 분량은 손수레 하나 분량이고, 손수레 스무 분량이면 이륜 짐차 하나 분량이다.'[15] 토목 기술자이자 군사 기술자로서 레오나르도의 실무 능력을 가늠해 볼 수 있는 기록들이다.

운하의 건설은 1년 이상 시작되지 못했고, 레오나르도는 프로젝트의 후기 단계에는 적극적으로 관여하지 않았다. 다른 기술자가 프로젝트의 수행을 책임졌고, 그동안 이루어진 작업의 일부는 레오나르도의 계획과 달랐다. 운하 건설 작업은 1504년 8월 20일에 시작되었다. 그러나 임금을 받지 못한 인부들 사이에 동요가 일었고, 10월 초에는 격렬한 폭풍우가 몰아쳐 수로의 입구를 지키던 배가 파괴되면서 80여 명이 목숨을 잃는 재앙이 발생하였다. 또한 수로 벽이 붕괴되고 평야 전체가 물에 잠기면서 많은 농장이 파괴되었다. 공사를 시작한 지 두 달이 채 되지 않은 10월 중순에 수로 건설 프로젝트는 그 자체가 완전히 취소되었다.

이렇게 수포로 돌아간 계획은 레오나르도가 품었던 장대한 꿈의 일부였다. 즉 아르노 강의 항해상 문제를 제거하고 피렌체에서 직접 바다에 닿을 수 있는 기다란 운하를 건설하는 것이 그의 꿈이었다. 피렌체가 장애물 없이 바다와 직접 연결된다면 신세계와의 무역을 경험하고 신세계를 탐험할 수 있을 것이었다. 아르노 강의 운하 건설 계획이 처음 제안된 것은 1347년이었고, 레오나르도는 이 계획에 대해 10년 이상 골똘히 생각했었다.

운하의 건설은 영원히 꿈으로 남았다. 프로젝트에 드는 막대한 비용을 감당하기도 힘들었겠지만, 물길을 돌리려는 군사적인 전략의 실패가 레오나르도에게 낙담을 안겨주었을 것이다. 하지만 수세기가 흐른 후에, 피렌체와 피사를 잇는 A11 고속도로가 레오나르도가 제안했던 운하 루트를 따라 건설되었다. 레오나르도의 상상력에는 내연기관에 대한 착상만이 부족했던 셈이다.

이 운하 건설 프로젝트와 레오나르도가 후에 밀라노에서 수행했던 다른 프로젝트를 통해 우리가 알 수 있는 점은 레오나르도가 평생에 걸쳐 물, 조류, 압력, 소용돌이, 굴절 등에 매료되어, 이를 관찰하고, 분석하고, 스케치하고, 무척이나 아름답게 채색했다는 사실이다.

'모나리자'

몇 년 전, 레오나르도가 그토록 심각하게 붓을 들기 싫어했던 이유는 무엇이었을까? 다시 그림을 그리기 시작했을까? 그랬던 것 같다. 1503년 여름, 아르노 강 프로젝트에 매달려 있지 않을 때는 '세계에서 가장 유명한 그림'으로 당당히 불릴 만한 그림의 제작에 몰두했다.

'레오나르도는 프란체스코 델 지오콘도(Francesco del Giocondo)를 위해 그의 아내인 모나리자의 초상화를 그리기로 했다. 레오나르도는 작품 제작에 4년 동안 매달렸지만 결국 미완성으로 남았다.' 이는 '모나리자'에 대한 바사리의 설명의 서두로, 그림에 대한 당대의 설명인 동시에 유일하게 모델의 이름을 밝힌 기록이다. 그러나 모델의 이름이 정확한지에 대해서는 논란이 많다. 이 초상화는 현재 바사리의 설명에 기초하여 '모나리자'라고 불리는데, 19세기 이전에는 이 명칭이 거의 사용되지 않았다. 이탈리아에서는 라 지오콘다(La Gioconda)로 불려 왔는데, 제목만을 놓고 보면 리자 델 지오콘도라는 인물을 가리키는 것 같기도 하지만 지오콘다가 '명랑한'의 뜻을 가진 형용사라는 점을 고려한다면, '명랑한 여인'이라는 순수하게 묘사적인 제목이 된다. 단어의 이중적인 뜻이나 소리를 이용한 말장난을 즐겨 사용했던 레오나르도의 습성을 고려하여 '모나리자'보다는 '명랑한 여인'을 제목으로 선호하는 사람도 있다.

하지만 실제로 '모나리자'에게서 즐거움의 요소를 찾아볼 수 있을까? 모나리자에게는 미소를 짓거나, 아니면 미소를 짓는 흔적이 있기는 하지만 우리가 일상적으로 생각하듯 환한 미소는 찾아볼 수 없다. 현재 우리가 볼 수 있는 '모나리자'의 어슴푸레한 모습은 원래 작품을 보호하기 위해 발랐던 유약이 산화작용을 일으켜 누렇게 변색됐기 때문이다. 1625년 초 한 관람객은 그림이 '유약으로 너무 손상되어 잘 알아볼 수가 없다.'고 불평했다. 이는 그림의 불명료한 상태를 표현하는 말로, 복원을 찬성하는 사람들의 주장이기도 하다. '모나리자'에는 래커가 베일처럼 덮여 있고 여기에 수천 개의 자그마한 상처와 균열이 나 있다. 밑에 무엇이 있는지 보겠다고 감히 그 베일을 들쳐 내려는 복원가는 정말 용감한 사람이 아닐 수 없다.

바사리는 '모나리자'의 실제적인 제작 연도를 밝히지는 않았지만, 『미술가 열전(列傳)』에서 이 작품을 2차 피렌체 시기 작품으로 분류하고, 제작 시기를 성 안나의 밑그림을 완성한 1501년과 '앙기아리 전투'를 그렸던 1503~1506년 사이로 추정했다. 레오나르도가 1501년에는 그림을 거의 그리지 않았고, 1502년에는 체사레 밑에서 일했기 때문에 '모나리자'를 그리기 시작한 것은 1503년 피렌체로 돌아온 후로 추정된다.

레오나르도는 이사벨라 데스테의 손과 가슴, 토바글리아 빌라의 개량, 부리아노의 다리, '실을 감는 성모'의 풍경 등 여러 작품을 통해 이미 '모나리자'의 탄생을 예고했다. 바사리의 주장대로 레오나르도가 '모나리자'를 그렸던 기간을 4년으로 본다면 제작 연도는 1503~1507년이고, 그가 피렌체로 돌아온 1503년 초와 엇비슷하게 시기가 맞아 떨어진다. 이 시기에 완성된 작품으로는, '입술로 불리는 근육'이란 메모와 함께 입과 입술에 관한 습작 아홉 점이 포함되어 있는 해부학 데생[16]이 있다. 이 습작들 가운데 하나는 웃고 있는 입을 그린 작품으로, 밝고 시적인 톤에서 다른 입술 습작과 분명하게 구별되며 '모나리자'의 미소와 거의 똑같다.(컬러삽화 19)

바사리의 작품 설명이 이상적이지는 않지만, 그는 레오나르도와 동시대 인물로는 유일하게 초상화의 명칭과 제작 시기에 대해 언급했다. 그의 견해가 옳을까? 그럴 가능성은 더욱 커지고 있다. 초상화의 실제 모델에 대해서는 논란이 많다. 바사리가 말한 '모나리자'는 분명히 실존인물이었다. 정확한 이름은 리자 디 안톤마리아 게라르디니(Lisa di Antonmaria Gherardini)였으며, 명망은 있으나 그다지 부유하지는 못했던 피렌체인 아버지 밑에서 1479년 6월 15일 출생했고, 1495년 3월, 15세의 나이로 프란체스코 디 바르톨로메오 델 지오콘도(Francesco di Bartolomeo del Giocondo)와 결혼했다. 지오콘도는 35세로 비단과 옷감 장사에 종사하는 부유한 사업가였고, 이미 두 번의 결혼 경력을 가지고 있었으며, 어린 아들이 있었다. 초상화의 제작 시기로 추정되는 1503년까지 모나리자는 지오콘도와의 사이에 두 아들을 두었고, 딸은 갓난아이 때 세상을 떠났다. 딸의 죽음 때문에 모나리자가 머리에 검은 베일을 둘렀다는 설이 있기는 하지만 아이가 죽은 것은 4년 전이었으므로 그랬을 가능성은 없다. 그것보다는 어두운 색 옷을 입고 베일을 쓰는 것이 당시 유행이었을 가능성이 크다. 모나리자가 입고 있는 옷은 루크레지아 보르자가 결혼식 때 입었던 '스페인' 풍 드레스로 당시에 선풍적인 인기를 끌었다. 모나리자의 남편인 지오콘도가 의류 사업에 종사했기 때문에 유행에 대해서는 일가견이 있었을 것이다. 또한 바사리의 표현대로 '그림을 그렸던 화가' 또한 그랬다.

지오콘도는 인맥과 재산을 두루 갖춘, 당시 피렌체 화가들이 찾고 있던 바로 그런 종류의 고객이었다. 1503년 4월 5일, 프란체스코 델 지오콘도는 자신과 리자와 세 명의 아들이 살 새집으로 비아 델라 스투파(Via della Stufa)에 위치한 집을 구매했다. 다른 부유한 주택 소유주들이 그랬던 것처럼 그 또한 새집의 벽을 장식할 작품으로 멋지게 옷을 차려 입은 아름답고 젊은 아내의 초상화만한 것은 없다고 여겼다. 이제 23세가 된, 아직 젊지만 벌써 모성애로 부드러워지고 원숙한 모습을 지니게 된 아내 말이다.

바사리는 '모나리자'가 미완성이라고 말했지만, 이는 레오나르도가 1508년 피렌체를 떠났을 때의 상태를 언급한 것이다. 레오나르도는 안토니오 데 베아티스(Antonio de Beatis)가 보았던 9년 후에도 여전히 이 작품을 소유했고, 그 사이에 작업을 계속했다. 그는 작업실을 옮길 때마다 이 작품을 곁에 두고, 때로 작품을 보며 명상에 잠기고, 다시 손질을 하기도 하고, 때로는 예전에 보지 못했던 요소를 작품 속에서 발견하기도 했다. 이렇듯 장기간의 명상을 통해 초상화에는 섬세한 색조가 스며들었고, 무엇이라 분명하게 정의할 수는 없지만 느낄 수 있는 미묘한 뉘앙스가 배어들었다. 또한 시간의 경과까지도 작품 속에 녹아 있다. 그녀의 얼굴을 비추는 저녁 빛과 그녀 뒤의 배경이 상징하는 지질학상의 무한한 시간, 실제의 미소로 화하기까지의 과정이 영원히 계속될 것만 같은 보일 듯 말 듯한 미소, 결코 도래하지 않을 미래의 순간까지도 그림은 포함한다.

또 다른 측면에서 봤을 때, 문화의 대상으로서 '모나리자'는 그 앞에 우여곡절 많은 긴 미래가 펼쳐져 있었다. 이 작품이 자명하게 최고의 유명 작품이 된 것은 현대의 일로, 초기 평론가들은 작품에 열광했지만 작품이 특별히 특이하다거나 특유하다고는 생각하지 않았다. '모나리자'가 아이콘으로 부상한 것은 19세기 중반이었다. 이런 현상은 북부 유럽이 이탈리아 르네상스 특히 레오나르도에 심취하면서 발생했고, '모나리자'가 루브르 박물관에 소장되면서 특정한 프랑스인들 특히 파리 사람들이 이를 더욱 부추겼다. 그녀의 형상은 요부(妖婦)에 대한 병적이고 낭만적인 공상, 당시 남성들의 상상력을 자극했던 유혹적이고 이국적인 '잔인한 미녀(belle dame sans merci)'의 개념과 단단히 연결되었다.

'모나리자'에 대한 평가를 결정적으로 끌어올리는 데 중요한 역할을 담당한 사람은 소설가이자 미술평론가였고 대마초 흡연자였던 테오필 고티에(Théophile Gautier)였다. 그에게 모나리자는 '무척이나 신비스럽게 미소 짓는 미의 스핑크스'였다. 그녀는 '성스럽게 비꼬는 듯한' 눈길로 '미지의 쾌락'을 암시한다. 또한 그녀는 '자신의 모습을 보고 감탄하는 미래를 향해 불가사의한 수수께끼를 내고 있는 것 같다.' 고티에는 '그녀 앞에 서 있으면 마치 공작부인 앞에 선 소년 같은 생각이 든다.'고 했다.[17] '모나리자'를 보고 전율했던 사람으로는 역사가이자 르네상스광인 쥘 미슐레가 있다. 그는 '모나리자'를 보며 이렇게 기록했다. 그녀가 '나를 잡아당기고, 나를 거역하고, 나를 소진시킨다. 마치 새가 뱀에게 가듯 나도 모르게 그녀에게 다가간다.' 이와 비슷한 반응으로 1860년에 발표된 공쿠르(Goncourt) 형제의 저널에서는, 당시의 유명한 미인을 '지오콘다의 걷잡을 수 없는 미소'를 짓는 '16세기의 고급 창녀'로 묘사했다.[18] 그러므로 '모나리자'는 졸라(Zola)의 나나(Nana), 베데킨트(Wedekind)의 룰루(Lulu), 보들레르(Baudelaire)의 크레올 벨 잔느 뒤발(Creole belle Jeanne Duval)과 견주어졌다.

보다 회의적인 반응을 보이는 사람들도 있다. 서머셋 모옴은(Sumerset maugham)은 자신의 소설 『크리스마스 명절 *Charistmas Holiday*』(1939)에서 미술을 사랑하는 네 사람이 새침하면서도 성에 굶주린 젊은 여성의 생기 없는 미소를 응시했다고 썼다. 로베르토 롱기(Roberto Longhi)처럼 젊은 인습타파주의자들은 그림에 대해 경멸적인 태도를 보였고, 버나드 베렌슨(Bernard Berenson)은 '그녀는 단순히 악몽이 되었다.'[19]며 이 훌륭한 작품에 대한 은밀한 반감을 드러냈다. T. S. 엘리어트(Eliot)는 부정적인 의미로 '햄릿'을 '문학의 모나리자'라고 낮춰 말하면서 그림과 마찬가지로 주관적인 해석과 2류 이론의 대상이 되었다고 했다.[20]

1911년 8월 21일 아침, '모나리자'가 루브르 박물관에서 도난당하는 일이 발생했다. 절도범은 30세의 이탈리아인 빈센조 페루자였다. 그는 파리에 거주하는 수천 명의 이탈리아 이민자 중의 하나로 1908

년 이후로 줄곧 파리에 살았고, 쉽게 건물 안에 들어가기 위해 루브르 박물관에서 잠시 일하기도 했다. 그는 작업복에 '모나리자'를 숨겨 가지고 나왔다. 범인을 찾기 위한 경찰의 수색이 계속되었다. 페루자는 전과가 있었고, 그림틀에 커다란 엄지손가락 지문이 묻어 있었음에도, 그의 이름은 결코 수사선상에 떠오르지 않았다. 페루자는 그림을 자신의 집 난로 밑에 2년 이상 숨겨 두었다. 그러던 중 1913년 11월 말에 그는 피렌체의 골동품상 알프레도 게리(Alfredo Geri)에게 '레오나르도 빈센조'라고 서명된 편지를 보내, '모나리자'를 이탈리아에 돌려주겠다며 50만 리라를 요구했다. 페루자는 12월 12일 '모나리자'를 나무 트렁크에 넣고 기차로 피렌체에 도착했다. 알프레도 게리와 우피치 미술관 감독인 조반니 포기(Giovanni Poggi)가 있는 자리에서, 페루자는 트렁크를 열었다. 그는 먼저 낡은 신발 몇 점과 모직 셔츠를 꺼냈다. 게리의 말을 빌리자면, '변변치 않은 물건을 꺼낸 후에 트렁크의 가짜 바닥을 드러내자 그 밑에 그림이 보였다. …… 우리는 강렬한 감정에 사로잡혔다. 빈센조는 마치 그것이 자신이 직접 그린 작품이나 되는 것처럼 만족스러운 미소를 띠며 우리를 뚫어져라 쳐다보았다.' 페루자는 그날 체포되었다. 페루자를 문화적인 영웅으로 만들려는 움직임이 있었지만 재판 과정에서 그런 움직임은 실망으로 끝났다. 그는 원래 만테냐(Mantegna)의 '화성과 금성(Mars and Venus)'을 훔칠 생각이었지만, 크기가 더 작은 '모나리자'를 훔치기로 생각을 바꿨다고 했다. 그는 12개월 동안 투옥되었고, 1947년 사망했다.

'모나리자'는 절도와 회수로 말미암아 국제적인 명성을 굳혔다. 절도 사건이 신문에 대서특필되었고, 기념엽서가 발행되었고, 만화와 발라드, 카바레에서 공연되는 시사풍자극, 희극 무성영화 등에 등장하기도 했다.

앙기아리 프레스코 I

1503년 여름, 레오나르도는 피사의 언덕으로 짧은 여행을 다녀왔고, 마키아벨리와 대화를 나누었고, 루카 파치올리와 수학을 연구했고, 리자 델 지오콘도의 초상화를 그리는 등 알찬 시간을 보냈다. 가을에 접어들면서는 규모면에서 '최후의 만찬'에 견줄 만한 새로운 작품을 구상하기 시작했다. 베키오 궁 1층에 자리한 거대한 회의실 벽 하나를 장식할 프레스코화를 의뢰받았던 것이다. 이 회의실은 메디치 가문의 축출에 따른 새로운 공화국의 태동을 알리는 상징으로 1495년에 건축되었다.

당시 계약서의 원본은 남아 있지 않지만, 작품을 의뢰받은 날짜는 1503년 10월경이었다. 그달 24일, 공화정부는 산타 마리아 노벨라 부속 수도원에 있으면서 그동안 사용하지 않던 커다란 식당의 열쇠를 레오나르도에게 주라는 지시를 내렸다. 프레스코화를 그리기 위해 거대한 밑그림을 준비하는 데 필요한 공간을 확보해 주는 조치였다.

체사레 보르자의 잔인한 야망 달성에 봉사했고, 피사에 대항해서 전쟁을 일으키려는 피렌체의 작전을 기술적으로 지원했던 레오나르도에게 전쟁은 지난 2년 동안 떼려야 뗄 수 없는 요소였다. 게다가 산타 마리아 노벨라에 마련된 새 작업실에서조차 전쟁과의 관계를 완전히 떨쳐낼 수 없었다. 의뢰받은 작품의 주제가 정확하게 전쟁이었기 때문이다. 공화정부는 자신들이 사용할 회의실을, 피렌체가 거두었던 유명한 승리의 장면으로 장식하고 싶었다. 1440년 니콜로 피치니노(Niccolò Piccinino)가 이끄는 밀라노 군대가 앙기아리의 투스카니 마을 외곽에서 피렌체 군대에 패배했던 일은 아직도 피렌체인의 기억에 생생했다. 레오나르도 또한 그 장소를 당연히 알고 있었을 것이고, 전해에 우르비노에 가면서 지나쳤을 것이다.

여기에 다시 한 번 마키아벨리가 관련된다. 레오나르도가 남긴 문서에는 전투를 묘사한 레오나르도 다티(Leonardo Dati)의 라틴어 기록을 번역한 장문의 글[21]이 적혀 있는데, 이 글은 마키아벨리의 조수의 필체로 마키아벨리의 지시에 따라 벽화의 주제에 대한 정보를 레오나르도에게 제공하기 위한 목적에서 적었을 것이다. 벽화는 시간의 흐름에 따라 발생하는 여러 장면을 보여주도록 구상되었던 것 같다. '우선 니콜로 피치니노가 군사들에게 연설하는 장면으로 시작한다. …… 그런 다음 그가 무장을 하고 말 등에 오르자 온 군대가 그를 따르는 장면을 보여준다.' 전투에 대한 다티의 묘사에는, 성 베드로가 '구름 속에서' 피렌체 사령관에게 모습을 드러내고 수사학적인 말로 사기를 북돋았던 공상 속의 장면이 포함되어 있다. 공화정부가 레오나르도에게 원했던 것도 바로 이런 장면이었을 것이다. 이는 마키아벨리가 나중에 자신의 저서에 기록했던 전투 내용과 매우 달랐다. 실제로 마키아벨리는 앙기아리 전투가 간단한 작은 접전에 불과해서 전사자가 단 한 명에 불과했고, 이 전사자 또한 사고로 자신의 말에 깔려 죽었다고 했다.

벽화 제작 의도는 분명했다. 불확실성이 난무하던 시기에 공화정부의 결의를 고무시킬 목적으로 피렌체 군대의 무용담을 담은 감동적인 장면을 벽화에 담는 것이었다. 그러나 레오나르도는, 여러 준비 데생에서 볼 수 있듯이 처음부터 전쟁의 공포와 잔혹성에 초점을 맞추었다. 전사들의 고함치는 입, 곤추선 말의 위협적인 자세, 강하게 드러난 근육, 이리저리 휘두르는 무기 등이 데생에 등장한다. 작품에는 카타르시스의 요소 또한 포함되어 있다. 레오나르도는 이런 장면을 통해 당시 전쟁을 일으켰던 사람과 자신이 공범이라는 사실에 정면으로 마주섰던 것이다. 레오나르도는 체사레와 몇 달을 함께 지내면서 목격했던 소름끼치는 장면을 데생에 담아냈다. 그는 전장의 강렬하고 무시무시한 장면을 표현하는 방법을 알고 있었는데, 이미 10년 전에 밀라노에서 '전투를 표현하는 방법'이란 제목으로 장문의 글을 남긴 적이 있다.

> 우선 대포의 연기가, 말과 군사들의 움직임으로 일어난 먼지와 공중에서 섞이는 장면을 보여주어야 한다. …… 공중에는 사방으로 날아가는 화살이 가득해야 하고, 대포알이 날아가며 기다란 연기를 내야 한다. …… 쓰러진 군사를 보여주는 경우에는, 그의 시체가 피로 물든 흙과 진흙으로 미끄러져 내리는 장면을 묘사해야 한다. …… 죽음의 고통을 겪으며, 이를 갈고, 눈동자가 돌아가면서, 몸과 다리가 고통으로 뒤틀려 주먹을 불끈 쥐고 신음하는 군사의 모습을 보여주어야 한다. …… 또한 죽은 말 위에 쌓인 수많은 시체 더미를 표현해야 한다.[22]

이런 난투극과 혼란, 고통과 격렬한 움직임은 레오나르도의 준비 스케치에 정확하게 표현되었다. 이렇게 레오나르도는 벽화에 대한 피렌체인의 바람과 목격자의 진실 사이에서 작품의 구도를 만들어 갔다.

1504년 초여름이 되자, 레오나르도는 그동안 그렸던 작은 스케치와 점토 모형을 모아 실물 크기의 밑그림을 고안하고, 산타 마리아

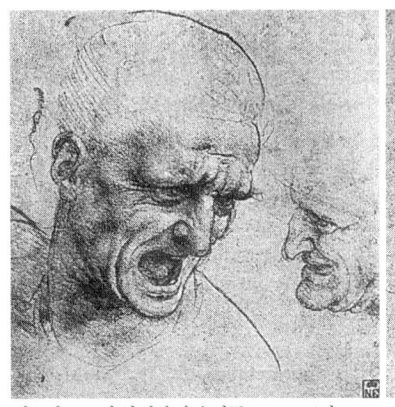 

레오나르도의 앙기아리 습작들, 1503-04년
왼쪽 두 군사의 두상을 그린 준비 데생, 우피치 미술관
오른쪽 전투에 참전한 기마병들의 난투극, 베네치아 학술원

'앙기아리 전투' 모작, 피터 폴 루벤스 작품, 루브르 박물관

노벨라의 식당에 비치된 틀에 종이를 고정시킨 후에 채색을 하기 시작했다. 그해 6월에 조반니 디 란디노란 이름의 제빵업자가 '밑그림에 입히기 위해 …… 체로 곱게 친 밀가루 88파운드(40킬로그램)를' 들여왔다. 약방에서는 '레오나르도가 그림을 그리는 데 필요한' 알렉산드리아 산 흰색 납 28파운드(13킬로그램)와 베이킹 소다 36파운드(16킬로그램), 석고 2파운드(900그램)를 들여왔다. 또한 레오나르도는 대장장이에게서 철 핀과 철 고리, 바퀴를 구입해서, 커다란 밑그림의 이곳저곳을 옮겨 다니기 편리하도록 바퀴 달린 작업대를 제작했다.

미켈란젤로

본래 그럴 의도였는지는 알 수 없지만, 공화정부는 1504년 늦여름, 레오나르도에게 벽화를 의뢰한 회의실 벽의 반대편에는 피렌체가 거둔 또 하나의 유명한 승리였던 카시나(Cascina) 전투 장면을 담기로 결정하고 벽화 제작을 미켈란젤로에게 의뢰했다. 피렌체에서 가장 위대한 화가 두 명이 회의실 벽을 맞대고 일하게 된 것이다. 틀림없이 두 사람은 경쟁심을 느꼈을 것이다.

레오나르도가 1482년에 피렌체를 떠났을 당시 미켈란젤로는 일곱 살에 불과했다. 그로부터 18년 후 레오나르도가 피렌체로 돌아왔을 무렵 미켈란젤로는 카리스마 넘치는 새로운 별로 르네상스 조각이라는 혈관에 새로운 피를 공급하고 있었다. 미켈란젤로는 1488~1491년까지 도메니코 기를란다요의 도제로 일했고, 로렌조 데 메디치가 1492년 사망할 때까지 그 밑에서 일했다. 그는 대리석을 이용한 '큐

미켈란젤로 부오나로티(Michelangelo Buonarroti), 다니엘레 다 볼테라(Daniele da Volterra) 작품, 피렌체 카사 부오나로티

피드'와 극적인 장면을 담은 부조(浮彫)인 '켄타우로스 전투(The Battle of the Centaurs)'를 완성하면서 명성을 쌓았다. 1496년 성 조르조(San Giorgio) 추기경의 부름을 받고 로마에 가서 성 베드로 대성당에 있는 아름다운 '피에타'와 거나하게 취한 모습의 파괴적인 '바쿠스(Bacchus)'를 제작했다. 바사리는 미켈란젤로의 '바쿠스'를 보고 '젊은이의 호리호리한 체격에 여성의 둥그스름함과 풍만함이 결합되어 있다.'고 평했다. 미켈란젤로가 피렌체에 돌아온 시기는 1500년 말이나 1501년으로, 레오나르도를 처음 만났던 때도 아마 이 무렵이었을 것이다. 추측컨대 1501년 봄, 레오나르도가 완성한 '성 안나'를 보려고 아눈지아타 교회로 물밀 듯 밀려든 인파 속에도 묻혀 있었을 것이다. 미켈란젤로는 강건한 체격의 소유자였지만, 머리카락은 항상 헝클어져 있었고 옷차림은 초라했다. 성격이 성급하고 자만심으로 똘똘 뭉쳐 다른 사람에게 공격적인 태도를 보였다. 동료 조각가였던 피에트로 토리지아노(Pietro Torrigiano)와 싸우다가 코뼈가 부러지는 바람에 코가 권투선수의 코처럼 변한 일화가 유명하다.

미켈란젤로는 피렌체로 돌아오자마자 곧 자신의 가장 특징적인 작품으로 세상에 알려진 위풍당당한 '다비드' 상의 제작에 들어갔는데, 당대의 문서에서는 이 작품을 '대리석 거인' 또는 '거인'이라 일컬었다. '다비드'상은 높이가 16피트(4.9미터)에 무게가 18톤으로, 수 년 동안 두오모 근처에 버려져 있던 대리석 덩어리를 가지고 만들었다고 전해진다.

1503년 중반 거대한 조각상이 모습을 드러내기 시작했다. 미켈란젤로의 유명한 말을 빌리자면 '대리석이라는 감옥에서 해방되었다.' 다비드의 왼쪽 팔 스케치 밑에는 다음과 같은 메모가 적혀 있어 조각가의 전투사 이미지를 생생하게 느낄 수 있다. '다비드는 새총을 가지고, 나는 활을 가지고.' 즉 미켈란젤로는 마치 전투에 임하듯, 활모양의 대리석 천공기를 가지고 작품 제작에 매달렸다는 뜻이다.[23]

바사리가 제시한 증거를 그대로 수용한다면, 그동안 레오나르도는 리자 델 지오콘도의 초상화를 그렸다. 미켈란젤로와 레오나르도 다빈치의 이 유명한 작품 두 점은, 하나는 규모가 크고 가슴 벅찰 만큼 자신만만한 모습을 표현하고, 다른 하나는 냉철하고, 내적이고, 분명하게 파악할 수 없는 모습을 표현함으로써, 르네상스 시대를 상징하는 이중의 정신적 경향을 압축하여 보여준다.

두오모 성당 측은 '다비드'상이 거의 완성 단계에 있었기 때문에 이를 설치할 가장 '편리하고 적합한' 장소를 결정하기 위해 1504년 1월 25일에 특별위원회를 소집했다. '다비드'상의 설치 장소에 대해, 레오나르도는 베키오 궁 반대편에 군인들이 정렬해 있는 낮은 벽 뒤쪽 개랑을 추천했다. 그러나 이 특대형의 조각상이 방해물이 되지 않으려면 구석에 배치해야 한다는 것이 당시 위원회의 지배적인 견해였다. 사실 위원회의 이런 견해 이면에는 주제넘게 나서는데다가 다루기 힘든 천재를 견제하려는 의도가 숨어 있었다.

레오나르도의 견해는 채택되지 않았고, 조각상은 5월에 베키오 궁의 정문 밖 단상 위에 놓이게 되었다. '다비드' 상은 그 장소에 수세기 동안 놓여 있었고, 지금은 19세기에 제작된 모사품이 대신 들어서 있다. 루카 란두치(Luca Landucci)의 일기에 '다비드' 상의 운반에 얽힌 이야기가 적혀 있는데, 이 글을 보면 르네상스 시대 피렌체에서 행해졌던 예술문화 파괴 행위의 폐해 또한 엿볼 수 있다.

1504년 5월 14일. 밤 8시에 대리석 거인을 작업실에서 가지고 나왔다. 조각상을 꺼내기 위해 문 위의 벽을 부숴야 했다. 또한 거인에게 상처를 입히려고 밤새 돌을 던져대는 사람들 때문에 보초를 서야 했다. 거인은 18일 오전 8시에 시뇨리아 광장에 도착했다. 거인을 그곳까지 운반하는 데는 꼬박 나흘이 걸렸고, 매일 40명 이상의 인력이 필요했다.[24]

7월 8일, '다비드' 상이 마침내 똑바로 세워졌다. 조각상을 세울 공간을 마련하기 위해 도나텔로(Donatello)의 '유디스(Judith, 고대 유태의 여장부-옮긴이)'가 내부 정원으로 옮겨졌다. 조각상을 세우는 의식이 치러질 때 레오나르도는 현장에 있었을지도 모르고, 산타 마리아 노벨라에서 바퀴 달린 작업대에 올라 '앙기아리 전투'의 밑그림을 손질하고 있었을지도 모른다.

두 예술가 사이의 대립이 두드러지게 폭발한 것도 아마 이 무렵이었을 것이다. 이 사건은 아노니모 가디아노가 쓴 레오나르도 전기에 기록되어 있는데, 사건 당시 레오나르도와 동행했던 'P. 다 가빈(P. da Gavine)'이라는 사람이 직접 증언하였다고 적혀 있다.

레오나르도가 P. 다 가빈과 산타 트리니타 광장을 통과해 걷고 있었다. 판카치아 데글리 스피니(Pancaccia degli Spini)를 지날 때, 한 무리의 시민들이 단테의 글귀를 놓고 논쟁을 벌이고 있었다. 그들은 레오나르도를 부르더니 문제가 된 구절을 설명해 달라고 부탁했다. 그때 우연히 미켈란젤로가 지나가자 레오나르도는 '저기 미켈란젤로가 지나가는군요. 그가 설명해 줄 겁니다.'라고 대꾸했다. 이 말에 미켈란젤로는 레오나르도가 자신을 모욕하려고 그런 말을 했다 생각해서 화를 내며 이렇게 되받아쳤다. '댁께서 설명하시죠. 청동 기마상을 만들려다가 주조할 수가 없어서 수치스럽게도 포기하고 말았던 댁이 말입니다.' 미켈란젤로는 그렇게 말하고는 등을 돌려 가버렸다. 레오나르도는 이 말에 얼굴을 붉히며 그 자리에 우두커니 서 있었다.

성격이 수줍었던 레오나르도는 거드름 피우며 단테의 글귀를 설명할 기회를 상냥하게 거절했지만, 화를 잘 내고 다혈질이었던 미켈란젤로는 사사롭게 생각할 수 있는 일에도 불같이 화를 냈다. 미켈란젤로가 급작스레 자리를 뜨고 난 후, 레오나르도는 할 말을 잃었고 당황했을 뿐만 아니라 분개했다. 레오나르도는 천성적으로 예의바른 사람이었지만, 미켈란젤로는 천성적으로 공격적이었다.

아노니모의 원고는 위의 에피소드를 언급하고 난 후에 미켈란젤로가 레오나르도에게 조소를 보냈던 예를 하나 더 들었다. '어느 날, 미켈란젤로는 레오나르도의 마음에 상처를 내고 싶어 이렇게 말했다. "그래, 바보 밀라노 사람들이 정말로 당신을 믿던가요?"' 이 사건 또한 레오나르도의 스포르자 기마상 제작 실패를 조롱한 것으로 이것이 사실이라면 정말 반감을 가지고 비웃은 것이다. 아마도 미켈란젤로는 자신의 조각상에 대한 레오나르도의 거만한 태도가 언짢던 참에, 대규모 조각상 제작에 실패한 레오나르도에게 독설을 퍼부은 것인지도 모른다.

공화정부가 미켈란젤로에게 회의실 벽화를 의뢰했던 때는 두 사람이 이렇듯 신랄하게 대립해 있을 때였다. 미켈란젤로가 벽화의 주제로 선택한 것은 카시나 전투로, 피사를 상대로 싸웠던 초기 전투였다. 미켈란젤로가 작품 제작에 들어갔다는 기록은 1504년 9월 22일로 되어 있다. 미켈란젤로 또한 작품 제작을 위해 커다란 작업실을 무료로 제공받았다. 바사리는 다음과 같은 글을 남겼다.

그는 아무도 보지 못하게 한 채 거대한 밑그림을 그리기 시작했다. 그는 더위에 견디다 못해 아르노 강에서 벌거벗고 목욕을 하는 사람들을 밑그림 가득 그려 넣었다. 그때 병영에서 불현듯 적의 공격을 알리는 경보가 울렸다. 영감을 받은 미켈란젤로의 손은 군사들이 급히 물에서 나와 허겁지겁 옷을 입는 모습을 묘사했다. …… 각양각색의 특이한 자세, 똑바로 선 자세, 무릎 꿇거나 앞으로 기댄 자세, 한 자세에서 다른 자세로 옮겨가는 자세 등 원근법을 사용하기에 가장 어려운 자세를 묘사했다.

바사리는 이렇게 썼다. '밑그림을 본 화가들은 모두 경탄과 놀라움에 압도되었다.' '카시나 전투'를 위한 밑그림을 완성한 미켈란젤로는 율리우스 2세의 묘를 장식하는 일을 의논하기 위해 로마로 떠났다. 그 후로 다시 벽화를 그리기 시작했다는 기록이 없는 것으로 보아, 더 이상 벽화 제작에는 관여하지 않았던 것으로 보인다. 당시 밑

미켈란젤로의 '카시나 전투'를 위한 밑그림의 모사본. 아리스토틸레 다 상갈로(Aristotile da Sangallo)의 작품으로 추정. 노퍽 홀컴 홀

그림은 사라졌지만, 노퍽(Norfolk) 소재 홀컴 홀(Holkham Hall)에 훌륭한 모사본이 남아 있다.

레오나르도가 미켈란젤로의 도전이나 간섭에 대해 어떻게 생각했는지에 대해서는 아무런 기록도 남아 있지 않다. 레오나르도는 1504년 9월이나 10월 초에 피렌체를 떠난 것으로 보인다. 피렌체를 떠난 이유는 달리 있겠지만, 시기적으로는 공화정부가 미켈란젤로에게 회의실 벽화를 의뢰한 시기와 정확하게 일치한다. 그러므로 부분적으로는 공화정부의 그런 결정에 분개한 나머지 심기 불편한 장면을 벗어났을 가능성도 배제할 수 없다. 자신이 맡은 벽화의 밑그림을 7월 말경에 완성했고, 보수를 받았다는 기록이 남아 있는 시기도 이때가 마지막이며, 1505년 첫째 주까지도 베키오 궁에서 그림 그리는 일을 시작하지 않았다. 대립이 자신의 천성에 맞지 않았기 때문에 이를 피했거나 도망친 것 같다.

이 무렵, 레오나르도는 비정상적으로 근육이 발달한 토르소를 표현한 그림을 비판하는 짤막한 글을 썼다. '사지에 크게 힘을 주거나 심한 노동을 하는 경우가 아니라면, 몸의 근육을 지나치게 드러나게 표현해서는 안 된다. …… 그렇지 않으면 인간의 모습이 아니라 호두 자루와 다를 바 없다.'[25] 이는 미켈란젤로의 '카시나 전투' 밑그림에 등장하는 근육질 인물들을 겨냥한 말이다. 레오나르도는 '호두 자루'라는 표현을 자주 사용했다. 무표정으로 이런 말을 해서 사람들을 웃기게 만드는 상황을 상상해 보라. 이것이 바로 레오나르도의 무기였다. 다른 사람에게 반박을 하자면, 미켈란젤로가 산타 트리니타 광장에서 레오나르도에게 던졌던 모욕적인 언사보다는 이 방법이 더 나았다.

그럼에도 레오나르도가 남긴 후기 해부학 데생은 분명히 미켈란젤로의 영향을 받았다. 윈저 소장품 가운데는 '다비드'와 비슷한 소형 스케치[26]가 포함되어 있다. 레오나르도의 이 작품은 현존하는 작품으로는 유일하게 동시대 예술작품의 영향을 받았음이 분명하게 드러나는 데생이다. 상대방에게 분개했고, 그를 향해 가시 돋친 말을 던지기도 했지만 우선순위는 언제나 예술적 의무에 두었다. 레오나르도의 머릿속에는 '그에게 무엇을 배울 수 있을까?' 하는 생각이 항상 앞서 있었다.

레오나르도의 '다비드'. 1504년. 미켈란젤로의 '다비드' 상이 완성된 이후 시기의 데생. 윈저성 왕립도서관

아버지의 죽음과 고향 빈치로의 여행

레오나르도는 코덱스 아틀란티쿠스의 지출 기록 사이에 아버지의 죽음에 대해 간략히 기록[27]했고, 다른 노트에는 이보다 자세한 내용을 써놓았다.

>1504년 7월 9일 수요일, 제7각에 폰데스타 궁(Palazzo del Pondesta)의 공증인이자 나의 아버지인 세르 피에로 다 빈치가 사망했다. 그는 80세였고, 10명의 아들과 2명의 딸을 남겼다.[28]

이 글은 격식을 갖춘 부고와 같은 어조를 띠었으나 몇 가지 착오가 있었다. 1504년 7월 9일은 수요일이 아니라 화요일이었다. 요일을 착각했던 것이다. 또한 사망했을 당시 세르 피에로는 80세가 아니라 78세였다.

레오나르도와 아버지의 관계에 대해서는 풀리지 않는 의문점이 너무나 많다. 여느 아버지와 아들 사이가 종종 그렇듯이 그들 부자 사이에는 결코 뛰어넘을 수 없는 거리가 있었다. 레오나르도는 아버지가 자신을 포함해서 '10명의 아들과 2명의 딸을 남겼다.'고 기록했으나, 얼마 지나지 않아 자신만이 유일하게 아버지의 유산을 전혀 받지 못했다는 사실을 알게 되었다. 아버지의 마지막 거부였던 것이다.

두 부자의 관계를 짐작하게 하는 글의 일부가 현재까지 전해진다. 이는 레오나르도가 쓴 편지의 서두로, 편지 작성 날짜는 적혀 있지 않지만 필체로 보아 아버지가 사망하기 오래 전에 쓴 것은 아니다. '친애하는 아버지, 지난 달 말, 당신께서 보낸 편지를 받고, 잠시 동안 기쁨과 슬픔을 함께 느꼈습니다. 기뻤던 이유는 편지를 읽고 당신이 건강하게 지낸다는 사실을 알았기 때문이고, 슬펐던 이유는 당신의 고충에 대해 들었기 때문입니다. ……'[29] 이는 실상 아무런 감정도 개입되지 않은, 잘 짜인 작문처럼 읽힌다. 레오나르도는 평상시와는 달리 왼쪽에서 오른쪽으로 손을 움직여, 공손하기는 하지만 딱딱한 인사말로 편지를 시작했다. 그는 잠시 동안 아버지가 바라는 종류의 아들처럼 편지를 썼다. 하지만 편지는 끝맺어지지 못한 채 문서더미에 묻히고 말았다. 편지 뒤에는 비행기 날개가 그려져 있었다.

역시 내용의 일부분이기는 하지만, 아들의 출생을 축하하는 내용으로 이복형제인 도메니크 다 빈치에게 쓴 편지가 전해 내려온다. 레오나르도는 다정한 어투로 이렇게 서두를 꺼냈다. '네게 상속인이 태어났다는 소식을 들었고, 이에 대해 매우 기쁘게 생각한다.' 그러더니 '진정으로 자유를 갈구하는 사람을, 네가 죽어야만 그 자유를 누릴 수 있을 정도로, 결코 화해할 수 없는 적으로 만들어야 직성이 풀리는 이유가 무엇인지' 물었다.[30] 레오나르도는 도메니크보다 30살 이상 연상이었기 때문에 아마도 아저씨들이 손아랫사람에게 할 것 같은 농담을 했다고 생각할 수도 있겠지만, 그렇더라도 그 내용이 너무 어둡다.

불만이 가득했던 아들은 부모가 씌운 멍에 밑에서 상처 입고 고통받았다. 아버지의 죽음은 그에게 '자유'를 가져다주었다.

8월에 피사 근처 아르노 강의 물길을 바꾸는 공사가 시작된다는 소식이 들렸다. 레오나르도가 이 공사에 적극적으로 개입한 흔적은 없지만, 공사의 진행 상황에 대해서 마키아벨리와 연락을 취하고 있었을 가능성이 크다. 공화정부는 공사 진행 여부를 표결에 붙여 공사를 진행하기로 결정했다. 공사는 즉시 시작되었으나, 앞서 언급한 것처럼 막대한 비용을 낭비하고, 80명의 사망자를 내고 나서 10월 중순에 중단되었다.

공사 계획이 대실패로 끝나는 동안 레오나르도는 피옴비노(Piombino)에 체류했던 것으로 추정되고, 그곳에 가기 전에 빈치에 들러 삼촌인 프란체스코와 시간을 보낸 것으로 보인다. 앞서 언급했듯이 레오나르도가 피렌체를 떠난 시기는 공화정부가 미켈란젤로에게 회의실 벽화를 의뢰했던 시기와 일치한다.

레오나르도는 자신이 소장한 서적의 목록을 작성하고, 산타 마리아 노벨라에 있는 커다란 궤에 책을 넣어 보관한 다음 자신의 고향인 빈치로 향했다. 고향을 방문한 것은 아버지가 사망한 후였는데, 방문 이유는 8월 12일 삼촌인 프란체스코가 레오나르도에 대한 유언장을 작성했기 때문이었다. 삼촌은 유언장에서 레오나르도에게 빈치 지역의 재산을 남겼다. 의심할 여지없이, 아버지의 유산 분배에서 레오나르도가 제외된 데 따른 반동이었다. 사실상 일찍이 1492년에 세르 피에로와 프란체스코 사이에 맺었던 합의사항 즉 '프란체스코가 사망한 후에 그의 모든 재산은 세르 피에로와 그의 자녀들에게 돌아갈 것이다.'를 위반한 조치이기도 했다. 프란체스코의 유언장은 현재 전해지지 않지만(그는 1507년에 사망했다.), 나중에 벌어진 소송을 통해 레오나르도가 계곡이란 뜻의 일 보트로(Il Botro)를 상속받았다는 사실을 알 수 있다. 이곳은 원저에 소장된 지도 스케치가 묘사하고 있는 두 강 사이에 위치한 땅일 가능성이 있다.(36쪽 참조)

앙기아리 프레스코 II

　작품 활동을 4개월가량 중단하고 난 1504년 12월, 레오나르도는 '앙기아리' 프레스코화 제작의 중요한 단계 즉 실질적인 채색 작업에 들어갔다.
　시간이 많이 흘렀고 작업 속도는 더뎠다. 공화정부 내부에서는 돈을 낭비한다는 불평이 터져 나왔다. 이렇듯 '앙기아리' 프로젝트가 쇠퇴기에 접어든 현상에 대해 바사리는 이렇게 설명했다.

> 　레오나르도가 매달 피에로 소데리니(Piero Soderini)에게서 받는 급료를 받으려고 은행에 가자, 은행 직원이 잔돈 꾸러미로 급료를 지불하려 했다. 레오나르도는 '나는 푼돈을 받는 화가가 아니오!'라고 말하며 받기를 거절했다. 이 행동에 대해 불평이 터져 나왔고, 피에로 소데리니는 레오나르도에게 등을 돌렸다. 그래서 레오나르도는 많은 친구를 동원해서 잔돈 꾸러미를 모아 피에로에게 가져간 후에 돈을 돌려주려 했지만, 피에로는 받지 않으려 했다.

　이런 감정의 폭발은 자신의 감정을 잘 감추는 레오나르도와 같은 사람에게서는 예상하기 힘든 반응이었다.
　급여 지불 기록은 1505년 10월 31일자로 끝을 맺었다. 그렇지만 공화정부가 정말 마지못해 레오나르도에게 피렌체를 떠날 수 있도록 허락한 1506년 5월까지 작업은 단속적으로 진행되었다.

　'앙기아리' 프레스코화는 레오나르도의 그림 중에서 가장 충실하게 문서화가 이루어진 작품으로, 그저 계약서상의 조건만 기록된 것이 아니라 실질적인 작업 과정이 기록되었다. 우리는, 그가 밑그림을 그리기 위해 사용했던 종이의 양, 물감에 들인 비용, 단상을 만들기 위해 사용한 나무의 양, 주요 조수들의 이름과 그들의 급료, 심지어는 회의실 벽에 실질적으로 채색을 하기 시작했던 정확한 날짜와 시간까지도 알 수 있다.

그러나 우리가 유일하게 놓치고 있는 것은 작품 자체이다. 벽화 전체는 완성되지 못했지만, 중심부분은 완성되었다. 하지만 벽화가 사람들 시야에서 사라진 지는 오래되었다. 실제로 회의실의 어느 쪽 벽에 그려져 있었는지조차 확실하지 않다. 과거에는 동쪽 벽이라는 견해가 지배적이었지만 현재는 서쪽 벽이라는 견해가 우세하다. 어느 쪽 벽이든 간에, 1560년대 다른 사람도 아닌 조르조 바사리가 그린 거대한 프레스코화 밑 어딘가에 묻혀 있을 것이다. 레오나르도의 원작품이 우량한 상태로 놓여 있는데 바사리가 그 위에 그림을 그렸으리라고는 상상하기 힘들다. 그러므로 여기에는 부정적 추론과 긍정적 추론 두 가지가 가능하다. 전자는 바사리가 그림에 대해 구할 가치가 있을 만한 부분이 전혀 남아 있지 않다고 판단한 경우이고, 후자는 바사리가 덧칠하기 전에 남아 있는 부분을 보호하는 조치를 취한 경우이다. 현재로서는 다만 다양한 형태로 현존하는 초기 모사품을 통해 작품을 짐작할 수 있을 뿐이다.

1540년대까지만 해도 레오나르도의 프레스코화를 볼 수 있었다. 1549년 안토니오 프란체스코 도니(Antonio Francesco Doni)는 친구에게 '살라 그란데(Sala Grande)의 층계를 올라가서 한 떼의 말과 사람을 그린 레오나르도 다 빈치의 전투 장면을 자세히 들여다보게. 놀라운 장면을 보게 될걸세.'라는 글을 보냈다.

새의 영혼

　새는 수학 법칙에 따라 움직이는 기계이다. 이 기계의 모든 동작을 훨씬 힘을 덜 들이고 재생산하는 것은 인간의 능력으로 가능한 일이다. …… 인간이 만든 기계에 부족한 것은 바로 새의 영혼뿐이다. 인간의 영혼은 새의 영혼을 닮아 가야 한다.

코덱스 아틀란티쿠스, fol. 161r-a

　1505년, 레오나르도는 다시 한 번 인간의 비행 가능성을 꿈꾸기 시작했다. 그는 작은 노트에 꿈에 대한 메모와 설계도, 공상에 관련된 낙서를 가득 적었다. 현재 이 노트는 투린 코덱스라는 제목으로 투린 소재 왕립도서관에 소장되어 있는데, 인간의 비행에 대해 가장 명확하면서도 목적에 적절한 내용을 담고 있다는 평을 받는다. 또한 장엄한 광경이 벌어지리라 선언한 유명한 구절이 포함되어 있다. '커다란 새가 거대한 체체로(Great Cecero)의 등 위로 첫 비상을 할 것이다. 온 우주를 경이로 채우며, 온 역사를 명성으로 충만하게 하며, 자신이 태어난 둥지에 영원한 영광을 돌리며.'[31] '커다란 새'는 레오나르도의 비행기계를 일컫는 것이 분명하다. 레오나르도는 세련되고 매우 구체적인 데생을 통해 비행기계의 모습 일부를 보여주었지만, 비밀을 유지하기 위해 전체 모습은 공개하지 않았다. 그의 선언에 따르면, 피렌체의 북쪽에 위치한 체체리(Ceceri) 산 정상에서 기계를 시험 비행할 계획을 세웠던 것 같다. 레오나르도는 체체리 산을 '체체로'로 썼는데 이는 고대 피렌체 단어로 백조란 뜻이며, 좋은 징조라는 상징적 의미를 갖는다. 하지만 이 중대한 사건에 대한 독립적인 기록이 남아 있지 않고, 이 사건에 대해 언급한 사람조차 없다는 사실이 이상할 따름이다. 아마도 레오나르도가 철저하게 비밀 유지를 했든지 아니면 시험비행 자체가 없었을 것이다. 지롤라모 카르다노(Girolamo Cardano)는 1550년 자신의 저서에서 레오나르도가 '특이한 사람'으로 하늘을 날기 위해 애를 썼지만 '실패하고 말았다'고 했다. 만약 1505년 초에 레오나르도가 비행을 시도했다면, 그 시도는 실패로 돌아갔다고 가정해야 한다. 투린 코덱스에 '파괴의 위험을 피하는 방법'이란 제목의 글이 등장하기 때문이다.

이런 기계의 파괴는 두 가지 방식으로 일어날 수 있다. 첫째는 기계 자체가 부서질 가능성이 있다. 둘째로, 기계는 언제나 매우 비스듬한 각도로, 가운데에서 거의 정확하게 균형을 맞추어 내려와야 하기 때문에, 몸체가 옆으로 뒤집히거나 거의 뒤집히게 되는 경우에 파괴될 가능성이 있다. 이렇게 기계가 파괴되는 것을 막으려면 어느 부분도 소홀하지 않게, 기계를 가능한 한 견고하게 만들어야 한다. …… 각 부분이 강한 저항력을 가져야 내가 언급했던 경우의 하강에서 겪는 맹렬한 힘을 안전하게 견뎌낼 수 있다. 질긴 가죽을 사용하고 그 연결 부위를 명반으로 처리하고, 로프는 가장 질긴 비단으로 만든다. 철로 만든 끈은 절대 사용하면 안 된다. 철끈은 뒤틀리면 쉽게 부서지기 때문이다.[32]

레오나르도가 인간의 비행 가능성에 대해 언급했던 최초의 기록은 '그렇다면 인간도 충분히 커다란 날개를 제대로 장착하고, 바람의 저항을 극복하고, 이를 정복하고 마음대로 조종해서 자신의 몸을 띄우는 방법을 배울 수 있을지 모른다.'였고, 다음에는 낙하산에 대해 자세히 묘사했었다.

투린 코덱스에서 레오나르도는 비행기계를 연구했을 뿐만 아니라 원 모델인 새 또한 연구했다. 새의 공기역학과 생리기능에 대해 관찰했고, 새가 급강하하고, 하늘 높이 솟아오르고, 퍼덕이는 모습을 페이지 여기저기에 대충이기는 하지만 매우 예리하게 스케치했다. 투린 코덱스는 새와 새의 비행을 주제로 레오나르도가 창작한 한 편의 시로, 노트의 여백에는 솔개에 대한 유명한 메모가 적혀 있다. '이처럼 솔개에 대해 매우 특별하게 기록하는 것이 내 숙명인 것 같다.'

투린 코덱스의 새와 솔개에 대한 묘사, 백조 산에서의 시험비행 등이 모두 결합되어 탄생한 작품이 바로 '레다와 백조(Leda and the Swan)'이다. 이 작품은 레오나르도의 신비스럽고 관념적인 작품의 하나로 레오나르도의 손을 거친 것이 분명한 준비 단계 스케치가 다양하게 남아 있고, 그의 손을 거치지 않은 완성작이 여럿 존재한다. 일부 완성작이 질적으로 우수한 점으로 미루어 레오나르도의 감독을 거쳐 완성되었을 가능성이 있다. 그림들 사이의 유사점을 찾아본다면, 비록 원작이 실제 그림이었는지 아니면 실물 크기의 밑그림이었는지조차 확실하지 않지만, 사라진 원작을 바탕으로 제작되었다는 점이다. 아노니모 가디아노는 레오나르도의 작품 목록에 '레다'를 포함시켰다가 나중에 삭제했고, 바사리는 그림에 대해 언급조차 하지 않았다. 한때 프랑스 왕실 컬렉션에 레오나르도의 작품으로 추정되는 '레다'가 있었지만, 부도덕하다는 이유로 전통에 따라 목록에서 제거되었다.

이 작품을 위한 가장 초기 습작들이 등장하는 종이[33]에 '앙기아리 전투'를 위한 말의 데생 또한 포함되어 있는 점으로 미루어 작품의 제작 시기는 1504년으로 추정된다. 가장 초기 습작들에는 백조가 등장

'레다와 백조'. 채츠워스 데생. 1504~06

하지 않지만, 알을 깨는 새끼 백조의 모습이 드러나는 스케치가 있다. 이러한 스케치가 발전해서 완성된 데생으로는 채츠워스(Chatsworth)에 있는 데번셔 공작의 소장품과 로테르담(Rotterdam) 소재 보이만스(Boymans) 박물관 소장품이 있다. 두 작품 모두 신화적인 요소를 포함하고, 애정 표현을 하는 백조와 통통한 몸매의 여자, 알을 깨고 나오는 새끼 백조, 풍성한 식물을 공통적으로 담고 있다. 데생의 스타일은 당시 미켈란젤로의 영향을 받았는데, 특히 채츠워스 데생은 새끼가 알을 까고 나오는 모습을 이상한 소용돌이 모양으로 묘사했고, 여성 인물을 마치 조각상처럼 크고 당당하게 표현했다.

두 작품 모두에서 무릎을 구부리고 있는 레다의 자세는 고전적인 비너스 조각상의 잔재이다. 이런 자세는 초기 작품에서 볼 수 있고, 후반으로 갈수록 서 있는 자세의 레다가 등장한다.

주피터가 백조로 분장해서 아름다운 공주 레다와 결합하는 고전적인 신화는 유명하다. 이를 표현한 고전 조각상 중 일부는 매우 호색적이다. 레오나르도의 레다 그림도 아마 당시에는 외설적인 작품으로 간주되었을 것이다. 그러나 그의 작품을 지배하는 제재는 호색적이라기보다는 생식적이다. 레다에 얽힌 신화는 다산(多産)과 번식력을 의미했다. 여성은 배우자이자 어머니로, 몸매는 둥글고, 엉덩이는 풍만하다. 그녀의 주변에는 남근을 상징하는 봄 갈대와 꽃이 무성하다. 그녀 옆에는 최고의 백조 신(神)이 서 있다. 그리고 모든 사물이 움트고 있다.

플라톤 철학을 숭배하는 사람들은 주피터와 레다의 신화를, 신성한 영혼이 속세에 들어가는 상징으로 보았다. 이런 견해로 보면 인간의 비상에 대한 레오나르도의 견해와 그림이 관련성을 갖는다. 레오나르도는 자신의 항공기술이 제공할 수 없는 한 가지, 즉 '새의 영혼'을 인간에게 주입하고 싶은 욕망을 그림에 표현했다. 레오나르도가 처음으로 '새의 영혼'에 대해 기록(366쪽 인용 부분)한 것은 1505년경으로 레다에 대한 데생을 최초로 그렸던 시기와 일치한다. 또한 요람에 있던 자신에게 솔개가 왔다는 어린 시절 추억을 기록했던 것도 이 무렵이었다. 솔개가 자신의 입에 꼬리를 넣었다는 야릇한 이야기는 바로 '새의 영혼' 즉 신비스런 비상의 비밀을 받아들였음을 뜻한다. 투린 코덱스에서 레오나르도는 이렇듯 자신이 비상에 대한 개

넘에 강렬하게 연루되었음을 표현했다. 전형적인 새의 모습을 노트에 스케치하는 동시에 메모를 남길 때, 문장의 주어를 '새'('만약 새가 재빨리 방향을 바꾸고 싶다면……' 등)에서 '당신'으로 바꾸었는데, 이 일반적인 주어 '당신'은 자신의 생각과 관찰을 보고 듣는 상상 속의 청중으로, 바로 레오나르도 자신이었다. 레오나르도는 자신의 상상 속에서 이미 저 공중을 날았던 것이다.

> 만약 북풍이 불어와서 당신이 바람 위로 미끄러지듯 움직이면, 그리고 똑바로 솟아오를 때 바람 때문에 뒤집힐 것 같다면, 자유롭게 오른쪽 날개나 왼쪽 날개를 구부리고, 안쪽 날개를 낮추라. 그러면 계속해서 곡선을 그리며 날게 될 것이다. ……[34]

이는 말뜻 그대로 '정신의 비상'이다. 레오나르도는 자신의 정신 속에서, 자신의 말 속에서 날고 있었다. 실제로 이 글을 밑에서 지켜보고 있는 것은 바로 빨간 분필을 사용해 그린 인간 두상 데생이다. 이 두상의 모습은 분간하기가 어렵고, 그 위에 글을 써놓았기 때문에 글자와 분리하기가 쉽지 않지만, 강인해 보이고, 코가 길고, 머리카락을 길게 드리우고 있다. 제자가 그린 레오나르도의 초상화처럼 보인다. 이는 '모나리자'와 '앙기아리'와 '레다'와 같은 위대한 작품을 남기고, 보르자, 마키아벨리, 미켈란젤로와 관계를 맺었던 시기의 레오나르도의 모습을 담은 유일한 작품이다. 이 무렵 그의 나이는 53세로, 최초로 수염을 단 모습이 등장했다.

레오나르도는 이 노트에 '바람의 저항을 정복하는' 날개에 대해 적었는데, '바람의 정복'은 큰 뜻을 품은 르네상스인으로서의 레오나르도에 대한 궁극적인 표현으로 쓰인다. 그러나 그가 꿈꾸었던 비상은 우리에게 친숙한 좀 더 평범한 비상과 아주 다르지는 않다. 그의 비상은 회피의 비상이고, 탈출의 비상이고, 우유부단의 비상이기도 했다. 의미론적으로는 하늘을 날기보다 도망가는 것을 뜻한다. 레오나르도는 20년 전, 박쥐의 데생 밑에 '한 가지 요소로부터 다른 요소로 도망가는 동물'이라고 적었다. 비상에 대한 레오나르도의 강박관념에는 존재의 불안함이 있었고, 긴장과 대립관계의 삶으로부터, 또한 전쟁 도발자와 예술 애호가, 계약 불이행자 등의 지시로부터 자유로워지고 싶은 욕망이 있었다. 레오나르도는 위대한 탈출을 언제나 동경했고, 탈출에 실패했을 때 더욱 포로가 된 느낌을 가졌다.

제 7 장

밀라노로 돌아오다
Return to M
1506~1513

눈은 뜨자마자 세상 모든 별을 본다.
정신은 순식간에 동쪽에서 서쪽으로 내닫는다.
코덱스 아틀란티쿠스, fol. 204v-a

프랑스인 총독 샤를르 당부아즈

1506년 5월 말, 공화정부는 레오나르도가 피렌체를 떠나 밀라노에 갈 수 있도록 마지못해 승인했다. 5월 30일자 공증서류에 따르면, 그는 3개월 이내에 반드시 피렌체로 돌아와야 했고, 이를 어길 경우 150플로린(florin, 옛 피렌체의 금화-옮긴이)의 벌금을 물어야 했다. 밀라노의 프랑스인 총독 샤를르 당부아즈(Charles d'Amboise)는 레오나르도를 다시 밀라노로 끌어들이고 싶어 몸이 후끈 달았다. 그러나 레오나르도가 밀라노에 가야 했던 표면적인 이유는 '암굴의 성모마리아'의 계약 조건을 둘러싼 끝없는 논쟁 때문이었다. 이 작품은 1485년 경 '원죄없는 잉태 성심회'에 인도된 이래로 계속 골칫거리였다. 1492년 경 레오나르도와 암브로지오 데 프레디스가 제출했던 진정서에 따르면, 두 화가는 여전히 작품 제작에 따른 보수를 제대로 지급받지 못했다. 원래 그림(루브르 판)은 1493년 이탈리아를 떠났는데, 아마도 루도비코 스포르자가 구입해서 막시밀리안 황제에게 주었던 것 같다. 레오나르도와 암브로지오는 성심회를 위해 대체 모사본을 제작하기 시작했다.(대부분 암브로지오가 작업했다.) 두 번째 '암굴의 성모마리아(런던 판)'가 성심회에 인도된 것은 레오나르도가 밀라노를 출발하기 전인 1499년이거나, 또는 그 후에 암브로지오가 제작해서 인도했을 것이다. 어쨌거나 암브로지오는 1503년 3월, 당시 밀라노의 실질적 통치자였던 프랑스 왕 루이 12세에게 진정서를 보내, 자신과 레오나르도가 작품 제작 보수를 받지 못했다고 불평했다. 왕은 판사에게 사건의 검토를 명령했고, 사건은 이탈리아 법정에 계류되어 3년을 지루하게 끌다가, 1506년 4월에 화가들의 패소로 판결이 내려졌다. 제단 벽의 가운데 패널이 '미완성'이라는 이유였다. 여기서 '미완성'이란 의미는 '충분히 훌륭하지 않다'는 뜻으로, 아마도 '암브로지오가 그린 부분이 지나치게 많고, 레오나르도가 그린 부분이 충분하지 않았기' 때문일 것이다. 어쨌거나 법원에서는 문제를 해결할 수 있는 주요인물로 레오나르도를 지목하면서, 2년 안에 그림을 완성하라고 명령했다.

이런 상황에 처하게 된 레오나르도는 암브로지오와 의논한 끝에, 피렌체 공화정부에 베키오 궁에서의 작업을 잠시 중단하고 밀라노에 가게 해 달라고 요청했다. 피렌체의 관리들은 레오나르도가 처한 계약상의 문제를 이해했지만, 그 이면에는 불안감이 크게 도사리고 있었다. 이 불안감은 레오나르도와 피렌체의 오래된 껄끄러운 관계에서 오는 것이었다. 거의 25년 전에 처음으로 피렌체를 떠나 밀라노에 간 이후로 레오나르도의 삶에는 많은 변화가 있었지만, 당시 밀라노행이 남긴 감정의 앙금이 여전히 존재했다. 1482년 레오나르도는 자신의 걸작인 '동방박사의 경배'를 완성하지 못하고, 방종한 동성애자라는 불명예를 뒤로 하고 피렌체를 떠났다. 1506년에는 '앙기아리 전투'에 대한 논쟁과 불신에 대한 메모를 남기는 동시에 처음으로 이 작품의 기술적인 문제에 대해 암시했으며, 또한 체체리 산에서의 시험비행이 실패로 돌아갔음을 짐작하게 하는 메모를 남겼다. 불쾌한 관계, 방치된 프로젝트, 우유부단함, 도피―문제 상황의 반복이었다.

이제 레오나르도는 다시 한 번 안도감과 해방감을 느끼며 롬바르디아에 도착했다. 그런데 이번에는 지위가 달랐다. 밀라노의 프랑스인 정복자들이 자신의 도착을 열렬히 고대하고 있었던 것이다. 레오나르도는 프랑스인들과 지속적으로 친분을 유지했던 것으로 보인다. 그는 1499년 프랑스인들이 밀라노를 휩쓸 때 그들을 우호적으로 대했고, 리그니(Ligny) 백작을 위해 일했다. 1501년에는 프랑스 신하인 플로리몽 로베르테를 위해 '실을 감는 성모'를 완성하기도 했다. 아마도 그들과의 친분은 단순히 프랑스인 후원자들이 이탈리아인 후원자들보다 자신의 작품을 훨씬 더 인정해 주었기 때문에(레오나르도 자신이 그렇게 느꼈을지 모른다.) 형성되었을 것이므로 언제라도 긴장과 불안 상태에 빠질 수 있는 뜨겁고도 냉담한 관계였을 것이다. 프랑스인들이 레오나르도 작품의 가치를 인정한 일례로, 루이 왕은 '최후의 만찬'을 뜯어내서 프랑스로 가져가고 싶어 했다. 그러나 바사리는 담담하게 이렇게 기록했다. '하지만 작품이 벽에 그려져 있었기 때문에 왕은 자신의 욕망을 꺾어야 했다. 그래서 그 작품은 계속 밀라노에 남아 있을 수 있었다.'

레오나르도는 밀라노 총독인 샤를르 당부아즈의 따뜻한 환대를 받았다. 당부아즈는 당시 33세였는데, 안드레아 솔라리오(Andrea Solario)가 그의 초상화를 그린 시기도 이 무렵이었다. 초상화를 보면 정면을 향한 얼굴이 지적이고, 커다란 코가 눈에 띈다. 그는 레오나르도의 열렬한 숭배자로 몇 달 후에 기분이 한껏 들떠 이런 글을 남겼다. '우리는 그를 직접 만나기 전부터 그를 사랑했습니다. 그리고 지금은 그와 함께 지내고 있습니다. 그의 다양한 재능을 직접 겪었기 때문에, 그가 이미 그림으로 유명해지기는 했으나 특이한 힘을 발휘하는 자신의 많은 다른 재능에 합당할 만한 칭송을 아직도 충분히 받지 못하고 있다고 분명하게 말할 수 있습니다.'[1]

레오나르도는 궁전에 머물면서 총독의 정중한 대우를 받았다. 그러나 이곳은 스포르자 궁정에서 보냈던 세월을 기억나게 하는 곳이

샤를르 당부아즈의 초상화. 안드레아 솔라리오 작품. 루브르 박물관

었다. 그는 나중에 편지를 써서 '더 이상 총독에게 폐를 끼치고 싶지 않으니' 도시 안에 숙소를 마련해 달라고 요청했다.[2] 이는 아마도 총독에게 지나치게 숙식을 의지하지 않으려는 의도로 보인다. 또한 레오나르도는 언제나 자신만의 공간이 필요했다.

당부아즈는 포르타 베네치아 외곽에 여름 별장을 지을 커다란 새 프로젝트를 구상했다. 이곳은 자그마한 두 강 사이에 위치한 곳으로 자연 속에 경쾌한 전원의 분위기가 묻어 있었다. 기둥으로 받친 지붕 달린 현관, 한쪽만 벽이 있는 복도, 호화로운 분위기를 풍기는 정원과 이를 향해 있는 통풍이 잘 되는 커다란 방 등 레오나르도의 메모와 스케치 등은 모두 집주인을 즐겁고 기쁘게 만들려는 노력에 초점을 맞추었다. 층계는 지나치게 '침울'해서는 안 되었다. 즉 지나치게 가파르거나 어두워서는 안 되었다. 레오나르도는 향긋한 냄새를 풍기는 오렌지나무와 레몬나무가 무성한 아라비안나이트의 정원을 구상했다. 그곳의 정자를 예쁜 구리 둥지로 덮어 지지배배 우는 새를 항상 볼 수 있게 하고, 시냇물은 졸졸 소리를 내며 풀이 무성한 둑을 흘러내리는데 '물이 맑아 자갈돌 바닥이 그대로 보인다. 그리고 물냉이를 비롯한 식물은 물고기의 식량으로 남겨두어야 한다.' 물에 풀어 놓을 물고기는 물을 진흙투성이로 만드는 뱀장어나

잉어여서는 안 되고, 다른 물고기를 잡아먹는 농어 등도 안 되었다. 작은 운하가 테이블 사이를 흐르면서 와인 병을 시원하게 만든다. 정원에서 눈에 띄는 작품은 물로 동력을 제공받아 움직이는 작은 물방아이다.

나는 이 물방아를 가지고 여름 동안 내내 산들바람을 만들 것이다. 그리고 기운차게 거품이 일 정도로 물을 뿜게 만들 것이다. …… 물방아를 사용해서 집 전체를 감아 흐르는 수도관을 만들고, 이곳저곳에 분수를 만들고, 사람들이 지나갈 때마다 물이 밑에서 솟아오르는 길을 만들 것이다. 그렇게 하면 여성들에게 물을 뿌리고 싶어 하는 사람들에게 좋은 장소가 될 것이다. …… 또한 물방아가 도는 한, 다양한 기구로부터 음악이 계속 흘러나올 수 있도록 하겠다.[3]

레오나르도가 당부아즈의 빌라와 정원에 대해 마음속에 그렸던 계획은 단지 스케치와 메모로만 남아 있지만, 매우 정교하고 세밀하며 우아하다. 그러나 흐르는 시냇물에 시원해진 와인, 여름 드레스를 입은 여성에게 뿌려지는 물, 자그마한 동굴 위로 계속해서 흐르는 물소리 등 순수한 쾌락의 분위기 속에는, 다른 것과 마찬가지로 이런 쾌락 역시 결국 고통을 가져오리라는 불길한 예감이 희미하게 깃들어 있다. 레오나르도의 독창적인 생각은 아니지만 이런 생각은 항상 그의 마음속을 떠나지 않았던 것 같다. 그의 '쾌락과 고통의 우화'가 여기서 다시 한 번 모습을 드러낸다. 감각적인 쾌락은 결국 파멸을 가져오고, 인간은 육체의 유혹이라는 바위에 부딪쳐 산산이 부서진다.

레오나르도는 3개월 내로 피렌체에 다시 돌아가 미완성인 '앙기아리 전투'를 완성하기로 약속했지만, 이제 돌아가고 싶지 않았고, 그의 새 후원자 또한 그를 보내고 싶어 하지 않았다. 8월 18일 당부아즈는 공화정부에 공손한 편지를 써서 '우리가 요청한 일을 할 수 있도록' 레오나르도에게 한 달의 여유를 더 달라고 요청했다. 8월 28일 공화정부는 이를 승인하는 내용의 답장을 보냈다. 원해서라기보다는 프랑스가 워낙 강력한 동맹국이라 레오나르도를 둘러싸고 사이가 벌어져서는 안 되었기 때문이었을 것이다.

약속한 날짜가 지났지만 레오나르도는 피렌체로 돌아오지 않았다. 10월 9일 소데리니(Soderini)는 당부아즈에게 개인적으로 편지를 보내, '구실을 제공한' 당부아즈에게 화를 냈고, 도망을 친 화가에게는 더더욱 화를 냈다.

> 레오나르도는 …… 공화국에 대해 마땅히 해야 할 일을 이행하지 않았습니다. 그는 거액의 돈을 받았으면서도 의뢰받은 대작을 겨우 시작만 해놓았을 따름입니다. 그가 귀하의 일을 하고 있지만 저희에게는 채무자인 셈입니다. 저희는 이 문제에 대해 더 이상의 어떤 요청도 하고 싶지 않습니다. 이 위대한 작업은 저희 시민 모두를 위한 것이기 때문에 계속해서 그를 의무로부터 방치한다면 저희로서는 직무를 유기한 셈이 될 겁니다.

편지의 어조로 판단해 볼 때, 레오나르도와 소데리니 사이의 반감의 골은 깊었다. 레오나르도는 자신을 향한 비판이 정당하다고 생각했겠지만, 편지는 구구절절 레오나르도를 분개하게 만들도록 계산된 것이었다.

편지에 대해 아무런 대꾸도 하지 않던 당부아즈는 12월 16일자로 소데리니에게 편지를 써서, 레오나르도가 돌아가는 것을 방해하지는 않겠다고 말하면서, 한편으로 공화국 장관을 비난하고, 레오나르도의 특별한 천재성을 수용하지 못하는 그들의 무능함에 일침을 가했다. 바로 이 무렵 프랑스 대사인 프란체스코 판돌피니가 루이 왕에게 '실을 감는 성모'를 보여주었고, 왕은 레오나르도가 밀라노에 남아 자신을 위해 그림을 그려 주기를 희망한다는 뜻을 피렌체 공화정부에 전달했다.

프랑스 국왕의 공식서한은 그 무렵 발생했던 미묘한 줄다리기에 결정적인 힘으로 작용해서, 1507년 1월 22일 피렌체 공화정부는 국왕의 '정중한 요청'을 받아들였다. 괴로운 여운을 남기기는 했지만 여하튼 레오나르도의 승리였다. 다음 몇 달 동안 레오나르도는 몹시 바빴다. 이 시기부터 밀라노 외곽에 위치한 기적의 샘터에 건립될 예정인 산타 마리아 델라 폰타나(Santa Maria della Fontana)의 도안 작업을 했다. 이 교회는 미완성인 상태로 남아 있다. 55번째 생일이 며칠 지난 4월 20일 레오나르도는 당부아즈로부터 선물을 받았다. 1500년에 프랑스가 밀라노를 점령한 후 몰수했던 포도밭의 소유권을 공식적으로 회복시켜 주는 문서였다.

그 사이, 1506년 4월에 '미완성'이라는 판결이 내려졌던 '암굴의 성모마리아'에 대해 또 다른 법원의 결정이 내려졌다. 성심회 측이 200리라의 조정비를 화가들에게 지불해야 한다는 명령이었다. 화가들이 원래 요구했던 금액에는 훨씬 못 미치지만, 성심회가 제안한 100리라보다는 많았다. 돈이 지불되면 작업을 진행했을 테지만, 당시 그림이 어떤 상태였는지, 어떤 작업을 했는지는 현재 알 수 없다. 1507년 여름에 이르러서는 레오나르도와 암브로지오 데 프레디스 사이에 알력이 있었던 것 같다. 8월 초, 두 사람의 의견 대립을 해결하기 위해 조정자가 임명되기에 이르렀다. 추측컨대, 이 무렵에 그림이 완성되어 두 사람은 보수 분배를 둘러싸고 다툼을 벌였을 가능성이 있다. 어쨌거나 다툼은 해결된 것으로 보이고, 성심회 측은 1507년 8월 26일 화가들에게 조정비의 반을 지불했다.

프란체스코 멜찌

1507년 여름, 레오나르도는 피렌체에 일시적으로 돌아가기 전에 프란체스코 멜찌(Francesco Melzi)라는 젊은 밀라노 귀족을 만났다. 레오나르도는 후에 훌륭한 데생 실력을 갖춘 화가가 되는 멜찌를 제자로 받아들였지만, 당시 상황으로 판단해 볼 때, 고용의 실제적인 목적은 예술적인 측면보다는 실용적인 측면이 강했다. 멜찌는 레오나르도의 비서 또는 서기의 역할을 했고, 레오나르도가 사망한 후에는 그의 유저관리자(遺著管理者)가 되어 레오나르도가 피웠던 불길의 수호자가 되었다. 레오나르도가 남긴 문서 곳곳에 흩어져 있는 멜찌의 우아한 이탤릭체 원고는 레오나르도의 구술 내용을 받아 적은 것으로, 레오나르도의 원고가 그토록 많이 현존하는 데 대해 우리가 감사해야 할 사람은 바로 멜찌이다.

조반니 프란체스코 멜찌는 좋은 혈통으로 태어났고 훌륭한 교육을 받았지만, 아버지는 그다지 부유하지 못했다. 아버지인 지롤라모 멜찌(Girolamo Melzi)는 루이 12세 휘하에서 밀라노 군대 대장으로 복무했고, 훨씬 후에는 도시 성벽의 재건축과 확장 공사에 기술자로 관여했다. 그는 기술을 갖춘 지방 귀족이었다. 프란체스코 멜찌는

1492년 또는 1493년에 출생했고, 레오나르도의 눈에 띈 것은 14세 무렵이었다. 윈저에 소장된 작품 중에서 레오나르도 데생의 모사본을 보면 멜찌의 꼼꼼한 솜씨의 흔적을 찾아볼 수 있다. 붉은 분필을 사용해서 레오나르도의 옆모습을 그린 아름다운 초상화의 주인공은 멜찌인 것이 거의 확실하다. 두 가지 형태의 초상화가 윈저와 암브로시아나에 각각 소장되어 있는데 윈저 소장품(컬러삽화 15)은 레오나르도의 가필을 거쳤다.

바사리는 1566년 밀라노를 방문했을 때 나이 지긋한 멜찌를 만나고 나서 1568년 판 『미술가 열전』에 이렇게 썼다.

> 인간 해부에 관한 레오나르도의 원고 중 많은 분량은 밀라노 신사인 프란체스코 멜찌의 수중에 있다. 오늘날도 수려한 외모를 갖춘 예의 바른 노인인 것처럼, 그는 레오나르도가 활동할 당시 매우 아름다운 소년이면서 레오나르도의 총애를 받았다. 그는 레오나르도에 대한 행복한 추억을 담은 초상화와 함께 레오나르도의 유품인 원고를 소중하게 여기고 보존한다.

바사리가 멜찌를 묘사할 때 사용한 표현은 살라이를 묘사할 때 사용한 표현과 같다. 하지만, 반드시 동성애적인 사랑을 나타낸다고는 할 수 없다. 멜찌는 레오나르도가 사망한 후에 이성과 사랑을 했고, 밀라노 최고의 미인이라는 평판을 들었던 귀족 출신 여인과 결혼해서 슬하에 8명의 자녀를 두었다.

멜찌가 어떤 외모를 지녔는지는 확실하지 않다. 레오나르도가 멜찌를 모델로 그림을 그렸을 가능성도 있지만 살라이만큼 상습적으로 그리지는 않았다. 피에트로 마라니(Pietro Marani)는 멜찌의 1550년대

프란체스코 멜찌의 '앵무새와 함께 있는 청년의 초상'. 자화상으로 추정. 개인 소장

작품인 '앵무새와 함께 있는 청년의 초상(Portrait of a Young Man with a Parrot)'이 멜찌의 젊은 시절 자화상이라는 주장을 제기하였다. 이 초상화는 우울하고 그리움에 젖어 있는 것 같은 분위기를 풍긴다.

1508년 초, 멜찌는 이미 레오나르도 무리 가운데 중요한 위치를 차지해서, 제자의 목록에도 살라이, 로렌조, 기타 인물 등과 나란히 등장했다. 1513년에는 레오나르도와 함께 런던을 여행했고, 그런 다음 프랑스를 여행했는데, 프랑스에서 노년의 대가에게 더더욱 필요한 존재로 부각되었다. 단지 레오나르도의 '하인' 수준의 급여를 받던 살라이와는 달리 멜찌는 상당한 급여를 받았다. 멜찌는 신중하고 효율적이었을 뿐만 아니라 재능을 갖추었고 헌신적으로 일했기 때문에 완벽한 비서로서 레오나르도의 사랑을 받았다. 그는 성가신 살라이보다 더 많은 학식을 갖추었으면서 복잡함은 덜한 인물로 외로운 레오나르도에게 지적인 동료가 되어 주었다.

형제 사이의 다툼

레오나르도가 다시 피렌체로 가야 했던 것은 1507년 초 삼촌인 프란체스코가 사망했기 때문이었다. 하지만 보다 정확하게는 삼촌의 유언 때문이었다. 유언장은 아버지인 세르 피에로가 죽은 직후인 1504년에 작성되었고, 레오나르도를 유일한 상속자로 지목하고 있었다. 이는 레오나르도의 아버지가 상속에서 레오나르도를 완전히 배제한 데 따른 조치인 것이 틀림없었다. 레오나르도는 어렸을 때, 태평한 성격의 소유자로 지방에 거주했던 젊은 프란체스코 삼촌과 늘 친밀한 관계를 유지했다. 그러나 유언장이 프란체스코 소유의 부동산을 세르 피에로의 적출자들에게 유증(遺贈)한다고 한 과거 협의 사항에 위배된다는 이유로, 새로운 세대를 대표하는 세르 줄리아노 다 빈치(Ser Giuliano da Vinci)는 신속하게 유언에 반대하는 행동을 취했다. 레오나르도의 제자인 로렌조가 7월 5일에 자신의 어머니에게 편지를 써, 곧 스승과 함께 피렌체에 갈 예정이지만 바로 밀라노로 돌아가야 하기 때문에 오래 머물지 못할 것이라 했던 것으로 미루어 레오나르도가 형제들의 유언장 번복 움직임에 대한 소식을 접한 것은 1507년 6월이었을 것이다.

레오나르도는 최소한 8월 중순까지는 밀라노에 있었다. 7월 26일에는 형제들을 상대하기 위한 비장의 카드를 준비했다. 비장의 카드란 바로 공화정부에 보내는 편지로 레오나르도에게 유리하도록 중재해 달라는 내용에 프랑스 국왕이 서명한 것이었다. 또한 8월 15일에는 당부아즈가 공화정부에 편지를 보내, 레오나르도가 '자신과 다른 형제와의 견해 차이에서 발생한 문제를 매듭짓기 위해' 곧 피렌체로 돌아가리라는 사실을 알리면서, 문제를 가능한 한 신속하게 해결해

줄 것을 요청했다. 레오나르도는 당시 '왕이 매우 소중하게 생각하는 그림'을 그리고 있었기 때문에 그의 출발에 대한 승인은 '매우 아쉬워하며 내린 결정'이었다. 당시 레오나르도가 작업하고 있던 작품은 아마도 그가 1508년 초 한 편지에서 언급했던 '우리의 매우 기독교적인 왕을 위해 완성한 서로 다른 크기의 성모마리아 두 점'일 것이다. 그 중 하나는 후에 프랑스 왕궁 컬렉션 목록에 수록되었던 '레다'일 가능성이 있다.

레오나르도가 생전에 썼던 편지는 거의 대부분 그가 남긴 노트 사이에 초안의 형태로만 남아 있다. 한 편지 초안을 통해 레오나르도와 이복형제 사이의 신랄한 관계를 알 수 있다. 레오나르도는 이복형제들이 '프란체스코가 살아 있는 동안에는 그에게 극도의 불행이 초래되기를 바랐고', 레오나르도 자신을 '형제가 아닌 완전히 남으로' 대했다고 말했다.[4] 논쟁의 일부는 프란체스코가 레오나르도에게 유산으로 남긴 일 보트로(Il Botro)라는 이름의 재산과 관련이 있었다. 레오나르도는 한 편지에서 프란체스코 삼촌에게 일 보트로를 매입하거나 개발할 수 있도록 돈을 빌려주었다는 사실을 암시했다. 코덱스 아룬델에 수록된 메모 목록을 보면 '일 보트로의 시세' 항목이 있다.[5]

레오나르도는 이폴리토 데스테(Ippolito d'Este)에게 보내는 편지에서, 1507년 11월이면 사건이 해결되리라 말했다. 그러나 사건은 해결되지 못했고, 1508년 초 찰스 당부아즈에게 보낸 편지에서 레오나르도는 '내 형제들과의 소송이 거의 막바지에 도달했습니다. 이번 부활절이면 귀하 곁으로 갈 수 있을 겁니다.'[6]라고 밝혔다. 1508년의 부활절은 4월 23일이었다. 소송의 종결 여부와는 관계없이 레오나르도가 이 무렵 밀라노로 돌아갔을 가능성이 있다. 소송에 대해 언급한 이후 편지가 모두 멜찌의 필체로 작성된 것으로 보아 당시 레오나르도는 밀라노에 도착해 있었던 것이다.

피렌체에 있는 동안 레오나르도와 살라이(아마도 로렌조도 함께)는 부유하고 지적인 예술 후원자이자 유명한 수학자인 동시에 언어학자였던 피에로 디 브라치오 마르텔리(Piero di Braccio Martelli)의 집에 머물렀다. 그곳에 머물렀던 손님들 중에는 조각가인 조반니 프란체스코 루스티치(Giovanni Francesco Rustici)가 있었다. 그의 나이는 30세 정도로 레오나르도 나이의 절반이 약간 넘었다. 바사리에 따르면 그는 재능 있는 조각가일 뿐만 아니라 '아마추어 연금술사였고, 때때로 마법사'이기도 했다. 바사리는 루스티치의 작업실을 이렇게 묘사했다. 그의 작업실은 '마치 노아의 방주처럼 보였다. …… 독수리가 있었고, 사람처럼 말을 할 수 있는 까마귀가 있었고, 뱀과 두더지가 있었다. 특히 두더지는 개처럼 훈련을 받아 테이블 밑에서 사람의 다리를 찌르는 못된 습성을 가졌다.'

조반니 루스티치의 '성 요한'. 피렌체의 세례당에 위치

바사리에 따르면, 레오나르도와 루스티치의 우정은 조각 군상(群像)인 '레위인과 바리새인에게 설교하는 성 요한(St John Preaching to a Levite and a Pharisee)'으로 결실을 맺었다. 이 조각 군상은 두오모 반대편 세례당의 동쪽 문 위에 있다. '루스티치는 늘 군상의 제작에 몰두했고, 레오나르도를 제외하고는 아무도 가까이 오지 못하게 했

다.' 루스티치가 장인의 솜씨로 제작한 성 요한은 레오나르도 특유의, 손으로 하늘을 가리키는 모습을 하고 있다.

소송이 긴 휴정에 들어간 동안 레오나르도는 마르텔리 성에 묵으면서 원고를 구성하기 시작했는데, 그 첫 장에 이런 기록을 남겼다.

1508년 3월 22일, 피렌체 소재 피에트로 디 브라치오 마르텔리 저택에서.
이것은 그동안 순서 없이 기록했던 수많은 문서를 묶은 책이 될 것이다. 나는 이 문서들이 주제에 따라 질서정연하게 엮이기를 희망한다.

이 책이 코덱스 아룬델이다. 코덱스 아룬델은 그 자체로는 질서정연하게 '엮은 책'이 아니다. 아마도 1590년대에 폼페오 레오니(Pompeo Leoni)가 엮어 지금에 이르렀을 현 상태로 보면 매우 잡다하다. 단지 처음 30장 정도만이 위의 언급처럼 '엮은 책'에 속해서, 종이, 잉크, 필체 등에 일관성이 있고, 주로 물리학 및 기계학과 관련된 주제를 다루었다. 이 부분은 1508년 봄, 비슷한 시기에 기록된 것으로 추정된다. 그런데 레오나르도는 책을 엮는 작업을 시작하려는 찰나에 갑자기 자기 원고를 조직하고 분류하는 일에 위압감을 느꼈다.

이 일을 완성하기도 전에 같은 과정을 여러 번 반복할까 봐 겁이 난다. 주제가 많고 모두 기억에 담을 수 없으므로 '내가 이미 이것을 기록했으니까 쓰지 않겠다.'라고 말할 수 없기 때문이다. 그러니 독자들은 이런 문제로 나를 책망하지 않기를 바란다. 기록한 것을 반

복해서 기록하지 않으려면, 이미 기록한 것을 모두 읽어볼 필요가 있다.[7]

그는 산타 마리아 누오바와 마르텔리 궁의 책상 위에 첩첩이 쌓여 있는 원고를 어떻게 처리해야 할지 난감했다. 귀중한 자원이기는 했지만 무질서 상태 그 자체였기 때문이다. 코덱스 아틀란티쿠스의 메모를 보면 그렇게 쌓여 있는 원고가 얼마나 사라지기 쉽고 손상을 입기 쉬웠는지 짐작할 수 있다. '여기 모든 원고를 내일 훑어보고 베낀 후에, 베낀 것을 원본과 분리시켜 피렌체에 남겨 두어야 한다. 그래야 가지고 다니는 원고가 사라지는 경우에도 원래 발명은 사라지지 않을 것이다.'[8]

그는 20년간의 연구가 맺은 결실의 거대한 소용돌이 속에 파묻혀 곧 탈진해 버릴 것 같은 느낌이 들었다. 하지만 이 원고 더미를 가지고 혼자 씨름할 필요가 사라졌다. 방대한 양의 원고를 분류하고 필사하는 작업을 도와줄 일손이 생겼기 때문이다. 바로 젊은 멜찌였다.

또한 이 시기에 레오나르도는 코덱스 레스터(Codex Leicester, 18세기 소유주였던 레스터 백작, 토머스 코크의 이름을 땄고, 현재 소유주는 마이크로소프트의 빌 게이츠이다.)를 엮는 작업을 했다. 코덱스 레스터는 레오나르도가 남긴 노트 중에서 가장 통일성이 있다. 필체는 작고 내용이 잘 정돈되어 있으며, 여백에 빼곡히 비좁게 그려진 데생에는 방대한 영역이 도사리고 있다. 코덱스 레스터를 엮는 데 중점이 되었던 관심사는 오늘날 지구 물리학이라 불리는 분야로, 세계의 근본적인 물리적 구조를 조사하고, 대우주를 해부하고, 지구에 존재하는 기계의 움직이는 부분을 분해했다. 레오나르도는 이런 과정을 통해 중력, 운동력, 진동 등과 같은 순수 물리학의 영역으로 들어갔고, 화석이

성경에 등장하는 홍수의 잔재라는 기독교 정통파의 주장에 의연하게 반대의 입장을 표명하면서 화석 연구를 시작했다. 그러나 특히 심혈을 기울여 연구했던 분야는 물이었다. 물의 형성과 힘, 조수와 흐름, 지구의 대기와 침식, 지질에 미치는 물의 영향을 연구했고, '모나리자'의 유명한 풍경 속에 시적으로 표현해 넣었다. 태양과 달에 대한 놀라운 내용을 담은 원고 또한 포함되어 있다. 레오나르도는 달의 냉광현상(물질이 외부 에너지를 흡수하여 열없이 빛을 내는 현상—옮긴이)에 호기심을 품었다. 그렇다면 달은 수정이나 반암(斑岩)과 같은 밝은 반사물질로 구성되었을까? 아니면 표면이 잔물결을 일으키는 물로 이루어졌을까? 달의 위상(位相)이 지구의 그림자에 의해 형성된다면, 초승달 모양일 때도 달의 나머지 부분이 희미하게 보이는 이유는 무엇일까?[9] (마지막 의문의 경우에는 이 2차적인 빛이 지구로부터 반사된 것이라는 점을 정확하게 유추해 냈다.)

코덱스 레스터는 현대 과학의 중심을 흔들 만한 작품은 아니다. 소우주적인 조화와 기초적인 기하학적 균형을 추구한 것으로 보아도 노트에 기록된 우주론은 다분히 중세적이다. 가장 유명한 구절은 지구와 인간의 신체를 시적으로 유추한 글이다.

> 지구에는 성장의 정신이 있다. 지구의 살은 토양이고, 뼈는 암석층이고, 연골은 석회화(石灰華)이고, 혈관을 흐르는 피는 물이다. 심장을 둘러싸고 흐르는 피의 호수는 해양이다. 피가 증가하고 감소하면서 심장이 호흡하는 것은 지구에서 일어나는 해양의 썰물과 밀물 같다.[10]

이런 측면에서 볼 때 코덱스는 과학적이라기보다 철학적이라 말할 수 있지만, 계속적인 정밀조사를 바탕으로 이루어진 철학이다. 공상적인 내용과 실용적인 내용 사이에는 전형적으로 레오나르도다운 조화가 언제나 존재한다. 두 요소가 항상 상호작용하는 것이다. 레오나르도는 '경험'의 틀로 고대 우주론을 시험하려 무던히 애썼다. 그는 식물 잎에 떨어지는 이슬방울의 표면장력을 연구함으로써 아리스토텔레스가 우주를 둘러싸고 있다고 주장한 '물의 성질을 가진 천구(天球)'에 대해 더 많은 것을 배울 수 있었다.(아리스토텔레스는 우주의 중심에 지구가 있고, 행성과 별은 수정으로 된 천구에 박혀 지구를 중심으로 회전한다고 주장했다.―옮긴이)

그는 물의 흐름과 지구의 퇴적현상을 관찰할 목적으로 옆면에 유리를 댄 탱크를 만들었고, 대기의 영향을 연구하기 위해 몬테로사 산 정상에 올라가 관찰했다.

하지만 코덱스에는 정작 원고를 구성하는 문제에 이르러 레오나르도가 어찌할 바를 몰라 했다는 사실 또한 드러난다. 파급효과에 대해 묘사하던 도중에는 이런 기록을 남기기도 했다.

> 이 점을 여기서 입증하지는 않을 것이다. 이는 좀 더 질서정연한 작업 때 이루어질 것이다. 현재 나의 관심사는 주변에서 발생하는 주제와 발명을 찾는 것이다. 이를 순서대로 늘어놓고, 종류별로 통합하는 것은 나중에 할 작업이다. 그러므로 내가 여기서 한 주제에서 다른 주제로 건너뛰더라도 독자들은 의아해하거나 나를 비웃지 마라.[11]

이 기록의 다음 장에도 똑같은 종류의 이야기가 등장한다. '다소 적절하지 않아 보이지만, 물에 대해 발견한 점을 여기에 설명하겠다.

그리고 후에 모든 원고를 순서대로 엮을 것이다.' 레오나르도는, 조르조 니코데미(Giorgio Nicodemi)가 말했듯이 '차분하고 정확한 사고 습관'을 통한 명확한 내용을 원고에 주입했다. 하지만 용어상의 정의가 충분히 이루어지지 않았고, 미완성인 상태로 기록되었다. 레오나르도가 기록했던 모든 내용은 그가 끝끝내 이루지 못했던 '질서정연하고 완벽한 작업'을 위한 잠정적이고 개략적인 초고였다.

해부

1508년 초 몇 달 동안 레오나르도는 소송과 필사, 여러 사건, 편지 등으로 분주했다. 작업실에 원고가 쌓이면서 그의 몸은 더욱 꼬부라졌다. 어깨는 더욱 움츠러들었고, 나빠지는 시력으로 괴로워했다. 수염은 허옇게 변해 갔다. 그런 중에도 예술 활동은 계속했다. 기록은 남아 있지 않지만, 이 무렵 레오나르도는 루이 국왕을 위한 '크기가 다른 두 점의 성모마리아' 그림, 끝날 줄 모르고 계속되는 '모나리자'를 위한 작업, 세례당에 설치될 루스티치의 조각 군상을 위한 자문, '앙기아리 전투'의 마지막 손질 등에 매달렸을 것이다.

그러나 피렌체에 머물렀던 마지막 몇 달 동안 레오나르도가 수행했던 가장 중요한 활동은 펜이나 붓이 아닌, 해부용 메스를 사용한 것이었다. 1507년 말 또는 1508년 초에 남긴 유명한 메모에는 한 노인의 시체를 해부한 기록이 남아 있다.

이 노인은 사망하기 불과 몇 시간 전에 자신이 100년을 넘게 살았고, 몸이 쇠약해진 것 외에는 어떤 신체적 결함도 느끼지 못한다고 말했다. 노인은 피렌체의 산타 마리아 누오바 병원의 병상에 앉아서, 미동도 하지 않고, 고통을 받은 흔적도 없이, 이승을 떠났다. 나는 그토록 편안한 죽음의 원인을 밝히기 위해 해부를 했다.

같은 시기에 레오나르도는 2살짜리 아이의 시체를 해부하고 나서, '아이를 해부한 결과 모든 것이 노인과 반대된다는 사실을 깨달았다.'고 기록했다.[12]

그의 당면 관심은 혈관계에 집중되었다. 겉으로 드러난 팔의 정맥을 그린 데생 옆에는 '노인'과 '소년'의 정맥과 동맥 사이의 차이점을 기록했다. 그는 노인의 사망 원인을 '심장과 하부기관을 도는 동맥에 혈액이 부족함에 따라 몸이 쇠약해졌기 때문'으로 추정했다. 노인의 '동맥은 매우 건조하고, 얇고, 시들었으며, 혈관의 벽이 두꺼운 데다가 길어지면서 뱀처럼 서로 꼬였다.' 또한 간은 적절한 혈액 공급이 되지 않아서 '색깔과 내용물이 마치 굳은 왕겨마냥 바싹 말랐다.' 매우 늙은 사람의 피부는 '거의 영양분이 고갈되었기 때문에 나무나 마른 밤 색깔을 띤다.'

레오나르도는 1480년대 말 초기해부에서 '감각의 합류점'과 '생명이 깃든 영혼'의 교통, 기타 전통적인 중세적 가설 등에 관심을 기울이며 극히 추상적인 용어를 사용했던 것과는 대조적으로, 뱀, 왕겨, 나무, 밤 등과 같이 조직을 매우 실용적으로 묘사하는 언어를 사용했다. 추상적인 개념을 버린 예는 1508년 후반 광학에 대해 작성한 소책자(현재의 파리 MS D)에서도 찾아볼 수 있는데, 여기서는 눈의 순수하게 수용적인 본질을 강조하고, 눈에서 발산하는 보이지 않거나 '영적인' 빛의 부재(不在)를 역설했다. 레오나르도가 즐겨 말했듯이 눈은 '영혼의 창문'이기도 하지만, 각 부분을 분리해서 이해해야 하

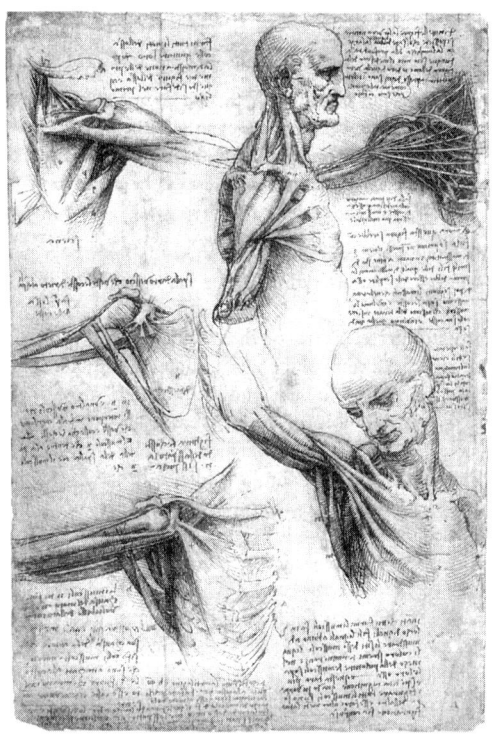
레오나르도, 어깨와 목의 해부. 1508~10년. 윈저성 왕립도서관

는 소형 기관이기도 했다.

같은 시기인 1508~1509년에는 돼지의 것으로 보이는 폐와 복부 기관을 식물과의 유사성에 초점을 맞추어 보여주는 아름다운 그림[13]을 그렸다. 여기에서 레오나르도는 표면의 세부묘사와 내부 투시를 겸할 수 있는 도식상의 기술을 추구했는데, 이를 통해 그가 해부 모형을 제시하는 방법을 두고 고민했음을 알 수 있다.

또한 이 시기부터 등장하는 유명한 데생에는 여성의 확대된 외음부를 그린 데생[14]이 있다. 다산(多産) 여성이나 출산 후 여성의 것이

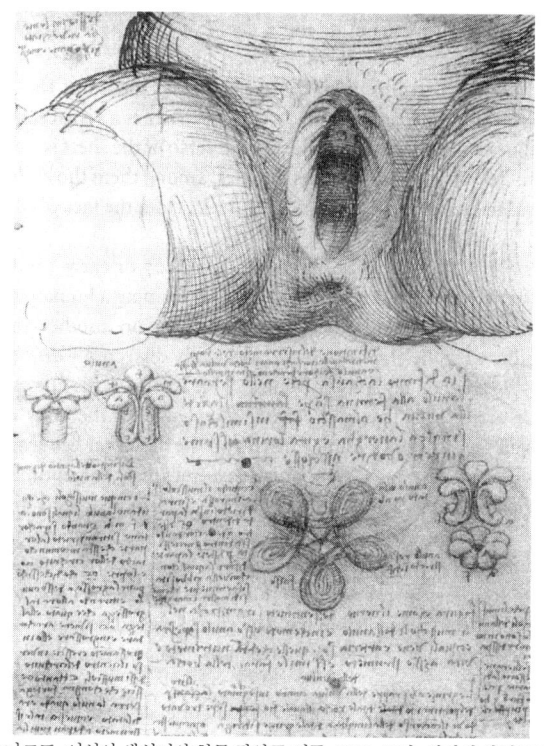

레오나르도, 여성의 생식기와 항문 괄약근 연구, 1508~09년, 윈저성 왕립도서관

기는 하지만 비현실적으로 움푹 꺼진 모습의 생식기이다. 나는 이렇듯 이상스레 과장된 생식기의 모습을 레오나르도 초기 작품에 등장하는 '동굴'과 연결하고 싶은 유혹을 느낀다. 또한 '위협적인 어두운 동굴' 속을 들여다볼 때 느끼는 그의 두려움은 부분적으로는 여성의 성적 특질이 가진 신비에 무의식적으로 대립하는 것이라 생각한다. 프로이트적인 해석에 따르면 동굴 내부에서 볼 수 있을지도 모르는 '놀라운 것'은 출산과 출생의 신비이다. 그러나 레오나르도는 데생 밑에 기록한 메모에서, 좀 더 함축성 있는 은유에 만족감을

표현했다. '외음부의 오목한 곳에 있는 주름이나 융기 부분은 성(城)으로 말하자면 문지기의 위치이다.' 여성의 성을 집요한 남성에 의해 포위되고 파괴되는 '성'이나 '성채'로 보는 것은 연애시에 흔히 등장하는 이미지였다.

이와 관련된 종이[15]에는 선 자세로 임신 초기의 자궁을 보여주는 임산부, 남성과 여성의 생식기, 작은 태아가 들어 있는 소의 자궁, 소의 태반 등의 데생이 포함되어 있다. 생식에 대한 연구는 '레다'의 출산에 얽힌 주제와 연결되는 것 같다. 종이의 뒷면에는 '모나리자'의 입과 입의 근육에 대한 연구 결과가 기록되어 있다.

1507년 말이나 1508년 초에 기록된 '노인'에 대한 메모는 레오나르도가 인체를 해부했다는 사실을 분명하게 드러낸다. 하지만 1508년으로 날짜가 적힌 또 다른 해부 관련 메모[16]에서 자신이 개인적으로 '10구 이상의 인체를 해부했다.'고 주장한 것으로 보아 그 전에도 사람을 해부했을 것이다. 그는 해부용 메스를 다루는 자신의 솜씨를 자랑했다. 그는 인체의 '정맥'에 대한 '진실 되고 완벽한 지식'에 도달하기 위해, '거의 인지할 수 없을 만큼의 모세혈관 출혈을 제외하고는 피를 전혀 흘리지 않고 정맥을 둘러싸고 있는 모든 미소한 살'을 제거했다. 또한 그는 냉동 기술이 발달하지 않았던 시대에 발생했던 해부 과정상의 문제점을 기록했다. '시체 한 구가 오래 갈 수 없기 때문에, 정맥에 대한 완벽한 지식을 구하려면 연속으로 여러 구의 시체를 사용할 필요가 있었다. 나는 변화를 관찰하기 위해 이 과정을 두 번 되풀이했다.' 그런 후에 해부 작업의 어려움과 공포를 묘사했다. '미래의 해부학자들은 아마도 구역질 때문에 그만두게 될 것이다.'

레오나르도는 '노인'과 '소년'의 해부처럼, 산타 마리아 누오바의 병원에서 몇 번의 해부를 했던 것이 분명하다. 하지만 그곳에서만 해부를 한 것은 아니었다. 그는 '사지가 잘려나가고, 피부 껍질이 벗겨져 있는 보기에 끔찍한 시체와 함께 밤을 보내는 데 두려움'을 느꼈다고 말했다. 어느 정도 과장을 했을 수도 있지만, 여하튼 자신의 숙소나 작업실에서도 해부를 했다는 의미가 된다.

해부는 여전히 논쟁의 대상이었다. 비록 허가를 받아 실시되었지만 여전히 미덥지 못한 활동으로 간주되었고, 이를 둘러싸고 뒷말과 미신이 끊이지 않았다. 교수형 당한 시체를 자주 해부하는 데 사용했던 것 또한 동요를 불러일으키는 원인이 되었다.

후에 로마에서는 레오나르도의 인체 연구가 교회와 갈등을 빚는 원인이 되었고, 레오나르도의 행동을 교황에게 보고하는 세력 때문에 그의 해부 활동은 방해를 받았다. 이런 방해공작은 반종교개혁(Counter Reformation)으로 말미암아 더욱 드세졌다. 50여 년 후, 위대한 벨기에 해부학자이자 『인체의 구조』(1543) 저자인 안드레아스 베살리우스(Andreas Vesalius)는 종교재판소의 결정으로 '시체 절도'와 해부라는 죄목에 의해 사형을 언도받았다. 형량은 예루살렘으로의 추방으로 감형되었지만, 그는 돌아오는 길에 50세의 나이로 사망했다.

시체와 함께 밤을 지냈다는 레오나르도의 이야기 속에는 남몰래 숨어서, 또한 이단의 분위기를 풍기며 해부를 시행했다는 의미가 숨어 있다. 레오나르도에게는 언제나 개인적인 안락함이나 교리상의 안전보다는 탐구의 필요성이 더욱 강하게 부각되었다.

다시 밀라노 작업실로

1508년 초 피렌체에서 밀라노로 보낸 편지에서 레오나르도는 부활절(4월 말)까지는 돌아가고 싶다고 말했고, 아마도 그렇게 했던 것으로 보인다. 1506년에 맺어진 성심회와의 계약에 따르면, 다시 작업한 '암굴의 성모마리아'를 4월 26일까지 인도하기로 되어 있었다. 그림은 인도되기 전에 대가의 마지막 손질을 거쳤을 것이다. 이때 인도된 작품은 아름답고 푸른빛이 감도는 '암굴의 성모마리아' 런던 판으로 암브로지오 데 프레디스와 레오나르도의 공동작품이다. 루브르 판보다 덜 희미하고 덜 암시적이면서도, 기술적으로는 더욱 예리하고 정서적으로는 더욱 냉철하다. 작품은 8월 중순 전에 성심회에 인도되어, 성 프란체스코 그란데 소재 성심회 예배당 제단 위에 걸려서, 1781년 성심회에 대한 탄압이 있을 때까지 그곳에 있었다. 그로부터 4년 후 스코틀랜드 출신 소장가인 가빈 해밀턴(Gavin Hamilton)은 이 작품을 영국으로 가져갔다.

1508년에 작품은 인도되었지만, 두 화가는 그토록 오랫동안 기다려 왔던 나머지 보수를 받지 못했다. 성심회는 현금 제공을 몹시 꺼려하면서, 잔금을 치르는 날인 8월 18일에, 나머지 보수를 지불하는 것을 조건으로 화가들에게 판매용 모사본을 그려 달라고 요구했다. 성심회는 '도미누스 레오나르두스(Dominus Leonardus)와 그의 조수들이 모사본을 그릴 수 있도록 작품을 4개월 동안 성 프란체스코 수도원의 한 방에 보관했다.' 같은 날 암브로지오와 레오나르도는 계약서에 서명했다. 계약 내용은 암브로지오가 레오나르도의 지시 아래 자신의 비용과 노동을 들여 모사본을 제작한다는 것이었다. 작품 판매를 통해 얻어지는 수입은 두 사람이 '아무런 속임수 없이 신뢰를 바탕으로' 공평하게 양분하기로 했다. 우리는 또 하나의 '암굴의 성모마리아'가 제작되었다고 추측할 뿐, 이 세 번째 판에 대해서는 알고 있는 것이 없다. 후세에 알려진 초기 작품 중에서 세 번째 판일 가능성이 가장 높은 작품은 스위스의 개인 소장품이다. 모사품 제작에서 레오나르도가 맡은 역할은 최소한이었지만 중요했다. 레오나르도가 '지시를 내렸고,' 암브로지오가 '그 지시에 따랐다.' 그리고 수입은 공평하게 반분했다. 이는 두 사람의 지위가 대가와 조수로 대등하지 않았음을 뜻한다.

 레오나르도는 밀라노 작업실로 돌아와서 열성적으로 작업에 매달리기 시작했다. 최근 밝혀진 문서를 통해 우리는 레오나르도가 산타 바빌라(Santa Babila)나 포르타 오리엔탈레(Porta Orientale)에 살았고, 아마도 그곳에 작업실을 가지고 있었으리라 파악하고 있다. 당시 작업실에는, 그 무렵 완전히 능숙한 화가가 되었던 살라이, 프란체스코 멜찌, 젊은 로렌조 등이 있었고, 레오나르도의 젊은 롬바르디아인 추종자 중에서 가장 출중했던 인물로 잠피에트리노(Giampietrino)로 알려진 조반니 피에트로 리졸리(Giovanni Pietro Rizzoli)가 있었다.
 레오나르도의 걸작으로 평가받는 '성 안나와 함께 있는 마리아와 아기 예수'와 '레다'는 서서히 잉태되고 발전해서 이 시기에 결실을 맺었다. 또한 결코 도망갈 수 없는 독특한 정지된 분위기 속에 휩싸여 있는 '모나리자'가 있었다. 이렇게 레오나르도 작업실의 이젤 위에는 독특한 여성 네 명이 자리했다. 각 여성은 여성다움에 대한 레오나르도의 탁월한 연구의 결과물이었다. 레오나르도는 각기 다른 모델을 사용해서 여성적인 아름다움을 이상적인 형태로 승화했다. 성모마리아의 어머니인 성 안나, 그리스도의 어머니인 성모마리아,

새들의 어머니인 레다, 피렌체의 전형적인 아내이자 어머니인 리자—이 네 명의 여성이 모성애에 대한 네 가지 숙고의 결과라고 주장하는 사람들도 있다.

앞에서 살펴보았듯이, 레오나르도는 1500~1501년 피렌체에서 산티시마 아눈지아타의 제단을 장식하기 위해 '성 안나와 함께 있는 마리아와 아기 예수'에 열정적으로 매달렸고, 지금은 실종되었지만 1501년에 실물 크기의 밑그림을 전시함으로써 피렌체 예술 그룹에 센세이션을 일으켰다. 다시 7년 후에 같은 주제로 작업한 결과, 런던의 국립미술관에 소장되어 있는 탁월한 데생을 완성했다.(컬러삽화 24) 이 데생은 벌링턴 하우스 소재 영국 왕립미술원(Royal Academy) 본부에 수년 동안 걸려 있었기 때문에 벌링턴 하우스 밑그림으로 불린다. 이는 55×40인치(1.4×1미터)의 커다란 데생으로 네 명의 인물이 그림의 전부를 차지한다. 마치 주변을 잘라내고 사진을 확대한 것처럼 보인다. 가장 주목할 만한 인물인 성모마리아는 앉아 있음에도 실질적으로 수직 공간을 전부 차지한다. 그녀의 오른쪽 발가락은 그림틀 때문에 잘려 나갔다. 작품은 전체적으로 조각상과 같은 효과를 발휘해서, 조각상 정도의 크기에 농후한 입체감이 표현되고, 심지어는 채색을 통해 둔탁한 구릿빛 광택을 발산한다.(당시에 사용했던 그림 표면의 작용 때문이기도 하다.) 그러나 이 조각상 같은 군상에서 레오나르도는 조각의 가능성을 초월하는 섬세한 질감을 표현하는 데 성공했고, 밑그림을 통해 조각을 압도하는 그림의 우월성을 구현했다. '조각은, 맨살이 베일 밑으로 살짝 드러나는 베일 쓴 인물처럼 빛을 내거나 비쳐 보이는 형상을 표현할 수 없다.'[17]

'암굴의 성모마리아'의 구도처럼 벌링턴 하우스 밑그림의 구도는 대체로 피라미드형이다. 그러나 인물을 둘러싼 형태의 역학은 원형이고 나선형이다. 소용돌이는 아기 그리스도의 얼굴에서 시작해 흐르듯 위로 움직이며 두 어른의 머리 주위를 돌고 성모마리아의 머리 측면과 팔을 타고 내려와서 그곳에서 원형을 완성하지 않고 하늘을 가리키는 성 안나의 손가락을 통해 공중으로 쏘아 올려진다. 이러한 중심부분의 움직임 주변으로는, 드레이퍼리의 소용돌이와 물결이 있고, 무릎의 물결이 발로 이어지고, 다시 강바닥에 흩어진 조약돌로 이어진다.

레오나르도가 작업한 그토록 많은 구도에서처럼 이 구도에도 이야기의 단서가 숨어 있다. 그날은 날씨가 더웠기 때문에 데생 속 인물들은 시내나 얕은 물웅덩이 옆 바위에 앉아 시원한 물에 발을 담그고 있다. 그들 뒤로는 울퉁불퉁하고 건조한 자태의 갈색 풍경이 펼쳐진다. 그들이 있는 곳은 산속이 아닌 산기슭의 작은 언덕이라, 바위는 많지만 그늘을 만들 만한 식물은 많지 않다. 하지만 지오콘다의 배경을 이루는 풍경처럼 성모마리아의 오른쪽 어깨 뒤로 길이 구불구불 나 있음을 짐작할 수 있고, 인물들의 다른 편에는 문의 윤곽을 나타내는 선 네 개와, 네 인물이 이곳으로 오기 위해 건넜으리라 추측되는 단순한 모양의 다리가 될 법한 곡선이 있다. 그리고 이 모든 장면 한가운데 손을 그려 넣음으로써 이들이 단순히 시간을 함께 보내는 것이 아니라 영적으로 중요한 순간을 보내고 있다는 사실을 가리킨다.

이 밑그림을 위한 준비 데생들 또한 현존하는데, 검정 분필 위에 펜과 잉크를 사용해서 그린 이 데생들은 현재 영국박물관에 소장되어 있다. 세 개의 준비 데생 중 가장 대작은 단순히 준비 스케치가 아니라 실물 크기 밑그림을 위한 실질적인 형판(型板)이다. 거의 실물에 가까운 밑그림을 완성하기 위해 철저한 작업을 거쳐 구도를 잡고 크기를 측정했기 때문에 전체적인 효과 면에서 거의 틀이 잡혀 있는

레오나르도, '성 안나, 아기 성 요한과 함께 있는 마리아와 아기 예수(벌링턴 하우스 밑그림)'를 위한 준비 데생. 영국 박물관

작품이다.

 밑그림은 접착제로 이은 종이 위에 완성되었다. 레오나르도는 리넨 종이 8장 위에 목탄을 사용했고, 흰색 분필로 색채를 밝게 표현했다. 동굴인들이 그림그릴 때 사용했던 목탄과 분필보다 기본적인 도구란 있을 수 없었다. 양질의 리넨 종이를 사용한 덕택에 작품은 수

많은 풍상을 겪으면서도 살아남을 수 있었다. 작품에는 물로 인한 손상뿐만 아니라 말거나 접은 데 따른 상처가 남아 있다. 찢어진 부분의 뒤에는 커다란 종잇조각 세 개를 덧대어 붙였는데, 뒷부분 왼쪽 위 구석에는 몇몇 로마 황제들의 두상이 그려져 있다. 17세기에 데생은 캔버스에 부착되어 있었고, 확대경으로 보면 표구하는 사람이 접착제를 사용해 데생을 붙일 때 남긴 지문이 드러난다. 이 작품은 미지의 경로로 1799년 영국 왕립미술원의 소장품이 되었고, 그때부터 주제넘은 복원 작업을 여러 차례 거쳐야 했다. 1962년 국립미술관으로 이전한 후에도 시련은 끝나지 않았다. 1987년 7월 17일 오후, 한 남자가 작품 앞에 서 있다가 작품을 똑바로 겨누면서 12구경 산탄총을 발사했다. 보호용 유리 덕택에 산탄이 그림 표면에 닿는 불상사는 일어나지 않았지만, 충격으로 인한 상처는 깊어서, 가로질러 6인치(15센티미터) 가량의 얕은 구멍이 나는 외관상의 손상을 입었다. 그때 이후로 250군데 이상을 손보는 복원 작업이 1년 이상 지속되었다.

  밑그림은 결코 그림에 사용되지 못했다. 레오나르도는 이 데생만으로도 자신이 나타내려는 특정 아이디어를 최종적으로 표현했다고 생각했을 것이다.

  레오나르도의 밀라노 작업실에서 진보된 형태의 '레다'가 완성된 것도 이 시기로 보인다. 서 있는 레다(컬러삽화 29)를 그린 다수의 그림에는 불가사의한 점이 많고, 그림을 그린 화가나 제작 시기에 대한 기록도 남아 있지 않다. 그러나 1504~1505년 사이에 완성된 다양한 준비 데생에는 무릎을 꿇고 있는 전혀 다른 모습의 레다가 등장한다. 이들 중 화가가 알려진 채색된 작품은 단 한 점으로 당시 레오나르도

'무릎 꿇은 레다'. 잠피에트리노 작품

의 밀라노 작업실과 밀접한 관련이 있을 수 있다. 이는 레오나르도의 재능 있는 조수였던 잠피에트리노의 작품으로, 오리나무 화판 위에 그려진 유화이다. 이 작품은 질이 매우 높아서 오랫동안 레오나르도의 작품으로 생각되었지만 현재 잠피에트리노의 작품이란 사실에는 이론의 여지가 없다. 무릎 꿇은 레다의 얼굴 형과 몸의 곡선은 잠피에트리노의 다른 작품에도 반복해서 등장한다. 레다의 얼굴은 그녀를 그린 모든 그림에서 비슷하게 나타난다. 윈저에 소장되어 있는 펜과 잉크로 구성한 레오나르도의 습작(413쪽 참조)은 레다의 얼굴을 위한 형판이었다.

최근 잠피에트리노의 '레다'를 기술적으로 검사한 결과 레오나르도 작업실과 밀접한 관련이 있다는 사실이 드러났다. 적외선을 쐬자 그림의 표면 바로 아래 밑그림이 드러났는데, 여기에는 실물 크기의 밑그림 데생을 바탕으로 완성되었음을 보여주는 작은 구멍이 선명하게 나 있었다. 이 데생은 1504년 경 제작된 무릎 꿇은 레다의 채츠위스 데생(369쪽)보다 발전된 형태로, 자세 면에서는 아주 비슷하지만, 동일하지는 않다. 그림이 가진 비밀은 더 있다. 밑그림의 밑에 또 다른 층이 있어서 '성 안나'의 일부를 나타내는 데생을 볼 수 있다. '성 안나' 구도의 일부분만이 나타나기는 하지만 루브르에 소장되어 있는 그림의 선과 동일하다. 그러므로 우리는 잠피에트리노의 무릎 꿇은 '레다' 밑에서 루브르 판 '성 안나와 함께 있는 마리아와 아기예수'의 잃어버린 밑그림 또한 그려 볼 수 있다.

물의 세계

1508년 9월 12일, 레오나르도는 얇은 잿빛 표지의 새 노트를 폈다. 이는 192쪽에 달하는 노트로 마지막 기록 시기는 1508년 10월이었다. 6주 남짓한 짧은 시간 동안 집중적으로 노트 하나를 채웠던 것이다. 필체가 촘촘하고 일정한 것을 보아서도 이를 짐작할 수 있다. 레오나르도는 이 노트에 '세계와 세계의 물에 대해서'라는 제목을 붙였다. 현재 이 제목보다 매력적이지 못한 파리 MS F로 알려진 이 노트에는 다음과 같은 내용이 기록되어 있다.

> 우선 움직이는 물에 대해 쓴다. 그리고 물의 바닥과 그 안의 물질에 대해 묘사한다. …… 질서정연하게 기록해야 작업이 혼란스럽지 않다. 거대한 파도에서부터 작은 파도에 이르기까지 물이 취하는 모든 형태와 그 원인을 묘사한다.[18]

물에 대한 내용을 다룬 장에는 작고 선명한 스케치를 남겼는데, 변화하는 복잡한 구조를 표현하는 레오나르도의 탁월한 솜씨를 볼 수 있는 훌륭한 예이다. 그는 흔들리는 표면을 묘사하는 데 주름진 물 또는 쭈글쭈글한 물이란 표현을 썼다. 물이 흐르면서 이루는 뒤얽힌 형태의 매력은 당시 레오나르도나 그의 조수가 작업하고 있었을 '레다'의 감기고 흘러내리는 머리카락에도 나타난다. 물에 대한 관심은 실질적이기도 했다. 수위를 더 깊게 하기 위한 땅 파는 기계의 데생이 포함되어 있는데, 이는 당시 진행 중이던 운하 개설 프로젝트와 관련이 있을 수 있다.

여기서는 비행기계에 대해서도 다루어서, '박쥐를 해부한다. 그 결과에 근거해서 기계를 만든다.'는 메모[19]를 간략하게 기록했다. 그는 일찍이 박쥐를 기계의 날개를 만들기 위한 모델로 인식했고, 그 이유를 '세포막이 날개의 틀로 작용하기 때문'[20]이라 했다. 그러나 체체리 산에서 비행 시도에 실패한 후로 일반적인 비행을 위한 좀 더 안정된 모델로서의 박쥐의 역할에 중점을 둔 것 같다. 그는 나중에 이렇게 기록했다. '박쥐는 먹잇감을 여러 가지 방향으로 쫓을 수 있어서 거꾸로도 때로는 사선으로도 추적할 수 있다. 날개를 구성하는 깃털 사이사이에 틈이 있다면 가능하지 않았을 것이다.'[21]

기하학에 대한 열정 또한 모습을 드러냈다. 제곱근과 세제곱근의 신비를 깊이 파고들어갔고, 델로스의 문제(Delos problem)를 풀기 위해 씨름했다. 델로스의 문제는 아폴로 신이 등장하는 고전에 나오는 이야기로, 아폴로 신은 델로스 섬에 전염병이 돌자 사람들을 피신시키면서 그 보답으로 자신에게 바치는 제단의 크기를 두 배로 만들라고 요구했다. 제단은 대리석으로 만든 완벽한 정육면체였기 때문에 아폴로 신을 만족시키려면 세제곱근을 풀어야 했다.

우주론을 이루는 광학과 빛에 대한 설명도 포함되어 있다. 강력한 어조로 두 쪽에 걸쳐 기록한 '태양을 찬양하며'에서는 태양의 크기에 대한 에피쿠로스(Epicurus)와 소크라테스의 견해를 인용하고 이에 대해 토론했다.

전 우주를 통틀어 어디에서도 태양보다 더 크고 더 강력한 물체는 볼 수 없다. 태양은 전 우주에 분산되어 있는 모든 천체에 빛을 제공한다. 이로부터 모든 생명력이 전달되고 이 생명력으로부터 모든 생명체 안에 열이 발생한다. 우주에서 열과 빛을 일으키는 곳은 이곳뿐이다.[22]

이런 견해는 태양중심설을 지향하는 듯 들리지만 실질적으로 그런 의미는 아니다. 레오나르도는 30년 전 코페르니쿠스의 주장에 영감을 받아 1510년 원저의 그 유명한 메모 '태양은 움직이지 않는다.'를 기록하기도 했다.[23]

이외에도 파리 MS F와 거의 동시대에 기록된 것으로 추정되는 20쪽짜리 파리 MS D가 있다. 이는 질서정연하고 일관성 있게 기록되어 있으면서 전적으로 광학이라는 한 가지 주제만을 다루고 있다. 일부 내용은 1490년대 초 MS A에 수록된 데생을 포함해서 과거에 기록된 메모를 갈고 다듬은 것으로, 이를 편집하고 마무리해서 출판까지 하려던 레오나르도의 의도를 엿볼 수 있다.

이러한 의도의 일환으로 그는 이 시기에 자신의 해부학 관련 기록 또한 한데 엮으려는 시도를 했다. 해부학 관련 기록을 모으고 '1510년 겨울에 이 모든 해부를 완결 지으려 한다.'는 메모를 남겼다. 여기에는 오늘날 인쇄를 위해 지면 배정을 하는 것처럼 삽화가 그려져 있고 설명이 나란히 적혀 있다. 그는 인쇄와 관련한 조언을 남기기도 했다. '나는 이 작업을 후손에게 맡긴다. 내가 질서정연하게 인쇄하는 방법을 제시할 것이므로, 내 뒤를 잇는 사람이 탐욕 때문에 ······로 인쇄하지 않도록 간청한다.'[24] 생략된 단어는 여백 근처의 종이가 없어져서 사라져 버렸지만 '나무'라는 글자임을 쉽게 추측할 수 있다. 즉 레오나르도는 자신이 남긴 해부학 관련 글이 좀 더 가격이 싸면서 훨씬 조야한 목판이 아닌 좀 더 비싸고 정확한 동판에 인쇄되기를 원했다. 레오나르도의 해부에 대해 직접 경험했던 파올로 조비오는 이렇게 말했다. 레오나르도는 '신체의 부위 모두를 가장 작은 정맥에서부터 뼈의 구성에 이르기까지 극히 정확하게 표현했다. 레오나르도는 그토록 오랜 세월에 걸쳐 이룩한 작업이 반드시 동판인쇄로 출판되어야 한다고 생각했다.'

이 시기에 출판을 염두에 두고 시도했던 편집 작업에는 그림에 대한 원고가 포함되어 있는데, 이 원고는 멜찌가 레오나르도 사후에 리브로 A(Libro A)란 제목으로 목록에 수록했다. 이는 나중에 멜찌가 그림에 대한 레오나르도의 글을 편집해서 만든 코덱스 우르비나스의 중요 부분을 구성하는 것으로, 코덱스 우르비나스는 이후 『회화론』으로 재탄생한다.

이처럼 레오나르도는 밀라노의 작업실에서 출판이라는 요원한 목표를 위해 한 글자 한 글자 자신의 연구 결과를 기록하는 위대한 작업을 수행했다. 그러면서 이렇게 장담했다. '나의 이런 노력을 통해 사람들은 자연의 놀라운 작품에 대해 분명하게 이해하게 될 것이다.'

밀라노의 축제

프랑스인들은 스포르자 시대에 거행되었던 축제에서 보여준 레오나르도의 재능을 진정으로 탐험해 보고 싶어 하는 듯했다. 이러한 장광을 목격한 사람 중 하나였던 젊은 의사 파올로 조비오는 후에 레오나르도 전기에서 이렇게 기록했다. '그는 특히 연극 분야에서, 온갖 세련된 요소와 연극적인 즐거움을 탄생시키는 발명가이자 조정자였다.'

코덱스 아룬델에는 험악한 산세를 드러내는 레오나르도 특유의 산이 열리면서 커다란 반구형 방이나 동굴이 드러나는 무대장치를 묘사한 스케치가 포함되어 있다. 또한 무대장치를 바꾸기 위해 무대 뒤에 설치한 도르래와 평형추의 설계도가 있고, 이에 따른 연극적 효과를 설명하는 메모가 적혀 있다. '산이 열리고 …… 자신의 거처에 있는 플루톤(Pluto, 저승의 신 하데스의 호칭—옮긴이)이 보인다.' 연극 무대에 등장하는 동굴은 하데스(Hades) 왕의 '거처'이다. 악마가 들끓고 광포함이 넘실거리는 지옥의 풍경과 케르베로스(Cerberus, 저승의 문을 지키는 머리가 셋 달린 개—옮긴이)가 보이고 '발가벗은 많은 아이들의 울음소리'가 들린다.[25] 이는 아그놀로 폴리지아노(Agnolo Poliziano)의 오페라 '오르페오(Orfeo)' 상연을 위한 무대장치였다. 레오나르도는 아마도 1490년 만투아에서 열린 공연에 관여했을 것인데, 지금은 샤를르 당부아즈를 위해 재현하는 것이었다. 이 오페라는 오르페우스(Orpheus)가 아내인 에우리디케(Eurydice)를 플루톤의 손아귀에서 구출하기 위해 지하세계에 간다는 내용의 옛 이야기를 쾌활한 피렌체식 운문으로 노래한 작품이다. 레오나르도가 고안한 무대장치에는 옛 시절에 대한 향수와 초기 '동굴'에 대한 기억, 동굴을 들여다봤을 때 느꼈던 '공포와 욕망'이 스며 있었다.

레오나르도가 수행했던 또 다른 작업은, 베네치아에 승리를 거두고 밀라노로 돌아오는 루이 12세를 기념하기 위해 1509년 7월 1일 거행한 화려한 행렬이었다. 레오나르도는 이 행사에서 베네치아와의 전투를 용(프랑스)과 사자(베네치아)의 싸움으로 표현했다.

이와 같은 뮤지컬, 승전 행렬 등은, 성모마리아를 그리고, 여름 별장을 디자인하고, 운하의 코스를 변경하는 작업 외에 왕의 '상임 화가이자 기술자'였던 레오나르도에게 부과된 작은 임무였다.

라 크레모나

1509년, 레오나르도의 수행원 명단에 이탈리아 북부의 크레모나(Cremona) 출신 인물이 있었다. 여기서 우리는 레오나르도가 어떤 방식으로 관계를 맺었는지 알 수 없는 베일에 가린 한 여인, 크레모나를 만나게 된다. 라 크레모나가 레오나르도에 관한 이야기에 등장한 것은 매우 최근으로, 1982년, 19세기 초 롬바르디아인 화가이자 비평가인 주세페 보시(Giuseppe Bossi)의 글을 로베르토 파올로 키아르디(Roberto Paolo Ciardi)가 엮은 책 속에서였다. 보시는 레오나르도를 열렬히 숭배한 사람으로, 몇몇 자세한 데생과 '최후의 만찬'의 실물 크기 모사본을 그려서 후세 복원가의 작업에 기여했다. 물론 그를 비방하는 사람들도 있지만, 그는 '최후의 만찬'에 대한 논문(1810년)을 발표했을 뿐 아니라, 나폴리를 샅샅이 뒤져서 찾아낸 완전한 복사본에 의거해서(당시까지 원본은 노픽에 숨겨져 있었다.) 코덱스 레스터를 편집했기 때문에 레오나르도를 연구하는 학자들 가운데서 크게 인정을 받고 있다. 당시 그가 썼던 원고는, 1815년 그가 일찍 세상을 떠나자 괴테의 조언에 따라 바이마르(Weimar) 소재 그랜드 두칼 도서관(Grand-Ducal Library)이 구매해서 소장하고 있다. 키아르디가 새로 편집한 보시의 글에는 예전에 알려지지 않았던 원고가 포함되어 있는데, 그중에는 미술에 대한 열정을 표현한 수필 초고도 들어 있다. 보시는 이 글에서 '최후의 만찬'에 쏟은 레오나르도의 대가다운 열정을 언급하면서, 열정을 표현하려면 스스로 경험을 해야 한다고 주장했다.

> 레오나르도가 …… 인생의 쾌락을 사랑했다는 사실은 크레모나라는 이름의 창녀(courtesan, 특히 귀족, 부자를 상대하는 고급 창녀-옮긴이)에 대해 남긴 그의 메모를 통해서도 입증된다. 나는 권위 있는 소식통으로부터 그 메모에 대해 들었다. 레오나르도가 인간의 본질을 표현하기 위해 오랜 실천을 통해 어느 정도 인간의 약점에 물들어 있지 않았다면, 인간의 본질을 그토록 심오하게 파악할 수는 없었을 것이다.

애석하게도 보시는 '권위 있는 소식통'이 누구였는지는 밝히지 않았다. 보시가 레오나르도에 대해 매우 박식했었고, 레오나르도의 원고를 직접 접했었다는 사실은 의심할 여지가 없지만 그가 제공한 정보가 정확하다고 단정할 수는 없다.

'코티즌(courtesan)'은 여러 가지 의미를 갖는 단어였다. 하지만 보시는 자신의 글에서 이를 창녀로 보았다. 1511~1518년까지 로마에서 실시된 인구조사 자료를 보면 코티즌은 지위 순서대로 네 그룹으로 분류되었다. 제일 상층인 '정숙한' 코티즌은 아름답고 교양이 있는 여성으로 부자나 권력자의 정부였다. '매춘' 코티즌은 도시의 밤거리 여성과 매춘굴 여성이었다. '양초'와 '빛'의 코티즌은 어두워지고 난 후에 분주해진 가게 옆에서 양초를 제조하고 등(燈)을 파는 여성이었다. 그리고 그 여성들보다 낮은 신분으로는 누더기를 걸친 '그렇고 그런 종류'의 매춘부들이 있었다.

화가들이 때로 창녀를 모델로 사용했다는 것은 분명한 사실이다. 로마 창녀였던 필리데 멜란드로네(Fillide Melandrone)는 카라바조(Caravaggio)의 작품에 자주 등장한다. 그렇다면 라 크레모나는 모델이었을까? 윈저에 소장된 레다의 두상을 위한 훌륭한 후기 습작을 보자. 이 습작들은 1504년 최초의 레다 데생과 매우 다르다. 스타일이 다를 뿐만 아니라 특정한 얼굴이 표현되어 있다는 점에서 다른데, 이 얼굴이 레다의 얼굴로 고정되어 현재까지 전해진다. 그림에서도 볼 수 있듯이 정교하게 땋은 머리는 코티즌을 연상시킨다. 후기 레다 데생의 완성 시기를 1508~1509년으로 추정하고 있고, 이는 레오나르도의 수행원 명단에 베일에 싸인 크레모나라는 이름이 등장하는 시기와 대략 일치한다. 레오나르도가 열정을 표현하기 위해 한 여성과 '쾌락'을 즐겼다고 기록할 당시 보시의 머릿속에는 레다의 관능적인 전면 누드화가 떠올랐는지도 모른다.

크레모나와 관련되었을 가능성이 있는 작품들 중에 '나체의 지오콘다(Nude Gioconda)'라는 포괄적인 제목의 작품 군이 있고, 여기서는 한 여성이 가슴을 드러낸 채 '모나리자'를 연상케 하는 자세를 취하고 있다. 현존하는 작품 중 어느 것도 레오나르도의 손을 거친 작품은 없고, 그 가운데 가장 훌륭한 작품은 '모나 바나(Mona Vanna, 에르미타슈 박물관)'로 알려진 작품인데, 살라이가 그린 것으로 추정된다. 이 작품에 등장하는 의자, 개랑, 모델 너머 산을 둘러싼 경치 등은 명백하게 '모나리자'를 답습했지만, 여인의 얼굴과 땋은 머리는 '레다'에 가깝다. 현재 베르가모(Bergamo) 소재 아카데미아 카라라(Accademia Carrara)에 소장 중인 작품 하나는, 1664년 밀라노에서는 '창녀로 여겨지는 한 여성'을 그린 레오나르도의 초상화로 기록되었다.

크레모나를 그린 것일까?
왼쪽 레오나르도, 레다의 두상을 위한 습작. 윈저성 왕립도서관
오른쪽 작자 미상, '나체의 지오콘다'. 에르미타슈 박물관

라 크레모나에 대한 보시의 언급은 레오나르도가 그녀와 성관계를 가졌음을 암시하는 동시에 레오나르도 스스로가 '인생의 쾌락을 사랑했다.'는 사실을 메모를 통해 털어놓았음을 암시한다. 레오나르도가 섹스에 대해 야릇하고 불명료한 문장을 남겼던 것도 바로 이 무렵이었다. '남성은 자신의 욕구를 여성이 충족시켜 줄 수 있는지 알고 싶어 한다. 그녀가 그럴 수 있을 뿐만 아니라 그를 향해 욕망을 품고 있음을 인식하면, 그는 요청하고 자기 욕구를 행동으로 옮긴다. 하지만 솔직하게 말하지 않으면 아무 것도 알아낼 수 없기에, 자신이 성행위를 하는 사람이라고 실토(confessando fotte)한다.'[26]

'Confessando fotte('교미하다'는 뜻으로 영어의 'fuck'에 해당하는 이탈리아어—옮긴이)'를 달리 해석할 방법은 없다. 이 문장은 레오나르도가 'fottere'란 표현을 사용한 유일한 경우이기도 하다. 이 단어는 외설스러운 것으로 치부해서도 안 되지만 단순히 노골적인 표현 정

도로 설명될 수도 없다. 레오나르도는 같은 의미를 전달하기 위해 다른 글에서는 보다 온화한 표현을 다양하게 사용했지만 유독 이 글에서만큼은 단호하고 육체적인 동사를 선택했다. 문장을 보면 성욕은, 그녀가 충족시켜 줄 수 있는지에 의문을 던지는 호기심에서 출발하는 것 같다. 단지 의문을 던지고 말로 욕구를 '실토'한 것이 행동을 이끌어낸 것 같아 보인다. 이 짧은 글이 부분적으로 자전적인 성격을 띠는 것일까?

1510년에 완성된 한 해부학 도안에서 또 다른 흥미로운 언급이 등장한다. '성교 행위와 성교에 관계하는 신체 부위는 너무도 추해서 억제된 욕망과 연인들의 얼굴과 장신구가 풍기는 아름다움이 없다면 인간 종족은 자연계에서 사라지고 말 것이다.'[27] 여기서 '억제된 욕망'과 아름다움은 다른 어떤 것보다 우위에 있다. 이는 보시가 언급한 레오나르도의 메모 내용에 신빙성을 더하는 언급이다.

낭만적이기보다 의심의 눈초리를 앞세우는 것이 전기 작가의 일이기는 하지만, 약 57세에 이른 레오나르도가, '레다'의 모델이었고, 아마도 '나체의 지오콘다' 원본의 모델이었던 차분하고 곡선미를 갖춘 아름답고 젊은 매춘부와 관계를 맺었을 가능성은 충분하다. 이는 레오나르도의 성생활에 완전히 새로운 장이 열렸다는 의미일 수도 있고 동성연애가 그의 신조였다고 판단해서는 안 된다는 의미일 수도 있다. 레오나르도는 많은 여성들과 접촉했다. 그가 그린 그림의 대부분은 여성을 모델로 했기 때문에 그들과 신체적으로 가까운 거리를 유지했고 작품을 만들어 나가는 순간을 공유했다. 그들은 지네브라 벤치나 체칠리아 갈레라니, 리자 델 지오콘도 등일 수도 있고, 성모마리아를 그리기 위한 모델이 되었던 기타 무명의 소녀와 여성들일 수도 있다.

레오나르도가 어떤 습관을 가졌고 무엇을 선호했건 간에 모든 지식을 자기 것으로 소화했던 '경험의 신봉자'가 최소한 일생에 단 한 번뿐이었다 하더라도 여성에 대한 성적인 지식을 마다했을 것 같지는 않다. 보시는 이와 같은 논리에 따라 라 크레모나에 대해 언급하고 있으며, 그녀에 대한 레오나르도의 언급을 접하는 우리의 논리 또한 다르지 않다. 라 크레모나는 삶에 대한 이해를 완벽하게 완성해줄 이성간의 사랑을 레오나르도에게 가르쳤고 레오나르도는 초로에 겪은 이 예기치 못한 돌발사고로 '인간의 약점'에 물드는 유익을 얻었을 것이다.

의과대학

레오나르도는 자신이 남긴 해부학 데생 중 하나에 '올해 1510년 봄에 해부학에 관한 모든 작업을 완성하려 한다.'고 썼다.[28] 이 글은 아마도 레오나르도가 몇 달 동안 파비아(Pavia)에 머물면서, 해부학 분야의 새 대가였던 마르칸토니오 델라 토레(Marcantonio della Torre)의 해부학 강의를 들었을 당시에 쓴 글일 것이다. 바사리는 두 사람의 관계를 서로에게 이익이 되는 동반자 관계로 묘사했다.

마르칸토니오 델라 토레는 20대 후반으로 베로나 태생이었다. 아버지인 지롤라모(Girolamo)는 파두아(Padua)에서 유명한 교수였기 때문에, 델라 토레는 그곳에서 자신의 경력을 쌓기 시작해서 1509년 파비아로 이주했고, 그곳의 유서 깊은 유명 대학에서 해부학 강의를 하면서 레오나르도와 함께 연구를 했다.

델라 토레는 레오나르도에게 자신의 해부학 수업을 참관하는 특권을 부여했을 것이다. 조수들이 시체를 해부하는 동안 델라 토레는 학생들에게 여러 신체 부위에 대해 강의를 했고, 레오나르도는 이를 데생으로 기록했을 것이다. 델라 토레의 학생 중에는 젊은 시절의 파올로 조비오가 있었으므로, 레오나르도의 해부 관련 작품에 대한 조비오의 글은 아마도 직접 습득한 지식에 바탕을 두었으리라 추정된다.

그는 의과대학에서 범죄자의 시체를 해부하는 비인간적이고 구역질나는 작업에 전념했다. 사람이 자연의 법칙에 따라 신체 부위를 구부리고 펼 때의 여러 관절과 근육을 그리기 위해서였다. 또한 놀라울 정도로 숙련된 솜씨를 발휘해서, 신체의 모든 부위, 심지어 가장 미세한 혈관과 뼛속까지도 보여주는 과학적인 데생을 그렸다.

1508년 레오나르도는 자신이 '10회 이상' 인체 해부를 했다고 말했고, 9년 후에는 아라곤의 루이기(Luigi) 추기경과 대화하는 자리에서 30회라고 언급했다. 그러므로 1508년과 1517년 사이에 20회가량의 해부를 했다는 뜻이 되는데, 그중 일부는 파비아 소재 '대학'에서, 일부는 그 자신이 '병원'이라 언급했던 로마에서 수행했을 것이다.

델라 토레의 글은 많이 사라졌지만 '생략행위'에 대한 맹렬한 공격을 담은 글이 남아 있다. '생략행위'란 예전의 지식을 소화하기 쉬운 상태로 다시 줄여서 재탕하는 행위를 뜻한다. 그는 1478년 파비아에서 『해부학』이란 제목의 책을 출간한 문디누스(Mundinus)를 특별히 혐오해서, 문디누스가 단순히 표현만 바꿔 쓴, 갈렌(Galen)의 원래 책으로 돌아가야 한다고 촉구했다. 이런 태도는 '생략행위자'에 대한 레오나르도의 신랄한 비판과도 관련이 있을 수 있다. 레오나르도는 심장의 활동에 대해 적으면서 여백에 이렇게 썼다. '해부학 연구를 방해하는 학자들과 내용을 생략하는 학자들을 비판하는 주장을 하라.' 그리고 뒷면에는 이렇게 적었다. '작품을 생략하는 작자들은 생략행위자라고 부를 것이 아니라 파괴자라고 불러야 한다.' 해부학에 관련된 다른 메모에 기록한 장문의 신랄한 비판도 그의 계획적인 비판이었을 것이다.

> 작품을 생략하는 사람들은 지식과 사랑 모두를 모욕하는 것이다. 어떤 것에 대한 사랑은 그것에 대한 지식에서 나오기 때문이다. …… 어리석음의 어머니인 성급함은 간결함을 숭배하는 것이 사실이다. 마치 인간의 신체와 같은 한 가지 주제에 대한 완벽한 지식을 습득하느라 평생을 들일 수 없다고 생각하는 것처럼 말이다.[29]

이 글이 적혀 있는 종이에는 해부한 심장을 마치 조각낸 과일처럼 잘라 펼친 데생 두 점이 그려져 있다.

자신이 기록한 메모와 데생을 공들여 힘들게 모으고 있었던 레오나르도에게, 천박하고 생각이 모자란 생략자들은 모욕적인 존재가 아닐 수 없었다. 현대에 이르러 생각해 보면, 레오나르도가 심혈을 기울여 메모와 데생을 모았던 데는 분명한 목적이 있었다. 해부학에 대한 걸작을 출판하기에 적합하게 만들어서, 인체 연구에 대한 상세하고 시각적인 최초의 기록을 후대에 전해 주려 했던 것이다. 이는 레오나르도가 이룬 위대한 혁신의 결정체였다. 인체에 대한 중세의 글처럼 언어라는 부적절한 도구를 사용해 해부학을 설명하면서도,

시각적으로 예리하게 묘사해냈다. 그는 이런 방식으로 스스로 언어가 쫓는 경향이라 느꼈던 추상적 개념과 은유, 일반적인 정신적 혼란을 배제했다.

오, 작가들이여! 심장의 이 모든 조화를 어떤 단어를 사용해서, 이 데생처럼 완벽하게 묘사할 수 있단 말이오? 당신들은 진정한 지식이 부족하기 때문에 묘사가 혼란스러울 뿐만 아니라 사물의 진정한 형태에 대한 지식 또한 거의 전달할 수 없소. …… 당신들이 맹인에게 이야기하는 것이 아니라면 단어를 가지고 자신을 괴롭히지 말라는 것이 당신들에게 해줄 수 있는 내 충고요.[30]

그는 전체적인 조망에서부터 투명 그림에 이르기까지, 단면에서부터 전체를 감싸고 있는 모양의 정확한 묘사에 이르기까지 다각적인 묘사 기술을 개발했다.

어떤 몸체의 모양에 대한 진정한 지식은 다른 측면에서 몸체를 보는 방법을 통해 습득할 수 있다. 그래서 인체의 진정한 모양을 표현하기 위해 …… 나는 앞서 말한 규칙을 지켜서 각 신체 부위를 네 면에서 각각 묘사할 것이다. 뼈의 경우에는 반으로 잘라 각각의 중공(中空)을 보여주어야 하므로 다섯 면에서 각각 묘사할 것이다. 뼈의 중공 가운데 하나는 골수로 가득 차 있고 다른 것은 구멍이 많거나, 비어 있거나, 조직이 조밀하다.[31]

때로는 여러 측면에서 관찰하는 방법을 사용해 연속된 형상을 만들어 마치 영화의 한 장면을 보는 것 같은 효과를 발휘했다.

뼈를 톱으로 자르고, 내장 사이를 샅샅이 뒤져야 하고, 피부를 절개했을 때 압축되어 있던 지방이 뿜어 나오기도 하는 '비인간적이고 구역질나는' 해부를 하고 있는 레오나르도의 모습은, 젊은 시절 멋쟁이로 치장하고 장미즙 냄새를 풍겼던 화가의 모습과는 거리가 멀다. 레오나르도의 해부 데생은 가장 준엄한 실험적인 태도의 산물이었다. 에드워드 루치 스미스(Edward Lucie-Smith)는 이에 대해 이렇게 말했다. '레오나르도는 이상적인 미를 위해서가 아니라 진리를 위해 자신의 기술을 사용했다. …… 이런 의미에서 볼 때, 그의 해부 데생은 전혀 아름답지는 않지만, 육체의 아름다움은 오직 살과 뼈를 잘라내는 행위에 의해서만 도달할 수 있는 진리를 위해 희생되어야 한다는 사실을 보여주었다.'[32]

모든 어려움에도 불구하고 레오나르도는 해부학적인 구조와 기하학적 형태, 인간과 식물 사이의 유사점을 찾는 작업의 매력을 결코 포기하지 않았다.

레오나르도와 마르칸토니오 델라 토레와의 긴밀한 협력은 1511년 델라 토레가 29살의 나이로 사망함으로써 끝이 났다. 그는 자신의 고향인 베로나 지역을 엄습했던 전염병에 희생되어 사망했다. 아마도 환자들을 치료하면서 감염이 되었을 것이다.

멜찌의 집에서

1511년, 마르칸토니오 델라 토레의 죽음으로 레오나르도는 지적인 부분에서뿐 아니라 개인적으로도 큰 상실감을 느꼈다. 하지만 이것으로 끝이 아니었다. 1511년 3월 10일, 샤를르 당부아즈가 40세가 채

안 된 나이에 사망했다. 그의 죽음과 함께 레오나르도를 감싸고 있던 귀중한 보호막도 사라졌다.

이 시기에 레오나르도는 파리 MS G와 코덱스 아틀란티쿠스에 수록된 일련의 하천 연구에 전념했다. 이는 지도 작성, 성채화 등의 군사적인 필요에 의해 시작되었지만 곧 롬바르디아의 수로 연구 등 광범위한 영역의 연구로 확대됐다.

붉은색 종이 위에 붉은색 분필로 눈이 덮인 산을 그린 침울한 분위기의 습작들이 이 시기의 산물이다. 이 중 한 작품에는 다음과 같은 생생한 메모가 남아 있다.

이곳의 조약돌은 물거품이 날 때를 빼고는 물보다 더 하얗다. 물이 빛을 받아 발하는 광택은 공기 중에서는 푸른색을 띠고, 그림자 속에서는 녹색을 띠고, 때로는 짙은 푸른색을 띤다. 자갈이 깔린 평야를 가로질러 뻗어 있는 나지막한 풀은 지형의 풍부함과 빈약함에 따라 서로 다른 색채를 내서, 때로 갈색 기운이 나기도 하고, 때로 노란색 기운이 나기도 하고, 때로 녹색이나 녹색 빛이 도는 노란색이 나기도 한다.[33]

이 꾸밈없는 고지(高地)의 색채는 레오나르도의 후기 풍경 즉 루브르 판 '성 안나와 함께 있는 마리아와 아기 예수' 및 '사막의 성 요한'의 풍경에 등장한다.

1512년 이른 봄 프랑스와 성스러운 동맹(Holy League) 사이의 마지막 결전이 벌어졌다. 4월 11일 부활절 전투에서 밀라노의 총독인 가스통 드 푸아(Gaston de Foix)가 전사했다. 프랑스는 자국의 승리라 선언했지만 롬바르디아에 대한 지배권이 불안정해졌고, 그해 말 밀라노는 다시 스포르자 가문의 수중으로 들어갔다. 루도비코의 적출자인 마시밀리아노(Massimiliano) 스포르자와 그의 이복형제이자 체칠리아 갈레라니의 아들 체사레(Cesare)가 1512년 12월 29일 밀라노에 승리의 입성을 했다.

이와 같은 혁명의 와중에 레오나르도의 모습은 밀라노 어느 곳에서도 찾아볼 수 없었다. 예전에도 자주 그랬던 것처럼 종적을 감춘 것이다. 1511년 12월 18일 데시오(Desio) 전투가 벌어진 이후부터 1513년 1월 9일 황소 심장의 단면을 연구할 때까지의 기간 동안 레오나르도의 달력은 비어 있었다. 그동안 레오나르도는 멜찌의 아버지인 지롤라모 멜찌의 빌라에 머물렀다. 빌라는 바프리오 다다(Vaprio d' Adda) 마을 근처 아다(Adda) 강 위 절벽에 위치해 있었는데, 밀라노에서 약 20마일(32킬로미터) 정도밖에 떨어져 있지 않았기 때문에 레오나르도가 완전히 고립되어 있었다고 단정 지을 이유는 없다. 하지만 1513년 3월 전까지 도시에 기록이 전혀 남아 있지 않은 것으로 보아, 레오나르도는 이 기간 동안 전원에서 칩거한 것으로 보인다.

거의 20세가 된 프란체스코 또는 체코(Cecco) 멜찌와 함께 지내면서, 레오나르도는 저작과 스케치 작업을 시작했다. 작업에는 일련의 후기 해부도가 포함되는데, 그중 일부는 파비아에서 강의와 해부가 실행되는 동안 신속하게 기록했던 메모와 데생의 마무리 작업이었고, 일부는 그곳 빌라에서 실행했던 동물 해부의 결과였다. 심장의 구조와 활동은 레오나르도가 지속적으로 추구했던 주제였다. 아다 강에 대한 물 연구 결과도 있었다. 작은 나룻배를 그린 아름다운 데생[34]은 비록 다리 대신 나룻배를 그리긴 했지만 바프리오(Vaprio)와

레오나르도, 아다 강 위의 나룻배. 1512년. 윈저성 왕립도서관.

카노니카(Canonica) 사이의 강을 스케치한 것으로 후에 밝혀졌다. 데생에서는 물의 사나운 조류를 주의 깊게 관찰해서 묘사했지만, 데생이 가진 힘은 부잔교(浮棧橋), 작은 돌다리, 뗏목 같은 갑판에 서 있는 소들, 기슭에 남겨져 음매 하며 울고 있는 듯한 소 한 마리 등의 묘사에 있다.

60세에 이른 예술가의 초상화

아다 강가에서 고립되어 지내던 1512년 4월 15일, 레오나르도는 60세가 되었다. 윈저에 소장된 유명한 데생[35]은 그 뒷면에 멜찌의 빌라와 관련된 건축 데생이 그려져 있는 것으로 보아, 제작 시기가 대략 이 시기로 추정된다. 이 윈저 데생은 늙고 수염 달린 남자의 옆모습으로, 지치고 명상에 잠긴 채, 다리를 꼬고 손을 기다란 지팡이 위에 올려놓고 바위 위에 앉아 있다. 그 옆에는 물의 소용돌이가 그려져 있어 마치 노인이 소용돌이를 보고 있는 것 같다는 생각이 든다. 하지만 종이에 접은 자국이 선명하게 남아 있는 것으로 보아 노인의 초상화와 물의 습작은 다른 시기에 완성된 별개의 작품이다. 그럼에도 의도했건 우연이건 간에, 페이지를 펼치면 두 작품은 통일된 구성의 일부가 된다. 물의 습작 아래 기록한 글을 보면 물의 흐름과 땋은 머리카락에 대한 시각적인 비교가 분명하게 표현되어 있다. '물의 구불구불한 움직임이 곱슬곱슬한 머리카락과 얼마나 유사해 보이는지 관찰하라.' 이는 지나간 사랑에 대한 그리움 담긴 회상을 표현하는 것인지도 모를 일이다.

때로 이 노인이 레오나르도의 자화상이라고 말하는 사람도 있다.

레오나르도, 노인과 물의 습작. 바프리오에서 그린 것으로 추정. 윈저성 왕립도서관.

하지만 이는 잘못된 생각이다. 60세나 61세의 레오나르도를 정확하게 묘사했다고 보기에는 데생 속의 노인이 너무 늙었기 때문이다. 케네스 클라크의 주장처럼 노인은 레오나르도의 자화상이라기보다 '자기 희화(戱畵)'로서, 노쇠해졌을 뿐 아니라 사회에서 뒤처졌으며 헛된 꿈에서 깨어난 애처로운 인물로 스스로를 묘사한 것이라 보아야 한다.

60세 무렵의 레오나르도를 그린 초상화로 추정되는 작품은 세 점으로 모두 레오나르도의 제자들이 그린 것이다. 이중 두 점은 데생으로 윈저 컬렉션에 포함돼 있고, 나머지 한 점은 그림의 부분으로, 이 책에서 처음으로 레오나르도의 실제 모습에 가깝다는 의견을 제시하고 있다.

아랫부분에 우아한 필체로 '레오나르도 빈치'라 새겨져 있고, 붉은 분필을 사용해서 그린 유명하고 아름다운 옆모습 데생(컬러삽화 15)[36]은 프란체스코 멜찌의 작품으로 확실시되고 있으며 '현존하는 레오나르도의 초상화 가운데 가장 객관적이고 정확한' 작품으로 인정받고 있다. 길고 굽실거리는 머리카락은 그 무렵 분명히 희끗희끗했겠지만 붉은 분필을 사용했기 때문에 분간할 수 없고 다만 그런 느낌을 줄 뿐이다. 하지만 여전히 숱이 많고 활기가 넘친다는 인상을 준다. 초상화의 옆모습에서는 세련됨과 어떤 힘이 느껴진다. 코는 길고, 눈은 흐트러짐이 없고, 입술은 어렴풋하게 여성스럽고, 코밑수염은 단정하게 빗질되어 있다. 이는 젊은 시절에 아름다웠고, 여전히 놀랍도록 잘생긴 사람의 옆모습이다. 그는 투린 자화상(25쪽)의 노인만큼 늙지 않았고, 주름살도 눈에 띄지 않는다. 1566년에 바사리가 바프리오로 멜찌를 찾아갔을 때 보았던 초상화가 바로 이 작품이었을 것이다. '프란체스코는 레오나르도에 대한 행복한 추억을 담은 초상화와 함께 레오나르도의 유품인 원고를 소중하게 여기고 보존하고 있다.'

이보다 덜 유명하면서 좀 더 정의하기 힘든 초상화로 펜과 잉크를 사용한 자그마한 데생[37]이 있다. 이는 레오나르도의 제자가 그린 것이 거의 확실하다.(음영 부분이 오른손잡이의 것으로 보아 자화상이 아니다.) 얼굴을 왼쪽으로 4분의

레오나르도 초상화 스케치. 1510년 경.
윈저성 왕립도서관

3만큼 돌린 옆모습을 그렸고, 앞서 말한 멜찌의 붉은 분필 초상화와 아주 유사하다. 여기서 레오나르도의 모습은 멜찌가 그린 옆모습보다 2년 정도 젊어 보이므로, 제작 시기를 1510년경으로 보는 것이 타당하다.

이 옆모습 스케치를 보면 레오나르도가 이마를 가로지르고 오른쪽 뺨 위로 비스듬하게 희미한 선으로 그려진 모자를 쓰고 있는 것이 흥미롭다. 16세기 레오나르도 초상화의 대부분은 모두 모자를 쓴 레오나르도를 모델로 했다. 바사리의 『예술가 평전』에 등장하는 목판 초상화에서 레오나르도는 귀덮개가 달린 모자를 쓰고 있다. 아마도 이 옆모습 스케치가 암시하는 모자 형태가 바로 그것일 것이다. 레오나르도의 '이미지'를 표현하는 이런 세부사항은 실종된 초상화 데생에서 비롯되었을 가능성이 있으며, 그 흔적을 찾아볼 수 있는 작품이 바로 이 옆모습 스케치이다.

내가 확신하기로는 이 윈저 옆모습 스케치를 뒤집어서 얼굴을 오른쪽으로 4분의 3만큼 돌린 옆모습을 그린 데생이 존재했을 것이다. 이 데생은 윈저 스케치의 모사본을 뒤집어 다른 면의 종이에 따라 그리기만 하면 되는 것이다.(컬러삽화 25가 그 예이다.) 당시 학생들은 자주 작품을 뒤집어서 따라 그렸고 거울 형상을 사용해서 하나의 데생으로 두 가지 모델을 만들어내는 경우가 많았다. 이런 기술은 레오나르도 자신의 데생에서도 종종 찾아볼 수 있다.

윈저 소장 스케치를 뒤집어 그린 그림은 레오나르도의 밀라노 시절 제자였던 잠피에트리노의 작품 속 성 제롬의 수염 달린 모습에 정확하게 보존되어 나타났다.(컬러삽화 26) 4분의 3 옆모습이 반대 방향인 점을 제외한다면 콧등, 침울한 눈, 수염, 심지어 모자의 선, 두건에 이르기까지 모든 면에서 성 제롬과 윈저 스케치는 비슷하다. 윈저 스케치가 레오나르도의 초상화이듯, 잠피에트리노의 성 제롬도 레오나르도의 모습을 나타낸 것이라 할 수 있다.

제 8 장

말년

1513~1519

촛대의 불꽃을 관찰하고 그 아름다움에 대해 생각하라.
눈을 깜빡이고 다시 한 번 보라.
전에 없었던 것을 보게 될 것이고, 전에 있었던 것은 사라진다.
항상 죽어가기만 하는 이 불꽃을 다시 살아나게 할 사람은 대체 누구인가?

파리 MS F, fol. 49v

로마로 향하다

레오나르도는 1513년 초 잠시 밀라노에 체류했다. 아마도 새 공작인 마시밀리아노(Massimiliano)가 자기 아버지의 적에게 협력했던 사람을 어떻게 생각할지 확신할 수 없었기 때문일 것이다.

그러는 사이, 로렌조 메디치의 생존한 두 아들이자 새로운 세대를 대표하는 조반니와 줄리아노, 그들의 사촌 줄리오(Giulio)가 정치권력을 장악했다는 소식이 피렌체로부터 들려왔다. 그들은 1512년 여름, 18년의 망명생활 끝에 다시 돌아와 피렌체를 통치하게 된 것이다. 9월 1일 소데리니는 도시 문을 빠져나가 망명길에 올랐고, 줄리아노 데 메디치는 다른 문으로 피렌체에 입성했다. 그는 전통적인 피렌체 의상을 입고 군사의 호위 없이 걸어서 입성했다. 그가 처음 향한 곳은 베키오 궁도, 메디치 성도 아닌, 공화정부 밑에서 메디치 가문을 지지했던 사람의 집이었다. 이는 동료 시민의 일치된 여론에 따른 한 피렌체 시민의 겸손한 귀환이었으며, 정략적으로 자제하는 모습을 보여준 훌륭한 예였다. 줄리아노의 형으로 메디치 가문의 가장이었던 조반니의 귀환은 줄리아노처럼 수수하지 않아서 1,500명의 군사를 대동했다. 조반니는 비대한 몸집에 학자적 성향을 지녔고 예민한 정치 감각을 소유해서, 당시 로마에서 강력한 힘을 발휘하는 추기경이 되었고 이미 다음 교황으로의 선출이 유력시되고 있었다.

피렌체의 권력 이동은 처형이나 재산 몰수 없이 조용하고 효율적으로 이루어졌다. 교황 율리우스 2세의 사망으로 메디치 가문은 완벽하게 정치권력을 탈환할 수 있었다. 조반니는 급히 로마로 내려갔고,

1513년 3월 11일 추기경들이 모인 콘클라베(conclave, 교황 선거를 위한 비밀회의-옮긴이)에서 교황 레오 10세로 추대되었다. 이제 피렌체의 통치는 줄리아노에게 돌아갔지만, 새 교황은 종잡을 수 없는 성격의 동생에게는 피렌체의 정치파벌을 다룰 능력이 부족하다고 판단해서 그런 능력을 갖춘 젊은 조카인 로렌조 디 피에로를 내신 일선에 내세웠다. 그리고 혹 느낄지도 모를 분노를 무마하기 위해 줄리아노에게는 새로운 직위를 부여한 후에 로마로 불러들이고 영원히 로마에 체재할 수 있는 자리에 앉혔다.

이제 로마에 안착한 줄리아노 데 메디치는 1513년 여름에 레오나르도를 로마로 초청하기에 이르렀다.

레오나르도는 새로운 노트인 파리 MS E의 맨 앞장에 이렇게 적었다. '나는 조반, 프란체스코 데 멜찌, 살라이, 로렌조, 일 판포이아(Il Fanfoia)와 함께 1513년 9월 24일 밀라노를 떠나 로마로 향했다.' 단 3개월을 머물 생각으로 피렌체를 떠난 지 7년 이상이 흐른 후였다. 이로 미루어 그가 밀라노라는 도시 자체와 매우 부유한 공작과 총독에 깊은 애착을 가졌음을 알 수 있다. 그는 자기 생애의 3분의 1 이상을 밀라노에서 보

줄리아노 데 메디치의 초상화. 라파엘로의 작품이거나 모사본으로 추정. 뉴욕 메트로폴리탄 미술관

냈다. 투스카니 언덕에 대한 어린 시절 추억을 마음속 깊이 간직한 채 그가 그림에 표현했던 풍경은 좀 더 북부답고 섬세하고 신비한 롬바르디아의 햇빛에 젖어 있었다. 그가 밀라노를 떠났던 9월에 롬바르디아의 햇빛은 이미 온화해지기 시작해서, 레오나르도의 포도원 포도가 무르익고, 해가 짧아지고 있었다.

레오나르도가 로마에 도착한 것은 아마도 1513년 10월 말이었을 것이다. 외모가 출중하고 깨끗한 피부에 불가사의하게 사람을 끄는 매력을 지닌 줄리아노 디 로렌조 데 메디치는 아버지의 개인적인 매력을 물려받았지만, 정치적인 힘은 전혀 물려받지 않았다. 그는 1479년에 출생했고, 암살당한 삼촌의 이름을 받았다.

1494년 메디치 가문의 가세가 기울었던 당시 줄리아노는 15세 청년으로 우르비노 공작과 만투아 후작의 객으로 망명생활을 했다. 레오나르도와 줄리아노는 1500년 베네치아에서 만났고, 그곳에서 줄리아노는 레오나르도가 작업하고 있던 이사벨라 데스테의 미완성 초상화에 감탄을 했고, 자신이 피렌체에서 알고 지내며 흠모했던 리자 게라르디니의 초상화를 그려 달라고 요청했을 가능성이 있다. 여러 가능성이 존재하지만, 1517년 레오나르도가 프랑스에서 '모나리자' 앞에 서서는 '이 작품이 줄리아노 데 메디치의 요청으로 어떤 피렌체 여성을 실제 모델로 놓고 그린 작품'이라고 말한 이유에 대한 설명이 될 수 있다. 어쨌거나 '모나리자'는 로마에서 손질과 덧칠을 거치면서 서서히 루브르의 상징으로 변해 갔다. 이 그림의 좀 엉뚱한 사촌격이라 할 수 있는 '나체의 지오콘다'가 레오나르도의 작업실에 모습을 드러낸 것도 아마 줄리아노의 후원을 받던 바로 이 시기였을 것이다.

줄리아노에 대한 최악의 평은 그가 일종의 몽상가라는 것이었다.

교황 군대의 사령관으로서 그는 무능했다. 군인이라기보다는 궁정 조신(朝臣)에 가까웠고, 또한 그보다는 아마추어 학자에 가까웠다. 바사리는 그를 가리켜 '자연철학과 특히 연금술에 뛰어난 훌륭한 학자였다.'고 칭했다. 바사리에 따르면 라파엘로가 줄리아노의 초상화를 그린 시기도 이 무렵이었다. 뉴욕 메트로폴리탄 미술관에 소장된 초상화는 원본이거나 동시대의 모작이다.

레오나르도는 줄리아노와 새롭게 관계를 맺으면서 30년 전 로렌조 데 메디치와의 관계에서 발생했을지 모르는 원한을 치유하고 다시 메디치 가문의 그늘 밑으로 들어갔다. 레오나르도와 동시대인이었던 베네데토 바르치(Benedetto Varchi)의 증언에 따르면, 줄리아노는 레오나르도를 '친구라기보다 형제로' 대우했다.[1]

파올로 조비오가 남긴 줄리아노의 문장(紋章)은 레오나르도의 고안일 가능성이 있다. 이는 메디치 가문을 상징하는 나무 그루터기를 변형시킨 것으로, 잘려 나간 월계수 가지에 새싹이 나는 형상을 표현했다. 하지만 'GLOVIS'라는 불가사의한 모토는 이 고안에만 존재한다. 이 모토를 거꾸로 읽으면 '방향 전환('sivolge')'을 뜻해서, 레오나르도가 고안했던 다른 문장의 모토인 '생각이 희망을 향해 방향을 튼다'를 떠오르게 한다. 아마도 레오나르도는 로마에서 또 다른 새 출발을 기대하는 낙관적인 분위기에 싸여 있었을 것이다.

빌라 벨베데레에서

1513년 12월 1일 교황의 건축가 중 한 사람인 줄리아노 레노는 바티칸 근교에서 수행해야 할 여러 건축 작업의 목록을 작성했는데, 그

목록에는 '레오나르도 다 빈치의 방을 준비하기 위해 벨베데레에서 해야 할 일'이 포함되어 있었다. 빌라 벨베데레는 교황 이노센트 8세에 의해 30년 전에 건축된 후에 주로 교황의 여름 궁전으로 사용되었고, 높은 지대에 자리 잡아 선선했으며, 아름다운 정원으로 둘러싸여 있었다.

레오나르도는 예전에 짧게 몇 번 로마를 다녀온 적은 있지만 거주한 적은 없었다. 로마의 인구는 약 5만 명으로 밀라노의 인구보다 훨씬 적었고, 고대 유적과 장엄한 새 건축물로 유명했다. 또한 교황 정치가 이루어지던 궁정의 부패와 뇌물 등으로 악명이 높아서 로렌조 데 메디치가 미래의 교황이 될 자신의 아들에게 보낸 편지에서 로마를 '부정행위의 하수구'라고 칭했다는 유명한 일화가 있다. 교황 레오 10세가 통치하는 궁정은 보르자 시대 교황정치가 자행했던 것 같은 과도한 폭정을 행사하지는 않았지만, 바티칸의 생활은 여전히 음란했다. 도시에는 약 7천 명의 매춘부가 있었고, 많은 수의 매춘굴이 교황청의 허가를 받아 운영되었다. 매독이 돌아서, 벤베누토 첼리니가 편지에서 매독을 '신부들 사이에도 매우 흔한 병'이라 일컬은 것은 결코 섣부른 견해가 아니었다.

하지만 빌라 벨베데레는 이런 혼란스런 상황과 동떨어진 자그마한 별개의 세계여서 로마에 있는 레오나르도에게 은둔의 분위기를 제공했다. 궁전은 신축된 건물이었지만 궁전을 둘러싼 정원은 거대하고, 예스러웠으며, 반쯤은 야생의 상태였다. 수척하고 수염이 난 레오나르도는 이곳에서 자연과 대화하거나 정원사와 대화를 나누었다. 이 무렵의 일화가 바사리의 글에 등장한다.

벨베데레의 정원사가 매우 야릇하게 생긴 도마뱀을 발견하자, 레오나르도는 수은을 혼합해서 도마뱀의 등에 날개를 붙였다. 이 날개는 다른 도마뱀의 비늘을 떼어 만들었는데 도마뱀이 움직일 때마다 흔들렸다. 그는 도마뱀에 눈을 달고, 뿔을 붙이고, 수염을 매달아서 길을 들였다. 그러고는 상자에 담아 두었다가 친구들에게 보여주어 그들을 혼비백산하게 만들었다.

1514년 한여름 밤, 레오나르도는 벨베데레에서 이런 메모를 남겼다. '각하가 제공해 준 벨베데레 작업실에서 7월 23일 23각 시간에 끝마쳤다.'[2] 여기서 그가 끝마쳤다는 것은 그의 영원한 관심의 대상이었던 기하 방정식을 뜻했다. 그리고 또 다른 종이에는 '나는 이제 무한에 이르는 방법을 제시해 줄 '기하학 게임에 대해서'란 책을 쓰기 시작할 것이다.'라고 썼다.[3]

그해 말에는 가족 간의 화해를 기록한 기분 좋은 메모가 등장한다. 세르 피에로의 둘째아들이자 레오나르도가 자신에 대항한 소송의 주동자로 지목했던 이복형제 줄리아노 다 빈치가 1514년 로마에 와서 화해를 청한 것이다. 그는 이제 30대 중반에 들어선 남편이자 아버지였으며, 공증인으로 일하고 있었다. 그런데 그가 로마에 온 진짜 목적은 다른 데 있었다. 바로 성직록(聖職祿)을 얻기 위한 것이었다. 그가 레오나르도와 화해를 하고 싶어 했던 이유도 여기에 있었다. 당시에는 인맥을 통해 모든 문제를 해결할 수 있었는데, 레오나르도가 바로 그 인맥을 소유했던 것이다. 하지만 레오나르도가 교황의 고문에게 보낸 편지로 판단해 보면, 줄리아노 다 빈치를 위해 애썼던 레오나르도의 노력은 허사로 돌아갔고, 줄리아노 다 빈치의 탄원이 어떻게 결말지어졌는지에 대한 기록도 현재 남아 있지 않다.

1515년 1월 9일 레오나르도는 이렇게 썼다. '줄리아노 각하가 사보이(Savoy)에서 결혼식을 올리기 위해 새벽녘에 로마를 떠났다. 그리고 같은 날 프랑스 국왕이 사망했다.'[4] 사실 루이 12세는 열흘 전에 사망했지만 레오나르도가 그 사실을 전해들은 것은 줄리아노가 로마를 출발한 날이었다.

줄리아노는 프랑스로 들어가면서, 레오나르도가 프랑스를 기념하는 화려한 행렬을 위해 고안했던 '자동 기계 사자'를 가져갔던 것 같다. 1490년대에 고안했던 자동장치나 로봇과 같은 원리를 활용한 기계장치였다. G. P. 로마조는 이 장치에 대해 이렇게 설명했다. '어느 날 프랑스의 국왕인 프랑수아 1세 앞에서 놀라운 솜씨로 제작된 사자를 작동시켰다. 사자는 홀을 움직이다가 작동을 멈추더니 가슴을 열면서 백합과 다른 꽃들이 가득한 속을 드러냈다.'[5] 사자는 피렌체의 오랜 상징이었고, 백합은 프랑스의 국화였다. 비록 레오나르도는 참석하지 않았지만, 레오나르도의 기계장치는 메디치 가문과 프랑스의 새 국왕이 정치적 우호관계를 맺는 자리에서 한몫을 담당했다.

세례 요한과 주신酒神 바쿠스

바사리는 이런 일화를 글로 남겼다.

> 교황이 작품을 의뢰하자 레오나르도는 우선 유약을 만들기 위해 기름과 식물을 정제하기 시작했다. 이를 본 교황은 '세상에 이 사람은 작업을 시작하기도 전에 벌써 마무리를 생각하고 있으니 작품에는 아무 진전도 없겠군.' 하며 탄식했다.

피렌체인 교황이 의뢰했던 작품은 피렌체의 수호성인인 세례 요한의 그림이었을 것이다. 추측이기는 하지만, 실제로 레오나르도의 세례 요한 반신상(컬러삽화 28)은 그의 후기 작품인 것이 확실하고, 마지막 작품일 가능성이 크다. 이것이 사실이라면 교황의 모욕적인 발언은 그가 레오나르도의 예술을 제대로 이해하시 못했나는 증거이다. '성 요한'의 그림 표면이 광택이 나고 여러 층으로 이루어진 것은 바로 '기름과 식물'을 미묘하게 정제한 결과이기 때문이다.

실제로 레오나르도는 후기에 세례 요한의 그림을 두 점 그렸는데, 두 작품 모두 현재 루브르에 소장되어 있다. 하나는 어두운 배경의 반신상 '성 요한'이고, 다른 하나는 성 요한이 풍경 속에 앉아 있는 전신상으로 편의상 '사막의 성 요한'(442쪽)으로 불린다. 후자는 레오나르도가 사망한 후 한참 지나 몇 가지 요소가 더해져 종종 '바쿠스(Bacchus)의 속성을 가진 성 요한'이라 불리기도 한다.

두 작품 중에서 '사막의 성 요한'이 더 일찍 완성된 작품으로 추정되고, 풍경에 있는 나무는 루브르 판 '성 안나와 함께 있는 마리아와 아기 예수'의 나무와 유사하다.

후기의 다른 작품과 마찬가지로 '성 요한'은 정의와 재정의의 기나긴 과정을 거친 마지막 단계의 작품이다. 기록으로 남아 있는 가장 초기 단계는 윈저에 소장된 작은 스케치[6]로, 이 작품에서는 실제로 성 요한이 아닌 마리아의 수태를 알리는 성 가브리엘을 그렸지만, 오른쪽 팔뚝을 수평으로 유지한 상태에서 팔이 위를 향하게 하고 왼쪽 손은 가슴을 덮고 있는 자세가 동일하다. 스케치는 제자들이 그린 것이지만 레오나르도가 오른팔의 각도를 바로잡아 주었을 것이다. 이후에 등장한 여러 작품들은 모두 반신상 '성 요한'의 얼굴에 윈저 소

천사의 변형.
왼쪽 마리아의 수태를 알리는 천사를 위한 레오나르도 제자의 습작. 윈저성 왕립도서관
오른쪽 '육신의 천사'. 로마 시절 레오나르도의 작품 또는 제자가 다시 그린 작품으로 추정. 개인 소장

장 스케치에 등장하는 천사의 특별한 자세를 결합한 것이다.

이 인물을 가장 특이하게 변형한 작품은 1513~1515년에 푸른 종이 위에 그린 작은 데생으로, 수년 동안 '독일 귀족 가문'이 개인적으로 은밀하게 소장하고 있었기 때문에 1991년에 이르러서야 재발견되었다. 이 작품의 '천사'는 같은 자세를 취하고 있기는 하지만 천사를 나타내는 날개를 더 이상 달고 있지 않고, 매우 종잡을 수 없는 얼굴 표정에 뚜렷하게 여성의 젖꼭지가 드러나고, 왼손으로 쥐고 있는 얇게 비치는 베일 밑으로는 발기된 성기가 그려져 있다. (어떤 시점에서인가 발기된 성기를 없애려고 노력해서 그 주위가 흐릿한 갈색으로 변색되었는데, 이 갈색이 본래 종이의 색이었다.)

파란을 일으켰던 이 형상은 오늘날 일반적으로 '육신의 천사(Angel made flesh)'라는 제목으로 불린다. 이 작품은 1991년 처음 뉴욕에 전시되었을 당시 커다란 화젯거리가 되었고, 그 이후로 학자들, 특히나 정신과 의사들의 지속적인 논쟁거리가 되었다. 정신분석가 앙드레 그린(André Green)은 이렇게 썼다.

이 작품에서는 여성다움과 남성다움, 어떤 황홀경과 거의 고통의 지경에 이른 슬픔 등 모든 모순이 만난다. 입은 성적인 매력을 풍기면서도 어린아이 같고, 닫혀 있으면서도 반쯤 벌어져 있고, 말이 없으면서도 무언가 말을 하려 한다. 곱슬머리는 남성을 뜻할 수도 여성을 뜻할 수도 있다. 한마디로 이 작품을 대하는 사람은 부자연스러움을 느끼고, 이런 느낌은 베일 밑으로 보이는 발기된 성기를 볼 때 더욱 강렬해진다. 아마도 이 천사 뒤에 악마 같은 무언가가 존재할 것이다. 하지만 이런 작품 해석이, 작품에 표현된 전반적인 조화를 발견하지 못하기 때문인지, 아니면 신성한 열망과 오르가슴의 쾌락 사이의 모순 때문인지는 알 수 없다.[7]

'육신의 천사'에 표현된 천사와 루브르에 소장된 '성 요한'의 성향은 다른 후기 작품의 성향과 유사하지만, '성 요한'에서는 변형이 은닉의 형태로 나타나서, 오른팔을 앞을 향해 뻗음으로써 천사나 성인의 앞모습을 그대로 노출시키는 다른 작품과 달리, 오른팔이 가슴을 가로지르며 발육기의 가슴을 감추고, 왼손의 우아한 손가락까지 감춘다. 또한 모피 망토를 아래로 걸쳐서 허리 윗부분을 가렸다. 쑥 들어간 눈을 한 '육신의 천사'의 얼굴은 '성 요한'에서 선명한 적갈색 곱슬머리에 매력적이고 상기된 모습으로 변형되었고, 남녀 양성의 성질이 분명하게 드러나지 않는 인물로 표현되었다. 레오나르도는 성적인 이중성을 구체적으로 나타내지 않으면서 더욱 심오하고 우아하게 이를 표현했다. 루브르 소장 '성 요한'에는 동성애적 매력의 흔적이 강하게 남아 있지만, 그림의 신비한 광택 속에 스며들어가 있다. '육신의 천사'가 나타내는 병폐와 타락의 경향은, 벨베데레에서 정제한 불가사의한 '기름과 식물'로 치유되었다. 레오나르도는 이것을 매우 천천히, 감정을 누그러뜨리듯, 반복적으로 겹겹이 화판에 칠해 마침내 성적인 동시에 영적이고, 남성적인 동시에 여성적이고, 죄인인 동시에 성인이면서, 인간의 분열되고 우유부단한 삶에 존재하는 모든 갈등을 해결하는 것처럼 보이는 인물을 창조해 냈다.

'육신의 천사'가 은유적으로나 취하고 있는 자세로 보나 마리아의 수태를 알리는 천사와 관련이 있기는 하지만, '병든 바쿠스'를 연상케 하는 요소 또한 포함하고 있다. 이는 카라바조(Caravaggio)의 작품에서 볼 수 있는 유명한 제재로, '레다'에서 발견하듯이 기독교적 특징과 이교도적 특징의 조절을 의미한다. 레다는 성모마리아의 이교도적인 표현이고, 비둘기 형태를 띤 성령에 의해 수태된 것이 아니라 백조로 가장한 음란하기로 악명 높은 고전적인 신에 의해 수태된 초자연적인 모성애의 형상이다.

바쿠스는 로마 판 디오니소스로 포도주와 잔치의 신이고, 레오나르도가 작품에서 표현했듯이 생식적인 본성 즉 남근을 대표하는 고대의 상징이다. 바쿠스는 주피터의 아들로 '주피터의 넓적다리에서 튀어나왔다'고들 한다. 이 또한 의심할 여지없이 바쿠스가 남근의 상징인 이유이다. 바쿠스는 레다에 비유될 수 있고, 이교도적인 다산과 생식을 상징한다. 이런 연결은 1505년 경 레오나르도가 피렌체 작업실에서 그렸던 작품에 구체적으로 표현되지만, 이 작품은 현재 전해지지 않는다.

'사막의 성 요한', 루브르 박물관

바쿠스의 병은 식물이나 생식의 신으로서의 그의 본질의 일부분이다. 이는 생식 후 즉 싱교 후를 가리킨다. 바쿠스는 가을의 신이고 쇠퇴의 신이다. 레오나르도의 작품에서 바쿠스는 발병 초기 단계이면서 아직은 건재해서 시간이나 과정의 동력이 여전히 그림 속에 존재한다. 잔치는 거의 끝나가지만, 아직 끝난 것은 아니다.

이러한 바쿠스의 주제는 레오나르도가 그린 또 다른 성 요한 작품 즉 전신상의 '사막의 성 요한'과도 밀접한 관련이 있다. 이 작품은 1625년 프랑스 왕가 컬렉션에 '사막의 성 요한'으로 처음 기록되었으나, 1695년 '풍경 속의 바쿠스'로 그 이름이 바뀌었다. 그림에 보이는 표범가죽, 포도 잎으로 만든 관, 포도, 세례요한의 십자가에서 변형된 티르소스(thyrsus, 꼭대기에 솔방울을 달고 때로 담쟁이 덩굴이나 포도 잎을 감은 주신 바쿠스의 지팡이-옮긴이) 등 바쿠스의 특징이 17세기 말에 덧붙여진 것이라 추정하는 견해도 있다. X레이를 사용해서 기술적인 검사를 실행했지만, 19세기에 작품을 캔버스에 옮기는 과정에서 사용한 하얀 납 때문에 위의 가설을 입증하거나 부인할 만한 어떤 증거도 얻지 못했다. 한편으로는 이러한 세례요한과 바쿠스 사이의 연결이 레오나르도가 원래 의도했던 개념일 가능성도 있다.

레오나르도가 말년에 그렸던 다양한 인물 즉 천사, 세례요한, 바쿠스 등은 영적인 세계의 전령이고, 질병과 죽음의 한복판에서 새로운 생명으로 되살아나게 하는 사자(使者)였다. '항상 죽어가기만 하는 이 불꽃을 다시 살아나게 할 사람은 대체 누구인가?'

대홍수

화가로서의 경력의 막바지에 도달한 레오나르도는 변화무쌍하고 말로 형용하기 어려운 자연의 영향력을 포착하는 화가의 신비스러운 힘에 대해 곰곰이 생각했다. 레오나르도는 폭풍우가 드러내는 장광에 언제나 감동을 받았다. 동굴에 대한 초기의 글 또한 폭풍우의 묘사로 시작한다. 1490년대 초에 기록한 메모 속에는 '사나운 비바람을 묘사하는 방법'에 대한 글이 있다.

우선 구름이 하늘에 흩어져 산산이 부서지며 바람에 날리는 장면을 그려야 한다. 그리고 해안에서 모래 구름이 바람 때문에 하늘로 올라가 섞이고 나뭇가지와 나뭇잎이 이리저리 나뒹굴고 다른 가벼운 물체와 함께 여기저기 휘날리며 흩어지는 모습을 표현해야 한다. …… 그러면서 바람이 물보라를 일으켜서 숨이 막힐 듯이 농후한 안개가 피어나는 것을 연출해내야 한다.[8]

1508년의 메모에는 돌풍을 목격하고 기록한 글이 적혀 있다. '공기의 움직임이 너무 사나워서 지나가며 거대한 궁전의 지붕을 들어 올려 날려 보냈다.'[9]

이제 로마에서 레오나르도는 맹렬히 소용돌이치는 바람의 움직임에 다시 한 번 강렬한 열정을 쏟기 시작해서 '대홍수'라는 주제에 대한 글을 쓰고 데생을 남겼다. 이 작품들을 모으니 하나의 포트폴리오가 완성되었다. 이는 항상 머릿속을 떠나지 않았던 그림에 대한 보고서의 일부가 될 수도 있었고, 성경에 등장하는 홍수를 실제로 그리려는 생각을 표현한 것일 수도 있었다. 그중 가장 내용이 긴 글은 원저에 소장된 종이의 양면을 채우고 있는데, '대홍수의 묘사'와 '그림에서 대홍수를 묘사하는 방법'이란 제목 아래 두 부분으로 나뉘어 있다. 대홍수를 주제로 한 글에서 레오나르도의 스타일은 장대하고 수사적이다. '분류'라는 제목의 메모에는 사나운 비바람의 구성 요소를 요약했다. 이는 홍수, 번개, 지진, 소용돌이 등 물리적인 요소의 묘사로 시작해서 파국의 인간적 영역에 초점을 맞추었다.

휩쓸려 내려오는 부서진 나무 사이에 인간들이 있다. 배는 바위에 부딪쳐 산산이 부서진다. 양떼들, 우박과 우레를 동반한 번개, 회오리바람, 스스로 지탱할 수 없어 나무를 붙들고 있는 사람들. 나무, 바위, 탑, 언덕 등이 사람들로 뒤덮였다. 배, 테이블, 여물통, 물에 뜰 수 있는 온갖 물건에 의지해서. 언덕은 남녀와 동물로 가득하고 구름으로부터 번개가 번쩍이며 모든 사물을 비춘다.[10]

도망가는 사람들, 물에 뜨기 위해 임시로 몸을 의지한 물건들, 회오리바람 속의 양떼 등은 대규모 그림이나 프레스코화를 그리기 위한 착상으로 보인다. 이것이 작품으로 구현되었다면 미켈란젤로의 '최후의 심판'에 버금가는 '노아의 대홍수'가 되었을 테지만 애석하게도 작품으로 태어나지는 못했다.

대신 후기 걸작으로 평가받고 있는 '대홍수 데생들'(컬러삽화 27)[11]이 탄생했다. 이 데생들은 모두 동일한 크기의 흰색 종이[6×8인치(15×20센티미터)]에 검정 분필로 그렸고 모두 열 장이다. 이들은 격정적이고 발작적이다. 펜은 소용돌이치는 에너지, 원심력에 의해 형성된 물의 터널, 사방팔방으로 튀어나가는 돌조각 등을 묘사하기 위해 굽이지고 내지른다. 데생의 힘은 이것이 종이 밖으로 터져 나오는 것 같다는 데 있다. 레오나르도는 작품을 통해 자연의 노골적인 에너지와 힘들게 대결하는 중이었다. 밴시(banshee, 울음소리로 가족에게 죽을 사람이 있다는 것을 알린다는 여자 유령―옮긴이)와 같은 소용돌이는 정신적인 분열과 혼동의 분출 즉 뇌에 이는 폭풍우와 같다. 몇몇 데생은 거의 환각적 성격을 띠어 마치 내면에서 주술적 체험을 겪고 있는 듯하다. 하지만 그 장면을 계속 쳐다보고, 그 속을 자세히 들여다보면 일종의 평온이 내재되어 있다는 사실을 깨닫게 된다. 그래서 저항할 수 없이 황홀해진다.

질병, 거울, 마지막 해부

'육신의 천사'에 등장하는 병약해 보이는 인물, 대홍수의 비극적 결말 등을 보더라도 당시 레오나르도의 건강과 행복 여부를 짐작해 볼 수 있다. 1515년 여름 레오나르도는 병을 앓았다. 노년의 레오나르도의 신체적 상태를 말해 주는 유일한 외부적 단서는 1517년 안토니오 데 베아티스(Antonio de Beatis)가 레오나르도의 오른손이 '마비' 되었고, 이로 말미암아 그림을 그릴 수 없었다고 남긴 기록이다. 이후 실제로 마비가 된 것은 그의 왼손이었다는 주장이 제기되었다. 하지만 이 주장은 잘못된 것으로, 레오나르도가 1517~1518년 사이에 위대한 투린 자화상을 포함해서 몇몇 데생을 그린 것이 확실하기 때문에 왼손은 마비되었을 리가 없다. 그러므로 베아티스의 말이 정확하고, 마비가 단지 손뿐만이 아니라 오른쪽 전반에 퍼졌을 가능성이 있다. 마비를 가져온 질병은 뇌졸중이었을 것이고, 이런 상태에서는 데생을 제외한 대형 그림은 그릴 수 없었을 것이다.

당시 레오나르도가 베껴 쓴 다음과 같은 의학적인 교훈은 자신의 질병과 관련이 있었을지 모른다. 이 교훈은 서투른 솜씨의 소네트 형식에 담겼는데, 모두 16행이다.

> 당신이 건강을 유지하고 싶다면 이 규칙을 지켜라.
> 식욕이 없을 때는 먹지 말고, 가볍게 식사하라.
> 잘 씹고, 무엇을 먹든지 간에
> 잘 조리해야 하고, 단순한 재료를 사용해야 한다.
> 약을 먹는 사람은 잘못된 충고를 받은 것이다.
> 화나지 않도록 하고, 환기가 안 된 탁한 공기를 피하라.
> 식사를 마치고 일어나서는 한동안 서 있어라.
> 한낮에 자지 말아야 한다.
> 와인을 부드럽게 만들어서(물을 섞는 등), 조금씩 자주 마셔라.
> 식사 사이에 마시지 말고, 빈속에 마시지 마라.
> 화장실에 가는 것을 미루지도 말고 그곳에 오래 머물지도 마라.
> 운동을 하더라도 너무 심하게 하지 마라.

누울 때는 배를 위로, 머리를 아래로 하지 마라.
밤에는 이불을 잘 덮고
머리를 잘 뉘고, 마음을 쾌활하게 유지하라.
낭비를 피하고 이를 식생활에서 지켜라.[12]

요즈음 같으면 '건강한 생활양식'이란 제목이 붙을 법한 건강 상식의 요약판 같다. 이를 통해 우리는 그가 말년에 검소하고 단순하고 절제된 생활을 했다는 점을 알 수 있다. 이 무렵 레오나르도는 채식주의자로 유명했던 것이 확실하다. 1516년 1월 피렌체인 여행가였던 안드레아 코르살리(Andrea Corsali)가 줄리아노 데 메디치에게 보내는 편지에서 이렇게 언급했기 때문이다. '구자라트(Gujarat, 아라비아해에 인접한 서부 인도의 한 지역—옮긴이) 사람들은 우리 레오나르도 다 빈치처럼, 피를 가진 생물은 절대 먹지 않고, 사람들이 다른 생물을 해치지 못하게 한다. 그들은 쌀과 우유와 기타 생명이 없는 음식을 먹고 산다.' 이런 검소한 태도는 세속적이고 육욕적이었던 로마에서 보인 레오나르도의 또 다른 유별난 면모였다.

이 무렵 레오나르도의 작업실에서는 한 가지 야심 찬 계획이 진행 중이었다. 레오나르도는 새로운 주제 혹은 꿈을 추구하고 있었는데, 그것은 태양열 발전으로, 특히 포물면거울(parabolic mirrors, 반사면이 회전 포물면으로 되어 있는 오목거울—옮긴이)을 가지고 태양열을 모아 전달하려는 계획이었다. '대홍수' 데생에서처럼 레오나르도는 자연의 근원적인 힘과 마주하면서 순수하지만 위험할 지경으로 강력한 에너지원에 자신을 몰입시켰다.

태양열을 동력으로 이용하는 데 대한 레오나르도의 관심은 최소한

7년 전으로 거슬러 올라간다. 코덱스 아룬델에 불을 일으키는 거울을 위한 고안이 포함되어 있고, 밑에는 '불을 내는 거울이다.'라고 적혀 있다.[13] 불을 일으키는 거울의 원리는 고대에서 비롯되었지만, 로마에서 레오나르도가 작업하고 있던 것은 더욱 크고 복잡했다. 푸른색 종이에 휘갈겨 쓴 일련의 메모에서 레오나르도는 '한 지점에 엄청나게 많은 동력'을 모은 후에 '염색공장에서 사용하는 것 같은 가열탱크'에서 물을 끓게 만드는 '피라미드 식' 거울 구조에 대해 설명했다.[14] 이러한 여러 면을 가진 거울 구조를 천문학에 사용하기도 해서, 망원경처럼 생긴 기구의 설계도와 메모가 남아 있다.[15] 이는 뉴턴의 반사망원경의 원칙을 예견한 것처럼 보인다.

또한 벨베데레에 있는 실험실에서는 비밀리에 화학약품 처리 과정을 진행해서, 거울 표면이 뿌옇게 되거나 변색되는 것을 막는 유약을 제조하기도 했다.

레오나르도는 이렇게 활동하면서, 추정하기로 산토 스피리토(Santo Spirito)에 있는 유명한 로마 병원에서 생애 마지막 해부를 했다. 당시 레오나르도는 '교황 앞에서 그리고 병원에서 해부 사실을 비난해서 내 해부를 방해했다.'며 조반니를 비난했다.

이 논쟁의 초점은 레오나르도의 태아 연구였을 것이다. 후기 밀라노 시기 작품으로 추정되면서 윈저에 소장되어 있는 그 유명한 '자궁 속 태아 연구'에는 로마에 체재하던 말년에 완성한 글과 데생이 포함되어 있다.[16] 이는 논란의 여지가 많았던 출생하지 않은 아이의 영혼을 둘러싼 신학적 문제를 건드렸다. 레오나르도는, 태아가 어머니의 신체뿐만 아니라 영혼에 전적으로 의존하는 '피조물'이라 썼다. '어머니의 다른 부분과 마찬가지로 같은 영혼이 두 개의 몸을 지배하고,

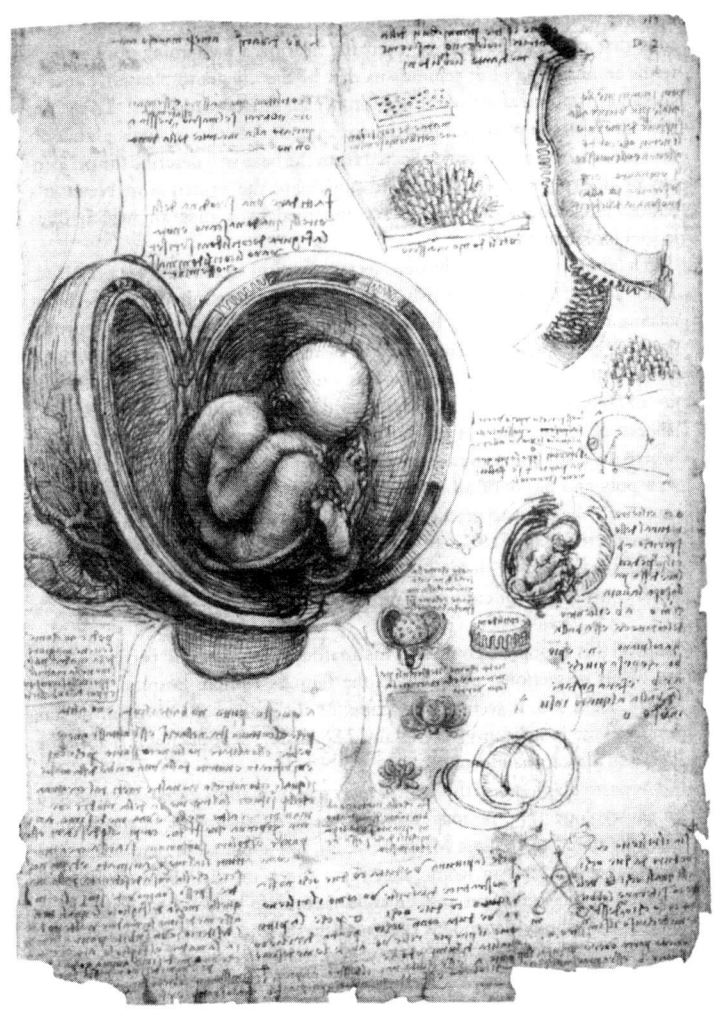

자궁 속 태아 연구. 로마에서 논쟁을 불러일으켰을 가능성이 있다. 윈저성 왕립도서관

욕망과 두려움과 슬픔을 이 피조물과 공유한다.' 그러므로 임산부가 사망하면 그녀의 태어나지 못한 아기는 영혼이 없기 때문에 구원받을 수 없다. 이렇듯 영혼이 신체와 연결되어 형성되고, 신체와 함께 죽는다는 사고방식이 1515년 당시 로마에서는 아리스토텔레스 식의 이교도적 견해로 받아들여졌다. 이 무렵 교황의 신학자들은 이 같은 사고방식과 기타 이단적 사고방식에 반대한다는 입장을 확고하게 주장했다.

신학적으로 이단의 범주에 속했던 레오나르도의 생각을 바사리는 이렇게 설명했다. '그는 매우 이단적인 정신 상태를 소유했다. 그는 자신이 모든 면에서 기독교도보다는 철학자에 훨씬 가깝다고 생각했기 때문에, 어떤 종류의 종교에도 전혀 만족할 수 없었다.'

마지막 피렌체 방문

레오나르도는 자신의 마지막에 대해 생각하기 시작했다.

1515년 10월 8일, 레오나르도는 피렌체 소재 성 요한 성심회에 가입했다. 여기에는 피렌체인으로서의 정체성 부활이나 말년의 신앙심을 표현하고 싶은 마음, 기품 있는 장례 절차를 맞고 싶은 바람 등 여러 가지 원인이 있었을 것이다. 장례는 성심회가 수행했던 역할 중의 하나였다. 그들은 회원이 아플 때 서로 도와주고, 사망했을 때 장례식을 준비했다. 하지만 성심회의 기록에 따르면 레오나르도는 입회비를 내지 않았다는 이유로 회원 자격을 박탈당했다.

이는 심경의 변화 때문이라기보다는 상황적인 요인 때문이었을 것이다. 1515년 레오나르도는, 교황이 새 프랑스 왕과 동맹을 체결하기 위한 역사적 회의에 참석할 때 교황의 수행원으로 로마를 떠나 피렌체와 볼로냐로 향했다.

교황의 행렬은 11월 30일 피렌체에 도착해서 대대적인 환영을 받았다. 피렌체에 체류하는 동안 교황 레오 10세는 베키오 궁의 대회의실에서 추기경회의를 주재했다. 레오나르도의 웅장한 '앙기아리 전투'의 일부분을 여전히 볼 수 있는 곳이었다. 그 회의에 레오나르도 또한 참석했을 가능성이 있다. 40년 후에 메디치 가문의 대공인 코시모(Cosimo) 1세는 조르조 바사리에게, 유령처럼 남아 있는 레오나르도의 '앙기아리 전투' 위에 거대한 프레스코화를 그려 달라고 의뢰했다. 현재까지 벽을 덮고 있는 바사리의 프레스코화에는 메디치 가문 출신의 교황 레오 10세가 피렌체 정치의 중심에 섰던 이 권력의 순간도 포함되어 있다. 이 장면의 배경에 바사리는 네 명의 인물을 그려 넣고, 이렇게 설명했다.

그들을 그림의 배경에 실물 크기로 그려 넣었기 때문에 추기경들과 구별해서 알아볼 수 있을 것이다. 당대의 가장 위대한 두 천재와 대화를 나누고 있는 줄리아노 데 메디치 공작과 그의 조카 로렌조 공작의 모습을 그렸다. 두 천재 중의 한 사람으로 백발의 곱슬머리를 한 노인은, 그림과 조각의 위대한 대가인 레오나르도 다 빈치로 로렌조 공작 옆에서 이야기를 나누고 있다. 그리고 다른 한 천재는 미켈란젤로 부오나로티이다.[17]

이 장면은 두 예술가의 화해를 상징한다. 아이러니컬하게도, 두 사람의 경쟁이 시작되었던 이곳 베키오 궁의 대회의실에서 있었던 일이다. 당시 이 둘은 메디치 가문이 육성하는 예술의 쌍두마차로 여겨지고 있었다. 벽화에 그려진 레오나르도의 모습은 멜찌의 초상화에 기초한 것이지만, 마지막으로 피렌체를 방문했을 당시 레오나르도의 모습을 떠올려 보게 한다.

1515년 12월 7일경 교황의 행렬은 볼로냐로 향했다. 교황과 프랑수아 1세는 볼로냐에서 회의를 했고, 레오나르도는 자신의 마지막이자 가장 헌신적인 후원자를 만났다. 새 왕은 21세로 굉장히 키가 크고, 카리스마와 자신감이 넘쳤다. 그는 장인이었던 루이 12세가 그토록 소중하게 생각했던 그림들을 통해 이미 레오나르도를 알고 있었고, 밀라노를 재점령했을 때 '최후의 만찬'을 보았고, 7월 리옹의 승리 때 자신을 위해 공연했던 기발한 자동 기계 사자를 보았다. 이탈리아인 후원자로부터 세련된 감사를 충분히 받을 수 없었던 레오나르도는 이렇게 해서 다시 한 번 프랑스인의 눈에 띄게 되었다.

교황은 프랑수아 1세의 오만한 태도에 화가 났지만, 줄리아노 데 메디치가 공작의 작위를 수여받은 것에 어느 정도 감정이 누그러져서 12월 17일 볼로냐를 떠났다. 하지만 줄리아노는 새로운 직위를 누릴 틈도 없이 3개월 후인 1516년 3월 17일, 37세의 나이로 폐결핵에 걸려 세상을 떠났다. 레오나르도는 줄리아노가 사망한 후 몇 개월 동안 로마에 머물렀지만, 그동안 무엇을 했는지에 대해서는 밝혀진 것이 없고, 그의 삶은 다시 한 번 불안정해졌다.

프랑스에서의 생활

레오나르도가 프랑스로 가겠다는 결정을 내린 때는 1516년 여름이었다. 가을을 넘겨 알프스 산맥을 넘는 것이 어렵다는 사실을 잘 알고 있었기 때문이다. 누가 부른 것도 아니고, 오라고 간청한 사람도 없었고, 외교적인 초청 발표도 없었으며, 통행 허가증도 없었다. 볼로냐에서 프랑스 국왕을 만났던 것과 줄리아노 데 메디치가 사망한 사건을 계기로 어느 날 프랑스로 가야겠다는 결정을 내린 것이다. 이렇게 레오나르도는 8월이나 9월경에 64세의 나이로 자신의 삶에서 가장 긴 여행을 떠났다.

그해 말 레오나르도는 상당한 연금을 제공받으면서, 프랑스 왕이 통치하는 앙부아즈(Amboise, 루아르 강가에 있는 프랑스 중서부의 한 도시―옮긴이)의 성채 옆에 자리한 루아르(Loire) 계곡에 정착했다.

레오나르도와 프랑스 왕과의 관계는 매우 좋았다. 젊은 왕은 레오나르도를 존경했고, 그의 작품에 매료되었으며, 매우 관대했다. 수년 후에 피렌체인 조각가인 벤베누토 첼리니는 자신 또한 섬겼던 프랑수아 국왕에 대해 이렇게 회상했다.

> 프랑수아 왕은 훌륭한 재능을 갖추었고, 라틴어와 그리스어에 대한 지식도 소유했기 때문에 레오나르도가 가진 위대한 장점에 완전히 빠져 들었다. 그는 레오나르도의 이야기를 너무도 즐겨 들어서 그해 내내 레오나르도 곁을 거의 떠나지 않았다. 레오나르도가 마지막까지 자신의 놀라운 연구를 계속 수행할 수 없었던 이유 중의 하나였다. 나는 왕이 레오나르도에 대해 한 말을 여기 인용하지 않을 수 없다. 왕은 이 세상에 레오나르도만큼 박식한 사람이 있다고는 결코 믿지 않으며, 레오나르도는 조각가, 화가, 건축가일 뿐만 아니라 진정으로 위대한 철학자라고 말했다.[18]

프랑수아 1세 초상화, 샹티이 콩데 미술관   클루의 저택

아마도 왕이 레오나르도에게 수여했던 가장 중요한 선물은 후한 연금이 아니라 거주할 장소였을 것이다. 레오나르도의 마지막 주소지는 거대한 앙부아즈 성에서 반마일 남쪽 클루(Cloux, 지금의 클로 뤼세(Clos Lucé))의 아름다운 저택이었다. 15세기 말에 지어진 이곳은 당시에는 매우 새 건물이었으며, 붉은 벽돌에 회색 석회화(石灰華)가 보이고, 약간 경사진 땅에 서 있으며, 기다란 보호벽으로 가려 있다. 아래층에 있는 커다란 홀에서 식구들이 식사를 하고 방문객을 맞았을 것이다. 현관문의 오른쪽에는 폭이 넓은 층계가 놓여 있고, 층계를 따라 올라가면 커다란 방 두 개가 나오는데, 홀 위의 방이 레오나르도의 작업실이었다고 전해진다. 부엌 위에 있는 방은 레오나르도의 침실로, 아마도 그가 죽음을 맞이한 방일 것이다.

지금은 수많은 관광객들이 즐겨 찾는 명소가 된 이 저택은 설비를 잘 갖추고 온화하고 편안한 분위기를 풍긴다. 웅장하거나 격식을 갖추었다기보다는 쾌적할 정도로 널찍하다. 탑조차도 약간은 장난스러워서 길 아래 있는 성의 탑을 모방한 축소판 같다. 노년의 레오나르도가 편안하게 쉬면서 평온을 느낄 만한 곳이었다.

여기서 레오나르도는 다시 한 번 자신의 원고와 데생을 정리하고, 비록 그가 더 이상 그림을 그리지 않았다고 베아티스가 말하기는 했지만 글을 쓰거나 데생을 그리려 시도했다. 그는 멜찌의 손을 빌려 내고 싶었던 책이 있었다. 1515년 파리에서 출판되었던 '자궁에서의 인체의 형성에 대해서'라는 책과, 13세기 영국의 위대한 학자이자 인간 비행의 가능성을 논했던 로저 베이컨(Roger Bacon)에 대한 책이었다.

추기경의 방문

1517년 10월 레오나르도는 아라곤의 루이기 추기경의 방문을 받았다. 추기경의 수행원 가운데는 그의 의전담당관이자 비서인 안토니오 데 베아티스가 있었고, 그가 남긴 간략하지만 생생한 여행 기록[19]을 통해 레오나르도의 말년의 모습을 알 수 있다.

그는 추기경에게 그림 세 장을 보여주었다. 하나는 줄리아노 데 메디치의 요청으로 어떤 피렌체 여성을 실제 모델로 그린 작품이라고 했다. 또 하나는 젊은 세례요한을 그린 그림이고, 나머지 하나는 성 안나의 무릎 위에 앉은 성모마리아와 아기를 그린 그림이었다. 셋 모두 완벽한 작품이었다. 그러나 현재 그의 오른손이 약간 마비

루이기 추기경의 초상화로 추정되는 라파엘로의 작품. 마드리드 프라도 미술관

되어 있기 때문에 이제는 그에게서 더 이상의 걸작을 기대할 수 없다. 그는 한 밀라노인 제자를 훈련시키고 있었는데 그의 솜씨 또한 좋았다. 대가인 레오나르도는 예전처럼 아름답게 채색을 할 수는 없지만 데생을 그리고 다른 사람들을 가르칠 수는 있다. 그는 근육, 신경, 혈관, 휘감긴 내장과 같은 신체 부위에 대한 많은 삽화와 함께 해부학에 대한 글을 많이 썼고, 이를 통해 과거 어느 누구도 시도해본 적이 없는 방식으로 남성과 여성의 신체를 이해하고 있었다. 우리는 이 글을 눈으로 확인했고, 그는 우리에게 자신이 이미 남성과 여성을 포함해서 전 연령층에 걸쳐 30구 이상의 시체를 해부했다고 말했다. 또한 물의 성질과 여러 기계 등에 대한 엄청난 양의 글을 썼고, 이 글이 빛을 보게 된다면 유용할 뿐만 아니라 보람된 일이 될 것이라고 말했다.

이 무렵의 레오나르도의 모습에 대해서는 투린에 있는 붉은 분필로 그린 유명한 자화상을 부분적으로 참고할 수 있다. 몇몇 예술사학자들은 스타일이나 제작 재료 등으로 볼 때 작품의 제작 연도는 좀 더 이르다고 주장한다. 또한 레오나르도 아버지의 초상화라거나, 레다 습작이 제작된 시기에 그려진 고대의 신이나 철학가의 모습이라

레오나르도, '포인팅 레이디'. 윈저성 왕립도서관

거나, 단순히 어떤 노인을 그린 것이라는 의견도 있다. 하지만 나는 '모나리자'가 실제로 모나리자를 그렸다는 견해와 같은 인습적인 관점에서 이 작품이 레오나르도의 자화상이라 생각한다.

투린의 자화상과 같은 시대 작품으로는 검은 분필을 사용한 데생으로 '포인팅 레이디(Pointing Lady)'[20]라고 알려진 작품이 있다. 마틴 켐프는 이 데생을 가리켜 '대홍수 데생과는 감정적으로 대조되는 작품으로 물질적인 파괴의 세상에 가라앉지 않고, 말로 표현할 수 없는 고요의 세계로 옮겨가는' 것을 약속한다고 했다.[21] 데생 속의 여인은 데생을 바라보는 사람을 돌아보지만 그녀의 왼손은 사람들에게서 멀리 떨어진 곳, 그림의 저편, 우리가 볼 수 없는 어떤 것을 가리킨다.

밤이 쫓겨나다

1517년 말 레오나르도는 프랑수아를 동반해서 로모랑탱(Romorantin)에 갔다. 그곳에서 왕을 위해 두 강을 운하로 이어 거대한 새 궁전을 건립하는 야심찬 계획을 세우기 시작했다. 그 도안은 코덱스 아틀란티쿠스에 포함되어 있는데, 30년 전 스케치해 두었던 이상향의 도시의 모습이 다시 드러났다.[22] 건축사학자들은 레오나르도의 당시 고안이 루아르 지역 성 디자인의 발달에 영향을 미쳤다고 주장하지만, 어쨌든 로모랑탱 프로젝트는 설계 단계를 벗어나지 못했다.

다시 앙부아즈로 돌아온 레오나르도는 두 건의 축제를 조직해서 성황리에 끝마쳤고, 1518년 6월 19일 프랑스 국왕을 위한 파티를 클루에 있는 자신의 정원에서 열었다. 그 주 내내 일꾼들이 커다란 나무 무대를 만드느라 바삐 움직였다. 그들은 별이 반짝이는 푸른색 천으로 지붕을 만들어 무대 위에 씌워 마치 대형 천막 같은 구조물을 완성했다. 내부에는 왕족 귀빈을 위한 연단을 설치했고, 조립식 무대의 기둥은 형형색색의 천과 담쟁이덩굴로 장식했다. 마치 레오나르도가 30년 전 밀라노 스포르자 궁에서 처음으로 무대에 올렸던 '일 파라디소'를 생각나게 하는 공연이었다. 이 장광을 목격한 젊은 밀라노인 갈레아조 비스콘티(Galeazzo Visconti)는 소식에 굶주려 하는 곤자가(Gonzaga)에게 이런 내용의 편지를 썼다.

정원 전체가 마치 천국을 연상케 하듯 금빛 별이 박힌 하늘색 천이 하늘을 덮었고, 한편에는 태양이, 반대편에는 달이 자리 잡고, 주요 행성들이 설치되었습니다. 정말 훌륭한 광경이었습니다. 순서대로 화성, 목성, 토성이 있었고, 12개의 천체 상징이 있었습니다. …… 횃불이 400개도 넘게 타오르고 있어 마치 밤이 쫓겨나는 것처럼 보였습니다.

연극은 끝나고, 클루는 다시 평온을 되찾았다. 이 축제는 레오나르도가 주도한 마지막 행사로 알려져 있다.

이 무렵 레오나르도는 클루에 있는 작업실 책상에 앉아 기하학 연

클로 뤼세에서 본 경치. 멜찌의 스케치로 추정. 윈저성 왕립도서관

구에 몰두했다. 그때 그는 자신을 부르는 소리를 들었고, 이제 펜을 내려놓고 자신의 마음속에 떠오르는 궁금증을 잠시 접어 두어야 한다고 생각했다. 보통 사람들처럼 식욕과 우연성이 작용하는 물질세계에 살아남기 위해서는 투스카니 지방의 미네스트론(minestrone, 밀라노 식의 진한 야채스프—옮긴이)의 맛과 거의 흡사한, 가정부 마투린(Maturine)의 뜨거운 야채스프를 먹어야 했기 때문이다. 그래서 그는 쓰던 글을 마무리 짓지 못하고 펜을 내려놓았다.

'기타 등등, 스프가 식기 때문에.'

위대한 바다

사는 방법을 배우고 있다고 생각했을 때
이미 죽는 방법 또한 배우고 있었다.

코덱스 아틀란티쿠스, fol. 252r-a

1519년 4월 23일 토요일 부활절 전날, '궁정화가'인 레오나르도 다 빈치는 클로 뤼세에서 왕궁의 공증인과 일곱 명의 증인 앞에서 유언장을 작성했다. 유언장에서 레오나르도는 자신을 앙부아즈에 있는 생 플로랑탱(St Florentin) 교회에 매장해 달라는 뜻을 밝혔다.

유산의 분배에 대해서는 다음과 같이 기록했다.

- 밀라노 신사인 프란체스코 다 멜쪼에게는 유언자가 현재 소유한 모든 책과 화가인 유언자에게 속한 도구와 초상화…… 나머지 연금, 과거부터 죽을 때까지 유언자 소유의 모든 채권, 유언

자가 클루의 저택에서 현재 소유한 모든 의류를 남긴다.
- 유언자의 하인인 바티스타 데 빌라니스(Battista de Vilanis)에게 는 밀라노 성벽 외곽에 있는 정원의 반을 남긴다. …… 또한 국 왕 루이 12세가 유언자에게 주었던 물의 사용권과 클루의 저택 에 있는 모든 가구와 가정용품을 남긴다.
- 유언자의 하인인 살라이에게는 같은 정원의 반을 남긴다. 살라 이가 그 정원에 건축한 집은 앞으로 살라이의 재산으로 한다.
- 가정부인 마투리나에게는 모피로 안감을 댄 검은 망토와 옷감, 그리고 2두카트를 남긴다.
- 현재 피렌체에 살고 있는 형제들에게는 유언자가 피렌체 시의 산타 마리아 누오바에 저축해 둔 400스쿠디와, 거기서 현재까 지 파생된 이자와 이자의 이용권을 남긴다.

유산의 배당은 매우 지혜롭게 이루어졌다. 멜찌에게는 자신의 글 과 그림을 포함한 어떤 것에도 비길 수 없으리만치 소중한 지적 유산 을 남겼고, 살라이와 바티스타에게는 재산을, 마투린에게는 모피 코 트를, 형제들에게는 현금을 남겼던 것이다.[23]

피렌체인들은 죽음을 가리켜 '위대한 바다로 들어간다.'고 말한 다. 레오나르도는 죽음에 대해 이런 글을 남겼다.

오, 잠자는 자들이여. 잠이 무엇인가? 잠은 죽음과 같은 것이다. 그렇다면 당신이 죽은 후에도 완벽하게 살아 있는 것처럼 보이도록 할 그런 작품을 어찌하여 창조하지 않는가? 살아 있는 당신을 슬픈 죽음에 이른 것처럼 보이도록 만들면서 잠을 자는 대신에 말이다.[24]

모든 상처는 불쾌한 기억을 남긴다. 단 최후의 상처를 제외하고는. 최후의 상처는 죽음으로, 생명과 함께 모든 기억을 죽인다. ……[25]

영혼은 육신과 함께 남아 있기를 원한다. 육신이라는 도구 없이는 아무것도 할 수 없고 아무것도 느낄 수 없기 때문이다.[26]

수면, 망각, 무감각 등은 르네상스 시대 과학자의 아리스토텔레스식 유물론에서 나온 죽음에 대한 형상이다. 그들에게서는 부활이나 내세에 대한 이야기는 들을 수 없다. 레오나르도가 영혼의 신성에 대해 썼을 때에도, 영혼이 편안하게 휴식을 취하려면 작품 속에, 물질계 속에, 육체 속에 있어야 한다고 주장했다. 육체적인 생명은 영혼이 거주하는 곳으로, 죽으면 그곳에서 쫓겨나는 것이다.

신빙성이 떨어지는 기록이기는 하지만, 바사리는 임종 순간의 레오나르도의 참회에 대해 이렇게 적었다. '그는 임종이 가까웠음을 느끼고 가톨릭 신앙의 교리를 배우고 신성한 가톨릭 종교에 간절히 귀의하고 싶어 했다. 그리고 통렬하게 한탄하고 고해하고 후회했다. 홀로 일어설 수 없어서 친구와 하인의 부축을 받았지만, 침대에서 영세를 받았다.' 레오나르도의 뒤늦은 개종은 레오나르도보다는 오히려 바사리가 원했던 일처럼 들리기는 하지만 바사리의 이 기록이 사실일 가능성도 있다. 하지만, 더욱 신빙성 있는 말은 바사리의 다음 기록이다. '레오나르도는 그렇게 했어야만 했음에도 자기 예술의 추구에 더욱 열심이지 못했던 일로 하느님과 인류에게 죄를 지었다고 고백했다.' 레오나르도가 두려워했던 것은 죄도 지옥 불도 아닌, 아직 완성하지 못하고 종이에 옮겨 적지 못한 수많은 '기타 등등(etcetera)'이 짓누르는 무게였다.

레오나르도는 1519년 5월 2일, 67세의 나이로 숨을 거뒀다. 후세의 유일한 정보원인 바사리는 '레오나르도를 알고 지냈던 사람들은 모두 그의 죽음을 대단히 슬퍼했다.'고 적었다. 멜찌는 피렌체에 있는 레오나르도의 이복형제들에게 편지를 보내 사망 소식을 알렸다. '그는 제게 가장 훌륭한 아버지와 같은 분이었습니다. 제 목숨이 붙어 있는 한 언제나 슬퍼할 것입니다. 그는 제게 열정적이고 열렬한 애정을 매일 보여주었습니다.' 우리가 거의 아는 것이 없는 젊은이 멜찌는 그런 레오나르도의 애정에 보답했다. 그림 이상으로 레오나르도의 삶을 직접 들여다볼 수 있는 엄청난 양의 글과 데생을 부지런하고 꼼꼼하게 수호하고 편집해냈기 때문이다.

장례식이 레오나르도의 유언대로 거행되지 못했기 때문에, 시신은 임시로 매장되었다가 사후 3개월이 흐른 1519년 8월 12일에 비로소 생 플로랑탱에 묻혔다. 하지만 교회가 프랑스 혁명 동안 수난을 겪으면서 1802년에 이르러서는 복원이 불가능하다는 판단을 받기에 이르렀다. 교회는 해체되었고, 무덤을 포함한 모든 돌은 성의 보수에 사용되었다. 교회의 정원사가 교회 묘지에 샅샅이 흩어진 뼈를 주워 안마당 구석에 묻었다고 전해지는데 레오나르도의 뼈도 아마 그곳에 묻혔을 것이다.

1863년 시인이자 레오나르도의 열렬한 팬인 아르센느 우사예(Arsène Houssaye)는 생 플로랑탱이 있던 자리를 발굴했고, 발굴한 파편 속에서 다빈치의 것으로 추정되는 묘석 조각('EO …… DUS VINC'라 쓰여 있었다.)과 거의 완벽하게 보존되어 있는 해골을 찾아냈다. 이 해골이 레오나르도의 유해라는 사실을 그 즉시 확신했던 우사예는 이렇게 기록했다. '우리는 그토록 훌륭하게 지성으로 빚어진 머리를 전에 결코 본 적이 없다. 350년이 흐른 후에도, 죽음으로도 이 장엄한 머리가 가진 자존심은 조금도 수그러들지 않았다.'[27] 이 유골은 현재 생 위베르(St Hubert) 성당 안에 묻혀 있다. 하지만 이 유해가 레오나르도의 것이라는 유일한 근거는 골상학에 근거한 우사예의 추론뿐이다.

생 위베르에 묻힌 거나란 해골은 한때 레오나르도 다 빈치의 성신을 담았을지 모른다. 하지만 한 가지 확실한 것은 이제는 더 이상 그렇지 않다는 것이다.

둥지는 비었고, 정신은 비상(飛上)하였다.

| 작가 노트 |

레오나르도의 이탈리아어 글의 번역은 대부분 직접 했지만, 장 폴 리히터(Jean Paul Richter), 에드워드 맥커디(Edward MacCurdy), A. P. 맥마흔(McMahon), 마틴 켐프(Martin Kemp), 마가렛 워커(Margaret Walker), 캐롤 페드레티(Carol Pedretti)의 훌륭한 번역을 참고했다. 레오나르도가 남긴 글의 많은 부분이 아직 영어로 번역되어 있지 않은 상태이다. 비록 사소한 해석에 있어서 의견을 달리 한 경우가 있기는 하지만 바사리의 『예술가 평전』을 번역한 조지 불(George Bull)의 번역서가 크게 도움이 되었다.

이탈리아어를 인용할 때는 어조를 살리기 위해 레오나르도가 표기한 대로 인용하려 했다. 단 고어 철자를 현대 철자로 바꾸고 단축된 단어는 풀어 쓰고 생략된 부분은 삽입하는 등, 읽기 쉽게 하기 위해 통상적으로 쓰는 방법을 사용했다. 그러나 때때로 짧은 인용문의 경우에는 철자가 너무 불명료해서 의미를 알 수 없는 경우도 있었다. 책에서 인용한 당대의 이탈리아 시는 원래 철자대로 인용했지만 다른 경우는 대부분 현대화시켜 수록했다.

날짜 또한 현대식으로 바꿨다. 피렌체의 달력은 성모영보(領報)대축일인 3월 25일부터 시작한다. 그래서 피렌체 서류에 등장하는 1480년 2월 1일자 사건은 실제로 1480년 12월 1일로부터 두 달 후에 발생한 셈이다. 책에서는 이날을 현대식으로 바꿔 1481년 2월 1일로 표기했다.

이 책을 저술하는 데 필요한 연구를 위해, 빈치 소재 레오나르도 도서관, 피렌체 소재 국립문고서(Archivio di Stato) 및 영국 협회, 루카 소재 스타탈레 도서관(Biblioteca Statale), 영국 국립도서관, 윈저성 왕립도서관, 런던 도서관 등의 도움을 크게 받았다. 또한 호손덴 성(Hawthornden Castle)으로부터 작가를 위한 연구 기금을 수여받도록 도와준 드루 하인즈(Drue Heinz) 여사와 그곳의 직원과 동료 연구원들에게 감사한다.

이 책을 펴내면서 일일이 기록할 수 없을 만큼 많은 사람에게 마음의 빚을 졌다. 특히 우리 가족을 환영해 주었던 콤피테제(Compitese) 사람들과 이탈리아 모험에 대담하게 동참했던 내 아이들, 이 모든 것을 가능하게 만든 샐리(Sally)에게 깊이 감사한다.

코르테 브리간티(Corte Briganti)에서
찰스 니콜

| 옮긴이의 글 |

저자는 레오나르도 다 빈치가 남긴 원고 가운데 기하학 메모 속의 '스프가 식기 때문에'라는 표현을 가장 좋아한다고 했습니다. 레오나르도가 천재였다는 사실에 초점을 맞추기보다는 스프를 먹는 등 일상의 지배를 받으며 현실을 살았던 사람이었음을 밝히고 싶다고도 했습니다.

저자는 그런 의도를 이 책에 정확하게 풀어놓았습니다. 다혈질의 미켈란젤로가 오해 끝에 자신을 조롱하자 대꾸도 못 하고 우두커니 서 있기만 했던 레오나르도는 수줍은 성격에 천성적으로 예의바르고 겸손한 사람이었고, 유언을 할 때에도 자신을 그토록 괴롭혔던 이복형제를 끝내 용서하고 그들에게 현금을 남겼을 뿐만 아니라 노년에 스프를 맛있게 끓여 주었던 가정부에 대한 배려 또한 잊지 않은 현명하고 자상하고 따뜻한 마음의 소유자였습니다.

저자는 레오나르도의 인간적인 모습이 천재라는 말에 가릴까 염려해서 되도록이면 천재라는 용어조차 사용하지 않으려 했다지만, 레오나르도의 천재성은 그가 즐겨 묘사했던 솔개의 비상이나 물결의 소용돌이처럼 억누르려야 억누를 수 없는 것이었습니다. 후대 사람들의 실험을 통해 그가 고안했던 낙하산과 비행기가 실제로 작동했고, 그가 꿈꾸었던 아이디어의 씨앗이 오슬로 남쪽 고속도로 위에 아름다운 다리로 화려하게 피어났음을 보며 그의 천재성에 전율을 느꼈습니다.

하지만 무엇보다 이 책을 우리말로 옮기며 가슴 깊이 다가왔던 점은 레오나르도의 자유로운 정신이었습니다. 레오나르도가 여러 분야를 넘나든

탓에 후세를 사는 우리가 감상할 수 있는 불후의 명작이 줄어든 것이 끝내 아쉽기는 하지만, 레오나르도의 자유로운 정신은 어느 한 분야에 묶이는 것을 틀림없이 속박으로 느꼈을 것입니다. 그렇게 그는 하늘을 차고 오르는 솔개와 같은 자유로운 정신의 소유자였습니다. 시대를 초월해서 마음껏 상상력과 창의력을 펼치다가 훌훌 자신의 육신조치도 벗어 버리고 하늘로, 바다로 가 버린 천재와 오랜 연애를 한 느낌입니다.

위대한 천재이자 자상하고 따뜻한 인간 레오나르도 다 빈치를 만날 수 있어서 행복했습니다. 레오나르도의 천재성에 대한 책은 많지만 레오나르도의 인간적인 모습을 느껴 보고 싶은 독자께 이 책은 좋은 선물이 될 듯합니다.

안기순

| 미주 |

서장
1. 코덱스 아룬델, 245v
2. 파리 MS K²(fols. 49-80), 50v
3. 벤 존슨(Ben Jonson), *Timber, or Discoveries*, London, 1640
4. 찰스 로저스(Charles Rogers), *A Collection of Prints in Imitation of Drawings*, 2 vols., London, 1778
5. 잠바티스타 지랄디 신죠(Giambattista Giraldi Cinzio), *Discorsi*, 베니스, 1554
6. 파리 MS L, 77r
7. 코덱스 아틀란티쿠스, 534v/199v-a
8. 코덱스 아룬델, 1r
9. 파리 MS F, 35r
10. 윈저성 왕립도서관 컬렉션, 19095v
11. 윈저성 왕립도서관 컬렉션, 19070v

1장
1. 윈저성 왕립도서관 컬렉션, 19052
2. 코덱스 아틀란티쿠스, 186v/66v-b
3. 투린 코덱스(Codex on the Flight of Birds), 안표지와 fol. 18v
4. 프로이트(Sigmund Freud) 2001, 41, 77
5. 파리 MS H¹(fols. 1-48), 5v
6. 피스터(Oskar Pfister) 1913, 147
7. 코덱스 아틀란티쿠스, 1033r/370r-a
8. 조반니 파올로 로마조(Giovanni Paolo Lomazzo) 1584; 카를로 페드레티(Carlo Pedretti), *Commentary on the Literary Works of Leonardo da Vinci compiled by Jean Paul Richter*, 버클리, 1977, 2. 328
9. Ammirato 1637, 2. 242
10. 코덱스 아틀란티쿠스, 477v/175v-a
11. 윈저성 왕립도서관 컬렉션, 12419-20, 12425-6, 12429
12. BN 2038(원래는 파리 MS A의 부분이었으나 도난사건 이후 분리됨), 27v
13. 코덱스 아틀란티쿠스, 505v/184 v-c
14. 투린 코덱스, 6v

15. 코덱스 아틀란티쿠스, 327v/119v-a: '오만한 어떤 사람들은, 내가 교육을 제대로 받지 않았기 때문에 나를 문맹자로 얕보는 일이 아무 문제없는 정당한 일이라고 생각한다는 사실을 나는 알고 있다.'
16. 윈저성 왕립도서관 컬렉션, 19086
17. 파리 MS F, 96v. Cf. 파리 MS E, 55r: '내 의도는 우선 경험을 기록하는 것이고 그 다음으로 이성을 사용해서 왜 그래야만 하는지를 보여주는 것이다.'
18. 코덱스 아틀란티쿠스, 323r/117r-b
19. 코덱스 아틀란티쿠스, 392r/141r-b
20. BN 2038, 19r
21. 코덱스 아틀란티쿠스, 349v/206v-a
22. 레오나르도의 '거울 필체'에 대해 최초로 언급한 사람은 친구인 루카 파치올리(Luca Pacioli)였다. '그는 왼손을 사용해서 글씨를 거꾸로 썼다. 그래서 그의 글을 읽으려면 거울을 들고 보거나 종이를 뒤집어 불빛에 비춰 봐야 했다.' 18세기에 코덱스 레스터를 소장했던 인물로 추정되는 로마인 화가 쥬세페 게지(Giuseppe Ghezzi)는 레오나르도의 원고를 헤브루(Hebrew)어와 비교하면서 그가 유대인의 관례에 따라 글씨를 썼고 그 동기는 비밀을 유지하기 위해서라고 생각했다. '그는 사람들이 자신의 글씨를 쉽게 알아볼 수 없게 하려고 그렇게 글씨를 썼다.' 레오나르도가 특히 펜과 잉크를 사용해서 왼손으로 처리한 음영은 그의 작품임을 확인할 수 있는 중요한 단서이다. 항상 그런 것은 아니지만 글은 오른쪽 아래에서 시작해서 왼쪽 위에서 끝맺었다. 줄의 시작에는 몇 칸을 들여 쓰고 쓰기를 마쳤을 때는 각이 진 고리를 그려 넣었다. 레오나르도는 타고난 왼손잡이였던 미켈란젤로와 마찬가지로 오른손으로 그림을 그릴 수 있었고 통상적인 방향으로 글을 쓸 수 있었지만 그렇게 하지 않았다.

2장

1. 베네데토 디아이(Benedetto Dei), *Cronica Fiorentina*, 1472
2. 아놀드 하우저(Arnold Hauser), 1962, 2. 3-6
3. 앤드류 버터필드(Andrew Butterfield) 1997, 21-31
4. 첸니노 첸니니(Cennino Cennini) 1933, 4-5
5. 카를로 페드레티, 앞의 책 1. 11
6. *Achademia Leonardo Vinci: Yearbook of the Armand Hammer Center for Leonardo Studies at UCLA 4*, 피렌체, 1991, 171-6
7. 코덱스 아틀란티쿠스, 704bv/262r-c
8. 코덱스 우르비나스(축약본이 1651년 파리에서 『회화론*Trattato della pittura*』으로 출간되었다.), 33v
9. 코덱스 우르비나스, 33r
10. 코덱스 아틀란티쿠스, 331r/120r-d
11. 데이비드 A. 브라운(David A. Brown) 2000, 14-19
12. 스칼리니(Scalini) 1992, 62-3
13. 마르틴(Martines) 2003, 14

14. 마키아벨리(Machiavelli), *Istorie Fiorentine*, Bk 7, ch. 28(Machiavelli 1966, 2.729)
15. 바사리(Vasari) 1987, 1.146-7
16. 데이비드 A. 브라운(David A. Brown) 1998, 76-9, 194-5
17. 마틴 켐프(Martin Kemp) 1981, 54
18. 케네스 클라크(Kenneth Clark) 1988, 62
19. 벤베누토 첼리니(Benvenuto Cellini) 2002, 301
20. 코덱스 아틀란티쿠스, 680v/252v-a
21. 코덱스 아틀란티쿠스, 1094r/394r-b, 32r/9r-b
22. BN 2037(원래는 파리 MS B의 부분이었으나 도난사건 이후 분리됨), 10r
23. 코덱스 아틀란티쿠스, 807r/295r-a
24. 코덱스 우르비나스, 20v
25. 코덱스 포르스터, 3 83r

3장
  1. 버나드 베렌슨(Bernard Berenson), *Study and Criticism of Italian Art*, vol. 3, 런던, 1916
  2. 립하트(E. de Liphard), Starye Gody, 상트페테르부르크, 1909
  3. 윌리엄 엠볼든(William Embolden) 1987, 120
  4. 알베르티(Alberti), *De re aedificatoria*, 1485; 페드레티 1976, 8
  5. 벤베누토 첼리니(Benvenuto Cellini) 2002, 9-11
  6. 코덱스 우르비나스, 18v
  7. 코덱스 아룬델, 155r
  8. 페드레티 1998a, 25
  9. 코덱스 아틀란티쿠스, 1082r/391r-a

4장
  1. 코덱스 아틀란티쿠스, 199v/73v-a
  2. 마틴 켐프(Martin Kemp) 1989, 138-9, 230-32
  3. 윈저성 왕립도서관 컬렉션, 12647
  4. 케네스 클라크(Kenneth Clark), 1988, 90-91
  5. 코덱스 트리불지아누스(Codex Tribulzianus), 6v
  6. 코덱스 아틀란티쿠스, 184v/65v-b
  7. 파리 MS B, 15v-16r, 36r-39r, 53r
  8. 코덱스 아틀란티쿠스, 1059v/381v-b
  9. *Daily Telegraph*, 2000. 3. 17., 6. 27.
 10. A. E. 포프햄(Popham) 1946, 58
 11. 파리 MS B, 39v
 12. 파리 MS B, 33r
 13. 마틴 켐프(Martin Kemp) 1989, 236
 14. 파리 MS B, 88v

15. 파리 MS B, 83v
16. 코덱스 아틀란티쿠스, 852r/311r-a
17. 윈저성 왕립도서관 컬렉션, 12692r
18. 윈저성 왕립도서관 컬렉션, 12693-6, 12699
19. 코덱스 아틀란티쿠스, 188v/67v-b
20. 코덱스 아틀란티쿠스, 327r/119r-a
21. 코덱스 트리불지아누스, 1v
22. 파리 MS B, 27r
23. 코덱스 아틀란티쿠스, 730r/270r-c
24. BN 2037 5v
25. 코덱스 우르비나스, 13v
26. 파리 MS H, 12r
27. BN 2038 25r
28. 코덱스 아틀란티쿠스, 671r/247v-b
29. 윈저성 왕립도서관 컬렉션, 19021v
30. 윈저성 왕립도서관 컬렉션, 12603
31. 윈저성 왕립도서관 컬렉션, 12358
32. 윈저성 왕립도서관 컬렉션, 12357
33. 마테오 반델로(Matteo Bandello), *Novelle*(1554)
34. 코덱스 아틀란티쿠스, 1006v/361v-b
35. 지롤라모 카르다노(Girolamo Cardano), *De subtilitate libri xxi*(1611), 816
36. 코덱스 레스터(Codex Leicester), 9v
37. 코덱스 아틀란티쿠스, 207r/76r-a

5장
1. 베르나르도 벨린치오니(Bernardo Bellincioni), *Rime*, 149v
2. 빌라타(Villata) 1999, no.49
3. 윈저성 왕립도서관 컬렉션, 12585r
4. 장 폴 리히터(Jean-Paul Richter) 1939, 2.260
5. 마틴 클레이턴(Martin Clayton) 2002, 96-9
6. 코덱스 아틀란티쿠스, 877v/319v-b
7. 조반니 파올로 로마조(Giovanni Paolo Lomazzo) 1584, 106-7
8. 잠바티스타 지랄디 신쇼(Giambattista Giraldi Cinzio), 앞의 책
9. 코덱스 아틀란티쿠스, 676r/250r-a
10. BN 2038, 14v, 29r
11. 코덱스 트리불지아누스, 11v
12. 코덱스 우르비나스, 208v, 196r
13. BN 2038, 14v
14. 코덱스 우르비나스, 49r-v

15. BN 2038, 20v
16. BN 2038, 22v
17. 코덱스 우르비나스, 33v-34r
18. 파리 MS C, 15v
19. 마드리드 코덱스 II, 157v, 151v
20. 윈저성 왕립도서관 컬렉션, 12349
21. 마드리드 코덱스 II, 140r
22. 마드리드 코덱스 I, 4r, 16r
23. 코덱스 포르스터, 22, 65r, v
24. 코덱스 아틀란티쿠스, 812r/296v-a
25. 마테오 반델로(Matteo Bandello), 앞의 책
26. 윈저성 왕립도서관 컬렉션, 12542
27. 윈저성 왕립도서관 컬렉션, 12547r, 12552r, 12551r, 12543r, 12546r
28. 코덱스 포르스터, 2 1v-2r
29. Barcelon and Marani 2001, 413-14. '최후의 만찬' 제작과 관련한 기술적인 수치도 이 책에 실려 있다.
30. 케네스 클라크(Kenneth Clark), 1988, 147
31. 윈저성 왕립도서관 컬렉션, 19084r. "수학이 제공하는 궁극의 확실성을 알지 못하는 사람은 혼동의 세계에 빠져 허우적댈 것이다."
32. 코덱스 아틀란티쿠스, 773r/284r
33. 코덱스 아틀란티쿠스, 289r/104r-b; 파리 MS I, 28v, 34r

6장
1. 코덱스 아틀란티쿠스, 638dv/234v-c
2. 코덱스 아룬델, 270v
3. 코덱스 우르비나스, 3r
4. 사바 카스티글리오네(Sabba Castiglione), *Ricordi*(1555), 51v
5. *Achademia Leonardo Vinci: Yearbook of the Armand Hammer Center for Leonardo Studies at UCLA* 4, 피렌체, 1991, 158-70
6. 안드레아 보카치오(Andrea Boccaccio), 1492; Russell Aiuto, *The Borgias*(1999)
7. 파리 MS L, 19v, 40r, 8r
8. 파리 MS L, 72r
9. 루카 파치올리(Luca Pacioli), *De viribus Quantitatis* 2.85
10. 코덱스 우르비나스, 59v
11. 지도: 윈저성 왕립도서관 컬렉션, 12284r. 스케치: 윈저성 왕립도서관 컬렉션, 12686r
12. 파리 MS L, 66r
13. *Guardian*, 2001. 11. 1. '레오나르도 프로젝트' 홈페이지: http://www.vebjorn-sand.com
14. 코덱스 아틀란티쿠스, 4r/1v-b
15. 마드리드 코덱스 II, 22v

16. 윈저성 왕립도서관 컬렉션, 19055v
17. Sassoon 2001, 113-15(1855년 폴 푸셰의 희곡 '모나리자'에 대한 고티에의 평론 인용)
18. Sassoon 2001, 128(쥘 미슐레의 글 인용), 98(공쿠르 형제의 글 인용)
19. 버나드 베렌슨(Bernard Berenson) 1916, 1-4
20. T. S. 엘리어트(Eliot), 'Hamlet and his Problems', *The Sacred Wood*, 1920, 99
21. 코덱스 아틀란티쿠스, 202a/74r-v, v-c
22. 파리 MS A 30v-31r
23. 안토니 버제스(Anthony burgess), 'Michelangelo· the artist as miracle worker', *Sunday Times*, 1975. 2. 2.
24. 루카 란두치(Luca Landucci) 1927, 213-14
25. 마드리드 코덱스 II, 128r
26. 윈저성 왕립도서관 컬렉션, 12591r
27. 코덱스 아틀란티쿠스, 196r/71v-b
28. 코덱스 아룬델, 272r
29. 코덱스 아틀란티쿠스, 178r/62v-a
30. 코덱스 아틀란티쿠스, 541v/202v-a
31. 투린 코덱스, 안표지, 18r
32. 투린 코덱스, 13v
33. 윈저성 왕립도서관 컬렉션, 12337
34. 투린 코덱스, 10v

7장

1. 당부아즈가 피에로 소데리니(Piero Soderini)에게 보낸 편지, 1506. 12. 16.
2. 코덱스 아틀란티쿠스, 872r/317r-v. 당부아즈에게 보낸 편지 초고.
3. 코덱스 아틀란티쿠스, 732bv/271v-a, 629b/231r-b, v-a
4. 코덱스 아틀란티쿠스, 571av/214v-a
5. 코덱스 아룬델, 190v-191r
6. 코덱스 아틀란티쿠스, 872r/317r-b
7. 코덱스 아룬델, 1r
8. 코덱스 아틀란티쿠스, 571ar/214r-d
9. 코덱스 레스터, 1r-v
10. 코덱스 레스터 34r
11. 코덱스 레스터 2r
12. 윈저성 왕립도서관 컬렉션, 19027r, v
13. 윈저성 왕립도서관 컬렉션, 19054v
14. 윈저성 왕립도서관 컬렉션, 19095
15. 윈저성 왕립도서관 컬렉션, 19055. 원래는 위의 '19095' 다음에 묶여 있었다.
16. 윈저성 왕립도서관 컬렉션, 19070v
17. 코덱스 우르비나스, 25v

18. 파리 MS F, 87r
19. 파리 MS F, 41v
20. 투린 코덱스, 1r
21. 파리 MS G, 63v
22. 파리 MS F, 4v
23. 윈저성 왕립도서관 컬렉션, 12689r
24. 윈저성 왕립도서관 컬렉션, 19007v
25. 코덱스 아룬델, 224r, 231v
26. 코덱스 아룬델, 205v
27. 윈저성 왕립도서관 컬렉션, 19009r
28. 윈저성 왕립도서관 컬렉션, 19016
29. 윈저성 왕립도서관 컬렉션, 19063
30. 윈저성 왕립도서관 컬렉션, 19071r
31. 윈저성 왕립도서관 컬렉션, 19000v
32. 에드워드 루치 스미스(Edward Lucie-Smith), 'Leonardo's anatomical drawings', *Illustrated London News*, 1979. 11.
33. 윈저성 왕립도서관 컬렉션, 12410-16(메모는 12412)
34. 윈저성 왕립도서관 컬렉션, 12400
35. 윈저성 왕립도서관 컬렉션, 12579
36. 윈저성 왕립도서관 컬렉션, 12726
37. 윈저성 왕립도서관 컬렉션, 12300v

8장

1. 카를로 페드레티(Carlo Pedretti), *Achademia Leonardo Vinci: Yearbook of the Armand Hammer Center for Leonardo Studies at UCLA* 6, 1993, 182
2. 코덱스 아틀란티쿠스, 244v/90v-a
3. 코덱스 아틀란티쿠스, 124v/45v-a
4. 파리 MS G, 표지
5. 조반니 파올로 로마조(Giovanni Paolo Lomazzo); 로샤임(Rosheim) 2000, 6-7
6. 윈저성 왕립도서관 컬렉션, 12328r
7. 앙드레 그린(André Green), 'Angel or demon?'(1996); 카를로 페드레티(Carlo Pedretti) 2001, 91-4
8. BN 2038 21r
9. 코덱스 레스터, 22v
10. 윈저성 왕립도서관 컬렉션, 12665
11. 윈저성 왕립도서관 컬렉션, 12377-86
12. 코덱스 아틀란티쿠스, 213v/78v-b
13. 코덱스 아룬델, 88r
14. 코덱스 아틀란티쿠스, 1036av/371v-a

15. 코덱스 아룬델, 279v
16. 윈저성 왕립도서관 컬렉션, 19102r
17. 바사리(Vasari) 1878-85, 8.159
18. 벤베누토 첼리니(Benvenuto Cellini), *Discorso dell'architettura*, in *Opere*; B. 마이어(Maier) 편집본 1968, 858-60
19. 안토니오 데 베아티스(Antonio de Beatis) 1979, 131-4
20. 윈저성 왕립도서관 컬렉션, 12581
21. 마틴 켐프(Martin Kemp) 1989, 153
22. 코덱스 아틀란티쿠스, 582r, 583r/217v-c, v-b, 209r/76v-b
23. 아노니모 가디아노(Anonimo Gaddiano)가 1540년경 쓴 전기에 유언과 관계된 내용이 나와 있다. 가디아노에게 유언에 대한 정보를 제공한 사람은 레오나르도의 이복형제들로 추정되고 있다.
24. 코덱스 아틀란티쿠스 207v/76v-a
25. 파리 MS H^2 33v
26. 코덱스 아틀란티쿠스 166r/59r-b
27. 아르센느 우사예(Arsène Houssaye), *Histoire de Léonard de Vinci*, 1869, 312-19

| 찾아보기 |

레오나르도 다 빈치 노트

코덱스 레스터(Codex Leicester) 18, 253, 389, 390, 410
코덱스 마드리드(Codex Madrid) 279, 280, 281, 283, 304
코덱스 아룬델(Codex Arundel) 16, 164, 314, 386, 388, 409, 448
코덱스 아틀란티쿠스(Codex Atlanticus) 15, 16, 59, 68, 96, 111, 135, 137, 154, 156, 188, 217, 228, 252, 264, 267, 271, 304, 341, 361, 366, 389, 420, 458, 460
코덱스 우르비나스(Codex Urbinas) 16, 408
코덱스 트리불지아누스(Codex Tribulzianus, 코덱스 트리불지오) 65, 217
코덱스 포르스터(Codex Forster) 17, 283, 294
코덱스 호이겐스(Codex Huygens) 16
투린 코덱스(Turin Codex) 18, 61, 366, 367, 368, 370
파리 MS A 268, 270, 407
파리 MS B 213, 214, 225, 228
파리 MS C 18, 37, 265
파리 MS D 393, 407
파리 MS E 432
파리 MS F 53, 405, 407
파리 MS G 88, 420
파리 MS L 315, 330, 337

레오나르도 다 빈치 작품

동방박사의 경배(Adoration of the Magi) 26, 55, 150, 162, 167~178, 197, 376
레다와 백조(Leda and the Swan) 44, 368
리타의 성모마리아(Litta Madonna) 42, 145, 146, 198, 238
모나리자(Mona Lisa) 24, 52, 118, 268, 313, 324, 325, 326, 342~349, 371, 390, 392, 396, 399, 412, 433, 458
벨 페로니에르(Belle Ferronnière) 237
비트루비우스의 인체비례(Vitruvian Man) 225, 246, 248
사막의 성 요한[St John in the Desert, 풍경 속의 바쿠스(Bacchus)] 420, 438, 442
살라 델레 아세(Sala Delle Asse)의 프레스코화 52, 298, 299~303
성 안나, 아기 성 요한과 함께 있는 마리아와 아기 예수(Virgin and Child with St Anne and the Infant St John, 벌링턴 하우스 밑그림) 318, 320, 400
성 안나와 함께 있는 마리아와 아기 예수(Virgin and Child with St Anne), 루브르 박물관 45, 116, 172, 320, 399, 405, 420, 438
성 제롬(St Jerom) 162~167, 179, 222
브누아의 성모(Benois Madonna) 146, 147, 150, 178, 237, 326
세례 요한(St John the Baptist, 성 요한) 438, 455
수태고지(Annunciation) 63, 90, 90, 91, 92, 97, 98, 103, 114~117, 120, 136, 138, 173, 174
스포르자 청동 기마상 183, 249~253, 279~285, 315, 316, 317, 357
실을 감는 성모(Madonna of the Yarnwinder) 118, 148, 238, 305, 324, 344, 377
악사(Musician) 236, 237, 266
암굴의 성모마리아(Virgin of the Rocks)

찾아보기 | 477

118, 148, 159, 164, 166, 172, 178, 195~203, 206, 326, 375, 381, 398, 399, 400
앙기아리 전투(Battle of Anghiari) 292, 344, 349~353, 356, 364, 365, 368, 371, 380, 392, 451
지네브라 데 벤치(Ginevra de' Benci) 125~130, 145, 157, 233
최후의 만찬(Last Supper) 92, 116, 241, 252, 284~295, 299, 303, 326, 349, 377, 410, 411, 452
카네이션의 성모마리아(Modonna of the Carnation) 117, 120, 123, 326
투린(turin) 자화상 24, 27, 425, 446, 456, 458
포인팅 레이디(Pointing Lady) 458
흰 담비를 안은 부인(Lady with an Ermine) 52, 230, 238

그 외 찾아보기

ㄱ~ㄷ

거울 원고(mirror-script) 10
거울 필체(mirror-writing) 70, 71
공통감각(sensus communis) 243, 244, 245
'그리스도의 세례(Baptism of Christ)', 베로키오 공방 62, 92, 119, 120, 123
'나체의 지오콘다(Nude Gioconda)' 412, 414, 433
니콜로 마키아벨리(Niccolò Machiavelli) 107, 108, 312, 328, 329, 330, 334, 335, 340, 349, 350, 362, 371
'다비드', 미켈란젤로 354, 355, 356
델로스의 문제(Delos problem) 406
도나토 브라만테(Donato Bramante) 195
도메니코 기를란다요(Domenico Ghirlandaio) 23, 85, 86, 94, 113, 114, 316, 353
드레이퍼리(drapery) 90, 91, 147, 401

ㄹ

'라 지오콘다(La Gioconda)' 223, 343

『레오나르도 다빈치의 어린 시절 기억(A Childhood Memory of Leonardo da Vinci)』 41
레온 바티스타 알베르티(Leon Battista Alberti) 82, 83, 84, 157, 176, 226
'레위인과 바리새인에게 설교하는 성 요한(St John Preaching to a Levite and a Pharisee)', 조반니 프란체스코 루스티치 387
로렌조 기베르티(Lorenzo Ghiberti) 67, 77
로렌조 디 크레디(Lorenzo di Credi) 86, 100, 137, 316
로렌조 데 메디치(Lorenzo de' Medici) 88, 103~107, 115, 130, 151, 152, 178, 249, 353, 431, 434, 435
루도비코 스포르자(Ludovico Sforza) 107, 152, 179, 180, 183, 187, 190, 191, 192, 199, 228, 229~232, 234, 235, 238, 249, 250, 257, 279, 282, 286, 291, 299, 304, 305, 306, 309, 315, 328, 375, 421
루이(Louis) 12세 139, 303, 305, 324, 329, 331, 375, 377, 381, 382, 392, 409, 437, 452, 461
루이기(Luigi) 추기경 416, 455
루카 파치올리(Luca Pacioli) 290, 295~298, 332, 349
루크레치아 크리벨리(Lucrezia Crivelli) 238
르네상스 13, 14, 24, 36, 58, 67, 81~84, 115, 163, 167, 170, 204, 219, 334, 346, 353, 355, 356, 462
리버스(ribus) 164, 221, 222
리브로(Libro) A 408
리자 델 지오콘도(Lisa del Giocondo) 343, 349, 355, 414

ㅁ~ㅂ

마르칸토니오 델라 토레(Marcantonio della Torre) 415, 416, 419
마테오 반델로(Matteo Bandello) 252, 284, 285, 292, 294
마투린(Mathurine) 11, 460, 461

매너리즘(Mannerism) 90
'모나 바나(Mona Vanna)' 412
미켈란젤로 부오나로티(Michelangelo Buonarroti) 21, 23, 22, 55, 85, 132, 292, 316, 353~360, 363, 369, 371, 445, 451
베네데토 디아이(Benedetto Dei) 76, 78, 218, 219, 229
베르나르도 디 반디노 바론첼리(Bernardo di Bandino Baroncelli) 150~153
베브요른 산드(Vebjørn Sand) 338, 339
베아트리체 데스테(Beatrice d'Este) 230, 231, 238, 286, 302, 309, 310
벤베누토 첼리니(Benvenuto Cellini) 132, 159, 160, 435, 453
보테가(bottega) 85
보티첼리〔Botticelli, 산드로 필리페피(Sandro Filipepi)〕 86, 97, 98, 113, 116, 132, 133, 146, 152, 167, 170, 173, 176, 270, 316
볼트라피오(Boltraffio) 257, 273, 276
비트루비우스(Vitruvius) 159, 226, 245, 246
빌라 벨베데레(Belvedere) 434, 435, 436, 441, 448

ㅅ

『산술집성(算術集成, Summa de arithmetica, geometria e proportione)』 295, 297
산타 마리아 노벨라(Santa Maria Novella) 84, 100, 170, 349, 351, 356
살라이(Salai) 271~279, 299, 323, 383, 384, 387, 399, 412, 432, 461
샤를르 당부아즈(Charles d'Amboise) 375~382, 385, 386, 409, 419
세르 피에로 다 빈치(Ser Piero da Vinci) 31, 32, 34, 35, 37, 43, 75, 76, 80, 81, 89, 121, 122, 124, 125, 167, 361, 363, 385, 436
소크라테스 132, 406
술탄 베야젯 2세(Sultan Bejazet II) 337
스푸마토(sfumato) 95, 268
『신성한 비례(divina proportione)』 290, 297, 298

ㅇ

아노니모 가디아노(Anonimo Gaddiano) 23, 26, 121, 139, 159, 178, 188, 356, 357, 368
아르센느 우사예(Arsène Houssaye) 463, 464
아리스토텔레스 81, 211, 240, 243, 244, 267, 391, 450, 462
아카데미(Academy) 294~299, 303
안드레아 델 베로키오(Andrea del Verrocchio) 22, 62, 75, 80, 84~90, 93, 94, 97, 100, 101, 103, 104, 105, 106, 109, 113, 114, 115, 117~120, 123, 126, 128, 129, 135, 137, 138, 145, 146, 147, 152, 159, 183, 242, 276, 316
안토니오 데 베아티스(Antonio de Beatis) 293, 345, 446, 455
안토니오 빌리(Antonio Billi) 23, 199
암브로지오 데 프레디스(Ambrogio de Predis) 159, 196, 197, 199, 302, 375, 376, 381, 398, 399
애드리안 니콜라스(Adrian Nicholas) 205, 206
'앵무새와 함께 있는 청년의 초상(Portrait of a Young Man with a Parrot)', 프란체스코 멜찌 384
에피쿠로스(Epicurus) 406
『예술가 평전』 22, 23, 426
『예술의 서(Il Libro dell'arte)』 89
'오르페오(Orfeo)' 409
오스카 피스터(Oskar Pfister) 45, 46, 47
『우리 시대의 유명한 남녀에 관한 대화』 23
우화(allegories) 53, 54, 58, 211, 222
육신의 천사(Angelo incarnato) 439, 440, 441, 445
이사벨라 데스테(Isabella d'Este) 309~313, 317, 319, 321, 322, 323, 344, 433
'일 파라디소(Il Paradiso)' 257, 258, 459

ㅈ

자코포 살타렐리(Jacopo Saltarelli) 131,

134, 135, 136
잠피에트리노〔Giampietrino, 조반니 피에트로 리졸리(Giovanni Pietro Rizzoli)〕 399, 404, 426, 427
'젊은 예수(Youthful Christ)' 테라코타 두상 92, 135, 136
조르조 바사리(Giorgio Vasari) 21, 22, 23, 54, 56, 66, 69, 75, 80, 85, 86, 89, 90, 92, 93, 100, 109, 110, 118, 119, 121, 123, 140, 152, 154, 156, 159, 160, 161, 170, 188, 194, 195, 223, 242, 275, 281, 282, 291, 293, 295, 317~320, 343, 344, 345, 354, 355, 358, 364, 365, 368, 377, 383, 387, 415, 425, 426, 434, 435, 437, 450, 451, 462, 463
조반니 파올로 로마조(Giovanni Paolo Lomazzo) 24, 52, 92, 264, 437
조반니 프란체스코 루스티치(Giovannie Francesco Rustici) 387, 388, 392
주세페 보시(Giuseppe Bossi) 410~415
줄리아노 데 메디치(Giuliano de' Medici) 431~434, 437, 451, 452, 453, 455
쥘 미슐레(Jules Michelet) 82, 187, 347
지롤라모 카르다노(Girolamo Cardano) 252, 253, 367
'지옥편(Inferno)' 133
'진주 목걸이를 한 여인', 암브로지오 데 프레디스 302
'집시들에게 사취당하는 남자(A Man Tricked by Gypsies)' 263

ㅊ~ㅌ

체사레 보르자(Cesare Borgia) 305, 328~335, 337, 344, 349, 351
체칠리아 갈레라니(Cecilia Gallerani) 229, 236, 237, 250, 414, 421
첸니노 첸니니(Cennino Cennini) 89
치마부에(Chimabue) 23, 174
카테리나(Caterina) 37, 38, 42, 52
코르테 베키아(Corte Vecchia) 251, 252, 253, 266, 270, 271, 285, 299, 304
코페르니쿠스 407
크레모나(La Cremona) 410~415

클루〔Cloux, 클로 뤼세(Clos Lucé)〕 454, 459, 460, 461
'토비아스와 천사(Tobias and the Angel)', 베로키오 공방 101

ㅍ~ㅎ

파올로 조비오(Paolo Giovio) 23, 89, 139, 236, 242, 260, 281, 408, 416, 434
파올로 토스카넬리(Paolo Toscanelli) 84
폼페오 레오니(Pompeo Leoni) 15, 16, 388
프란체스코 멜찌(Francesco Melzi) 16, 24, 26, 262, 266, 382, 383, 384, 386, 389, 399, 408, 419, 421, 423, 425, 426, 432, 452, 455, 461, 463
프란체스코 스포르자(Francesco Sforza) 106, 183, 187, 190
프로이트 41, 42, 43, 45, 64, 275, 328, 395
플라톤 81, 127, 132, 161, 244, 370
피에로 델 폴라이우올로(Piero del Pollaiuolo) 101, 107, 113, 183, 242, 316
피에로 소데리니(Piero Soderini) 340, 364, 380, 381, 431
필리포 브루넬레스키(Filippo Brunelleschi) 77, 83, 84, 109, 110, 111, 113, 154, 156
『회화론(Trattato della pittura)』 21, 58, 60, 90, 123, 220, 233, 241, 258, 268, 270, 408